西北大学文化遗产研究丛书

考古发掘现场文物保护技术

杨　璐　黄建华　著

科　学　出　版　社

北　京

内 容 简 介

本书以考古发掘现场文物保护的基本理论为基础，围绕影响现场保护的温湿度、光辐射、空气污染物、微生物等环境因素，立足于现场各因素的控制与调节，详细介绍现场保护中的清理、加固、提取、粘接、包裹、储存及运输等重要技术。

本书适合大专院校文物保护专业及考古学专业本科生和研究生学习使用，对相关文物保护科技工作者及考古学研究者也具有一定的参考价值。

图书在版编目（CIP）数据

考古发掘现场文物保护技术 / 杨璐，黄建华著．—北京：科学出版社，2012. 4

（西北大学文化遗产研究丛书）

ISBN 978-7-03-033719-1

Ⅰ. ①考… Ⅱ. ①杨… ②黄… Ⅲ. ①考古发掘－文物保护 Ⅳ. ①K86 ②G26

中国版本图书馆 CIP 数据核字（2012）第 036443 号

责任编辑：宋小军 李 静 / 责任校对：邹慧卿

责任印制：吴兆东 / 封面设计：谭 硕

科学出版社出版

北京东黄城根北街 16 号

邮政编码：100717

http://www.sciencep.com

北京厚诚则铭印刷科技有限公司印刷

科学出版社发行 各地新华书店经销

*

2012 年 3 月第 一 版 开本：787 × 1092 1/16

2024 年 8 月第三次印刷 印张：17 3/4

字数：406 000

定价：148. 00 元

（如有印装质量问题，我社负责调换）

西北大学“211 工程”项目
唐仲英基金会
国家科技支撑计划项目（2010BAK67B12）资助出版

前　言

田野考古发掘是复原古代社会的重要手段，但由于文物的长期埋藏及发掘过程中几乎不可避免的环境突变等问题，许多珍贵文物在出土后短时间内就会出现各种病变，直至彻底损毁。更有甚者出土时文物就已面目全非，无法提取。这种状况造成了大批珍贵实物资料在考古发掘过程中出现严重损失的现状。为了抢救保护考古现场出土的脆弱质文物，文物保护学的一个新兴分支——考古发掘现场文物保护应运而生。

近年来，随着文物保护学研究的不断深入，考古发掘现场文物保护的重要性已经得到了学界的广泛认同。国家文物局以及各地方文物主管部门也对该方向的研究与探索给予了高度的关注。可是，和文物保护学的发展类似，美、意、英、日等发达国家在考古发掘现场文物保护方面走在世界的前列，这些国家都已有数十年的现场保护研究及实践经验，并由此产出了一些具有代表性的著作及论文。但我国至今尚无针对该领域的专向教材或专著。作者先后参加了多个重要考古发掘项目的现场保护工作，同时在高等学校为本科生及研究生开设了“考古发掘现场文物保护”的课程。作者在搜集整理相关文献资料的基础上，结合课程讲义以及实际工作经验撰写成本书。

本书共分5章，第1章是现场保护的理论部分，主要介绍现场保护的基本理论、相关工作程序、级别，以及当前我国现场保护的发展现状。第2章是现场保护中的温湿度环境因素，主要介绍温度、湿度这两个重要环境因素在现场保护中对文物的作用及其控制方法。第3章是现场保护所涉及的其他环境因素，重点介绍光辐射、空气污染物及微生物这三个因素。虽然它们在现场保护中对文物的影响不如温湿度的涉及面广泛，但其在文物出土及后续时段对文物的作用也是不可忽视的。尤其是在针对一些特定材质的文物时，这些因素可能会成为现场保护效果的决定性因素。第4章是现场保护的信息记录和样品采集，主要介绍现场保护中文物信息的记录及采样方法。第5章是现场保护技术，主要按照现场保护的相关工作程序介绍常用保护处理技术。

本书在编写过程中，得到了众多学界前辈和同行友人的悉心指导及热情建议，在此表示感谢。

作者在编著本书时参阅了大量国内外文献资料，并进行了认真的整理与归纳。但由于考古发掘现场文物保护技术内容繁多、涉及面广，加之作者水平所限，不妥之处在所难免，恳盼读者不吝指正。

作　者

2011年5月28日于西北大学

目　录

第1章　考古发掘现场文物保护的基本理论

文物是先祖留给我们的珍贵文化遗产，是人类共同的财富。为了更好地守护这份世界人民共有的珍宝，并将其完好地移交到下一代人手中，全世界的文物保护、修复工作者殚精竭虑，不懈努力，文物保护学也因此应运而生。

最初，文物保护学的研究及工作重心是实验室文物保护，传统的文物保护主要是指在实验室中对文物进行的保护、修复工作。但是，随着文物保护研究的不断深入，保护工作者逐渐意识到，文物遭受腐蚀破坏最严重的阶段，或者说文物出土后腐蚀速率最快的时间段是在考古发掘现场，即文物刚刚出土时。例如，秦始皇兵马俑表面的彩绘，如果不在考古发掘现场立即进行保护处理，由于环境湿度、温度等因素的影响，表面的漆层很快就会出现卷曲、剥落，导致彩绘的消失。而真正能够在不实施任何保护处理的前提下被完好运送回实验室中的文物，多数其实已经比较稳定了。这就启示文物保护工作者，要想更加有效地保护文物，将那些原本无法保留的历史信息更加完整地保存下来，考古发掘现场是一个非常重要的阵地。由此，考古发掘现场文物保护作为文物保护学的一个重要分支逐渐产生，并且近年来越来越受到学界的重视。

1.1　平衡状态理论

每一种材料对其所存在的环境均有一种稳定的形式，借用化学、物理学的概念将其称为平衡状态，文物也不例外。当一件文物刚刚埋入地下时，它就被置于一个新的微环境中（埋藏环境），而这个环境可能与其先前所处的环境（使用环境）大为不同。这样，构成这一文物实体的材料就被迫开始适应新的环境。在这个过程中，文物会遭受到较为强烈的物理、化学及生物损害。例如，大多数石质会受到酸、地下水及土壤的侵蚀；纺织品、皮革会受到生物因素、地下水及酸或碱的破坏；玻璃、釉及金属都易与土壤发生化学作用从而产生较为强烈的侵害等。如果这一环境条件较为稳定，文物材料就会经历一个向着与周边新环境达到平衡的改变过程。在这个过程中，文物的腐蚀速率是较快的。但一旦达到平衡状态后，文物材料的变化速率就会逐渐降低甚至停止，文物就会处于一个相对稳定的状态。这种状态在文物还处于较为稳定的埋藏环境中时会持续存在。例如，在大多数腐蚀性较低的土壤中，青铜器平均腐蚀速率为0.05～4μm/a。而当埋藏时间大于20年后，这个腐蚀速率就会逐渐降低，最终趋于停止。

一般埋藏较深、密闭性较好的墓葬，其内部环境受外界的影响较小，在封闭后较易达到平衡状态，因此埋藏的文物能够较好地保存下来。马王堆汉墓就是这种环境的典型例证。而那些埋藏较浅、密闭性不好的墓葬，其内部文物和埋藏环境虽然也有达到平衡状态的趋势，但是由于受外界环境的影响较大，其平衡不断被打破，因此埋藏的文物一般而言保存状况较差。

但不论是哪种埋藏环境，在人们将文物从地下发掘出来的那一刻，文物就又突然被置于一个新的环境中，而这个新环境和原本文物的地下埋藏环境将会有很大的差异。这时文物与埋藏环境原本形成的平衡就被彻底打破，文物的改变又重新开始。文物材料就又会经历一个向着与新的周边环境达到平衡的改变过程。也就是说当文物被暴露到空气中的那一刻，它所遭受的侵蚀又重新开始了或者说侵蚀速率又重新被加快了。有些材料对这种改变比其他材料更为敏感，如有机材料，这一过程非常快，因而导致在数小时内有机质就崩解了。而其他一些材料，如石质及烧制较好的陶质，对这种改变不十分敏感，因此从宏观上看似乎破坏不大。即使新的平衡状态在文物发掘出土后能够达到，但由于文物出土时都经历了成百甚至上千年的侵蚀，其自身的强度多数已经很低。有些材料自身剩余的强度还能够支撑这种改变，那么它就能保存下来。而有些材料自身剩余的强度已经无法承受这种变化了，此时文物就会出现破碎、崩解直至彻底损毁。这就是在考古发掘现场常常会出现文物刚刚出土时非常光鲜艳丽，短短几分钟之后就彻底土崩瓦解的原因。

不论材料自身的强度以及对环境的敏感程度如何，对大多数文物而言，在考古发掘现场出土的那一刻，各种形式的侵蚀都是不可避免地会产生的，只是这种损害或侵蚀并不一定能够直接用肉眼观察到。

以上就是考古发掘现场文物保护的基础理论，即平衡状态理论。考古发掘现场文物保护的一切工作都是基于该理论展开的。换言之，考古发掘现场文物保护就是立足于解决或缓解平衡状态的打破对文物产生的影响及造成的信息损失。

1.2 考古发掘现场文物保护的定义及目标

1.2.1 定　　义

考古发掘现场文物保护（以下简称考古现场保护或现场保护）是指文物保护工作者在考古发掘现场，从文物及其他考古资料刚刚暴露于大气环境到被转移至实验室进行科学保护前，对文物及其他考古资料进行的样品采集、数据记录、抢救性保护及后续处理等一系列工作的统称。

从考古现场保护的定义（以下简称定义）可以看出，考古现场保护的主要工作人员是文物保护工作者。当然，并不是说其他工作人员，如考古工作者不能参与。其实恰恰相反，如果考古发掘现场文物保护有专门的考古工作人员参与，那么将大大有利于现场保护的顺利进行。所谓的主要工作人员应为文物保护工作者是指，主持现场保护的人员或者现场保护的骨干人员必须是文物保护的专业人员。这是因为考古发掘现场文物保护所面临的问题十分复杂，相关的影响因素也非常多，从一定程度上来说其难度不亚于现有的实验室保护工作。

定义还指出现场保护工作的时间范围是从文物及其他考古资料刚刚暴露到被移交至实验室。其实对更广义的现场保护而言，其时间范围应该是在考古勘探时就介入，只不过那时的工作仅仅是现场保护的一些预测及准备工作，并不涉及实质性保护内容。而实质性的现场保护工作始于文物或其他考古资料刚刚“露头”，终于将文物从考古发掘现场运送回文物最终存放地附近的条件较好的实验室（并不是在现场工作站建立的临时实验室）。实际上，现场保护工作还经常会包括一些在实验室中协助实验室保护工作者打开运输或储存包裹，以及部分的实验室保护修复工作。

另外，定义还指明了现场保护的工作内容主要包括样品采集、数据记录、抢救性保护及后续处理等，有关这些内容将在后面的章节中详细介绍。

1.2.2　目　　标

考古发掘现场文物保护的主要目标就是在保留出土文物信息资料的完整性和现场保护技术措施不影响实验室后续保护处理两大前提下，尽量减缓甚至停止新环境对文物材料产生的侵蚀，从而在这一时间段内使文物得到临时性的、抢救性的保护或维护。

从主要目标中可以看出现场保护有两大前提，即保证文物信息资料完整及不影响后续实验室保护。保证文物信息资料完整所涵盖的内容非常丰富，这里指的文物信息资料既包括实体性的，如文物个体的完整性，也包括很多数据或资料性的，如埋藏深度、埋藏环境等。总之和出土遗迹、遗物相关的一切有利于考古学及文物保护学研究的文物信息，考古发掘现场文物保护工作者都应该尽可能将其保存下来或提取出来。

另外，早期的现场保护研究学者认为，考古发掘现场文物保护都是在条件恶劣、材料短缺的情况下被迫进行的临时性保护处理工作，因此现场进行的所有的处理在实验室都是要将其从文物中去除的，而后再利用实验室的优良条件对文物进行再次保护处理。从近年来的文物保护发展趋势及现场保护实践来看，这种传统观点对错参半。观点中正确的部分是考古现场保护处理过的文物到实验室后多数都需要进行进一步保护处理。需要指出的是，现场保护的处理并不一定都是实质性的，很多处理其实仅仅是对文物存在环境的干预。例如，对保存较好的饱水漆木器的现场保护，其实主要就是进行保湿的包裹以及一些防霉措施，并未涉及脱水、加固等，而后期的脱水、定性、加固都是需要在实验室中进行的。当然除此之外现场保护也有实质性的保护内容，如对脆弱文物的提取、加固等。其实这就引出了传统观点中错误的部分，即所有现场的保护处理在实验室中都是要去除的。真正的可逆性材料几乎是不存在的，尤其是对多孔介质而言，这一点已经在当前文物保护界达成共识。因此也就不可能在实验室将现场进行的加固处理完全去除。另外，还有一些现场进行的保护处理在实验室不必也不能去除。例如，对完全矿化成粉状锈蚀产物的青铜器，现场保护的做法一般是利用树脂溶液对其进行渗透加固以保留其外部形态。这类器物，如果在实验室将对其进行加固的树脂完全去除，势必会损伤文物的外部形态。而且其本身已经比较稳定，因此现场保护的处理在实验室中无须也不能去除。总之，现场保护处理并不一定需要可逆，只要可再处理就行，换言之就是不影响后续实验室保护处理即可，这也就是前提的第二点内容。

1.3　考古发掘现场文物保护的原则

1.3.1　少干预原则

少干预原则是考古发掘现场文物保护的基本原则。其含义是指在进行考古发掘现场文物保护工作时，最少的处理即是最好的处理。也就是说，如果一件文物出土时状态良好且不经任何处理亦可很好地保存，那么就不要对它进行任何处理（甚至包括最简单的表面清理）。其实少干预是总的文物保护学科的一个基本原则，在考古发掘现场文物保护中要格外强调少干预，除了一般实验室文物保护要求少干预的原因之外，还因为现场保护的各方面条件较差，一般无法在处理前对文物的材质及各方面信息进行彻底的探究，只是凭借经验及一些简单的方法对文物的相关情况进行判定，从而进行保护处理。因此这些处理有可能出现偏差。例如，如果在考古发掘现场对一件表面覆盖满致密锈蚀的鎏金青铜器进行除锈，但是由于青铜锈蚀的覆盖，一般在现场很难确定该器物是鎏金器还是普通青铜器，冒然地清理很有可能会导致鎏金信息的完全丧失。因此，在考古发掘现场如果在保证文物安全的前提下尽可能少的对其进行处理，同时进行正确的包裹及储存，那么该文物往往就会有更多的机会完好地保存下来。

1.3.2　可再处理原则

可再处理原则是基于可逆原则的基础上提出的。所谓可逆是指对文物进行的任何处理都能够日后在不对文物产生任何损伤及改变的前提下去除。

但是，随着对文物保护学研究的不断深入，人们逐渐意识到真正意义上的可逆几乎是不存在的。尤其是当材料施加到文物上一段时间以后，许多原本可逆的处理方法或材料实际都很难达到完全的可逆（由于光老化、文物表面的多孔特性等原因）。以当前文物保护中最常使用的材料 Paraloid B72 为例，该材料在单纯的可逆性测试中表现良好，但当它施加到文物表面并发生了一定程度的光老化后，可逆性就会出现大幅降低。

因此，学界在可逆原则的基础上提出了可再处理原则。所谓可再处理就是指保护处理过的文物还能够毫无障碍地进行再次的保护处理的特性，换言之就是使用不影响后续保护处理的保护方法及材料。

考古发掘现场文物保护应遵循可再处理原则，而不必局限于可逆原则。例如，如果对于饱水的木质文物用不可逆材料硅油进行预处理的可再处理性要比用一些可逆性材料（如聚乙二醇）更好，那么在考古现场遇到类似情况时就可选用可再处理性较好的硅油进行预处理。

1.3.3　少 量 原 则

少量原则也是考古发掘现场文物保护的一个重要原则。所谓少量原则就是指，在确保文物安全的前提下尽可能少的使用文物保护材料。对考古发掘现场文物保护而言，保护处理往往是在不十分理想的条件下不得已而进行的，这种情况下滥用文物保护材料很有可能会导致日后实验室保护工作量的增加及文物的损害。

另外，由于考古工地往往地处偏远，保护材料不易获得。少量原则有助于将有限的保护材料用于更多的、更急切需要进行的保护处理中。同时，对保护材料的节约使用还可以降低考古发掘现场文物保护的成本，但其前提是要确保文物的安全。

1.3.4　事先采样原则

考古发掘现场任何的保护处理，甚至仅仅对文物表面的清洗都可能会污染文物，最终导致科学分析结果的无效。因此，如果日后需要进行某种分析，在进行任何保护处理之前都应该仔细地取下有代表性的样品并将其放置好。这是考古发掘现场文物保护的一个特殊原则。例如，近年来对彩绘类文物胶料的研究逐渐成为文物保护研究的一个热点，但是胶料研究有一最大的遗憾就是对切割搬迁过的壁画难以进行。其原因在于壁画搬迁时一般都需要进行贴布以保护画面层，贴布处理使用的胶料（多为桃胶）会直接污染并覆盖原本壁画表面使用胶料的信息，造成分析结果出现偏差甚至彻底错误。这种结果的产生就是因为当初处理壁画之前未对其进行采样。另外，如果遇到那些在现场无法采样但又必须进行保护处理的文物，在日后将文物送检时应该同时附上一份完整的该文物的考古发掘现场保护记录，以供解读分析数据时参考。

1.4　考古发掘现场文物保护的研究内容

一次完整的考古发掘现场文物保护一般包括前期调查、制定预案、建立临时实验室、现场提取保护、临时性保护、包装运输等基本内容，其中后三个部分是现场保护的核心内容。需要说明的是，这六个研究内容是理想的考古发掘现场文物保护所应该具备的。但是在实际工作中由于现场情况复杂多变，因此在进行工作时要根据各方面情况综合考虑以确定所涉及内容的取舍。例如，临时实验室的建立，如果保护经费有限，同时发掘时间紧迫，那么一般来说该部分就被迫省略了。本书主要涉及现场保护的核心内容部分，即现场提取保护、临时保护及包装运输。

1.4.1　前期调查

所谓考古发掘现场文物保护的前期调查主要是指在考古调查及勘探进行的过程中，考古发掘现场文物保护工作者对即将发掘的考古工地的历史信息、周边环境、埋藏环境等进行的调查研究。

对周边环境的调查可以采用实地监测与在当地气象部门调取资料相结合的方式进行。主要调查的内容包括温度、湿度、降雨量、日照时间、空气污染物等。周边环境的调查对考古发掘现场文物保护的预案制定及日后的保护工作都非常重要。例如，在对北方某地区考古发掘工地周边环境的调查中，发现该地区在考古发掘期间白天的平均气温高达32℃。因此在即将进行的考古发掘现场文物保护工作中就应该避免使用挥发速率较快的溶剂——丙酮，同时对那些玻璃化转变温度较低的保护材料，如聚醋酸乙烯酯，也应尽量避免使用。

历史信息的调查可以通过与考古工作者商讨、查阅相关历史文献和对勘探结果分析的方式进行。这类工作主要是通过了解发掘目标的历史时期以及埋藏情况，预计可能出土的文物种类，从而为考古发掘现场文物保护的预案制定及准备工作奠定基础。例如，发掘目标是春秋战国时期以前的墓葬，那么铁质文物的保护就不会作为一个重点而加以准备，因为这个时期的墓葬中铁制文物出土的可能性较小。再如在对发掘目标的勘探过程中，探铲带出的埋藏土中包含木质，那么就必须对漆木器的现场保护进行准备。

埋藏环境的调查可以通过对考古勘探带上来的埋藏土样品的pH、含水率、孔隙率、可溶盐等特性的分析来进行。同时还可根据探铲带上花土的具体深度估算文物的埋藏深度。通过事先对埋藏土样品的分析结合埋藏深度的预估，可以推测地下文物的保存状况，从而更有针对性地制定考古发掘现场文物保护的预案。例如，对埋藏土样品的事先分析发现，地下文物的埋藏环境为酸性，含水率较高。同时在土中发现了大量青铜锈蚀痕迹。这就说明发掘目标中可能埋藏有大量青铜文物，但青铜文物的保存状况可能十分不佳。因此，在准备考古发掘现场文物保护的过程中就应将腐蚀严重的青铜文物的加固、提取作为重点。

1.4.2　制定预案

在前期调查的基础上，将调查得到的周边环境、历史信息及埋藏环境等相关信息综合分析，预计文物发掘过程中可能面临的保护问题，针对这些保护问题与各个专项的文物保护专家协商、讨论并制定有针对性的保护预案，同时按照保护预案准备必要的设备和材料。一份完整的考古发掘现场文物保护预案一般应包括四个部分。

1. 总　则

总则是对预案的一般性介绍，主要包括编制目的、编制依据、理论基础及工作原则和适用范围四部分内容。总则内容主要是对现场保护预案的目的、依据、基础及适用性的概述。

2. 预　案

这是现场保护预案的主体部分，主要应包括遗址概况、预计保护问题以及应对预案三部分内容。其中遗址概况应包括对将要发掘遗址的地理位置、历史沿革、区域环境、埋藏环境以及预计出土文物种类的介绍，这里用到的所有资料基本上都是在前期调查中获得的。接下来的预计保护问题部分就是根据遗址概况中的内容推测可能出现的保护问题。最后针对这些可能出现的保护问题，通过和各个专项的保护工作者会商，结合目标地的环境条件制定有针对性的应对预案。

3. 预　算

根据保护预案的内容进行现场保护所需经费的估算。一般现场保护的预算项目主要包括材料费、工具及设备费、分析测试费、交通运输费、人员费等内容。

4. 修　订

这部分内容主要是说明在什么情况下前文制定的预案需要进行修订，同时由谁负责修订的问题。

1.4.3　建立临时实验室

在考古发掘初期，一般需要进行现场保护的遗迹遗物不太多。但这段时间决不是考古发掘现场文物保护的闲时。考古发掘现场文物保护工作者应利用这段时间，在发掘现场附近建立临时实验室。临时实验室的建立是为了给即将发掘出土的文物提供一个更加易控的环境空间，同时为现场保护中较为细致的保护处理提供相对较好的处理条件。如果考古工作站距离考古工地不远，那么临时实验室最好能够设立在工作站中，这样既有利于统一的管理和物资调配，又可以最大限度地保证文物的安全。

临时实验室并不需要太多的复杂仪器设备，一些简单的温湿度计、显微（放大）操作台面、常用的工具、常用的保护材料和溶剂以及良好的照明就基本可以满足要求了。如此“简陋”的布置是因为，多数情况下在临时实验室中只进行那些在现场没有办法或时间进行的抢救性的临时保护及其后续处理，而不进行那些在正式实验室中的直接以文物展陈或长期储存为目标的系统保护处理。

1.4.4　现场提取保护

随着考古发掘工作的进展，遗物或遗迹开始出现，这时就需要进行现场提取保护。所谓现场提取保护主要是指在文物出土地点对文物进行的提取及相关保护处理。这时的处理条件往往十分简陋，环境也不易控制，因此该保护处理的目标仅仅是能够将文物完好地提取回临时实验室，是临时性的、抢救性的保护，处理步骤较简单，处理时间较短。

对于保存状况较好的文物，该过程可能仅仅就是一个提取及微环境控制的过程。而对于保存状况较差的文物，该过程除微环境控制和提取之外可能还要涉及表面清理、加固等步骤。总之，现场提取保护就是在相对较短的时间范围内，在尽可能维持文物原始的埋藏环境的同时，将文物提取出考古现场并将其运至临时实验室的过程。

1.4.5　临 时 保 护

当文物在出土地点进行完抢救性的处理后被运送至临时实验室，这时各种条件较文物出土地要优越一些，同时环境也较易控制。因此可以在临时实验室中进行一些补充或进一步保护处理，只要这些处理（如表面的清洁、简单的粘接、必要的加固以及精细的干燥或保湿等）不是特别复杂。把一些临时的但对文物安全保存或运输比较重要的保护问题在临时实验室中解决掉，而那些复杂的、难度较大的工作及文物保护研究则应留给后期的正式实验室进行。

1.4.6 包装运输

包装是在考古发掘现场对文物进行一系列的保护处理后，按照文物需要的保存环境以及即将进行的运输方式对文物进行的包裹过程。由此可见，考古发掘现场文物保护的包装一般可分为两类，即以储存为目的的包裹（储存包裹）和以运输为目的的包裹（运输包裹或缓冲包裹）。

储存包裹的重点是维持一个相对较密闭的稳定环境（如干燥、潮湿、缺氧等）。这种包裹可以保证文物在运抵实验室前这一段时间内，处于一个相对适宜的保存环境，从而减缓环境对文物的侵蚀作用。

运输包裹的重点是保证文物处于一个力学的缓冲体系中，将运输过程中震动对文物的破坏降到最低。在文物运输的过程中，以运输为目的的包裹往往和以储存为目的的包裹联合使用，这样既可以在运输过程中缓解震动对文物的影响，同时也可以维持文物保存环境的相对稳定。

1.5 考古发掘现场文物保护的分级

在考古发掘现场，文物保护工作者所面临的是遭受化学和物理多重损害的极度脆弱的出土文物。为了保护这些文物，现场保护工作者必须采取正确的保护、包裹、储存方法。这些工作是文物在实验室环境中进一步保护及日后长期储存的先决条件。但是，实际情况是由于人力、物力、财力等相关条件的限制，现场保护工作者不可能在每个考古工地对每一件出土文物都进行系统的现场保护处理，更何况很多文物是可以在不经过太多的保护处理的前提下就能完好地保存下来的。因此，实际情况往往是当一件文物可能出土或已经出土时，由考古工作负责人会同现场保护工作者以及相关管理者一起商讨，依据现场的实际条件确定对该文物采取的现场保护级别。现场保护一般可以依据保护工作者的介入程度分为四个级别。

1.5.1 非主动性保护

非主动性保护是指不对任何种类的文物采取干预性保护工作。保护工作者仅检查文物是否具有活性的腐蚀产物，是否有任何有价值的细节信息，并给出储存的建议。在这种情况下，现场保护工作者并不一定亲自前往工地进行实地工作，可以通过发掘前对个别考古工作者进行简单培训，文物出土后通过远程协助的方式进行工作。这种保护级别的代价最小，花费最低，但对出土文物的安全保证最少。对于那些财力、物力不足，出土文物的数量及种类较少的发掘可采用该级别。

1.5.2　选择性保护

选择性保护是指仅仅只对考古学感兴趣的部分文物进行表面清洁、提取、包裹等现场保护工作。这种级别常常还包括对特定破碎文物的粘接，但一般不对缺失部位进行补全。另外，如果有必要还需要包括适当的分析工作。这种保护级别需要考古现场保护工作者在特定文物的出土时间段亲赴考古工地进行工作，但不用全程守候在工地。在这种情况下，保护的代价较小、花费较低，但保护的针对性很强，对特定文物能够起到有效的保护效果。对于那些财力、物力较欠缺，但有重要文物出土的发掘工地可采用选择性保护。

1.5.3　全 面 保 护

这种保护级别意味着现场保护工作者从考古发掘初期就全面介入，对凡是需要进行现场保护的一切出土物均进行清洁、记录、稳定化、包裹等保护处理，同时还应包括相应的分析工作。这种保护级别需要考古现场保护工作者在考古发掘期间全程守候在发掘工地，是最理想的现场保护级别。这种情况的保护代价较大、花费较高，但对文物的安全保证也最高。对于那些财力、物力充足，具有重要意义的发掘现场可采用该级别。

1.5.4　展陈标准保护

这种保护级别意味着现场保护的工作目标直指博物馆展陈。出现这种保护级别的原因往往是，文物的最终保管单位及其附近区域不具备进一步对文物进行实验室保护的条件，故而现场保护工作者被迫在现场将文物尽量处理到能够直接进行入库储存及展陈的状态。它所包括的工作内容将涵盖现场保护及实验室保护的全部内容，甚至还包括对文物的补全修复和作旧。这种保护级别的代价最大、花费也最高，但由于考古发掘现场各方面条件的限制，保护效果并不一定能够达到最佳。对于那些没有条件进行实验室保护的文物最终保管单位，采用这种保护级别也是迫不得已。毕竟相比起在现场进行实验室保护而言，将现场保护的处理长时间储存对文物产生的危害更大，而且最终会导致现场保护所有处理的失效。因此当遇到前面谈及的情况且同时现场保护的人员及经费充足时，可采用该保护级别。

当然，现场保护所采取的保护级别并不是一成不变的，它常常会随着实际情况的变化而改变。例如，原本计划进行非主动性保护的工地突然出土了一件极有价值、有意义的文物，这时就可以在与各方面相关人员达成共识后，将其保护级别提升为选择性保护。

1.6　考古发掘现场文物保护的名称问题

本书所讨论的考古发掘现场文物保护是指在考古发掘现场当文物及其他考古资料刚刚暴露于大气环境条件下时，对文物及其他考古资料进行的样品采集、数据记录、抢救性保护及简单后续处理等一系列工作的统称。英文称之为conservation of artifacts from archaeology sites或in situ conservation of archaeological materials（当然还有其他的一些叫法），习惯上将其简称为考古现场保护。但是英文中还有另外一种称谓是conservation of archaeology sites，翻译过来也是考古现场保护。这两个考古现场保护虽然在某些方面具有一定的联系，但从其基本定义、前提、方法、目标等方面均有较大的差别。前者主要是针对考古现场出土的文物；而后者其实就是指考古遗址的保护，研究对象主要是考古发掘结束后，发掘留下的遗址、遗迹，包括如何建立保护大厅、如何进行日常维护、如何进行回填处理等问题；而不是考古发掘现场文物保护中如何在文物刚刚出土时对其进行及时、有效地保护问题。产生这一误解的主要原因是site一词，site既有“现场”“场所”之意，同时又有“遗址”的意思。再加上人们习惯将考古发掘现场文物保护简称为考古现场保护，因此就出现了如上的误会。对于考古遗址的保护本书并不涉及。

1.7　我国考古发掘现场文物保护的现状

在我国，考古发掘现场文物保护越来越受到学界及相关主管机构的重视。同时，也有越来越多的考古工作者意识到考古发掘现场文物保护的重要性。但是，现今我国考古发掘现场文物保护工作中仍存在着经费、人员、时间、协调及相互理解等一系列的问题。

经费短缺是制约我国考古发掘现场文物保护的一大问题。虽然近年来国家在文物保护领域的投入力度有所加大，但是对于考古发掘现场文物保护而言，经费不足仍是一个主要的现实问题。考古发掘多有配套的发掘经费支撑，但现场保护却很少有专门的经费支持。我国现今的考古发掘现场文物保护经费多由考古经费中支出，这对于经费本身就不是很宽裕的田野考古工作而言无异于雪上加霜。因为一次完整的考古发掘现场文物保护工作所需要的费用可能会很高，在一些情况下甚至会超过考古发掘工作本身的支出。这就造成了在我国进行考古现场保护只能“小打小闹”，难以做到最优的全面保护。只有为现场保护工作提供独立于考古发掘经费之外的专门配套资金，才能真正促进我国考古发掘现场文物保护的发展。

专业人员的短缺也是现今困扰我国考古现场保护发展的一大问题。考古发掘现场文物保护归属于文物保护学研究范畴，但就现今我国的文物保护本科专业人才培养而言，全国仅西北大学、北京大学等少数几所高校开设该专业。每年的毕业生总数不足百人，而其中最后工作能涉及考古现场保护的人数不到1/10。这与我国现在众多的考古发掘任务是极不协调的。

时间问题也是考古发掘现场文物保护与田野发掘工作之间的一对矛盾。考古田野发掘一般都有一定的时间限制。在我国由于发掘任务繁重，经费有限，考古发掘一般都要求在一个相对较短的时间段内完成。尤其是抢救性发掘，其发掘期限就更加短暂。而不容置否的是考古发掘现场文物保护必然会一定程度的拖延考古发掘的进程。因此，现场保护工作者就需要考虑如何找到用时最少化和保护最优化的结合点。例如，建立临时实验室，将更加细致的进一步保护工作从文物出土位置转移到附近的实验室中进行，在文物出土地仅进行简单的提取、微环境控制及必要的清理、加固等工作。这样，通过对部分工作实施地点的转移，在保证考古发掘现场文物保护质量的前提下，减少了现场保护对考古工期的影响，可以在一定程度上缓解这对矛盾。

正是因为经费的缺乏、时间的紧迫等问题，协调工作在考古发掘现场文物保护中就显得尤为重要。考古现场保护工作者有义务告诉每一位参与田野考古发掘的人员现场保护的工作内容及工作意义。同时，现场保护工作者还应该和考古工作者积极沟通，了解考古学的相关需求。双方互谅互让，协调一致，才能保证各自工作的妥善进行。

我国的考古发掘现场文物保护方兴未艾。在了解现场保护的理论及实际工作内容、方法的基础上，如能解决好现今该方向的诸多现实问题，我国的现场保护必然能够在不远的将来获得长足的发展并走到世界的前沿。

第 2 章　考古发掘现场文物保护中的温湿度环境因素

考古发掘现场文物保护所涉及的环境问题主要包括两部分内容。其一，是文物在发掘现场刚刚出土时所面临的温度、湿度、光辐射、氧气、空气污染等环境突变问题，在这个时期，环境控制的难度极大，保护工作者仅能通过各种手段尽可能减缓环境突变的速率，从而尽量使文物缓慢适应新的地上储存环境；其二，是当文物出土后到其被运至实验室进行正式实验室保护处理前这段时间内，尽可能创造并维持适合于文物临时储存的微环境，并通过调整或控制文物临时储存库房的局域环境条件，减缓文物储存微环境的波动。

从以上两方面内容可以看出，对于考古发掘现场文物保护而言，实验室文物保护所涉及的所有环境因素都会在现场对文物产生损害。虽然每种环境因素在考古发掘现场对文物的作用时间远没有实验室保护、博物馆展陈和文物长期储存的作用时间长，但其作用的剧烈程度远大于文物在其他几个环节中所经历的。因此，了解各种环境因素对文物的影响，在解决考古现场文物保护中所遇到的各种问题中具有重要的指导意义。在诸多环境因素中，温湿度是两个最基本也是最重要的因素。

2.1　温　　度

温度是考古发掘现场文物保护中所涉及的最基本的环境因素之一。在考古发掘现场，当文物出土时都会经历一个温度的变化过程。这是因为在大多数情况下，地下埋藏环境的温度与地表的大气温度存在一定的差异。当文物处于地下埋藏环境中时，其本体的温度受周围包裹土质的影响，维持在与其周围环境一致的温度下。而当文物出土时，其本体温度则会受到地表大气温度、光辐射等因素的影响而出现突然的变化。此后，文物本体的温度还会随着外界环境温度的变化而出现波动。这种温度的突然变化及此后的波动在考古发掘现场会对文物产生一系列的损害。

要了解温度在考古发掘现场对文物会产生何种损害，首先应了解温度的定义，即什么是温度。

2.1.1　温度的定义

在日常生活中人们常常会接触到温度的概念。众所周知，当温度变化时，物体的许多性质都会发生变化。例如，温度升高时，许多物体会在体积上产生膨胀；水加热到100℃后如果继续加热就会变为水蒸气；钢经过淬火其硬度会提高等。通常认为，温度是表征物体冷热程度的物理量。但这是对温度概念的通俗理解。物体的冷热程度是从人类的直觉观念引申出来的，因而具有一定的主观因素。通过直觉判断物体温度有时会导致错误结果，严格的温度定义是建立在热力学第零定律基础上的。

1. 热力学第零定律

当原先各自都处于一定平衡状态的两个系统 *A* 和 *B* 相互接触时，它们之间就会发生热量的传递，此时就称这两个系统发生了热接触。实验证明，*A* 与 *B* 发生热接触之后，各自原先的平衡状态都遭到了破坏。经过一定时间以后，两个系统的状态不再变化，并达到一个共同的稳定状态，即新的平衡状态。这时两个系统彼此处于热平衡。

将上述概念引申到三个系统。若取三个系统 *A*、*B* 和 *C*，使系统 *A* 和 *B* 同时与系统 *C* 发生热接触，而系统 *A* 和系统 *B* 是彼此隔绝的。经过一定时间以后，系统 *A* 与系统 *C* 达到了热平衡，同时，系统 *B* 与系统 *C* 也达到了热平衡。这时若系统 *A* 和系统 *B* 发生热接触，实验表明，这两个系统的状态都不会发生任何变化。因此说明，系统 *A* 和系统 *B* 已经达到了热平衡。

将上述事实概括成一个定律，那就是：如果系统 *A* 和系统 *B* 都同时与第三个系统 *C* 处于热平衡，则它们之间也必定处于热平衡。这就是热力学第零定律（图2-1）。

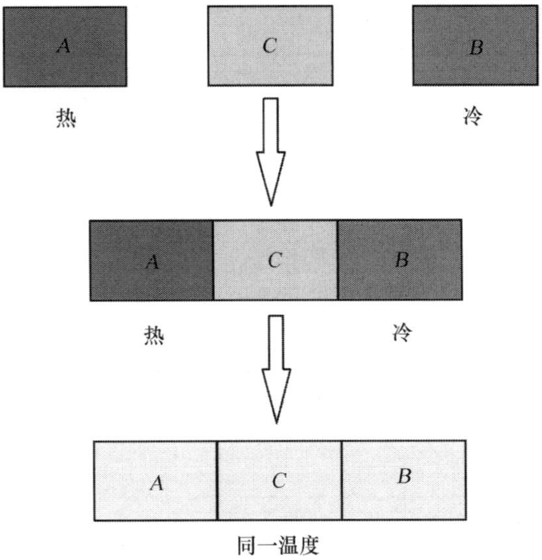

图2-1　热力学第零定律示意图

2. 温度的定义

温度的宏观意义便是在热力学第零定律的基础上建立起来的。温度是决定一个系统是否与其他系统处于热平衡的宏观标志。彼此处于热平衡的所有系统，必然具有相同的温度。反之，如果一个系统与其他系统未达到热平衡，则它们必定具有不同的温度。

温度的微观解释是在理想气体状态方程的基础上得到的。通过对理想气体状态方程及分子平均平动能方程的推倒，可以得出下式：

$$\overline{E}_k = \frac{2}{3}k \times T \tag{2-1}$$

式中，$\overline{E}_k$ 为理想气体的平均平动能；k 为玻耳兹曼常量；T 为系统的温度。

通过式（2-1）可以看出，分子的平均平动能唯一取决于系统的温度，并与温度成正比。由此可以得出温度的微观解释，即温度是系统内部分子无规则热运动强弱程度的标志。温度越高，分子热运动就越强烈。应该注意的是，温度是大量分子热运动的集体表现，只具有统计意义。对单个分子而言，热运动和平均平动能都失去了意义，因此它的温度也就没有意义了。

系统温度在微观上反应了系统中分子热运动的强烈程度，宏观上表示一个系统是否与其他系统处于热平衡，这就是温度的定义。

2.1.2　温度对文物的影响

1. 物理过程速率的改变

温度升高，物理过程的速率就会被提高，如水和空气穿过固体的速率会随着温度的升高而被加速。实验表明，温度上升5℃，水和空气穿过固体的速率会被加速大约1.3倍。在考古发掘现场文物保护中，如果有机质文物处于较高温度下，其自身孔隙中吸收的水分的挥发速率就会被加快，因而就更容易出现干燥脱水的现象。

此外，这种改变也适用于挥发性物质的挥发，因为挥发过程主要受扩散的限制。对于考古发掘现场文物保护而言，挥发速率较快的溶剂在温度较高的气候环境下不宜和加固剂一起使用，因为高温会加快挥发速率，从而导致加固剂渗透深度有限、反迁效应明显（见5.3.2中“2. 加固剂加固”节）。丙酮在炎热的气候下使用就会遇到这种问题，在这种情况下往往采用甲苯代替它作为加固剂的溶剂（表2-1）。

表 2-1　常用溶剂的相对挥发速率

溶剂名称	相对挥发速率	相对挥发速率归级
水	0.36	低挥发度（挥发速率≤0.4）
正丙醇	0.89	中等挥发度（0.4＜挥发速率≤1.5）
乙酸丁酯	1	
乙醇	1.7	高挥发度（挥发速率＞1.5）
甲苯	1.93	
丙酮	5.7	
正己烷	7.8	

注：以上的数值为相对值，相对值的测定方法是假定乙酸丁酯的挥发速率为 1，在相同的条件下测得乙酸丁酯及其他溶剂的挥发速率，然后将所得数据与乙酸丁酯的速率相除，算出比值。

2. 化学反应速率的改变

实验证明，温度对反应速率的影响比较显著。在浓度一定时，绝大多数化学反应的速率都随着温度的升高而明显增大。如在常温下，H_2 和 O_2 的反应极慢，实际上觉察不出反应的发生。当温度升高到 673K 时，可看到反应明显进行。温度升高到 873K 时，反应快至发生爆炸。这主要是因为随着温度的升高，反应物分子将获得更多的能量，使一部分原来能量较低的分子变成活化分子，增加了活化分子的百分数，使得有效碰撞次数增多，故反应速率加快。当然，除此之外，还由于温度升高，使分子运动速率加快，单位时间内反应物分子碰撞次数增多，反应也会相应加快。温度变化对反应速率的影响，主要表现在对速率常数 k 的影响。

范特霍夫对许多反应的速率和温度的关系进行了研究，并于 1884 年提出了一个经验规则：对一般反应，在反应物浓度相同的情况下，温度每升高 10℃，反应速率增加到原来的 2 ~4 倍。这个倍数称为反应的温度系数，其关系见式（2-2）：

$$\frac{k_{(t+10)}}{k_t}=\gamma \tag{2-2}$$

式中，$k_{(t+10)}$ 和 k_t 分别为温度（$t+10$）℃和 t℃时的反应速率常数；γ 为温度系数，γ 值为 2 ~4。

当温度从 t℃升高到（$t+n\times10$）℃时，则反应速率为原来的 γ^n 倍。

$$\frac{k_{(t+n\times10)}}{k_t}=\gamma^n \tag{2-3}$$

例如，某一反应的温度系数 γ 为 2，在反应物浓度不变时，当温度从 10℃升高到 100℃，反应速率就是原来的 512 倍。因此利用范特霍夫规则可粗略的估计温度对反应速率的影响。

文物的侵蚀过程大都可以归结为化学反应的过程，因此温度的升高必然会加速文物遭受侵蚀的速率。尤其在考古发掘现场，大多数情况下文物出土前的本体温度是低于外界大气环境温度的，因此在文物出土时，其本体温度必然会由于大气环境温度等因素的影响而出现升高。这时往往还伴随着其他环境因素的突变，如含氧量的升高、含水量的变化等，从而造成文物侵蚀速率的激增。

3. 热胀冷缩

热胀冷缩是物体的一种基本性质，物体在一般状态下，受热后会膨胀，受冷后会收缩。自然界中除水（水在4℃以上热胀冷缩而在4℃以下冷胀热缩）和锑（熔化的锑在冷却凝固时体积会膨胀）外的绝大多数物体都具有这种性质。

温度是材料中分子运动的量度。分子是万物构成的基本单元。当温度增加，物体内的分子运动就加速并且分子间距离增大，从而物体出现膨胀。当温度降低，分子运动就会减速并且分子间距离缩小，物体从而收缩。

线膨胀系数亦称线胀系数是衡量材料热胀冷缩性能的重要指标，其定义为：在压强不变的条件下，固态物质长度的相对改变量$\left(\frac{\Delta L}{L}\right)$与温度改变量$\Delta T$之比，常用符号$\alpha$表示。

$$\alpha = \frac{1}{L}\left(\frac{\Delta L}{\Delta T}\right)_p \tag{2-4}$$

式中，L为试件的长度；T为温度，下角标p为等压下膨胀。

固体的线膨胀系数一般很小，且随温度和压强而变。对于大多数固体材料，在室温下α可视作常数。对应的还有体膨胀系数，即物体的体积随温度的变化率。对于各向同性的物体，线膨胀系数较小时，体膨胀系数是线膨胀系数的3倍略多一点（表2-2）。

表2-2　一些常见材料的线膨胀系数

材料	线膨胀系数/（10^{-6}/℃）
陶	4.5
木（沿纤维方向）	4.9~54
木（纤维断面方向）	34~54
砂石	7~12
石灰石	9
大理石	12
花岗岩	4.61
砖	9.5
水泥、混凝土	10~14

续表

材料	线膨胀系数/（10^{-6}/℃）
环氧树脂	60～70
有机玻璃	130
铸铁	8.7～11.1
碳钢	10.6～12.2
锡青铜	17.6
铬钢	11.2
铝合金	22～24

热胀冷缩对文物的影响主要发生在由两种或两种以上材质组成的文物（复合文物）以及体量较厚重且材质传热系数较低的文物上。对复合文物而言，由于各种物质材料的热膨胀系数不同，甚至相差很大。因此环境温度的升高或降低就可能会在复合文物中的不同材质间产生一定的应力，这种力会导致文物的直接损坏；对体量较厚重且传热系数较低的文物而言，当外界温度升高，文物表层受热首先出现膨胀，而由于热量尚未传递到内层，从而内层并未膨胀，因此在内外层间将产生一定的应力，久而久之对文物造成破坏。

对于博物馆中展陈以及在实验室中进行保护处理的文物而言，由于室内温度易控，故热胀冷缩对文物带来的危害几乎可以忽略。而对于考古发掘现场文物保护而言，由于环境温度难以控制以及发掘出土时的温度较快变化，热胀冷缩往往会在文物的损害中扮演重要的角色。

4. 冰冻风化

冰冻风化又称冻胀作用，温度对文物的这种影响主要是通过水产生的。以刚刚发掘出土的多孔文物为例，在文物的埋藏过程中，由于地下环境中含有大量水，往往会使得多孔材质文物的孔隙在出土时吸附有大量的水分。文物出土后，当外界环境温度下降到0℃以下时，文物孔隙中的水就会结冰，水在从液态变为固态的过程中体积会增大9%，这种体积的膨胀会对文物的孔隙产生极大的压力，其压力值甚至可高达960～2000kg/cm^2。压力会迫使文物材质出现裂隙，或者促使已有的裂隙加宽、加深。当气温上升至0℃以上时，冰又会融化成水，从而顺着加深的裂隙进入更深的内部。当温度再次降低到0℃以下，这个过程又会被重复。如此反复，多孔材质的文物最终将崩解、破裂成碎块。

5. 可溶盐的溶解与结晶

自然界的水中，尤其是地下水中多溶解有可溶盐。可溶盐的溶解度与温度息息相关，且大多数可溶盐的溶解度都随温度的增加而增加（表2-3）。多孔文物在地下埋藏的过程中可能吸附了大量含有可溶盐的地下水，出土后由于环境湿度和温度的影响，孔隙中的水分不断向外界蒸发，造成孔隙内部的水向外界的运移。在水中溶解的可溶盐自然也随着水分的运移而向文物表面富集，产生文物表面可溶盐溶液浓度升高的现象。如果此时文物孔隙中的水分继续向外蒸发或者表面温度降低，都会导致文物表面的可溶盐出现结晶析出。这种结晶往往伴随着体积的膨胀，膨胀会在文物表面的多孔框架间产生压力，从而将文物表面的原有结构挤压破碎或松散，造成文物表面的酥粉。这种现象在考古发掘现场常有发生。

表 2-3　不同温度下 KNO_3 在水中的溶解度

温度/℃	10	40	50	75
溶解度/g	20.9	63.9	85.5	150

6. 同素异晶转变

要了解同素异晶转变就必须先了解相的概念。相是指系统中物理性质均匀的部分，该部分和其他部分之间有一定的分界面将其隔离开来。例如，在 0℃时冰水的混合体系中，冰和水就是两个相。对固体而言，不同的点阵结构对应不同的性质，因此固体有多种不同的相。许多固体在不同的温度和压强下能以各种不同的相（不同的点阵结构）存在。例如，碳可以以石墨和金刚石两种结构存在；锡有白锡和灰锡的转变等。

固体从一种固相转变为另外一种固相的过程，叫做同素异晶转变。低温造成文物损害的一个典型例子是“锡疫”现象，该现象就属于同素异晶转变。“锡疫”是一种锡在低温状态下的物理现象。在低温下，锡金属失去金属光泽，原有的金属晶体结构也改变，原有固体金属会变成粉末状，而且这种现象会因为锡金属之间的接触而蔓延，因此人们称这种现象为“锡疫”。

产生“锡疫”现象的原因是，锡元素有白锡、灰锡和脆锡三种同素异晶体。在不同环境下，锡可以有不同的结晶状态。锡在 13～161℃最稳定的形态是白锡（β 锡），属四方晶系，白锡是一种可锻金属。当温度在 13℃以下时，锡最稳定的形态是灰锡（α 锡），属金刚石型等轴晶系。当温度从 13℃以上降低到 13℃以下时，锡的结晶点阵就会出现重新排列的趋势。一旦重排，锡原子之间的空隙就会加大，从而形成金刚石型等轴晶的结晶形态，即灰锡。灰锡是一种失去金属特性的半导体材料。在转变的过程中，不同结晶点阵之间的接触处发生的内应力使金属锡碎裂成粉末，生成粉末状的灰锡。但并不是温度一降低到 13℃以下时，白锡就会立即转变为灰锡，此时白锡还将以亚稳态形式存在一定时间。但随着周围环境温度的继续降低，晶体形态转变的速率就越来越快。这种转变在 －33℃时速率最快。一般情况下，当温度降到 0℃以下，白锡就很容易失去光泽，变成暗灰色，最后碎裂成粉末。值得注意的是即使未染上“锡疫”的金属锡，一旦和有“锡疫”的锡接触，也会产生灰色的斑点而逐渐“腐烂”掉。这是因为灰锡粉末会随着空气的流动漂浮并移动到其他锡器表面。如果其他锡器表面也处于13℃以下，此时白锡以亚稳态形式存在，但转变仍未发生。当灰锡颗粒漂浮到亚稳态的白锡表面后，灰锡颗粒就会作为晶核促进亚稳态白锡按照它的晶体结构进行重排，生成稳定态的灰锡，从而引发或加速锡的同素异晶转变，这就是产生“锡疫”现象的原因。

金属铋或锑可以预防“锡疫”现象，其主要原理是铋原子中有多余的电子可借给锡原子构成的结晶点阵，使其状态稳定化，这样就可以避免低温情况下晶体架构的变化，进而避免“锡疫”的发生。此外，当灰锡（α 锡）温度回升到100℃时，它将又会迅速回复到白锡（β 锡）。

7. 玻璃化转变温度

这种温度对文物的损害往往不直接反应在文物本体上，而是通过对高分子文物保护材料的作用间接危害文物。在当前的考古发掘现场文物保护中，利用有机高分子材料对文物进行诸如加固、粘接等保护处理仍是最主要的保护方法。有机高分子材料按其受热时所呈现的基本状态，一般可分为热塑性树脂和热固性树脂。热塑性树脂是指在特定的温度范围内，能反复加热软化和冷却变硬的塑料，如聚丙烯（PP）、聚碳酸酯（PC）、聚苯乙烯（PS）、聚氯乙烯（PVC）、聚酰胺（PA）、聚甲基丙烯酸甲酯（PMMA）等，它们可以再回收利用。热固性树脂是指受热后成为不熔的物质，再次受热不再具有可塑性且不能再回收利用的塑料，如酚醛树脂、环氧树脂、氨基树脂、聚胺酯、发泡聚苯乙烯等。用于考古发掘现场文物保护粘接剂和加固剂的材料多属于非晶态热塑性树脂，这种树脂材料在不同温度下呈现出玻璃态、高弹态和黏流态三种不同的物理状态（图2-2）。

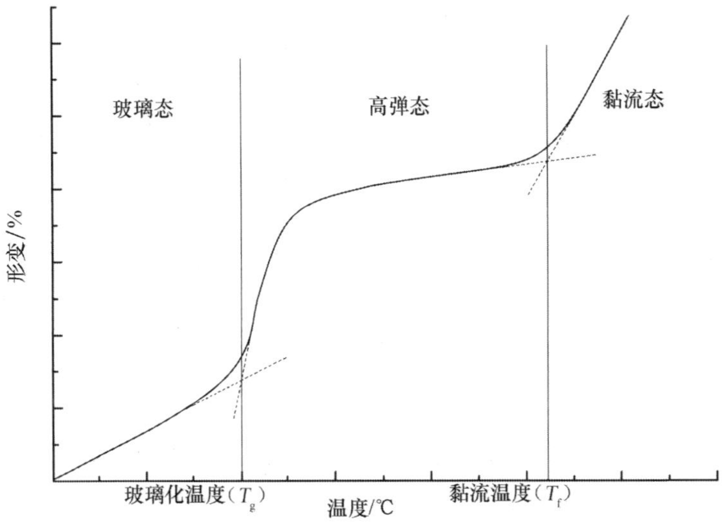

图2-2　非晶态热塑性树脂的温度-形变曲线

1）玻璃态

高分子聚合物的玻璃态实际上是固态的一种表现形式，特点是在一定的温度范围内，呈现出固态物质普遍具有的性质，在某些力学特性上类似于普通的玻璃。

通常把玻璃态与高弹态之间的转变，称为玻璃化转变，它所对应的转变温度即是玻璃化转变温度，或称玻璃化温度，用 T_g表示。T_g是高聚物的重要特征温度，当聚合物温度低于 T_g时，高聚物是刚硬的，处于玻璃态。

玻璃态下的聚合物分子，链段运动基本上处于停止的状态，分子在自身的位置上振动，分子链缠绕成团状或卷曲状，相互交错，紊乱无序。当受到外力作用时，分子链段将作瞬间微小伸缩和键角改变。整个树脂形体具有一定的刚性和强度。

2）高弹态

当高聚物温度高于玻璃化温度 T_g，低于黏流温度 T_f时，存在着一种很难得的物理状态——高弹态（也叫橡胶态）。处于高弹态下的聚合物分子，动能增加，链段展开成网状，但分子的运动仍维持在小链段的旋转，链与链之间不发生位置移动。受外力作用时可产生缓慢形变，当外力除去后，又慢慢恢复原状。在这种状态下，树脂具有一种类似橡胶的弹性，所以又称橡胶态。通常称为弹性或橡胶体的高聚物，便是在室温下处于高弹态的高聚物。处于高弹态的高聚物有以下重要特性。

（1）在较小作用力下可产生较大变形，外力解除后能恢复原状；

（2）高弹形变并非瞬间发生，而是随时间逐渐发展，与普通的弹性形变不同，在同样外力作用下，形变要延迟一段时间才能完成，而且形变量大，松弛性也较明显。

3）黏流态

当温度进一步升高，超过黏流温度 T_f时，分子链作为一个整体可以相对滑动，在外力的作用下，聚合物像液体一样黏性流动，形变变得不可逆，这种状态称为黏流态。

影响玻璃化转变温度的因素很多。因为玻璃化温度是高分子的链段从冻结到运动的一个转变温度，而链段运动是通过主链的单键内旋转来实现的，所以凡是影响高分子链柔性的因素，都会对 T_g产生影响。如引入刚性基团或极性基团、交联和结晶等减弱高分子链柔性或增加分子间作用力的因素都会使 T_g升高；如加入增塑剂或溶剂、引进柔性基团等增加高分子链柔性的因素都会使 T_g降低。

玻璃化转变温度是在考古发掘现场选择聚合物保护文物时的一个重要指标。这是因为，一方面如果聚合物的 T_g太低（接近室温），则在室温较高的情况下，聚合物就会出现变软的趋势，从而造成聚合物的冷变形（主要对于粘接剂）或者出现聚合物表面黏化（主要对于加固剂），进而造成粘接好的器物出现变形或加固后的器物表面发黏并将灰尘黏附到文物的表面。但另一方面如果聚合物的 T_g过高，在温度比较低的情况下，聚合物就会出现过硬、过脆的现象，从而导致受力时聚合物出现开裂或者无法适应文物的内部运动。在考古发掘现场文物保护中应根据现场的相应环境温度及文物自身的刚性选择具有适当 T_g 的保护材料。

8. 温度导致湿度改变

另外一个温度对文物的间接影响是导致环境相对湿度的变化，从而对文物产生一定的损害。具体的影响方式见 2. 2 节。

9. 温度影响生物活动

生物的一切生命活动都是在一定的环境温度中进行的。一般来说，植物生长发育所要求的温度条件为 0 ~ 50℃；变温动物为 6 ~ 36℃；恒温动物由于自身有调节体温的能力，对环境温度的适应范围广些。环境温度若超出生物所能承受的范围，生物的生命活动就会出现停滞，温度过高或过低会导致生物体死亡。此外，在适宜的温度范围内，大多数生物活动随温度的升高会有一定的增加。因此，对现场保护而言，相对较高的环境温度往往意味着昆虫、微生物等生物因素对文物破坏的加剧。

2. 1. 3　温　　标

对温度的分度方法所作的规定，称为温标。它是一种人为规定的单位制。

规定温标是比较复杂的。首先要确定选择何种标准物质（是水银，还是氢气或是电偶等），这些物质的冷热状态必须能够明显地反映客观物体的温度变化，而且这种变化必须具有重现性（这一步叫做选择“测温介质”）。其次，要明了该测温介质的哪些物理量随着温度的改变将产生某种预期的变化（这一步叫做确定“测温属性”）。例如，水银温度表是用水银做测温介质，水银的体积随温度作线性变化，这就是水银这种测温介质的测温属性。最后，要选定该物理量的两个确定的数值作为参考点（也叫基准点），进而规定划分温度间隔的方法。常见的温标有四种。

1. 华氏温标

在西方一些国家的日常生活中通行一种温标，称为华氏温标。它的单位为华氏度，以℉表示。

华氏温标最早是由荷兰人华伦海特创立的。1714 年，他将北爱尔兰最冷的某个冬日水银柱降到最低的高度定为 0 度，同时将自己妻子的体温定为 100 度，然后再把这段区间的长度均分为 100 份，每一份称做 1 度，这就是最初的华氏温标。显然，认定气温和人的体温作为测温介质的标准点并在此基础上分度是不妥当的。健康人的体温在一天之中经常波动，气温也在不停的变化中。后来，华伦海特改进了他创立的温标，把冰、水、氯化铵和氯化钠的混合物的熔点定为零度，以 0°F 表示之，把冰的熔点定为 32°F，把水的沸点定为 212°F，在 32 ~212°F 的间隔内均分 180 份，这样，参考点就有了较为准确的客观依据。这就是现在仍在许多国家使用的华氏温标。

2. 列 氏 温 标

在华氏温标出现的同时，法国人列缪尔也制定了一种温标。他认为水银的膨胀系数太小，不宜做测温介质。他专心研究用乙醇作为测温介质的优点。经过反复实践他发现，含有 1/5 水的乙醇，在水的结冰温度和沸腾温度之间，其体积的膨胀是从 1000 个体积单位增大到 1080 个体积单位。因此他把水的冰点定为列氏 0 度，而沸点则定为列氏 80 度。冰点和沸点之间等分成 80 份。这就是列氏温标，用°R 表示。

3. 摄 氏 温 标

华氏温标出现后又经过 30 多年，瑞典人摄尔修斯于 1742 年改进了华氏温标。摄尔修斯把水的沸点定为 0 度，把水的冰点定为 100 度，并将其分 100 等份。后来他的同事施勒默尔把两个温度点的数值又倒过来，就成为了现在的百分温度，即摄氏温度，用℃表示。这种温标称为摄氏温标。

华氏温标和摄氏温标使用的是同种测温介质——水银，利用了同样的测温特性——水银柱热胀冷缩。但由于规定的标准点和分度单位不同，就造成了两种不同的温标，从而产生了两种不同的温度数值。

下面来看看几种温标间的关系，因为华氏与摄氏温标间的关系是线性的，因此其关系的形式为

$$t_F = A \times t + B \tag{2-5}$$

式中，t_F为华氏温度；t 为摄氏温度。

由华氏温标和摄氏温标的规定方法可知，水的冰点为 $t_F = 32$ ℉或 $t = 0$℃，而沸点为 $t_F = 212$ ℉或 $t = 100$℃。因此：

$$\begin{cases}32 = A \times 0 + B \\ 212 = A \times 100 + B\end{cases} \Rightarrow \begin{cases}B = 32 \\ A = 1.8\end{cases} \tag{2-6}$$

所以，华氏温度 t_F与摄氏温度 t 的关系为

$$t_F = 1.8 \times t + 32 \tag{2-7}$$

同理，因为列氏温标与摄氏温标间的关系也是线性的，因此其关系的形式也是：

$$t_R = A \times t + B \tag{2-8}$$

式中，t_R 为列氏温度，由列氏温标和摄氏温标的规定方法可知，水的冰点为 $t_R = 0°R$ 或 $t = 0℃$，而沸点为 $t_R = 80°R$ 或 $t = 100℃$。因此：

$$\begin{cases} 0 = A \times 0 + B \\ 80 - A \times 100 + B \end{cases} \Rightarrow \begin{cases} B = 0 \\ A = 0.8 \end{cases} \tag{2-9}$$

所以，列氏温度 t_R 与摄氏温度 t 的关系为

$$t_R = 0.8 \times t \tag{2-10}$$

同理，因为列氏温标与华氏温标间的关系也是线性的，因此其关系的形式也是

$$t_F = A \times t_R + B \tag{2-11}$$

由列氏温标和摄氏温标的规定方法可知，水的冰点为 $t_F = 32$ ℉或 $t_R = 0°R$，而沸点为 $t_F = 212$ ℉或 $t_R = 80°R$。因此：

$$\begin{cases} 32 = A \times 0 + B \\ 212 = A \times 80 + B \end{cases} \Rightarrow \begin{cases} B = 32 \\ A = 2.25 \end{cases} \tag{2-12}$$

所以，华氏温度 t_F 与列氏温度 t_R 的关系为

$$t_F = 2.25 \times t_R + 32 \tag{2-13}$$

当然，此式也可以通过华氏温标与摄氏温标的关系式及列氏温标与摄氏温标的关系式直接导出。

4. 热力学温标

即使选定了相同的标准点，但由于使用测温介质的不同，所制定出的温标也不会是完全一致的，因为它们的物理性质随温度的改变在不同的范围内可能会不相同。因此，对应同一个客观温度，不同测温介质所定温标反应出来的温度可能是不一样的。

为了结束温标的这种混乱局面，开尔文（即 W · 汤姆逊）——这位热力学第二定律的创始人，创立了一种不依赖任何测温介质（当然也就不依赖任何测温介质的任何物理性质）的绝对真实的温标，称为开氏温标或热力学温标。

国际上规定热力学温标为基本温标，用 T 表示，其单位为开尔文，简称开，用 K 表示。根据定义，1K 等于水的三相点的热力学温度的 1/273.16。

为了统一摄氏温标和热力学温标，国际计量大会于 1960 年对摄氏温标作了新的定义，规定它由热力学温标导出，它与热力学温标的关系为

$$t = T - 273.15 \tag{2-14}$$

式中，t 为摄氏温标；T 为热力学温标。

由此式可以看出，热力学温度 T 为 273.15K 时，摄氏温度 t 为 0℃。

从新的摄氏温标导出公式可以看出，在新的定义下摄氏温度的零点与冰点并不严格相等，汽点也不严格地等于 100℃，但差别很小。

当今，在世界上英、美等国多用华氏温标，德国多用列氏温标，中国、法国等大多数国家则多用摄氏温标。在国际交流及科学研究中通用摄氏温标。

2.1.4 温度的测量

通常将不能自动记录温度、湿度等环境参数的仪表称为温度表、湿度表，将能自动记录温度、湿度等环境参数的仪表称为温度计、湿度计。

温度的测量就是选择某种物质（测温介质）的某一随温度变化的属性（测温属性）来标志温度。

通常任一物质的任一属性，只要它随温度的改变是线性的、显著的，都可以用来标志温度，制作温度表/计。

温度表/计是测温仪器的总称。根据所用测温介质的不同和测温范围的不同，有煤油温度表/计、酒精温度表/计、水银温度表/计、气体温度表/计、电阻温度表/计、温差电偶温度表/计、辐射温度表/计和光测温度表/计、双金属温度表/计等。

根据使用目的的不同，已设计制造出多种温度表/计。其设计的依据有：利用固体、液体、气体受温度的影响而热胀冷缩的现象；在定容条件下，气体或蒸气压强因不同温度而变化的现象；热电效应；电阻随温度的变化而变化的现象；热辐射等。

1. 温度表/计的发明与改进

最早的温度表是在1593年由意大利科学家伽利略发明的（该温度表亦可测定气压）。第一支温度表是一根一端敞口的玻璃管，另一端带有核桃大的玻璃泡。使用时先给玻璃泡加热，然后把玻璃管插入水中。当管里的空气冷却到室温时，空气的体积缩小，便将水吸入管中，根据玻璃管中水面上下移动的多少就可以判定温度的变化和温度的高低。室温改变时，管中的水位也随着改变。如果房间变暖，玻璃管里的空气就膨胀，将水位压低；如果变冷，空气就收缩，使水位升高。这种温度表最大的缺点是盆中的水面暴露在大气中，而大气压是经常变化的，因此，即使温度不变，气压的变化也会改变水位，从而影响温度测定的结果（图2-3）。

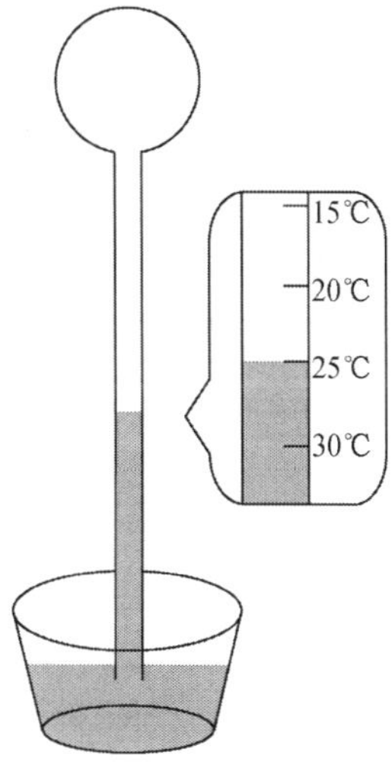

图2-3　伽利略温度表示意图

此后，1632年法国人雷伊将伽利略的温度表倒转过来，以水为测温介质。即在泡里充水，管子里充空气，用水的膨胀来指示温度。使用的时候，将玻璃泡充满水直到颈部，把它放在阳光下或一个发烧病人的手中，热会使水膨胀而致使管内液面上升，上升的多少就可以指示温度的高低。但是，雷伊的液体温度表由于没有把玻璃管的上端封闭，水的蒸发会给测量结果带来较大的误差。

1657 年，在意大利托斯卡纳大公爵斐迪南二世的指导下，佛罗伦萨科学院的院士们提出了将管子密封的设想，他们将玻璃泡装上有色的乙醇，然后熔化玻璃尖把它密封，并把刻度附在玻璃管上。这就成为了第一个与大气压强无关的温度表。

同年，大公爵把这种温度表赠送给波兰皇后的使节，皇后的大臣又把它转赠给法国天文学家布里奥。

两年后，也就是 1659 年，法国天文学家布里奥在已有温度表的基础上，把玻璃泡的体积缩小并把测温介质改为水银，从而制造出了第一支水银温度表。布里奥温度表已经具备了现代玻璃液体温度表的几乎所有的特征。

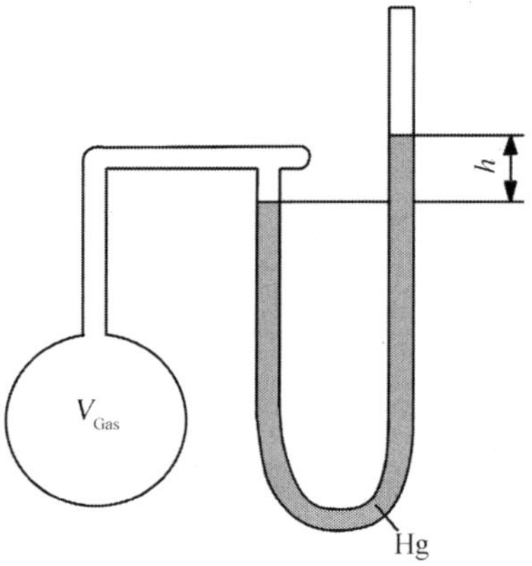

图 2-4　阿蒙顿温度表示意图

1702 年，阿蒙顿制造出装有水银的 U 形且与大气压无关的气体温度表，与现今的标准气体温度表相似。该温度表是由一个恒定体积的玻璃泡和一个 U 形管较短的一臂连接而成，U 形管较长的一臂内的水银柱高度表示所测得的温度。阿蒙顿的温度表测出的温度与大气压强无关，因此，不同地方的温度表读数可作比较，但是由于他选择水的沸点作为一个固定点，这又与大气压强有关，结果还是不能取得较高的准确度（图 2-4）。

之后，荷兰人华伦海特在 1709 年利用乙醇，在 1714 年又利用水银作为测量物质，制造了更精确的温度表，并同时制定了华氏温标。

与此同时，列缪尔在制定列氏温标的同时也设计制造出了列氏温度表。

此后又经过 30 多年，瑞典天文学家摄尔修斯于 1742 年改进了华伦海特温度表的刻度，在华氏温度表的基础上改造出了摄氏温度表。

1747 年，荷兰的穆欣布洛克发明利用金属细杆的膨胀和收缩原理制成的温度表。35 年后韦奇伍德发明的高温计利用的正是这一原理。

随着科学技术的发展和现代工业技术的需要，测温技术在此后的时间里不断地改进和提高。由于测温范围越来越广，人们又先后发明并制造出了气体温度计、电阻温度计、热电偶温度计、高温温度计等迎合不同需要的测温仪器。

2. 玻璃液体温度表

玻璃液体温度表是一种最为常用的测温仪器，它具有结构简单、使用方便、具有一定精确度、稳定性好、成本低廉等优点。

1）基本结构

玻璃液体温度表包括储液温包、毛细管、安全泡、刻度标尺几部分。其主体部分是一根内径很细而又均匀的玻璃毛细管，管的下端连接一个玻璃泡，称为储液温包或测温泡。测温泡中储有测温介质（如水银、乙醇、甲苯等）。玻璃毛细管与测温泡相熔接，测温液体充满测温泡和毛细玻璃管的一部分，毛细管上部及安全泡空间内为真空状态。玻璃管外附有刻度标尺，随着温度的变化，液体的体积热胀冷缩，毛细管内液面的位置就会上升或下降。液面所达到的刻度就指示出温度的数值。由于各类液体温度表的功用不同，因而在结构上各有差异。根据刻度标尺的构造，玻璃液体温度表可以分为棒式玻璃液体温度表和内标式玻璃液体温度表两大类。棒式玻璃液体温度表由厚壁玻璃毛细管制成，标尺直接刻在毛细管外的表面上。内标式玻璃液体温度表由薄壁毛细管制成，标尺另外刻在乳白色玻璃板上，放在毛细管后面，一起置于玻璃外壳封罩内。

汞与乙醇相比具有导热快、比热小的特点，因此精密的玻璃液体温度表几乎都采用汞作测温媒质。玻璃汞温度表的测量范围可达到 －30～600℃；用汞铊合金代替汞，测温下限可延伸到 －60℃；某些有机液体的测温下限可低达 －150℃。

2）工作原理

当温度表的测温泡受热时，不仅泡内的测温介质要膨胀，而且测温泡本身也要膨胀。测温介质膨胀时，液柱就沿着毛细管上升，而测温泡膨胀则促使其沿毛细管下降。但由于介质的热膨胀系数远大于测温泡（玻璃）的热膨胀系数（约50倍），因此温度增高或降低时，毛细管中的液柱上升或下降，毛细管液柱的升降反映了介质体积与测温泡体积变化的差值（图2-5）。

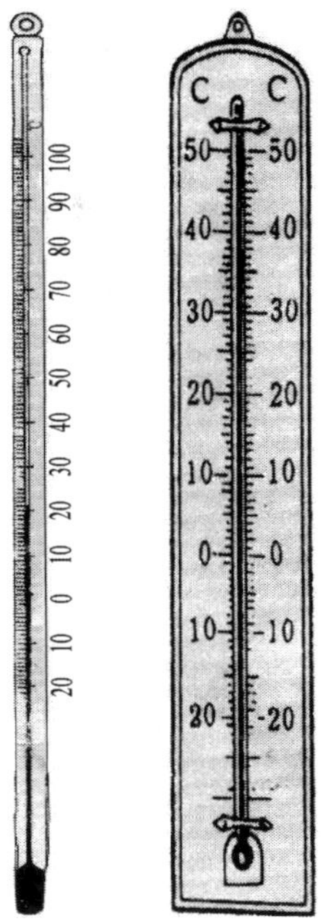

图2-5　玻璃液体温度表

3）使用注意事项

在使用玻璃液体温度表测量温度时，应注意：

（1）温度表的玻璃泡应全部浸入被测介质中，除被测介质外不应碰触其他任何物质；

（2）温度表玻璃泡浸入被测介质后应稍候一会，待温度表的示数稳定后再读数；

（3）读数时温度表的玻璃泡应始终处于被测介质中，视线要与温度表中液柱的上表面相平。

4）缺点

玻璃液体温度表的主要缺点是测量范围较小、不够灵敏、容易损坏、汞温度表损坏后易造成汞害等，因此较少应用于考古发掘现场文物保护中。

3. 双金属温度计/表

双金属温度计/表也是一种常用的、廉价的测温仪器。它对比玻璃液体温度表而言最大的优点是除能够实时测量空气温度外，还能够通过改造实现自动连续记录温度随时间的变化。

1）基本结构及工作原理

双金属温度计/表的感应元件是双金属片，由膨胀系数相差较大的两片金属连接而成。两种金属在温度变化时体积变化量不一样，因此会发生弯曲。为提高测温灵敏度，通常将金属片制成螺旋卷形状。当多层金属片的温度改变时，各层金属膨胀或收缩量不等，使得螺旋卷卷起或松开。如若将其一端固定，另一端就会随温度变化而发生位移，这样与另一端相连的指针即可在一圆形分度标尺上指示出温度来。一般双金属温度计/表由测量杆（包括感温元件和保护管）和表盘（包括指针、刻度盘和玻璃护面）组成。如果在指针上安装自记笔，在自记笔下安装自记钟，即可构成一个自记系统。若双金属形变差量较小，还可在指针与感温元件间设置放大杠杆，以扩大同样温差下的指针位移。

双金属温度计/表的测温范围一般为 -80 ~ 600℃。这种温度计和玻璃液体温度表的用途相似，但可使用在机械强度要求更高的条件下。因此在现场保护中较常使用（图 2-6）。

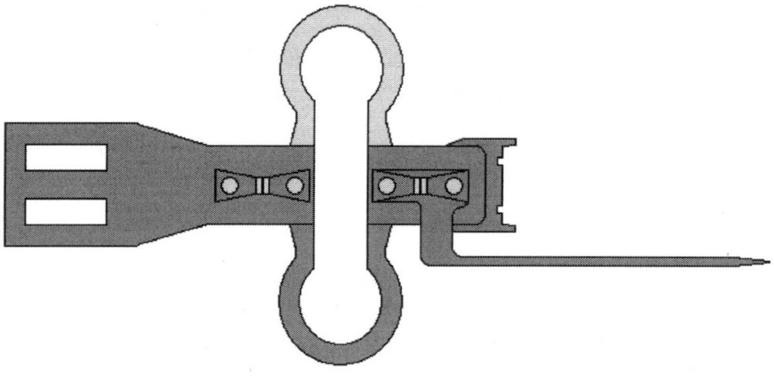

图 2-6　一种双金属温度计/表示意图

文物保护中使用较普遍的自记式温度计和自记式温湿度计的感温元件就是利用双金属圆环制成的。将圆环一端固定在支架上，另一端与调节机构和传动机构相连，传动机构又与指针相连，这样指针即可随温度高低而上下移动。记录筒内有钟表机构，可以绕主轴均匀旋转。将自记纸压在记录筒上，就可以自动记录一天或一周内空气温度的变化情况。

2）使用注意事项

双金属温度计/表与使用玻璃液体温度表测量温度类似，应注意以下几点：

（1）温度计的双金属片应全部浸入被测介质中，除被测介质外不要碰触其他任何物质；

（2）温度计双金属片浸入被测介质后要稍等一会，待温度计的示数稳定后再读数；

（3）读数时温度计的双金属片要继续留在被测介质中。

3）缺点

双金属温度计/表的主要缺点是双金属温度计/表的测量精度较差，它适用于日常生活及对测量精度要求不高的场合。

以上介绍的玻璃液体温度表和双金属温度计/表均是采用几何量（体积、长度）作为温度标志的。这种采用几何量作为温度标志的测温方法统称膨胀测温法，属于该类测温法的温度计还有定压气体温度计等，由于在文物保护中不常使用这里就不一一介绍了。

4. 热敏电阻温度计/表

某些金属导体或半导体的电阻值随温度的变化而变化，这些物质称为热电阻。用热电阻做感温元件，用能精确测量电阻值的二次仪表测量热电阻的电阻值，在表盘上标出与电阻值相对应的温度值，即可制成热电阻温度计/表。早在 1834 年以前，M. 法拉第就发现硫化银等半导体材料具有很大的负电阻温度系数。1871 年西门子公司首先用纯铂制成测温用铂热敏电阻器，之后又出现纯铜和纯镍热敏电阻器。这类纯金属热敏电阻器有极好的重复性和稳定性。但直到 20 世纪 30 年代，才出现使用硫化银、二氧化铀等材料制成有实用价值的热敏电阻器。1940 年，美国 J. A. 贝克等发现某些过渡金属氧化物经混合烧结后，成为具有很大负温度系数的半导体，而且性能相当稳定。1946 年后生产的普通负温度系数热敏电阻器，绝大多数是用这种合成氧化物半导体制成的。1954 年 P. W. 哈依曼等发现添加微量稀土元素的钛酸钡陶瓷具有较理想的正电阻温度系数，以后在此基础上制成了热敏电阻器，并发展成系列品种，应用范围日益扩大。

目前常用的热敏电阻有铂热敏电阻、铜热敏电阻和半导体热敏电阻三类。前两类分别用直径为 0.05 ~ 0.07mm 的纯铂丝和直径为 0.1mm 的漆包绝缘铜丝缠绕在云母或树脂骨架上制成。铂热敏电阻可测量 −200 ~ 650℃的温度，精度极高，重现性好。铜热敏

电阻可测量 -50 ~ 150℃的温度，灵敏度高，价格便宜，但体积比铂热敏电阻大，热惰性也大。半导体热敏电阻一般用锰、镍、钴、铜、铁的氧化物烧结而成，体积小巧，结构简单，结实耐用，测量范围为 -50 ~ 300℃，精度稍低于铂热电阻和铜热电阻，主要用于表面温度及要求迅速反映温度变化的场合。半导体热敏电阻温度计是现今日常生活及科学研究中应用最多、最广的一类温度计，常用于考古现场保护中。

半导体热敏电阻温度计的主要特点是：

（1）灵敏度较高（温度每上升 1℃，电阻值变化约 5%），其电阻温度系数比金属大 10 ~ 100 倍；

（2）工作温度范围宽，常温器件适用于 -50 ~ 300℃，高温器件适用温度高于 315℃，低温器件适用于 -273 ~ 55℃；

（3）体积小，能够测量其他温度计无法测量的空隙、腔体及生物体内血管的温度；

（4）结构简单、使用方便、易加工成复杂的形状；

（5）稳定性好、寿命长。

5. 红外线测温仪

1672 年，人们发现太阳光（白光）是由各种颜色的光复合而成的。牛顿为这一发现作出了重要贡献，他利用分光棱镜把太阳光（白光）分解为红、橙、黄、绿、青、蓝、紫等各色单色光并得出了单色光在性质上比白色光更简单的著名结论。1800 年，英国物理学家 F. W. 赫胥尔从热的观点来研究各种色光时，发现了红外线。他在研究各种色光的热量时，有意地把暗室的唯一的窗户用暗板堵住，并在板上开了一个矩形孔，孔内装一个分光棱镜。当太阳光通过棱镜时，便被分解为彩色光带，并用温度计去测量光带中不同颜色所含的热量。为了与环境温度进行比较，赫胥尔用在彩色光带附近放几支作为比较用的温度计来测定周围环境温度。试验中，他偶然发现一个奇怪的现象，放在光带红光外的一支温度计，比室内其他温度计的显示数值高。经过反复试验，这个所谓热量最多的高温区，总是位于光带最边缘处红光的外面。于是他宣布太阳发出的辐射中除可见光线外，还有一种人眼看不见的“热线”，这种看不见的“热线”位于红色光外侧，叫做红外线。

红外线的波长为 0. 76 ~ 140μm，按波长的范围可分为近红外、中红外、远红外和极远红外四类，它在电磁波连续频谱中的位置是处于无线电波与可见光之间的区域。红外线辐射是自然界存在的一种最为广泛的电磁波辐射。

温度在绝对零度以上的物体，都会因自身的分子运动而辐射出红外线。物体的红外辐射能量的大小及其波长的分布与它表面的温度有着十分密切的关系。因此，通过对物体自身辐射的红外能量的测量，便能准确地测定它的表面温度，这就是红外辐射测温的理论依据。

红外测温仪由光学系统、光电探测器、信号放大器及信号处理、显示输出等部分组成。光学系统汇集其视场内的目标红外辐射能量，视场的大小由测温仪的光学零件以及位置决定。光电探测器将物体辐射的红外能量聚焦，并将功率信号转变成相应的电信号。该信号经过放大器和信号处理电路按照仪器内部的算法和目标发射率校正后转变为被测目标的温度值输出。运用这一方法，便能实现对目标进行远距离、非接触式温度测量。

需要注意的是，前几种温度计/表测量的对象是空气的温度即气温，而红外线测温仪所测量的则是物体表面的温度。这一点在实验室的文物保护过程中可能并不存在太大差别，因为文物表面的温度已经和气温达到了平衡。但是，对考古发掘现场文物保护而言，物体表面温度和空气温度却可能存在明显差异。这种差异使得文物在刚刚出土时即使不接受任何热辐射，也可能会出现温度的突然变化。因此，在考古发掘现场文物保护中，了解脆弱文物出土时的表面温度及周边空气温度，预测可能会出现的温度突变，进而采取一定缓冲或预防措施，将为脆弱文物的完好保存创造更多的机会。

2.1.5　温度的控制与调节

1. 空气温度的变化规律

1）周期性变化和非周期性变化

周期性变化有日变化和年变化，分别指以一日或一年为周期的有规律的变化。非周期性变化没有一定的时间周期，没有明显的变化规律，一般指不正常的偶然变化。阴、雨、雾、雪、寒流、暖流等对空气温湿度造成的影响属于非周期性变化。

2）室外温度变化的一般规律

室外气温的日变化主要因太阳周期性照射和照射角度不同所致。一般规律是：凌晨日出前温度最低，日出后温度逐渐升高，至 13 ~ 15 点（夏季 14 ~ 15 点，冬季 13 ~ 14 点）达到最高值，以后缓慢降低，直到次日日出前温度又降至最低值。9 点前后气温上升较快，19 点前后气温下降较快。

每昼夜气温最高值与气温最低值之差称为气温日较差。气温日较差受纬度、季节、地形等因素影响。由于太阳高度角的日变化随纬度增高而减小，所以气温日较差也随纬度增高而减小，在热带平均为 10 ~ 12℃，温带为 8 ~ 9℃，南北极仅有 3 ~ 4℃或更小。一年之中，冬季气温日较差最小，夏季和春季气温日较差最大。此外，山地较谷底气温日较差小，有植物覆盖地区较无植物覆盖地区气温日较差小，潮湿地区较干燥地区气温日较差小。

我国内陆大部分地区室外气温的年变化规律是 1 月最冷，7 月最热，沿海地区一般是2月最冷，8月最热。内陆4月平均温度高于10月，沿海4月平均温度低于10月，这表明内陆春季来临较沿海快，秋季过去较沿海快。

一年中最冷月和最热月平均气温差称为气温年较差。气温年较差主要受纬度、地面性质等因素影响。纬度越高，气温年较差越大。我国华南地区气温年较差为10～20℃，长江流域气温年较差为20～30℃，华北和东北南部气温年较差为30～40℃，东北北部气温年较差为40℃以上。内陆较沿海气温年较差大，干燥地区较潮湿地区气温年较差大，无植被地区比有植被地区气温年较差大。

3）室内温度的变化规律

不进行空气调节的室内受房屋建筑、方位、密闭程度、门窗开启次数、室内文物种类和数量的影响，温度变化规律各不相同。一般与室外温度变化规律相似，但变化幅度较小，变化程度上有所消弱。

室内温度日变化和年变化与室外基本一致。日变化通常比室外延迟1～2h，一昼夜内室内最高温度低于室外最高温度，最低温度高于室外最低温度。有研究表明，室内气温日较差约为室外气温日较差的1/2。室内气温的年变化也迟于室外，年较差小于室外。春夏季节，室外气温上升较快，室内温度随之上升，但因房屋围护结构的阻挡以及一些文物热容量较大，室内温度上升较缓慢。秋冬季节，室外气温急剧下降，室内温度也随之下降，但下降速率较慢。此外，室内不同部位的温度也不一样，向阳一面温度偏高，背阴一面温度偏低；上部温度偏高，越接近地面温度越低。

2. 空气温度的控制与调节

对环境空气状态的控制与调节，温度与湿度是难以分离的两个基本状态参数。温度的改变必然会带来湿度的波动，而湿度的调节也可能会引起温度的改变。因此空气温度控制与调节的具体内容将在下一节结合湿度的控制与调节一起介绍。

2.1.6 考古发掘现场文物保护的最佳环境温度

对考古发掘现场文物保护而言，何种文物最好保存在何种温度下很难一概而论。而且即便能够给出每种文物的最佳保存温度，在考古发掘现场也很难分别实现。因此，考古发掘现场文物保护一般对文物保存的具体温度无法严格要求，但有几个原则是必须遵守的。首先，大多数文物应尽可能保存在低温环境下，部分高湿包裹的珍贵有机质文物为抑制微生物的生长应特别保存在冰箱冷藏室中以维持5℃左右的环境温度。其次，所有文物保存的最低温度不可低于0℃。最后，应通过对文物储存地点以及包裹材料的选择，尽可能减少外界温度的传入，减缓文物储存过程中温度的波动。

2.2 湿　　度

湿度也是考古发掘现场文物保护中的一个重要环境参数。由于地下埋藏环境和地表大气环境的差异，文物出土时几乎不可避免的会遭受到湿度的突变。刚刚出土的文物即使表面看不到水的存在，其内部也含有大量的水。这一方面是因为植物和动物体内含有大量的水，故而由它们为原料制造出的物品中也含有水分；另一方面是因为文物多为多孔材质，在地下埋藏过程中，其孔隙中必然会吸附大量地下水。如果去除木质、纺织品、象牙或骨质等文物中的水分，它们就会发生收缩、变形、开裂、失去韧性，从而产生物理损害。这种损害主要是三方面因素的结果：其一，同种材质不均匀的湿胀干缩；其二，湿胀干缩的各向异性；其三，复合文物不同材质间不同湿胀干缩率导致的不同胀缩程度。

文物尤其是有机质文物的这种损害在考古发掘现场十分常见。这是因为大多数发掘现场的地上大气环境都较地下埋藏环境干燥。而在正常情况下，空气中的水汽含量控制着其他一切物质中的水分含量。当文物从潮湿的地下埋藏环境暴露到较干燥的地上大气环境中时，就会出现干燥脱水的现象。因此要控制文物中的水分含量，就要控制空气环境中的湿度。

2.2.1　湿度的定义

空气主要由干空气、水蒸气和空气污染物组成，空气污染物所占比例一般较小。自然界的空气均为含有水蒸气的湿空气，但空气中水蒸气所占比例不是定值，而是随季节、气候以及产出水蒸气的来源而变化的，一般体积比为 0.1%～4%。房屋内空气中水蒸气所占比例受到室外空气、房间地面、房间围护结构和房内含水物品的影响，也有一定的变化范围。在常温下，室内空气中水蒸气的正常体积比约为 0.7%～1.8%。当温度较低时，水蒸气的正常体积比还会降低。湿度的定义即来源于空气中水蒸气所占的比例，即湿度是表示空气中水蒸气含量多少的物理量。但这个定义过于简单，对考古发掘现场文物保护工作而言远远不够，具体的湿度表示方法及定义将在 2.2.3 节中详细介绍。

2.2.2　湿度对文物的影响

1. 有机材质的湿胀干缩

对大多数有机材质的文物而言，类似于温度导致的热胀冷缩现象，湿度会导致该类文物发生湿胀干缩。而且湿度的变化在这些文物表面产生的湿胀干缩现象往往比温度变化产生的热胀冷缩现象更加明显。易受到湿度变化引起湿胀干缩现象的文物包括纸张、木质、骨质、漆器、纺织品、皮革、象牙等种类。如果外界湿度环境过低，导致这些文物内部含水率减少时，它们将会出现收缩、翘曲甚至爆裂以及机械强度大幅度降低等状况；而如果外界环境湿度再次升高，导致其内部含水率增大时，它们又将出现膨胀、变形等状况。

和热胀冷缩一样，不同材质的有机质文物的湿胀干缩效率也不相同。这就会导致很多复合有机质文物的不同材质间，在受到湿度作用后出现不同程度的湿胀干缩，从而在其内部产生应力，导致文物损坏。除此以外，和热胀冷缩不同的是，很多有机质文物即使是由同一材质组成，但该材质对湿胀干缩具有各向异性，即同一材质的不同方向其湿胀干缩效率不一，也会对文物产生损害。具有这种各向异性的典型代表就是木质文物，下面就以木质文物为例解释其各向异性存在的原因及湿胀干缩对文物可能产生的损害。

木质湿胀干缩之所以有纵向、横向不同及径向与弦向的差异，主要与组成木质材料的细胞种类、细胞壁构造和化学成分特性相关。

1）纵向干缩与横向干缩差异的原因

木质纵向干缩小，横向干缩大。形成此种现象的主要原因关键在于木质的构造和化学组成成分的特性。木质中仅有木射线细胞是横向排列，绝大部分细胞是纵向排列。而细胞壁以次生壁占绝大部分，次生壁中 S2 层占绝对优势（70%～90%），因此木质干缩主要取决于次生壁 S2 层微纤丝的排列方向。微纤丝是由纤维素长链状分子组成，纤维素与水有很大的亲和力，木质的含水率在纤维饱和点时，细胞壁完全充满水。当含水率在纤维饱和点以下时，木质开始干燥，水分蒸出，微纤丝之间的距离逐渐缩小。至绝干材时达到最大干缩量。反之绝干材吸收水分后，微纤丝之间的距离逐渐增大，木质膨胀，直至纤维饱和点时达到最大湿胀量。

木质细胞壁次生壁中间层微纤丝主轴是由 C—C、C—O 键连结，水分子无法进入到纤维素分子链内的长度方向。微纤丝链状分子上的碳、氧原子只能在原子核范围内活动，其本身轴向不发生收缩。由于正常木质细胞次生壁中层微纤丝排列方向与主轴不完全平行，而成 10°～30°的夹角，横纹收缩时在轴向会产生微小的分量（0. 1%～0. 3%）。因此轴向收缩很小，横向干缩大于纵向。纵向收缩的大小主要取决于微纤丝角的大小。由于 S1 层、S3 层微纤丝排列方向与主轴近于垂直，S1 层微纤丝在内起着支架作用，限制 S2 层向内收缩；S3 层微纤丝在外层圈着 S2 层，限制 S2 层向外过度膨胀，因此木质不会发生无限膨胀和无限收缩。

2）径向与弦向干缩差异的原因

木质径向干缩是弦向干缩的一半，产生这种现象的原因复杂，不是单一理论可以解释，而且与不同的树种、木质的构造有关。目前，解释其原因主要有早晚材的影响、径向木射线的抑制作用、细胞径向壁与弦向壁木素含量的差异及纹孔数量多少的影响等理论。

A. 早材与晚材的影响

木质收缩量与其细胞壁所含物质含量多少成正比。早材材质轻软，细胞壁物质含量少，密实程度低，干缩小；晚材材质较硬，细胞壁物质含量多，密实程度大，干缩大。横切面上径向，年轮中早材与晚材是串联的，径向干缩是早材干缩和晚材干缩的加权平均值。而弦向，年轮中早材与晚材是并联的，弦向干缩主要受晚材的影响，干缩大的晚材迫使整个年轮均随晚材干缩，因而使弦向干缩接近于晚材的干缩，而这样就造成木质的弦向干缩大于径向。

B. 径向木射线的抑制作用

木射线细胞呈径向排列，其细胞微纤丝排列方向与射线细胞轴向一致，因其纵向收缩小，机械地抑制木质径向收缩；而木质弦向为射线细胞的横向，横向干缩大。这使得木质径向收缩小于弦向。北美红栎实验表明，单一木射线组织径向上的全干缩为 2.5%；而无射线的部分径向全干缩率为 5.1%。柳杉、赤松、扁柏等树种均与假设相等。

C. 细胞径向壁与弦向壁中木素含量的差异的影响

木质主要化学成分中，木素的刚度比纤维素、半纤维素高，木素的吸湿性比纤维素、半纤维素小。木质纵向细胞的径面壁上木素的含量比弦面壁高，其吸湿性较弦面小，多少限制了木质径向干缩。

D. 木质各种细胞干燥过程本身不均匀收缩

木质细胞分子中，导管、薄壁细胞弦向干缩大于径向干缩，木射线宽度方向干缩（木质弦向）较长度方向（木质径向）干缩大，致使弦向干缩大于径向。早晚材管胞弦向干缩大于径向。木纤维各向干缩几乎相同。

E. 径壁、弦壁纹孔数量及其周围纤丝角度变大的影响

纹孔是细胞次生壁局部未能加厚而留下的孔道。纹孔的存在使其周围微纤丝的排列方向偏离了细胞主轴方向，纤丝角度变大，导致纹孔周围纵向干缩大，横向（径向）收缩小。径切面纹孔多（针叶材特别明显），其纤丝角度大，纵向干缩大，横向（径向）收缩小。弦切面纹孔少，纤丝角度小，纵向干缩小，横向（径向）收缩大，故弦向大于径向。此外，纹孔越多，胞壁实质就越少，木质的干缩与胞壁实质成正比。径面壁上纹孔多，胞壁实质少，横向干缩小。

3）湿胀干缩对木质产生的损害（主要是干缩过程）

木质在干燥过程中，如表面水分的蒸发和内部水分的扩散互相适应，木质便能正常干缩，不致产生任何应力，若木质在开始时即急剧干燥，则内外含水梯度甚大，因而产

生应力，造成下列各种损害。

A. 表面硬化

表面硬化是木质在环境湿度较低时发生的干缩过程中较易产生的一种损害，特别是在空气湿度非常低的情况下尤易发生。

木质的表面硬化共分两个阶段。第一阶段潮湿木质急速干燥，使含水梯度增大，外层细胞壁的水分因蒸发首先降至纤维饱和点以下，开始干缩。但内层的水分仍在纤维饱和点以上，不干缩，外层因内层的牵制使干缩受阻碍而产生拉应力，内层则受压应力，在此情况下，如干燥继续进行，外层的水分越少，干缩亦应随之增加。但因内部含水率尚未到达纤维饱和点以下而不能干缩，或稍低于纤维饱和而不能像外部一样的干缩，故只增加压应力与拉应力，此时外壳的密度增加，继而发生硬化，形成表面硬化的第一阶段。通常情况下，针叶树材因水分移动容易，表面硬化甚少。阔叶树材因水分移动困难，容易形成表面硬化；表面硬化的第二阶段是木质到达表面硬化第一阶段后，如继续进行不适当干燥，则因外壳已硬化固定，内部却能自由收缩，故在水分梯度渐缓时，内部的干缩率理应增加，由于压力与拉力相互易位，谓之表面硬化的第二阶段（又称逆表面硬化）。表面硬化的第二阶段，不但降低木质的力学性质，而且使木质产生内部沿木射线的开裂等损害。

B. 压缩僵化与拉伸僵化

具有饱和含水率的木质在外力的压迫下进行干燥，则因外力的作用产生一种新的形状，此新形状与无外力而在自然状态下干燥的不同，这种现象谓之僵化。作用的外力如为压力，则新形状比在自然状态下干燥的小，谓之压缩僵化（或称压缩硬化），作用的外力如为拉力，则新生形状比在自然状态下干燥的长，谓之拉伸僵化（或称拉伸硬化）。僵化以后，并不避免干缩与膨胀。压缩僵化，可反复进行，拉伸亦复如此。僵化现象也是木质，尤其是木质构件常见的一种损害，如木柄金属工具锄柄脱落等。但僵化现象在木质利用上亦有优点，如弯曲木、拱梁，就是利用木质僵化的特点。

2. 可溶盐溶解与结晶

由“2.1.2”节可知，陶器、壁画等多孔材质，由于从地下出土或仍处于地下环境，其内部一般都含有可溶盐。诚然，温度是导致可溶盐溶解与结晶的一个因素，但产生该类损害更重要的原因其实是湿度。

一般来说，文物发掘出土后的大气环境较之前的埋藏环境湿度低。由此造成发掘出土后残留在陶器、壁画中的含有可溶盐的水分开始向外界蒸发。随着水的蒸发，水中溶解的可溶盐的浓度不断升高，最终达到饱和状态后于文物表面或浅表区域结晶析出。结晶过程意味着体积的膨胀，膨胀产生的力直接作用于多孔文物表面的孔隙壁，造成孔隙侧壁的崩解、碎裂，从宏观上就表现为该类文物的表面出现酥松、粉化的现象。实际上，一次性结晶作用的破坏远没有这么明显，无法造成宏观上文物损害的发生。但是，真实的情况是这种结晶过程是随着空气湿度的波动不断重复发生着溶解—结晶—再溶解—再结晶的反复循环的。要解释这种溶解—结晶的反复循环就要首先了解盐溶液的饱和蒸汽压。

地下水中含有多种可溶盐，每种盐溶液依据其种类、浓度及环境温度等因素的不同而具有不同的蒸汽压。随着文物出土后环境湿度的降低，文物孔隙中水分向外不断蒸发，这些盐溶液逐渐趋于饱和。当其达到饱和状态后，每种盐溶液在空气中相应的蒸汽压就相对稳定下来。此时，该压力只与盐的种类及温度相关（详见 5. 6. 2 中“3. 包裹方法”一节中“饱和盐溶液的湿度调节”部分）。如果温度固定，那么盐溶液的蒸汽压就只与盐的种类有关了。

而此时空气中的情况是，当盐溶液达到饱和后，如果空气的水蒸气分压力（详见 2. 2. 3 节）仍小于该种盐溶液的蒸汽压，那么饱和盐溶液中的水分会进一步向空气中蒸发，从而在盐溶液中产生过饱和现象，进而产生该类盐的结晶。但如果空气湿度由于某种原因上升，其水蒸气分压力又重新大于该种盐溶液的蒸汽压时，空气中的水分会在蒸汽压的作用下凝结在已经析出的盐颗粒表面，使结晶溶解。随着空气湿度的波动，空气中的水蒸气分压力也上下波动，从而造成盐溶液的反复溶解与结晶。

地下水中的可溶盐种类丰富，当空气中的水蒸气分压力低于某一值后，蒸汽压高于该值的盐溶液就会逐渐出现结晶；反之，当空气中的水蒸气分压力高于某一值后，蒸汽压低于该值的盐溶液的结晶就会逐渐溶解。如此，随着空气相对湿度的反复波动，各种可溶盐在文物表面就会发生反复的溶解与结晶，从而造成文物表面的酥松、粉化现象。以碳酸钾饱和溶液为例，当环境温度为 0 ~ 30℃时，其饱和溶液的蒸汽压为该温度下湿空气的饱和水蒸气分压的 43. 15% 左右。如果此时环境空气中的实际水蒸气分压与同温度下的饱和水蒸气分压力的比值低于 43. 15% （其实就是相对湿度），此时碳酸钾就会出现结晶。而如果该比值由于某种原因高于 43. 15% ，此时结晶出的碳酸钾又会逐渐溶解。需要说明的是，文物中所含的可溶盐种类很多，每种盐溶液都会有其特定的蒸汽压，因此在不同相对湿度的情况下都可能发生溶解或结晶，这就是为什么在日常工作中，不论相对湿度如何波动，只要不达到接近 100% ，在文物表面都会存在可溶盐结晶的原因，其实结晶盐的种类是不同的。

3. 纤维素的酸性水解

很多有机质文物如纸张、棉纺织品、竹木器等都是由纤维素构成的。在高湿度的环境中，纤维素易于从空气中吸收水分，吸水后的纤维素除了会发生变形以外，还有可能由于酸性水解而变为短链的糖，造成纤维素强度的明显降低。

在纤维素的酸性水解反应中，水首先电离成 H^+ 和 OH^- 。由于水是弱电解质，常温下电离度很小，因此只有水存在时，纤维素的水解速率是非常缓慢的。其实，真正的情况是纤维素分子间如果含有适量水分，会在其间产生氢键，使纤维素分子紧密整齐排列，反而使纤维素具有柔韧性和可塑性。但是如果在高湿度环境下，同时由于空气中一般都存在 CO_2、SO_2、H_2S 等酸性污染物，这类物质易和水发生反应生成无机酸。无机酸是强电解质，几乎都呈离子状态，从而在水中产生大量氢离子。氢离子可与纤维素上的氧原子相结合，使其变得不稳定，容易和水反应，使纤维素长链在该处断裂，同时又放出氢离子。因此高湿度环境再加上酸的参与将会显著提高纤维素的水解速率。

4. 金属的电化学腐蚀

空气相对湿度的大小决定着金属文物表面是否能形成水膜以及形成水膜的厚度，这是决定金属发生电化学腐蚀的基本条件之一。此外，即使是在较低的相对湿度条件下，金属表面也能吸附空气中的水汽并形成水膜，但难以发生有效的离子传递，不足以使金属表面的电化学腐蚀顺利进行。当空气中相对湿度达到一定高度时，金属表面的水膜达到一定厚度，这时空气中的 CO_2、SO_2、NO_2 等溶解在这层水膜中，形成电解质溶液，这是决定金属发生电化学腐蚀的又一基本条件。再加上古代金属文物多数并非纯度较高的单一金属，以铁器为例，古代为了在铸造过程中提高铁质的性能，往往会在铁中加入一些碳或其他元素，这样就可以改变它的结晶结构，但这时冶铸出来的铁器也就不是纯铁了，而是一种叫做渗碳体的含有杂质的铁。碳与铁在这里构成了进行电化学腐蚀的阴极和阳极，这也是决定金属发生电化学腐蚀的基本条件。在这三大条件齐聚的情况下，金属表面就会形成一种微电池，也称腐蚀电池。阳极上发生氧化反应，使阳极发生溶解，阴极上发生还原反应，一般只起传递电子的作用。通过这种方式，快速使阳极材料遭受侵蚀。

相关研究表明，如果环境相对湿度在35%以下，金属文物的腐蚀现象能够完全被控制；相对湿度上升到60%时，金属文物的腐蚀便开始发生；相对湿度上升到80%时，腐蚀速率显著上升。因此，湿度成为了促使金属文物腐蚀反应发生、进行的主要因素。

5. 高湿度引起的颜料变色

颜料变色是一个非常复杂的过程，它不仅与颜料的化学成分、性质有关，还与颜料载体的性质、光辐射、相对湿度等因素都有很大的关系。古代壁画多使用矿物颜料，这些矿物颜料一般较为稳定。但这些无机矿物颜料中的有些颜料在高湿度的环境下却不稳定。例如，古代经常使用的铅丹（Pb_3O_4），高湿度就是它变色的必要条件之一。研究表明，铅丹在干燥环境下是相当稳定的，而在相对湿度≥70%的环境下，开始发生变色反应，逐渐由红色变为黑色的二氧化铅，并且随着相对湿度的升高变色程度及速率明显加剧、加快。

铅丹的变色必须是在有光照的条件下才能发生，而另一种颜料——铅黄，它即使是在无光照的条件下，只要高湿度环境就会引发其变色反应，逐渐由黄色变为黑色的二氧化铅。

6. 高湿度引起的生物损害

高湿度是诱发文物发生生物损害的主要原因之一，湿度对微生物的形态、生理产生着决定性的作用。具体湿度引起生物损害对文物的破坏见 3. 3 节。

2. 2. 3　湿度的表示方法及其相关状态参数

空气的湿度和大气的压力密切相关，要了解湿度的表示方法就必须先了解大气压力。

1. 大气压力 P_d

空气对地球表面单位面积上的静压力称为大气压力，它是空气重力与分子运动的综合结果。大气压力的单位是 Pa，读作帕或帕斯卡，$1Pa = 1N/m^2$。大气压力不是定值，而是随所在地区的绝对高度、纬度、季节、晴雨天气而变化。纬度为 45°的海平面处 0℃时的平均大气压力为 101 325Pa，而绝对高度 3000m 处的大气压力仅为 69 861Pa。我国各地冬夏的大气压力之差随地区而异，一般为 900 ~ 2300Pa。大气压力影响室内外湿度测量的准确性，也影响空气的物理性质，许多图表都是在确定的大气压力之下应用的，如大气压力改变过多，就不能查用原来的图表。

2. 道尔顿分压定律

一密闭容器中放置混合气体，则混合气体中每一组分占据与混合气体相同的体积。一定温度下，某组分气体占据与混合气体相同体积时对容器产生的压力叫该组分气体的分压，混合气体的总压力等于各组分气体的分压力之和，这就是道尔顿分压定律。其数学表达式为

$$P_{总} = P_1 + P_2 + P_3 + \cdots + P_n \tag{2-15}$$

式中，$P_{总}$为混合气体的总压力；P_1、P_2、P_3、…、P_n为各组分的分压力。

另外，混合气体中某一组分的分压力等于总压力与该组分的体积分数的乘积。

3. 水蒸气分压力 P_s 与饱和水蒸气分压力 P_{sb}

混合气体中的一种气体的分压力是该气体单独占据混合气体的容积，并且与混合气体温度相同时所产生的压力，混合气体的压力等于各种气体的分压力之和。若不考虑空气污染物，那么，大气压力 P_d 等于干空气的分压力 P_g 与水蒸气的分压力 P_s 之和，即

$$P_d = P_g + P_s \tag{2-16}$$

水蒸气分压力直接反应空气中水蒸气含量的多少，是衡量空气湿度的一个指标，单位为 Pa。

在一定温度下，空气所能容纳的水蒸气量有一确定的最大值，不能高于此值。在最大值的基础上，水蒸气的量再增加就要凝结成液态水。在一定温度下水蒸气量达到最大值时的空气称为饱和空气。饱和空气的水蒸气分压力称为该温度下的饱和水蒸气分压力，用符号 P_{sb} 表示。随着温度的升高，饱和水蒸气分压力亦升高，但不是正比关系，而是指数关系。玛格努斯经验公式近似表示这种关系：

$$P_{sb} = P_{sb0} \times 10^{\frac{a \times T}{b+T}} \tag{2-17}$$

式中，P_{sb0} 为 0℃时纯水平面上的饱和水蒸气分压力，可取 611Pa；a 为常数，取值为 7.63；b 亦为常数，取值为 241.9；T 为空气温度，单位℃。

4. 含湿量 d 及饱和含湿量 d_b

内含 1kg 干空气的实际空气所含水蒸气的质量（以克计）称为实际空气的含湿量，用 d 表示，单位为 g/kg。

含湿量与大气压力和水蒸气分压力的关系如下：

$$d = 622 \times \frac{P_s}{P_d - P_s} \tag{2-18}$$

饱和含湿量与大气压力以及饱和水蒸气分压力的关系如下：

$$d_b = 622 \times \frac{P_{ab}}{P_d - P_{sb}} \tag{2-19}$$

含湿量是反映空气湿度的重要参数，对空气进行热湿处理时，要用含湿量衡量空气中水蒸气数量的变化。

5. 绝对湿度 Z 及饱和绝对湿度 Z_b

每立方米实际空气中所含水蒸气的质量称为绝对湿度，用符号 Z 表示，单位为 g/m^3。绝对湿度又称空气中的水汽密度，其数值不受空气环境温度的影响。

绝对湿度与水蒸气分压力成正比，与热力学温度成反比，关系式如下：

$$Z = 2.17 \times \frac{P_s}{T} \tag{2-20}$$

如前所述，空气有吸收和容纳水汽的能力，但这种能力并不是无限制的，空气能容纳最大限度的水蒸气的量称为饱和量。温度越高，饱和量越大；温度越低，饱和量越小。

饱和空气的绝对湿度称为饱和绝对湿度，饱和绝对湿度与饱和水蒸气分压力的关系如下：

$$Z_b = 2.17 \times \frac{P_{sb}}{T} \tag{2-21}$$

将玛格努斯经验公式代入式（2-21）得

$$Z_b = 2.17 \times \frac{P_{sb0} \times 10^{\frac{a \times T}{b+T}}}{T} \tag{2-22}$$

式中，P_{sb0}、a 及 b 皆为常数，可知 Z_b 为温度 T 的函数，即饱和绝对湿度只随空气温度的变化而变化。当空气处于饱和绝对湿度时，水蒸气的分子蒸发速率与凝聚速率相等，蒸发的分子数与凝聚的分子数相等，蒸发过程与凝聚过程处于动态平衡。这个平衡受温度的影响而发生变化（表 2-4）。

表 2-4　不同温度下空气的饱和绝对湿度

温度/℃	饱和绝对湿度/（g/m³）	温度/℃	饱和绝对湿度/（g/m³）
-5	3.24	20	17.3
0	4.84	25	23.0
5	6.84	30	30.1
10	9.40	35	39.6
15	12.8	40	51.2

6. 相对湿度 φ

绝对湿度无法明确的表现空气的潮湿干燥程度。例如，1m³空气中有 10g 水，这时它的绝对湿度为 10g/m³。如果这时空气的温度为 50℃，这个空气体系就十分干燥；但如果温度为 15℃，这个空气体系就十分潮湿；如果温度继续降低，甚至会出现结露现象。因此，在实际工作中需要一个不受温度影响的湿度度量单位。相对湿度就是一种不受温度影响的湿度表达方式，它所表示的意义是空气湿度距离饱和状态的程度。任何一个空气体系，不论其温度值为多少，其空气状态距离饱和状态越近即相对湿度越高，则说明空气越潮湿；相反，空气状态距离饱和状态越远即相对湿度越低，则说明空气越干燥。

水汽在空气中达到饱和状态是指空气中的水蒸气分压力达到了某一温度下该空气中的饱和水蒸气分压力。而相对湿度的定义就是某一温度下空气中实际水蒸气分压力距离饱和水蒸气分压力的程度。实际操作中，常用空气中实际水蒸气分压力与同温度下的饱和水蒸气分压力之比的百分数来表示，符号为 φ 或 RH。

$$\varphi = \frac{P_s}{P_{sb}} \times 100\% \tag{2-23}$$

但由于空气中的水蒸气分压力及饱和水蒸气分压力不易测定，因此实际工作中常常用另一种方法表示空气中的相对湿度。如果给相对湿度的表达式右边的分子分母同时乘以 2. 17 且同时除以空气的温度 T，则得到：

$$\phi = \frac{2.17 \times P_s/\mathrm{T}}{2.17 \times P_{sb}/T} \times 100\% \tag{2-24}$$

由前面绝对湿度与水蒸气分压力的关系式及饱和绝对湿度与水蒸气分压力的关系式可以得出：

$$\phi = \frac{Z}{Z_b} \times 100\% \tag{2-25}$$

即相对湿度也可以通过空气的绝对湿度与同温度下的饱和绝对湿度之比来表示。由该表达式可知，在一定温度下，由于空气的饱和绝对湿度不变，因此，空气绝对湿度越高，相对湿度就越高，空气就越潮湿；反之，绝对湿度越低，相对湿度就越低，空气就越干燥。在密闭空间内，如果绝对湿度不变，温度升高时，由于饱和绝对湿度升高，因此相对湿度减小；反之，温度降低时相对湿度升高。若欲保持密闭空间内相对湿度不变，温度升高时应增加空间内绝对湿度，温度降低时应减少空间内绝对湿度。

相对湿度表示空气中实际绝对湿度接近饱和绝对湿度的程度，是衡量空气潮湿程度的重要指标。文物材料的含水量和空气的相对湿度直接相关，其含水量的多少取决于空气相对湿度的高低。

相对湿度的概念及其变化规律在考古发掘现场文物保护中非常重要，如在考古发掘现场对文物进行储存包裹，将文物置于密闭容器中。当夜晚来临的时候，随着温度的下降，将会导致湿度的日波动。假设在白天包裹文物时的空气温度为 20℃（68 ℉），由不同温度下空气的饱和绝对湿度表可知，$1\mathrm{m}^3$ 空气在 20℃时最多只能容纳 17. 3g 的水。如果这时密闭容器内的空气中只有 9. 52g 的水蒸气，这时容器内的相对湿度为 55%，这是一个对大多数文物而言较合适的环境湿度。但是当夜晚来临，环境温度的降低导致容器内的温度也出现降低，假设温度降低到了 15℃（59 ℉），那么同样 $1\mathrm{m}^3$ 的空气中最多就只能容纳 12. 8g 的水蒸气了。这时容器内的相对湿度就变为 74. 3%，这就是一个相对潮湿的环境了。仅仅 5℃的温度变化就造成了近 20% 的湿度波动，这种当量的反复湿度波动对敏感型文物将可能会产生不可挽回的损失。因此在考古发掘现场，对湿度敏感型文物进行储存包裹时，必须采取适当的环境干预措施。

7. 露点温度 T_i

当空气含湿量和压力不变时，降低温度使空气刚好达到饱和状态，此时的温度称为当时空气的露点温度，用符号 T_i 表示。

露点温度是空气中水蒸气开始凝结的临界温度，在露点温度时空气的相对湿度等于 100%，但尚无水珠凝结。当温度低于露点温度时，空气中的水蒸气就会因为超过饱和绝对湿度而凝结成水珠。由于空气本身的温度低于露点温度而使空气中的水蒸气凝结成的细小水滴称为雾；由于物体表面温度低于空气露点温度而在物体表面凝结的水滴称为露，出现露的现象叫结露。

当气压一定时，露点温度的高低只与空气中水汽的含量有关，水汽含量越多，露点温度越高。空气一般是未饱和的，故其露点温度常常比实际气温低，只有当空气达到饱和时，露点温度才与实际气温相等。所以根据露点温度与空气实际温度的差，可以判断空气的饱和程度。在饱和空气中：$T - T_i = 0$，在未饱和空气中：$T - T_i > 0$。$T - T_i$ 的值越大，表明相对湿度越低，反之相对湿度越高。

文物表面温度低于空气露点温度时，在文物表面就会发生结露现象。将文物从地下环境中发掘出来时，一般而言文物的表面温度都是低于地上空气环境温度的。如果二者相差过大，这时文物的出土就可能会面临表面结露的问题。结露现象对大多数文物的现场保护都是不利的，因为这种现象难以定量控制，应尽可能避免。在考古发掘现场做好文物出土时的空气环境温湿度监测及文物表面温度测定工作将为是否需要采取避免结露措施提供环境依据。除文物出土现场外，文物的临时储存库房中的柜架、地面的温度低于空气露点温度时也会结露，这种现象在我国夏季经常出现。

8. 热力学第一定律

能的形式各种各样，不同形式的能之间可以相互转化，如化学能可以转化成热能，热能可以转化为机械能，机械能可以转化为电能等。在转化的过程中能量的总值不变，这就是热力学第一定律，也叫能量守恒定律。

如果一个体系从始态（内能为 E_1）变至终态（内能为 E_2），在变化过程中体系从环境吸收了热量 q，同时体系又对环境做功 w，根据热力学第一定律得

$$E_2 - E_1 = \Delta E = q - w \tag{2-26}$$

当化学反应或体系变化在恒压条件下进行，此时体系吸收的热量。

$$q_p = \Delta E + w = \Delta E + P\Delta V = E_2 - E_1 + P(V_2 - V_1) = (E_2 + PV_2) - (E_1 + PV_1) \tag{2-27}$$

令 $H = E + PV$，则式（2-27）可改写为

$$q_p = H_2 - H_1 = \Delta H \tag{2-28}$$

H 就是所谓的焓，它是一种特殊的能量形式，内能的绝对值无法知道，焓的绝对值也无法知道，在实际应用中，用的是焓变 ΔH。

另外，ΔH 数值的大小与物质的量（摩尔数）成正比。

9. 质量焓 i

质量焓描述了焓在物质质量 m 上的定义。内含 1kg 干空气的实际空气所含的热量称为其质量焓，用符号 i 表示，单位是 kJ/kg（千焦耳/千克）。一般以 0℃时的干空气和 0℃时的液态水的质量焓均为 0 作为计算热量的基点。

湿空气的质量焓等于干空气的质量焓和水蒸气的质量焓之和。当空气为 t℃时，含湿量为 dg/kg 时，湿空气的质量焓 i（kJ/kg）可以用下式计算：

$$i = 1.01t + 0.001d \times (2500 + 1.84t) \tag{2-29}$$

对空气进行加热、冷却处理时，可以用处理前后空气的焓差计算所需要的加热量或制冷量。为方便起见，本书之后内容中如无特别说明，其焓均指质量焓。

10. 独立状态参数和空气状态的确定

上述若干状态参数以及上节讨论的温度是描述空气状态的常用参数，这些状态参数彼此间的关系并不完全相同。有的状态参数相互有联系，知道其中一个参数就可以根据公式或空气性质的相关表格得出另一个参数，这些参数彼此不是独立的，如温度和饱和水蒸气分压力、含湿量与露点温度的关系就属于这种情况。有的状态参数相互并无联系，如温度与含湿量、温度与水蒸气分压力，它们是相互独立的状态参数。有的状态参数，相互有一定的联系，但是知道其中之一，并不能确定另一个，如温度与相对湿度、含湿量与焓，知道温度不能确定相对湿度、知道含湿量不能确定焓，但是温度对相对湿度、含湿量对焓又有一定的影响，这些参数之间的关系也可以视为彼此独立。彼此相互独立的状态参数主要有温度、含湿量、焓、相对湿度。在大气压力一定的情况下，空气的任意两个独立状态参数确定之后，其余的状态参数也就随之确定。因此，两个独立状态参数能确定一定的空气状态。

2.2.4　湿度的测量

1. 干湿球温度表

干湿球温度表是一种利用间接手段测量湿度的仪器。1750 年里奇曼在一个很偶然的情况下发现当玻璃液体温度表的测量泡上有水时，该温度表所读出的温度就会低于周围空气的温度，这一现象立即就引起了当时人们的广泛注意。研究证明这种制冷现象产生的原因是由于水蒸发的结果。自此以后人们展开了对这一现象的广泛而深入的研究，最终利用这一现象制造了干湿球温度表。

1）基本结构

干湿球温度表是由两支规格完全相同的玻璃液体温度表组成，一支称为干球温度表，它和普通的玻璃液体温度表一样，测温泡暴露在空气中，用以测量环境温度。另一支为湿球温度表，测量泡用特制纱布包裹，通过上水装置与装有纯水的容器相连（或临时加水），使纱布保持湿润。当湿球周围空气处于不饱和状态时，湿球纱布套上的水分就会不断蒸发，由于水分蒸发需要吸收热量，从而使湿球温度降低。普通干湿球温度表无法控制流经干湿球的空气流速。

2）工作原理

根据物理学原理，湿球纱布上水分蒸发是一个吸收热量的汽化过程。在一定温度下，空气的相对湿度越低，其吸湿能力越大，纱布上蒸发的水分越多，水分所带走的热量也就越多，使得紧贴纱布的测温泡由于制冷引起的温度变化也就越大，干球和湿球的温差也就越大。反之，如果空气的相对湿度越高，其吸湿能力越小，纱布上蒸发的水分越少，水分所带走的热量也就越小，使得紧贴纱布的测温泡由于制冷引起的温度变化也就越小，干球和湿球的温差越小。当干湿球的温差为0℃时，环境的湿度为100%，这时空气呈现出饱和状态。根据干湿球温度的差值，查阅相对湿度查对表，就可以知道空气的相对湿度。

影响干湿球温度表测湿准确度的因素很多，用传热学和热平衡原理分析湿球水分蒸发带走的热量以及周围环境传给湿球的热量，经过整理，可得出如下关系式：

$$P_s = P_{湿饱} - AP_d\ (t_干 - t_湿) \tag{2-30}$$

式中，P_s为周围空气的水蒸气分压力，单位为Pa；$P_{湿饱}$为湿球温度下的饱和水蒸气分压力，单位为Pa；A为干湿表系数，单位为/℃；P_d为大气压力，单位为Pa；$t_干$为干球温度，单位为℃；$t_湿$为湿球温度，单位为℃。

又根据相对湿度、水蒸气分压和饱和蒸汽压的关系式可得

$$\phi = \frac{P_s}{P_{sb}} \times 100\% = \frac{P_s = P_{湿饱} - AP_d\ (t_干 - t_湿)}{P_{sb}} \times 100\% \tag{2-31}$$

式中，P_{sb}为干球温度下的饱和水蒸气分压力，单位为Pa。

干湿表系数A主要取决于周围空气流速，一般可以应用如下经验公式近似计算A值：

$$A = \left(65 + \frac{6.75}{V}\right) \times 10^{-5} \tag{2-32}$$

式中，V 为湿球周围空气流速，单位为 m/s。

由以上一系列关系式可以归纳为：空气相对湿度是干球温度、湿球温度、大气压力和风速的函数，相对湿度的测量准确性决定于上述四种数值的测量准确性。

欲准确测量相对湿度，除需测出干湿球温度外，还需要测出大气压力和湿球周围的风速，从风速可以计算或确定 A 值，根据干湿球温度查饱和空气性质表，可以得出干湿球温度下的饱和水蒸气分压力，将有关数据代入上述公式即可计算出相对湿度的准确数值。为了避免每次进行繁复的计算，通常根据计算公式编制由干球温度和湿球温度（或干湿球温度差）查相对湿度的查算表，通过查表得出相对湿度。各种查算表都是在一定风速和一定大气压力下编制的。文物存放空间较密闭时，空气流速很小，可近似视为0. 2m/s。因此，测定密闭文物存放空间的相对湿度时，可以查风速为0. 2m/s 时的相对湿度查算表。而对于非密闭环境，则必须测定其周围空气流动速率。

3）使用注意事项

在使用干湿球温度表测量空气相对湿度时，应注意：

（1）安装前检查两支温度表读数是否一致（湿球未接触水前）；

（2）使用时将干湿球温度表放在空气较为流畅的地方，不要放在死角，也不要放在风口；

（3）注意避免太阳光线对温度表的直接照射；

（4）湿球的导水纱布应使用脱脂棉纱，且应保持清洁并经常更换。在湿球温泡上缠绕 5/4 周，以便水分蒸发。润湿纱布的水应该使用蒸馏水；

（5）测量时应提前 30min 将干湿球温度表置于待测环境中；

（6）气温低于 0℃时不要使用该仪表。

2. 通风干湿球温度表

通风干湿球温度表（简称通风干湿表）又称阿斯曼温度表。它与干湿球温度表的测量原理相同，不同点仅在于在温度表上装有一个小型机械风扇或电动风扇。测量时开启风扇，让空气以一定速率流过干湿球温度表的测量泡，同时在两支温度表的测量泡上套有双层辐射防护管，以防止辐射对测量的影响，使测量的精度更高。因此特别适合于室外湿度的测量。

由于通风干湿球温度表的风速固定，且具有一些其他防护措施（防辐射），因此它是一种较为准确的测湿仪器。常用的通风干湿球温度表，其湿球周围空气流速等于或大于 2. 5m/s，可以查风速为 2. 5m/s 时的相对湿度查算表。通风干湿表可以用作基准测量仪器，除用于直接测量空气相对湿度外，还可以用于校验其他测湿仪器。

通风干湿表的使用注意事项：

（1）使用时注意保护金属护管，在给湿球加水时不可溅到护管内壁；

（2）测量时应提前 15 ~ 30min 将通风干湿球温度表置于待测环境中；

（3）测量时，先打开仪器中的风扇，2 ~ 4min 后再开始读数；

（4）脱脂棉纱布要经常更换，保持柔软、清洁。

3. 毛发湿度表

人类的头发属于纤维组织，有许多毛细孔，内含色素、水分、空气等。经脱脂加工后，毛发上的小孔与大气直接相通。当空气湿度小时，毛细孔内的水分减少，纤维组织收缩，毛发缩短；反之，当空气湿度大时，毛细孔内水分增多，纤维组织膨胀，毛发伸长。毛发湿度表就是利用脱脂毛发的湿胀干缩特性制成的。常用的毛发湿度表由毛发、传动机构、指针、刻度板、支架等组成，指针在刻度板上可以直接指示出空气的相对湿度（图 2-7）。

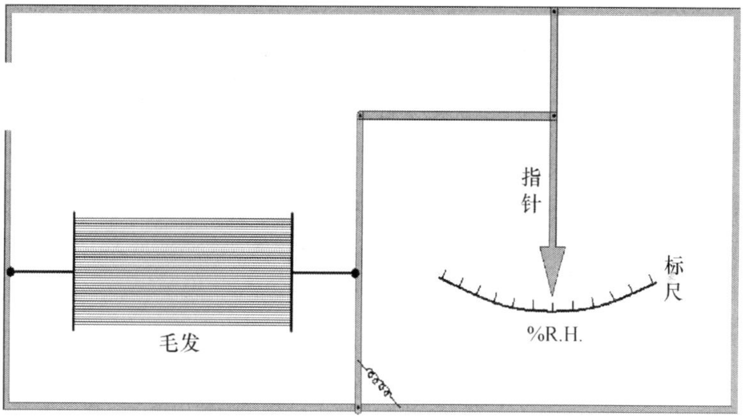

图 2-7　毛发湿度表的工作原理

值得指出的是，虽然毛发的长度也随温度的变化而变化，但在温度不太低时，其热膨胀系数很小。这也是毛发湿度计可以在一个较宽的温度范围内使用的原因之一。

毛发湿度计结构简单，使用方便，在 -30℃时仍能正常工作，在相对湿度为 30% ~ 100% 时，其测量误差不超过 5% 。但是该湿度表的精度低，惰性较大，为保证测量的准确性，必须定期对其进行校正。具体的校正方法是用毛笔沾蒸馏水将毛发全部润湿，使其指示值升高到 90% 以上。经过一段时间，当指示值逐渐下降并稳定以后，用通风干湿球温度表测量同一环境的相对湿度与之核对。如果数值不相符，可以调节毛发束的调节螺丝直到数值相同为止。

如果仪器长期不用，在保管的过程中应每隔一定的时间润湿一下毛发束，以保持其自然特性。此外，毛发湿度表的毛发使用久了就应该更换新的，以保证其测量的准确性。

4. 自记式毛发湿度计

文物保护中使用较普遍的自记式湿度计和自记式温湿度计的湿度感应元件就是毛发。将毛发一端固定在支架上，另一端与调节机构和传动机构相连，传动机构又与指针相连，这样指针即可随湿度高低而上下移动。记录筒内有钟表机构，可以绕主轴均匀旋转。将自记纸压在记录筒上，就可以自动记录一天（或一周）内空气湿度的变化情况。能够连续记录一天之内湿度变化的称为日记型，能够连续记录一周之内湿度变化的称为周记型。

5. 电阻湿度表

电阻湿度表由感湿元件（测头）和指示仪表组成，测头的电阻随相对湿度的变化而变化，精确测量测头的电阻，即可得出相应的相对湿度。常用的电阻湿度表的测头电极间涂有氯化锂溶液，溶剂挥发后形成氯化锂薄膜。氯化锂薄膜含水量随空气相对湿度的变化而变化，周围气体相对湿度越高，氯化锂吸水率越大，因而两支电极间的电阻就越小。因此，通过电极的电流大小可反映出周围气体的相对湿度。因而形成一层电阻随周围空气的相对湿度而变化的感湿薄膜。

电阻湿度表灵敏、精确，可用于远距离观测，测湿范围为 15% ~ 100%，精度为 ±2%。电阻湿度表只适于测量洁净空气的相对湿度，不能用于含尘、含腐蚀性气体和含水雾的空气，测头有效期为半年，过期后需要重新校正或更换。

2.2.5　湿度的控制与调节

1. 空气湿度的变化规律

1）室外湿度的变化规律

A. 绝对湿度的变化规律

室外绝对湿度一般随温度的升高而增加，随温度的降低而减小，其变化亦可分为日变化和年变化两种。

绝对湿度日变化有单峰型和双峰型两种类型。单峰型与温度日变化规律相似，即凌晨日出前室外绝对湿度最低，日出后升高，14 ~ 15 点最高，然后降低，直至次日凌晨降至最低。沿海地区和内陆地区的秋冬季绝对湿度的日变化多属于这种类型。双峰型是在一昼夜内绝对湿度出现两次高值和两次低值，即凌晨日出前最低，日出后升高，至 8 ~ 9 点达到第一次峰值，然后降低，至 14 ~ 15 点降至低值，然后升高，至 20 ~ 21 点达到第二次峰值，以后又降低，直至次日凌晨降至最低。夏季内陆地区绝对湿度的日变化多属这种类型。不论是哪种变化类型，绝对湿度的日变化幅度一般是比较小的。

绝对湿度的年变化和气温的变化规律一致，一般为 1 ~ 2 月最低，7 ~ 8 月最高。绝对湿度年变化的幅度一般较大。

B. 相对湿度的变化规律

相对湿度日变化一般随气温升高而减小，随气温下降而增高，即相对湿度的日变化与气温日变化相反。凌晨日出前最高，日出后逐渐降低，至 14 ~ 15 点降至最低，以后又逐渐升高，到次日日出前达到最高值。但夏季沿海地区由于从海洋吹向近海陆地的海风 13 ~ 15 点最盛，因此，此时相对湿度最高。

相对湿度年变化规律各地很不相同，大致分为两种类型：一种是内陆干燥而全年绝对湿度变化不大的地区，其相对湿度年变化规律与气温年变化规律相反，冬季高而夏季低；另一种是相对湿度年变化规律与气温年变化规律基本一致，冬夏因分别受冬季季风和夏季季风的影响，水蒸气分压力相差很大，气温升高对相对湿度的影响不如水蒸气分压力的影响显著，因此冬季相对湿度低而夏季相对湿度高。我国大部分地区相对湿度年变化规律属于后一种类型，但各地因地理位置不同又各具特点。例如，华北地区春季多吹干燥的西北风，加上气温回升快，相对湿度反而比冬季低。长江中下游地区初夏多为雨季，气温不高但水蒸气分压力很高，因此相对湿度最高。

2）室内湿度的变化规律

不进行空气调节的室内受房屋建筑、方位、密闭程度、门窗开启次数、室内文物种类和数量的影响，湿度变化规律各不相同，一般与室外湿度变化规律相似，但变化幅度较小，变化程度上有所消弱。

室内相对湿度和绝对湿度的日变化规律和年变化规律与室外基本一致，但变化速率和幅度均小于室外。若房屋密闭良好，室内绝对湿度日变化一般较小，经过较长时间，才会随室外绝对湿度的变化而发生较小的变化。一般室内相对湿度日变化较室外迟 1 ~ 2h，清晨室内温度最低时相对湿度最高，午后室内温度最高时相对湿度最低。一昼夜内室内最高相对湿度和最低相对湿度的差值大约为室外的 0.5 ~ 1 倍。室内不同部位的相对湿度也有差别，背阴面比向阳面相对湿度高，下部比上部相对湿度高，地面四角和框架之下相对湿度高。

2. 焓　湿　图

焓湿图是表示在一定大气压力下空气状态参数之间关系的图表。在环境控制及现场微环境营造过程中，可以应用焓湿图进行分析和计算（焓湿图见附录 I ）。

1）焓湿图的构成

在焓湿图上有两组平行线，一组是间距相等的垂直线；另一组是间距相等的斜线，与垂直线夹角等于或大于135°。这两组平行线构成了焓湿图的坐标系。垂直线称为等含湿量线，每一条垂直线上的含湿量数值都相等。焓湿图上方的水平线可视为 d 轴，其上标有各垂直线的含湿量数值，含湿量从左到右由 0 依次增加。斜线表示等焓线，在斜线下方有几条线段，与等焓线垂直，线段上标有各斜线所代表的焓值，这些线段可视为焓轴。每条等焓线上的焓值均相等，焓值可以从焓轴上查得，焓值从左下到右上依次增加。

等温线是近于水平、多为左低右高的直线，相互并不平行。温度较低时，等温线的斜率相差不大，几乎看不出来；温度越高，等温线的不平行程度越明显。各条等温线的两端标有温度数值，焓湿图最左方的垂直线既是 $d=0$ 的等含湿量线，又可视为温度轴，温度从下到上依次增高。

等相对湿度线是一组曲线，曲线上标有相对湿度的数值，相对湿度从左上到右下逐渐增大。相对湿度等于 100% 的等相对湿度线是饱和空气的相对湿度线，又称饱和曲线。饱和曲线左上方为未饱和的湿空气区。饱和曲线右下方为过饱和区，过饱和空气状态中多余的水蒸气会凝结成小水滴悬浮在空气中形成雾。含湿量等于零的等含湿量线也是相对湿度等于零的等相对湿度线。

在大气压力确定的情况下，水蒸气分压力仅取决于含湿量，其关系由 $d=622\times\frac{P_s}{P_d-P_s}$确定。该式经变换得：$P_s=P_d\times\frac{d}{622+d}$，由此式从大气压力和含湿量可以得出水蒸气分压力的数值。在焓湿图上方设一水平线，在线上标出含湿量相对应的水蒸气分压力数值，这样一条水平线就是水蒸气分压力线。

焓湿图右下方半圆上有一些短斜线，在短斜线上标有热湿比 ε 的数值，这些短斜线就称为热湿比线或简称 ε 线。

以上四组等值线（等含湿量线、等焓线、等温线和等相对湿度线）、一条水蒸气分压力线和一组热湿比线共六种图线构成了焓湿图。

应当注意，大气压力对焓湿图是有影响的。在大气压力不同时，即使相对湿度相同，含湿量也不相等。大气压力增加，含湿量减小；大气压力减小，含湿量增加。所以大气压力不同时，绘制的等相对湿度线不同，水蒸气分压力线也不同。选用焓湿图时必须注意大气压力，要选用与使用地区大气压力相应的焓湿图，否则会引起较大误差。但是在大气压力相差不大时，所得结果误差不大，如大气压力减小 1000Pa 时，空气含湿量增大 1% 左右，相对湿度只减少 2% 左右。

2）焓湿图的应用

焓湿图主要有四方面用途。

A. 根据两个独立状态参数确定空气状态

焓湿图上的每一点都表示空气的一种状态，通常空气的每一种状态在焓湿图上都可以用确定的点表示。根据两个独立状态参数可以在焓湿图上找出空气的状态点。在一定大气压力下，只要测出温度、含湿量、焓和相对湿度中任意两个状态参数，就可以确定空气的状态。一般应先测出空气的温度和相对湿度，然后在符合当时大气压力的焓湿图上找出相应的等温线和等相对湿度线，两线的交点即为空气的状态点。

B. 由空气状态点求各状态参数

焓湿图上一点 A 确定后，就可以找出该状态时的各状态参数。

如图 2-8 所示，A 为已确定的空气状态点，通过 A 引等温线和等焓线，与温度轴交于 t_A，与焓轴交于 i_A。t_A、i_A所示数值即为 A 状态的温度和焓。过 A 引垂线，与含湿量轴交于 d_A，与水蒸气分压力线交于 P_{SA}，d_A、P_{SA}所示数值就是 A 状态的含湿量及水蒸气分压力。过 A 点的等相对湿度线所示数值是 A 状态的相对湿度。

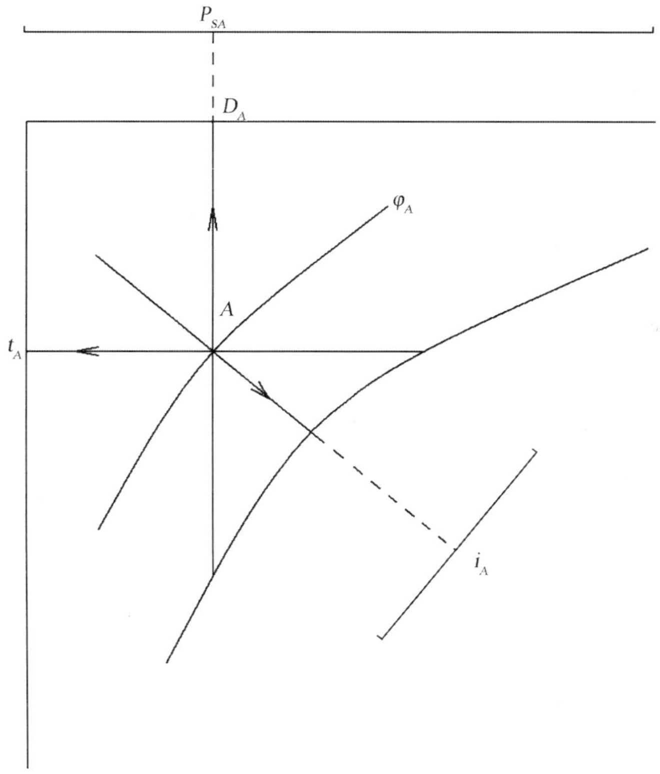

图 2-8　从焓湿图上一点求其他部分状态参数

如图 2-9 所示，A 点的露点温度可以用以下方法求出：过 A 点引垂直线，与饱和曲线相交于 A'，过 A'引等温线，与温度轴交于 A''，A''点所示温度即为 A 点的露点温度 t_{iA}。A 点的饱和水蒸气分压力及饱和含湿量可以用以下方法求出：过 A 点引等温线与饱和曲线相交于 A_1，过 A_1引垂直线与水蒸气分压力线相交于 A_2，与 d 轴相交于 A_3。A_2所示数

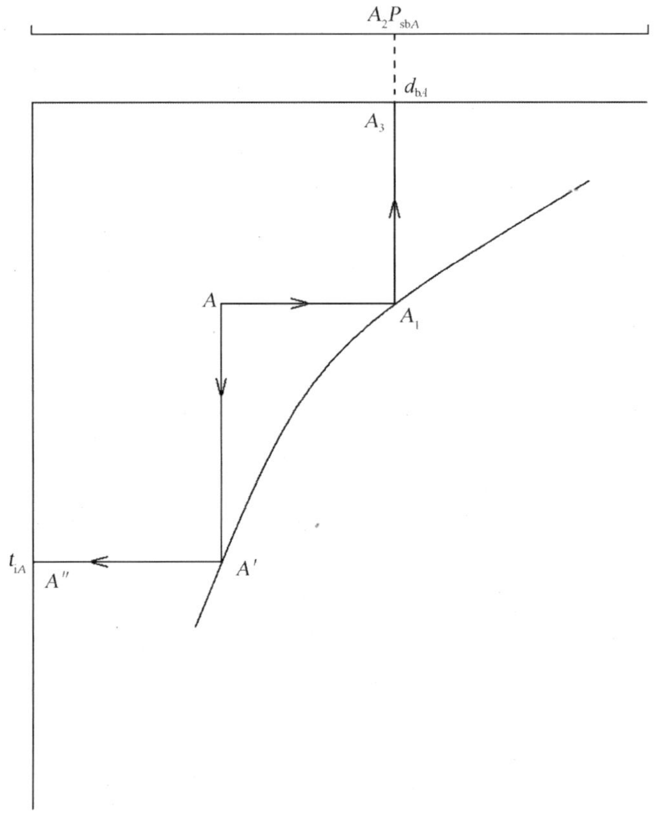

图 2-9　由焓湿图上一点求露点温度、饱和含湿量和饱和水蒸气分压力

值即为 A 点的饱和水蒸气分压力 P_{sbA}，A_3所示数值即为 A 点的饱和含湿量 d_{bA}。

在焓湿图上不能直接找出 A 点的绝对湿度，可以先找出 A 点的水蒸气分压力 P_{sA}，温度 t_A，然后利用公式 $Z=\frac{2.17P_s}{T}$和 $T=t+273.15$，即可求出 Z_A。同理可以求出饱和绝对湿度 Z_{bA}。

C. 确定两种不同状态的空气以一定比例充分混合后空气的状态

在焓湿图上可以确定两种不同状态的空气以一定比例充分混合后空气的状态。其规律如下：状态 A 的空气 $m_A$kg 与状态 B 的空气 $m_B$kg 充分混合，混合后的空气状态 C 在 AB 连线上，并且 AC 与 BC 线段长度之比等于 m_B与 m_A之比，即$\frac{AC}{BC}=\frac{m_B}{m_A}$。但这个规律只有在两种状态的空气混合前、后以及混合过程中均与外界没有热、湿交换的情况下才适用。在与外界有热、湿交换的情况下，混合后的空气状态不完全符合上述规律。

D. 表示空气状态的变化过程

对 $m$kg 状态 A 的空气进行热湿处理，加热量为 QkJ，加湿量为 Dkg，空气状态从 A 变为 B。在焓湿图上 AB 线段表示空气的变化过程。如果知道 AB 的斜率和 B 点的一个状态参数，就可以预测 B 点，从而预测空气状态的变化过程。

有这样的规律：AB 线段的斜率

$$\varepsilon' = \frac{Q}{D} = \frac{i_B - i_A}{\frac{d_B - d_A}{1000}} = 1000 \times \frac{i_B - i_A}{d_B - d_A} \tag{2-33}$$

求出 Q/D 的数值 ε'，在焓湿图热湿比线中找出数值等于 ε' 的热湿比线 ε，过 A 引与 ε 平行的射线 AB'，B 点必定在 AB' 线上。

B 点的含湿量 d_B 可以用式（2-34）确定：

$$d_B = d_A + \frac{1000 \times D}{m} \tag{2-34}$$

式中，d_A 为状态 A 时空气的含湿量。

根据式（2-34）求出 d_B 后，在焓湿图上绘出 $d = d_B$ 的等含湿量线，该线与 AB' 线的交点即为热湿处理后空气的终状态点 B。

亦可根据公式 $i_B = i_A + \frac{Q}{m}$ 求出 i_B，然后绘出 $i = i_B$ 的等焓线，该线与 AB' 的交点即为 B 点。

3. 温湿度的控制与调节

控制与调节温湿度首先要有适用的空间，在该空间满足密闭、隔热、防潮等要求的基础上，最有效的措施是采用空调设备对进入该空间的空气进行热湿处理，使空间内温湿度常年稳定在规定范围内；最节约的控制措施是利用空间外部空气的气候条件，选择通风时机，合理组织通风。在不适于通风时，严格密闭空间，使空间内空气处于良好状态。前者设备费用和运行费用均较高；后者受自然气候条件限制，在湿热地区，往往不能使库内温湿度总是稳定在规定标准之内。应根据文物的种类、级别以及当地的气候条件等因素全面衡量，选择适当的措施。

1）采用控制设备、材料等控制调节温湿度

采用机械设备或化学试剂，人为地对空气进行增温、降温、加湿、干燥处理，创造和保持符合一定要求的温湿度环境，就是所谓的空气的热湿处理。人类活动场所的空气热湿处理是为满足人体舒适的需要而设置的，称为舒适性空气热湿处理；而文物的临时库房、以储存为目的的临时包裹内部等空气的热湿处理是为了保证技术处理而设置的，称为工艺性空气热湿处理。舒适性空气热湿处理只在空间内有人工作时运行，而当人离开时就可以停止。而工艺性空气热湿处理则要求常年每天 24h 内均应符合一定的要求，无论是否有人存在。要求热湿处理的连续性、持久性、稳定性是文物保存环境空气热湿处理的首要特点。有时文物储存空间的温湿度指标既能满足文物保护的要求又能满足人

体舒适的要求，二者并不矛盾，如果发生矛盾应首先保证前者。

人体对温度的感觉比较敏感，对相对湿度的感觉则较为迟钝。但大多数文物则与此恰恰相反，不适宜的湿度对文物产生的损害更大。因此，文物存放环境的温湿度调节应兼顾温湿度而以相对湿度为主。这是文物存放空间热湿处理的第二个特点。

很多文物的材质为不易导热材料，如纸张、纺织品、木质、陶瓷等。这类材料其保持自身原始温度的能力较强，常称之为热容量较大。对于该类材质的文物，要将其本体温度升高1℃，所需要的热量较高。另外，很多文物的材质为多孔材料，其本体中含有一定量水，这使得要将文物本体中含水量降低1%，需要的去湿量也较高。因此，部分文物的热容量和湿容量较大使得进行空气湿热处理时不得不考虑文物本身的含热量和含水量对空气温湿度的影响，尤其在需要改变文物本体的温度和含水量时更是如此。这是文物存放空间热湿处理的第三个特点。

文物形态多样，有些部位空间小，空气流动时气流阻力大，易存在死角，这是文物存放空间热湿处理的第四个特点。

A. 常用的热湿处理设备

热湿处理设备种类较多，根据设备的工作特点，主要可分为表面式热湿处理设备和直接接触式热湿处理设备两大类。

表面式热湿处理设备需要工作介质（水、蒸汽、制冷剂等）与空气进行热湿交换，但工作介质不与空气直接接触。常见的空气加热器和空气冷却器都属于表面式热湿处理设备。最简单的空气加热器是光管加热器，即管道式暖气。它由一排或几排金属管和联箱组成，管内通入热水或水蒸气，管外空气通过热传导即被加热。管内工作介质通过金属管壁与管外空气进行热交换，工作介质不与空气直接接触。这类加热器构造简单、制作方便、空气阻力小，但占地面积较大、换热能力小。为了增大传热面积，提高换热效果，常在光管加热器的金属管上安装导热性能良好的金属薄片，使薄片和光管紧密接触，从而增大了传热面积，提高了加热效率。若在表面式加热器管道内通入比空气温度低的水或制冷剂，则空气的热量会通过金属传给冷媒，空气即被冷却，加热器就变成了冷却器。因此，表面式冷却器和表面式加热器构造相同，这类设备又称为表面式热交换器。

直接接触式热湿处理设备的工作介质与被处理的空气直接接触。喷水室、蒸汽加湿器以及适用液体吸湿剂的设备都属于这一类。这类设备由于工作介质与空气温度不同而发生热交换，由于工作介质表面水蒸气分压力与空气水蒸气分压力不同而发生湿交换。喷水室是最典型的直接接触式空气热湿处理设备。它是将空气通入一个箱体，箱体内部通过喷洒不同温度的水滴，使水滴和空气在箱体内进行热交换，然后将处理后的空气排出箱体，这样就实现了对空气的加热或冷却。该处理设备往往还对空气有一定的净化能力。蒸汽加湿器也是一种直接接触式设备，它将蒸汽直接加入空气中，用来增加空气的湿度。蒸汽可以来自锅炉，也可通过电热设备使水蒸发而产生。

局部补充加湿装置可以将水以雾状直接喷入空气中，由于细小的水滴吸收空气的热变为蒸汽，从而可以增加空气的湿度。

此外，还有一类电加热器，它既不属于表面式热湿处理设备，也不属于直接接触式热湿处理设备。它无需工作介质，直接通过裸露于空气中的电热丝或管状电热元件将电能直接转化成热能来加热空气。该类设备热量稳定、效率高，结构紧凑。

B. 空气热湿处理的基本过程和措施

a. 增温

光管式加热器即管道暖气是我国北方冬季最常采用的一种增温设备。但该类设备易于泄露，从而对文物造成水患。而电加热器在这方面显现出一定优势，不会出现泄露的现象。但是为了保证电加热器的加热效果、安全以及寿命，往往需要用快速流动的空气带走热量，降低电热元件表面的温度。因此暖风机就应运而生了。暖风机其实就是在电热元件的后方加入了一个风机，将外界冷空气吹扫过加热元件，从而将空气加热。该方法不仅提高了加热效率，而且还延长了电热元件的寿命，同时使得电加热器的加热效果更加均匀，不留“死区”。

上述对文物储存空间空气的加热设备与空气都没有水交换，因此不改变空气的含湿量，即对空气的加湿量为0。这种加热虽不改变含湿量，但会降低空气的相对湿度。因此在增温过程中必须兼顾空间内的相对湿度，以防湿度低于标准的下限。

b. 降温

降温是夏季我国大部分地区文物存放空间都要进行的工作。降温设备有水冷式表面冷却器、喷水室等。

水冷式表面冷却器与表面式空气加热器（管道暖气）构造相同，只是在管内通入冷媒而不是热水等热媒。喷水室将在后面介绍。

空气在冷却过程中，若未被冷却到露点温度以下，空气的含湿量就不会发生变化，这种过程称之为干冷过程或等湿冷却。干冷过程中对空气的加湿量 D 为0。干冷过程虽未改变含湿量，但是由于温度降低，相对湿度会大大增加。因此对空气进行冷却，可能需要同时对空气进行降湿。若将空气冷却到露点温度以下，空气中一部分水蒸气凝结成液态水，使空气含湿量降低，这种过程称为湿冷过程或析湿冷却。

c. 除湿

除湿主要是指降低空气的含湿量。而文物保护中除湿的目的是降低文物存放空间内的相对湿度。除湿的方法主要有两种：湿冷却减湿和吸湿剂减湿。虽然增温可以暂时降低环境的相对湿度，但并不能改变空气的含湿量，因此这种方法只有在特定条件下才能适用，不具备普遍性。

湿冷却过程可以降低空气含湿量，这种过程称之为湿冷却减湿。文物保护中常用的冷却去湿机的构造如图2-10所示。制冷循环部分是由压缩机、冷凝器、节流器、蒸发器和连接管道组成。系统内充有制冷剂。冷凝器和蒸发器都是表面式换热器。压缩机将来自蒸发器的低压气态制冷剂吸入，经压缩加压，成为高压气态或气液混合物，然后排入冷凝器，被管外冷空气（或冷水）冷却，变为液态，再经毛细管节流进入蒸发器。由于压力骤降，流入蒸发器的液态制冷剂迅速蒸发成气体，使自身温度降低，通过金属管壁使流经蒸发器外表面的空气温度降低。蒸发器内的气态制冷剂再被压缩机吸入，制冷剂这样反复循环，达到制冷目的。应当注意的是蒸发器温度最低，低于室温，而冷凝器温度往往高于室温。空气循环部分是由过滤网、蒸发器和冷凝器的管外空间以及风机组成。由于离心式风机产生的负压，湿空气通过过滤网流经蒸发器和冷凝器，再经过风机送出。蒸发器表面温度低于空气露点温度，使湿空气湿冷却减湿，水凝结在蒸发器表面，然后经凝结水盘流入凝结水箱，使空气含湿量降低。流经蒸发器的空气在风机引力下继续前进，在冷凝器被加热到略高于初始温度的程度，相对湿度降低，最后由风机排出。由以上分析可以看出，冷却去湿机对空气的处理实际上分为两个过程：湿冷却减湿和等湿增温。冷却去湿机一般适用于相对湿度高而温度偏低的房间去湿。其缺点是蒸发器表面温度不能太低，因此当空气绝对湿度较低或环境温度过低时去湿能力下降，甚至根本不能减湿。另外，会使室内温度略有升高。

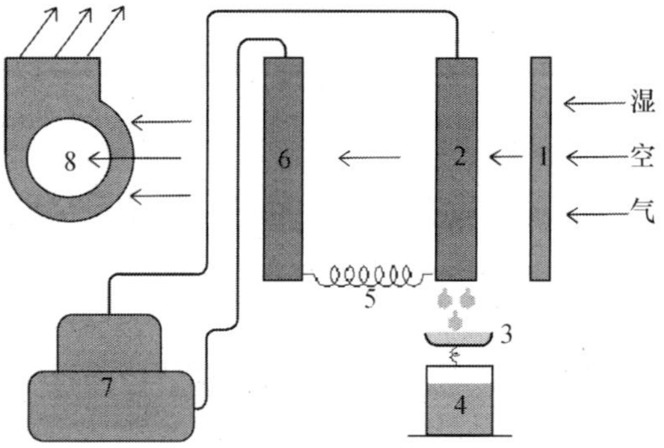

图 2-10　冷却去湿机工作原理图

1. 过滤网；2. 蒸发器；3. 凝结水盘；4. 凝结水箱；5. 节流器（毛细管）；6. 冷凝器；7. 全封闭压缩机；8. 离心式风机

当空气绝对湿度很低而又需要减湿时，或者需要将空气温度降得很低时，可以使用吸湿剂减湿。吸湿剂种类很多，按形态区分有液体吸湿剂和固体吸湿剂，按减湿原理区分有纯物理吸湿剂和物理化学吸湿剂。

液体吸湿剂主要有氯化钙、氯化锂等盐类的水溶液和三甘醇。由于这些液体表面水蒸气分压力低于同温度下水表面的水蒸气分压力，所以当空气中水蒸气分压力大于液体吸湿剂表面水蒸气分压力时，空气中的水蒸气将向液体吸湿剂转移而被吸收。减湿过程是纯物理过程，不发生化学变化。在一定温度下，如果吸湿溶液浓度越高，那么，表面水蒸气分压力就越低，吸湿能力就越强。吸湿后，随着吸湿溶液浓度的降低，吸湿能力逐渐下降，到一定程度时需要进行浓缩处理（再生），才能重复使用。液体吸湿剂减湿能使空气含湿量降得很低，减湿幅度大，有的还有消毒灭菌作用。其主要缺点是需要复杂的再生设备，氯化钙、氯化锂对设备有腐蚀作用。

常用的固体吸湿剂有氯化钙、氧化钙、硅胶、活性氧化铝、分子筛、活性炭等。由于它们表面的水蒸气分压力低于湿空气的水蒸气分压力，因此都具有强烈的吸湿能力。氯化钙吸水后生成含有结晶水的水合物，继续吸水则成溶液。氧化钙吸水后生成氢氧化钙。这两种吸湿剂的吸湿过程属于物理化学作用。其他四种吸湿剂，其自身具有大量微小孔隙，形成大量吸附表面，并有强烈毛细作用，由于表面水蒸气分压力很低，因此能吸附空气中的水蒸气，水蒸气向毛细管内扩散并凝结，从而使空气减湿。这种吸湿过程属纯物理作用。固体吸湿剂处理空气时，水蒸气被吸附，使空气含湿量降低，所减少的水蒸气带走一部分热量，使空气的焓降低。但是水蒸气凝结放出的热又使空气温度升高，使空气的焓增加。整个过程可以看作等焓减湿过程，空气失去的焓又得到补充，总的结果是焓不变。固体吸湿剂吸水后大都可以用热空气加热除去水分后重复使用。

氯化钙是最常使用的一种干燥剂，常用的氯化钙是工业纯二水合物（$CaCl_2 \cdot 2H_2O$），纯度为70%~75%，吸湿量达自重的100%时全部溶解。另一种氯化钙是纯度大于或等于96%的无水氯化钙，吸湿量达自重的150%时全部溶解。再生氯化钙最简单的方法是熬煮，先将吸湿后的氯化钙溶液过滤，将水溶液预热至60~70℃，放入锅内熬煮，使温度升到100℃以上，待溶液呈糊状时，再倒入另一锅中于60~70℃环境下烘烤，使水分蒸发，变成白色固体，然后封装备用即可。氯化钙吸水后最终形成的溶液由于具有腐蚀性，因此一般不用于文物保存环境的干燥。

硅胶也是一类常见的干燥剂，在考古发掘现场文物保护中广泛使用，具体内容见5.6.1节。

使用固体吸湿剂的方法有静态减湿和动态减湿两种。静态减湿将吸湿剂置于湿空气中在自然状态下吸湿，适于小空间密闭容器内空气的减湿，使用时可以根据式（2-35）计算吸湿剂的用量。用量过少，相对湿度不能降低到规定指标；用量过多使相对湿度下降过多。

$$G = \frac{W_k + W_d + W_b}{a} \tag{2-35}$$

式中，G为吸湿剂用量，单位为kg；W_k为容器内空气应去除的水分，单位为kg；W_d为容器中文物应去除的水分，单位为kg；W_b为容器内包装材料应去除的水分，单位为kg；a为每千克吸湿剂的平均吸水量，单位为kg。

对于密封不严或器壁渗透水蒸气的容器不能用式（2-35）计算吸湿剂用量。

动态减湿利用风机强使空气通过吸湿剂，氯化钙多用于动态减湿。

d. 加湿

加湿指增加含湿量，文物保护中常指增加相对湿度。加湿可以采用蒸汽加湿和水蒸发加湿，此外亦可采用喷水室加湿。

蒸汽加湿是用水蒸气直接与空气混合而增加空气湿度的方法。常用的加湿设备有电热式加湿器、电极式加湿器等。这些加湿器利用电能对水加热产生蒸汽蒸发到空气中，对水质有一定要求，耗电较多，但易于通过感湿元件加以控制。另外还有一种设备可以直接利用锅炉房的蒸汽，将蒸汽加入房间进风道中。蒸汽加湿过程可以近似看作等温加湿过程。

由水吸收空气的热量变为蒸汽加入空气中而增加空气湿度的方法称为水蒸发加湿，包括喷雾加湿和水表面自然蒸发加湿。

喷雾加湿是将水变为水雾加入空气中，水雾吸收空气热量变为水蒸气而使空气加湿，为了使水雾很快蒸发，应当使用压缩空气喷雾装置、电动喷雾器或超声波使水充分雾化。喷雾加湿过程中，水雾吸收空气热量使空气温度下降，水雾吸收热量后变为水蒸气增加了空气的潜热，水雾本身的含热量可以忽略不计，因此，喷雾加湿可以近似看作等焓过程。

也有使用水表面自然蒸发的加湿方法，这种方法如用风机使空气通过润湿的泡沫塑料等含水物，可以加快水的蒸发，提高加湿速率。同喷雾加湿一样，水表面自然蒸发也是等焓加湿过程。

e. 用喷水室对空气进行热湿处理

喷水室是许多空气调节系统必备的装置。

空气和水滴接触时，如果空气和水温度不一样，热量就会从高温一方传至低温一方；如果水滴表面水蒸气分压力 P_s 与空气主流的水蒸气分压力 P_s' 不同，就会有湿交换发生。当 $P_s > P_s'$ 时，水蒸发成水蒸气进入空气中。当 $P_s < P_s'$ 时，空气中的水蒸气凝结成水。当 $P_s = P_s'$ 时，空气和水滴没有湿交换。水滴表面的水蒸气分压力与水滴的温度有关，与水滴温度下的饱和水蒸气分压力 P_{sb} 基本相等。只要调节喷水温度，就可以使水滴表面水蒸气分压力改变，使之按要求大于、小于或等于空气主流的水蒸气分压力 P_s'，从而对空气进行 7 种不同的处理过程。

当水温 t_s 与空气温度 $t_{干}$ 相等时，水与空气没有显热交换，空气状态的变化为等温过程。空气初状态时相对湿度通常小于 100%，所以空气的水蒸气分压力 P_s' 小于空气温度下的饱和水蒸气分压力。因为空气与水温度相等，水滴表面的水蒸气分压力与该水温时的饱和水蒸气分压力相等，即与空气温度下的饱和水蒸气分压力相等，所以空气的水蒸气分压力 P_s' 小于水滴表面的水蒸气分压力 P_s，部分水滴蒸发成水蒸气使空气加湿，空气状态的变化为等温加湿过程。

当水温 t_s 与空气湿球温度 $t_{湿}$（用通风干湿表测定的湿球温度）相等时，水温低于空气温度 $t_{干}$，空气有显热传给水滴而使空气温度下降。又由于水滴表面的水蒸气分压力高于空气的水蒸气分压力，使一部分水蒸发成水蒸气造成空气含湿量增加，潜热增加。水温为湿球温度时，水蒸发所需要的气化潜热来自空气，水蒸气又把从空气中得到的气化潜热带给空气，水温并不变化，空气温度降低但总含热量不变，因此，空气状态的变化为等焓降温加湿过程。

当水温 t_s 等于空气的露点温度 t_i 时，空气有显热传给水而使气温下降，同时因为水蒸气分压力高于水滴表面的水蒸气分压力，空气中一部分水蒸气凝结，使空气含湿量降低，空气状态的变化为降温减湿过程。

当水温 t_s 高于空气的露点温度而低于空气的湿球温度时，空气温度和焓均降低，含湿量增加。

当水温高于空气的湿球温度而低于空气的干球温度时，空气状态变化过程为降温加湿增焓过程。

当水温高于空气温度时，水与空气不但有湿交换，还有显热交换，空气状态的变化为增温加湿过程。

喷水室对空气所进行的 7 种热湿处理过程见表 2-5。

表 2-5　喷水室水温不同时空气状态的变化情况

水温特点	空气温度的变化	含湿量的变化	焓的变化
$t_{水} > t_{干}$	升高	升高	升高
$t_{水} = t_{干}$	不变	升高	升高
$t_{干} > t_{水} > t_{湿}$	降低	升高	升高
$t_{水} = t_{湿}$	降低	升高	不变
$t_{湿} > t_{水} > t_{露}$	降低	升高	降低
$t_{水} = t_{露}$	降低	不变	降低
$t_{水} < t_{露}$	降低	降低	降低

在夏季，因为室外温湿度高而需要降温减湿，这时使用喷水室对进入文物储存空间的空气进行处理时，需要使用低于空气露点温度的水处理空气。经过喷水室的空气还需要增温，以使相对湿度符合要求。需要对空气加湿时，可以采用等焓加湿过程，这较易做到，因为不论起始水温高于或低于空气湿球温度，经过若干次循环后，空气会使水降温或升温，水温和空气湿球温度相等时，水既不得热，也不失热，水温不再变化。

2）利用自然气候，合理组织通风，控制与调节温湿度

对密闭环境内空气进行热湿处理，需要一定的设备并要消耗能量，为了节约，应尽可能充分利用室外自然气候，合理组织通风，以改善密闭空间内温湿度环境。通风是最经济、最方便的措施，应当优先采用。

A. 通风的基本方式

通风是根据空气流动规律，有计划地交换密闭环境内外空气，来调节密闭空间内温湿度的一种措施。通风的基本方式有两种：自然通风和机械通风。

自然通风是利用室内外空气自然压力差进行的通风。这种压力差形成的原因有风和室内外温差引起的空气密度差，或称为风压和热压。这两种因素可以单独起作用，也可以共同起作用。风是由于大气压力差所形成的一种自然现象。风吹向建筑时，空气受到阻挡向上方和两侧偏转，迎风侧气压高于大气压，背风侧气压低于大气压，使两侧产生压力差。将房间风压力不同处的窗洞打开，室外空气从压力较高处进入，从压力较低处流出，即可实现通风。室外风力较大时，室外空气亦可通过窗缝等孔隙进出室内。在房屋外墙某一高度设一开口，不论开口两侧最初气压差如何，由于空气的流动，最终室内外气压相等，此时开口处空气停止流动。开口上方气压等于开口处的气压与上方单位面积空气柱重量之差。空气密度小，同样高度的空气柱重量轻；反之，空气柱重量重。若室内平均气温高于室外，则室内空气密度小于室外，空气柱重量轻于室外，而使开口上方室内气压高于室外；同理可知，开口下方室内气压低于室外。若在开口上下方各设一个窗口，室外空气将从下方窗口进入室内，而从上方窗口流出。若室内气温低于室外，室外空气将从上方窗口流入室内，而从下方窗口流出。若在房屋外墙设有较大高差的窗孔，窗孔上下方也会因室内外温差而有空气流入或流出。这种现象就是温差或热压引起的自然通风。若室内外没有温差，或窗洞高差太小，就不会产生这种自然通风。室内外温差越大，窗洞高差越大，这种自然通风速率就越快。房间实际的自然通风大多是在风和温差联合作用下形成的。这种联合作用可以增强通风效果，也可能减弱通风效果。当采用自然通风散热散湿时，应当打开迎风面下部的窗洞和背风面上部的窗洞，以增强风和温差的联合作用。

典型的机械通风是利用通风机通过管道进行的强制通风。在房间适当位置设进风口和出风口，进风口通过风管与强制送风机的出口相连，在房间进风口可以设置净化空气的过滤装置，空气经风管经过格栅或散流器分布到室内。出风口通过管道与单设的排风机相连，将室内空气引出，排至室外。室内通风可以只设排风系统和进风窗洞，有的只在出风口设排风扇而不设通风管道。进风口和出风口应合理布置，一般采用下送上排，亦有采用上送下排的。机械通风不受室外风力和室内外温差的限制，通风速率快，节省人力，是调节室内温湿度的一种简便易行的方法。

B. 通风的一般原则

并不是任何情况下都可以通风，通风受室内外空气温湿度的限制，只有当通风有利于使室内空气温湿度状况得到改善的情况下方可进行。合理掌握通风时机进行适时通风能使室内增温、降温、加湿、减湿。

a. 通风调节室内温度的一般原则

为了降低室内温度，只要室外气温低于室内就可以通风，否则不能通风；为了提高室内温度，只要室外气温高于室内就可以通风，否则不能通风。通风调节温度必然引起室内相对湿度的变化，因此必须兼顾相对湿度，若相对湿度超出规定标准，则应停止通风。

b. 通风调节室内相对湿度的一般原则

通风调节室内相对湿度的重点是降低室内相对湿度。采用通风降低室内相对湿度的情况比较复杂，通风中温度和相对湿度都可能发生变化。有时通风过程中室内相对湿度下降，但停止通风密闭一段时间后，相对湿度反而比原来升高。有时通风过程中室内相对湿度升高，但密闭后，相对湿度反而比原来下降。为简化问题，我们要求通风后当室内温度恢复正常时（即排除了因通风引起的室内温度变化），室内相对湿度应当降低。为了达到这一要求必须使通风后室内绝对湿度（或含湿量、水蒸气分压力）降低。因为相对湿度等于绝对湿度与当时温度下的饱和绝对湿度之比，温度不变，只有降低绝对湿度才能使相对湿度降低。因此，判断能否通风降湿，应比较室内外的绝对湿度，当室外绝对湿度低于室内时，一般可以通风，否则一般不能通风，这就是通风降湿的一般原则。

具体可分为以下5种情况。

第一，室外温度和相对湿度都低于室内时，可以通风；反之，不能通风。

第二，室外温度低于室内，室内外相对湿度相等时，可以通风；反之，不能通风。

第三，室内外温度相等，室外相对湿度低于室内时，可以通风；反之，不能通风。

第四，室外温度低于室内，相对湿度高于室内，若绝对湿度明显低于室内时，可以缓慢通风，若通风速率过快，会造成室内相对湿度升高。只有缓慢通风，不使室内温度明显下降时，室内相对湿度才能降低；当室外温度低于室内，相对湿度高于室内，绝对湿度高于或接近室内时，不能通风降湿。

第五，室外温度高于室内，相对湿度低于室内，绝对湿度低于室内时，可以通风降湿，但应注意室内温度不要超过规定标准；当室外温度高于室内时，相对湿度低于室内，绝对湿度等于或高于室内时，一般不宜通风。

通风降湿时，室内温度一般也要变化，因此应兼顾室内温度，当室内温度超过规定标准时，应停止通风。

判断能否通风降湿的一般步骤如下：

首先测定室内外的温度和相对湿度，再根据温湿度判断属于上述前三种情况中的哪一种，若符合前三种情况之一或完全相反，则可以判断能或不能通风；若与前三种情况既不完全相同，又不完全相反时，则需计算室内外的绝对湿度，绝对湿度的计算公式如下：

$$Z = \phi \times Z_b \tag{2-36}$$

式中，Z_b为当时温度下的饱和绝对湿度，可以根据温度查饱和空气状态参数表求得。亦可编制不同温度和相对湿度下的绝对湿度表，直接从所测温度和相对湿度查出绝对湿度。

分别求出室内外的绝对湿度后，即可判断是否符合第四种情况或第五种情况，从而确定能否通风降湿。

在干燥季节或干燥地区，有时需要利用通风增加室内相对湿度。通风增湿的一般原则与通风降湿相反，即当室外绝对湿度高于室内时，一般可以通风增湿，否则一般不能通风增湿。

C. 通风中应注意的问题

通风除了应符合通风的一般原则外，还应注意以下6个问题。

（1）通风中应注意防尘、防有害气体。当室外灰尘过多或有害气体浓度超过规定标准时，若没有过滤和净化空气的装置，则不宜通风，否则会使灰尘和有害气体进入室内，危害文物。

（2）通风中应注意防虫、防鼠。自然通风时要开启门窗，此时应有纱门、纱窗，防止虫鼠进入室内。机械通风的孔洞亦应考虑防虫、防鼠。

（3）通风中应防止室内温湿度剧烈波动。当室内外温湿度相差过大时，应注意通风要缓慢，或停止通风，不宜剧烈通风，以免造成室内温湿度波动幅度过大。

（4）通风中应严防室内结露。当室内任一点温度低于空气露点温度时，就会发生结露现象。结露可能性较大的是诸如窗玻璃、地面、金属文物等具有冷表面且吸水量小的物体表面。当室内温度低于室外空气露点温度时，应严禁通风，否则必然结露。当室内温度与室外空气露点温度接近时，一般也不应通风，以免温度低于室温的室内物体结露。若室外温度低于室内空气的露点温度，房屋窗玻璃就可能结露，可以采用双层玻璃窗等增加窗户隔热性能的措施来防止这种现象发生。

（5）通风时应注意室内不留“死区”，组织穿越式通风。通风时应通过合理开设窗洞组织穿越式通风。一般应在迎风面和背风面均设窗洞，位置适当，使室外空气从迎风面进入，穿越室内，从背风面流出，不留通风“死区”。室内框架的布置要有利于通风，框架底层隔板距地面以及靠墙柜架距墙面都应留有适当距离，以利通风。要尽量防止室外空气只从房屋一侧忽进忽出，而不能深入房间内部的局部通风。开启窗距室内地面高度以及窗户本身的高度都应有利于通风。

（6）通风中应随时监测室内外温湿度的变化。通风过程中室内外温湿度都处于变化中，应经常注意监测，一旦室外温湿度不符合通风一般原则，或室内温湿度发生不正常变化，则应立即停止通风。

3）密闭是文物储存空间温湿度控制与调节的基本条件和基本措施

密闭对文物存放空间温湿度控制与调节具有重要意义。采用机械设备对室内空气进行热湿处理时，必须以房间密闭为前提，这样才能防止或减少室外不利温湿度条件对室内环境的影响，节约能源。采用通风控制与调节室内温湿度时，必须与密闭相结合。当室外空气状态条件恶劣时，应密闭文物存放空间，减少或延迟室外恶劣空气对室内的影响。当通风后室内温湿度适宜而室外温湿度不适宜时，应密闭文物存放空间，巩固通风效果。通风只有与密闭相结合才能更好地控制与调节室内温湿度。

房屋密闭的重点是门窗和通风孔洞。不设专用通风外廊的文物存放空间的入口应设“缓冲间”，面积不小于6m^2。“缓冲间”设两道门，出入文物存放空间时总保持一门关闭。需要频繁出入的文物存放空间，亦可考虑在入口处设置空气幕隔绝室外空气。

文物储存房间的窗洞面积不宜超过外墙面积的1/10，应少开窗、开小窗或不开窗。除留必要的门窗通风和采光之外，多余门窗应封闭。应多设固定窗，少设可开启窗，固定窗不要留缝隙。开启窗和门四边用环氧树脂等粘接剂以及呢绒条、泡沫塑料镶边，金属门窗可镶嵌橡胶条，以便开启时可以通风，关闭时密不透气。所有与外界相通的孔洞均应设风门或能关闭的阀门，以保证空间的尽可能密闭。

2.2.6　考古发掘现场文物保护的最佳环境湿度

对考古发掘现场文物保护而言，何种文物最好保存在何种湿度下很难一概而论。一般的原则是，对水比较敏感的金属，如铁、青铜等应保存在尽可能干燥的环境下；出土时接近饱水状态的有机质应尽可能保存在潮湿的环境中；其他文物一般应保存在55%左右的中等相对湿度条件下。同时应采取必要措施尽可能减缓相对湿度的波动。

2.2.7　考古发掘现场文物保护中的室外温湿度测量要求及环境温湿度监测实例

1. 室外温湿度的测量要求

室外温湿度的测量必须将仪器置于标准百叶箱内。百叶箱有两种规格，小型的内部尺寸高537mm、宽460mm、进深290mm；大型的内部尺寸高612mm、宽460mm、进深460mm。百叶箱叶板均呈人字形，外部涂刷有白色油漆。百叶箱应安设在室外比较空旷的地方，箱门朝正北方向，高度以温度表测温部件距地面1.5m为准，周围应有一定面积的草坪。据调查，我国各地百叶箱中的平均风速为0.4m/s，因此，测量室外相对湿度一般应使用风速为0.4m/s的相对湿度查算表。

2. 环境温湿度监测实例

为了更加合理地制定现场保护方案，更加科学地实施文物保护工作，现场保护工作者一般在工作前或工作过程中都需要对考古发掘地的局域环境进行连续的监测，采集其温湿度变化数据，绘制工作时间内的温度及相对湿度（以下简称湿度）波动曲线，对温湿度变化情况进行研究，进而指导现场保护技术手段的选择，优化现场保护的介入时间。以下列举一个日环境波动较剧烈的考古发掘现场文物保护温湿度监测与研究实例以供参考。

现场保护工作者监测了某工地7～8月间发掘区域局部环境温湿度半日变化数据如图2-11～图2-16所示（仅列举6张图表，其余时间的图表从略）。

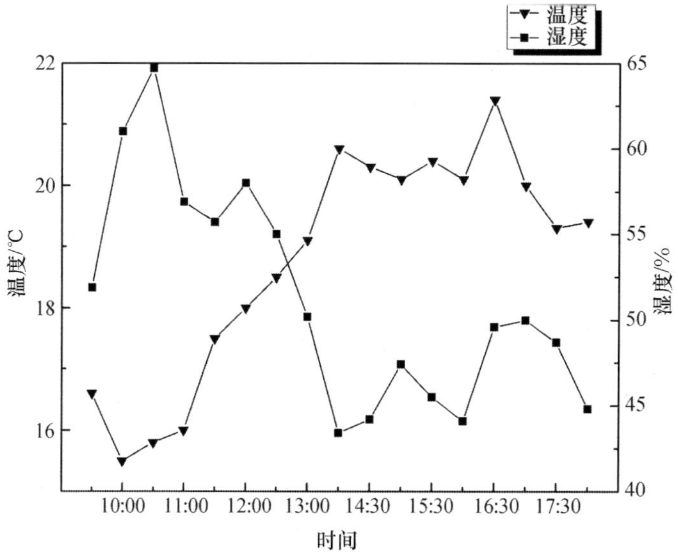

图2-11　7月15日温湿度变化

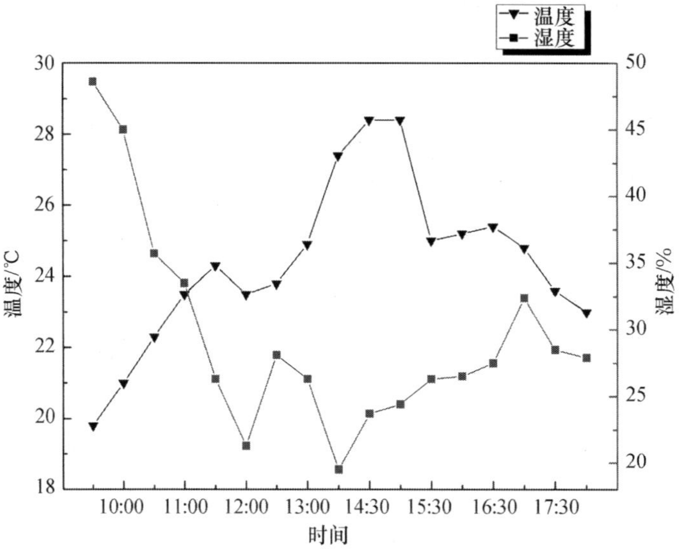

图2-12　7月21日温湿度变化

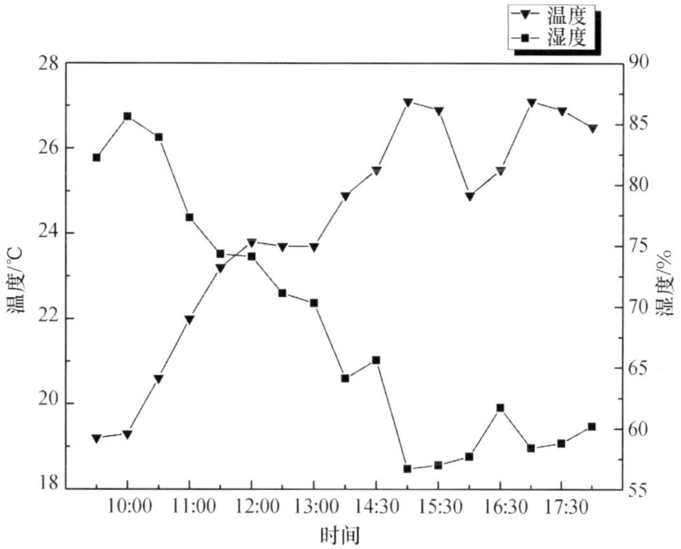

图2-13　7月27日温湿度变化

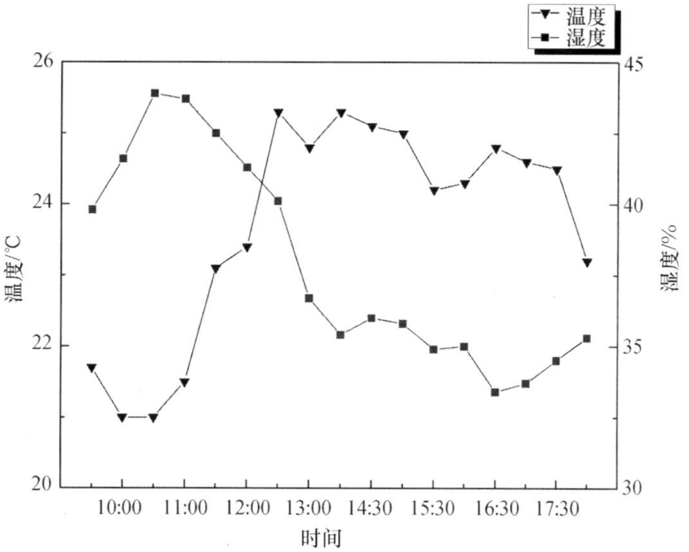

图2-14　8月2日温湿度变化

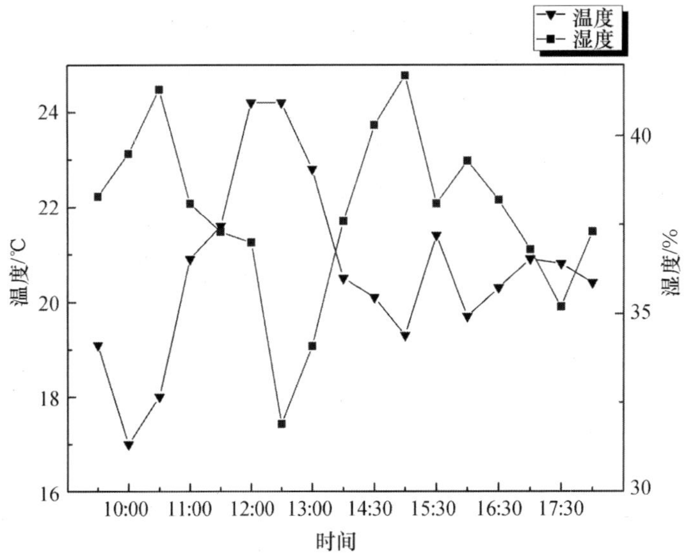

图 2-15　8 月 8 日温湿度变化

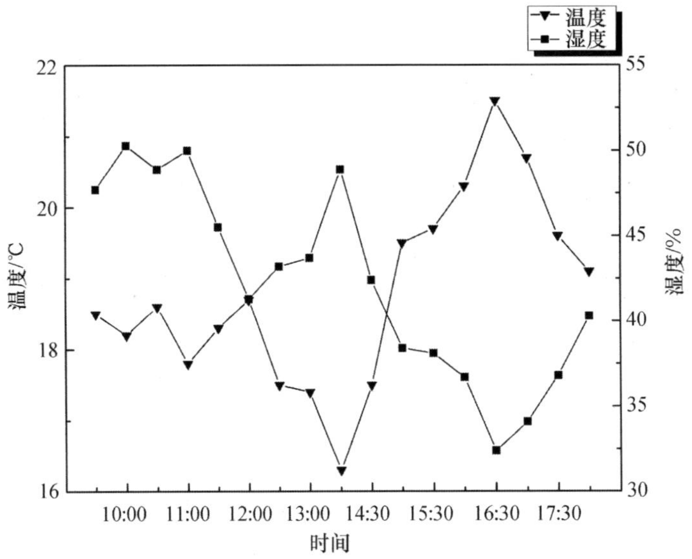

图 2-16　8 月 14 日温湿度变化

从图 2-11 ~ 图 2-16 中可以看出，考古发掘现场白天工作时间的温湿度波动剧烈，变化明显，规律较杂乱。从每日的变化中可以看出，温度从早晨工作开始时逐渐升高，一般在下午 14 点 30 分至 16 点 30 分时会达到一日内的顶峰，然后温度再逐渐降低。但是由于受风力、日照等因素的影响，这种变化并不平滑，而是呈现时高时低的状态。湿度的波动则更加剧烈，而且日与日间变化较大，规律不明显。但基本和温度呈对应关系，即温度升高湿度降低、温度降低湿度升高。

为了掌握一个月内日环境温湿度变化的总体趋势，对一个月间收集的所有温度、湿度数据按不同时段求平均值，再以一日时间的变化为 X 轴作图，如图 2-17 所示。由图 2-17 可知，半日温湿度的平均变化规律较明显，且波动较小。这种均值的平滑曲线体现了在一个较长时间范围内，考古发掘工地的环境温湿度变化仍是有规律可循的，而且波动也不是很明显即环境较稳定。从图 2-17 中可以看出，该区域的平均环境温度在工作时间内呈现出明显的先升高后降低的趋势。从早晨 9 点 30 分开始温度略有波动，10 点达全天所测量时段中的温度最低值 19℃，然后随着时间的推移温度逐渐升高，在下午 16 点 30 分出现一天的最高温度 25℃，随后温度再逐渐降低。半日温差达 6℃，变化幅率为 24% 。平均环境湿度也呈现出和温度相对应的变化规律。从早晨 9 点 30 分开始略有波动，10 点至 10 点 30 分达到全天的最高湿度 53% ，然后随着时间的推移湿度逐渐降低，直至下午 16 点 30 分达到一天内的最低值 36% ，随后再逐渐升高。半日湿度差达 17% ，变化率为 32% 。从变化率可以看出，对平均环境温湿度而言，工作时间的

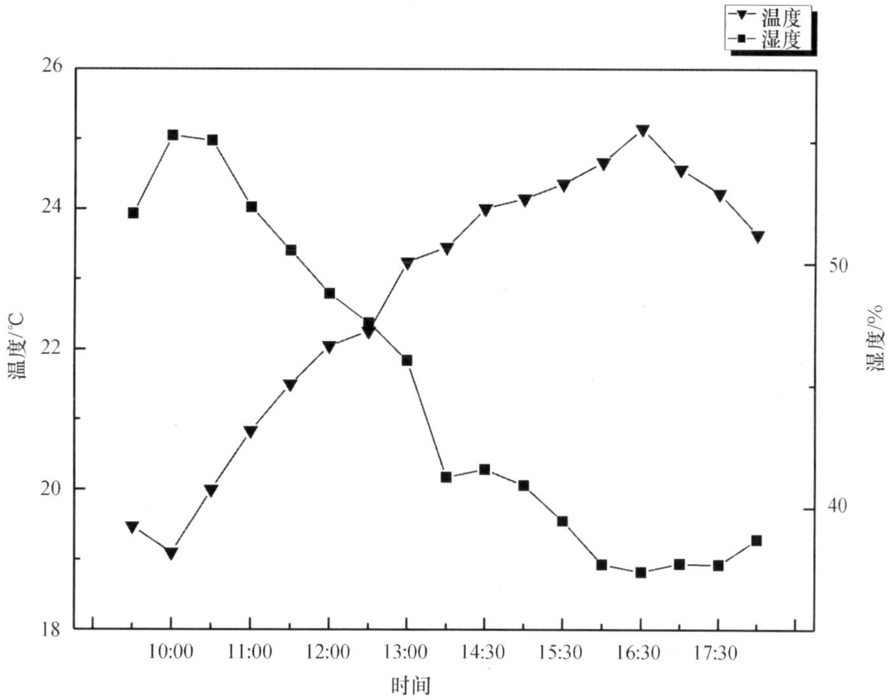

图 2-17　7 ~ 8 月半日温湿度平均变化图

湿度的相对变化幅度大于温度的相对变化幅度。在温湿度两个环境因素中，考古工地周边环境的湿度相对温度而言更不稳定。

通过图 2-17 温湿度平均变化可以看出工作时间段内温湿度的总体变化规律，但是对考古发掘现场而言，我们更加关心的是环境的波动速率。因为如果文物出土的时间环境波动较剧烈，就会对文物的保存不利。为了了解环境温湿度的变化速率，对 7 ~ 8 月半日温湿度平均变化求一阶导数，并将得分取绝对值做为 Y 轴，以时间为 X 轴作图，得到7 ~ 8月半日温湿度平均变化的一阶导数图，如图 2-18 所示。从图 2-18 可以看出，温度变化最快的时间段分别是一天内的 10 点 30 分至 12 点及 17 点以后；湿度变化最快的时间段也是一天内的 10 点 30 分至 12 点，其次是 13 点左右。因此，如果文物出土及在现场进行保护处理的时间能够避开这些环境波动最剧烈的时段，文物将得到更好的保护。如果在图 2-18 中的温度微分绝对值坐标轴上，以得分 1 为原点做一条平行于时间轴（X 轴）的直线，在该直线以下区域中温度微分曲线对应的时间是半天中温度变化较缓慢的时间段。从图 2-18 中可以看出，从中午 12 点 15 分至下午 16 点 45 分是该考古工地白天环境温度变化最缓慢的时间段；同样在图 2-18 中的湿度微分绝对值坐标轴上，以得分 2. 5 为原点做一条平行于时间轴（X 轴）的直线，在该直线以下区域中湿度微分曲线对应的时间是半天中湿度变化较缓慢的时间段。从图 2-18 可以看出，从中午 13 点 30 分至下午 18 点是该考古工地白天环境湿度变化最缓慢的时间段。温湿度最

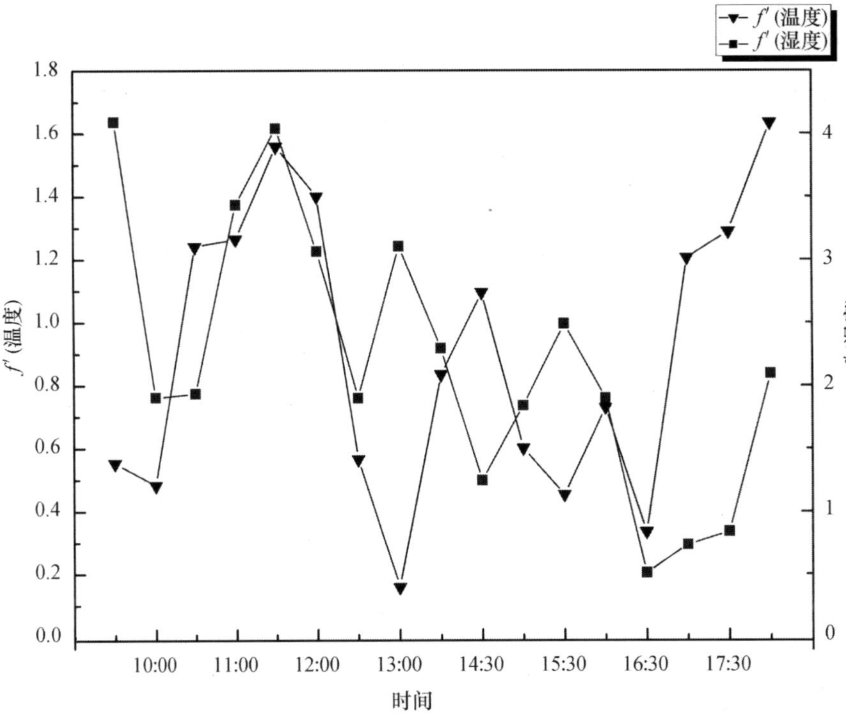

图 2-18　7 ~ 8 月半日温湿度平均变化的一阶微分绝对值图

平稳时间段的交集 13 点 30 分至 16 点 45 分是白天中该考古发掘工地局域环境条件最稳定的时间。在该时段内出土并进行现场保护处理的脆弱文物将有更多的机会完好的保存下来。

为了了解 7～8 月日与日间的环境温湿度变化情况，我们对每日的半日温湿度求平均值，然后以日期为 *X* 轴，半日温湿度平均值为 *Y* 轴作 7～8 月半日温湿度均值变化图，如图 2-19 所示。从图 2-19 可以看出，7～8 月，该考古发掘工地的日均环境温湿度变化较杂乱。在这一个月的时间内，温湿度的总体趋势并未出现明显的升高或降低，而是围绕着 23℃，44% 的温湿度做上下波动。这充分表明了工地环境具有温湿度变化剧烈的特点。日均值的变化对考古发掘现场文物保护的临时储存过程中微环境湿度的维稳是一个不利因素，因此针对该问题，在微环境营造时应注意温度的保持。

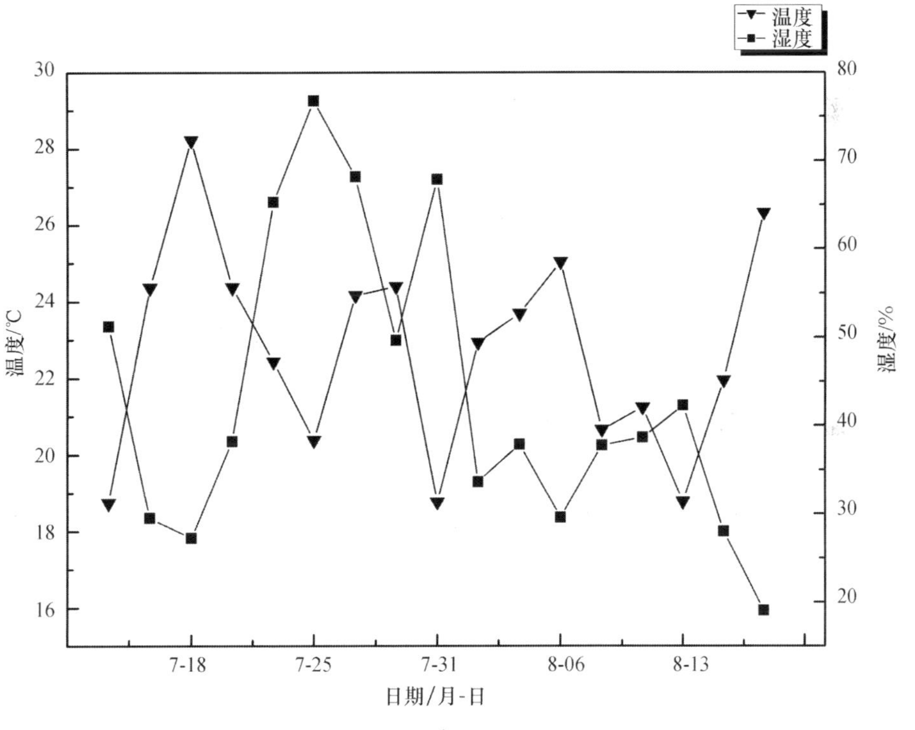

图 2-19　7～8 月半日温湿度日均值变化图

第3章　考古发掘现场文物保护所涉及的其他环境因素

光辐射、空气污染及微生物这三个环境因素虽然在现场保护中对文物的影响不如温湿度涉及面广泛，但其对文物的作用也是不容忽视的。尤其是在针对一些特定材质的文物时，这些因素可能会成为决定现场保护效果的关键因素。

3.1　光　辐　射

光辐射与空气温湿度一样，也是考古发掘现场文物保护中最基本的环境因素之一。光辐射是文物出土时突变最剧烈，同时也最难以避免的环境因素。这主要是因为地下埋藏环境为无光环境，而出土后的地上环境，光几乎无处不在。此外，由于保护、研究等需求，出土后的器物必须适当的暴露于光的照射下。因此对现场保护而言光辐射是既要避免又不可或缺的环境因素。

地球上的光辐射主要有两大来源，一类是自然光源即太阳辐射，它是地球上最主要的光辐射来源；另一类是人工光源。这些光源虽然与人类的生存和生活密不可分，但对文物的保存往往是有害的。

3.1.1　光 的 概 念

光是由发光体辐射出的电磁波，它具有波粒二象性。

1. 光的波动性

光是一种频率很高的电磁波，不同光波间的差别只是频率或波长的不同。如果将自然界中的所有电磁波按波长或频率的大小进行排列，就可以组成一条很宽的谱带，这条谱带称为光谱（图3-1）。

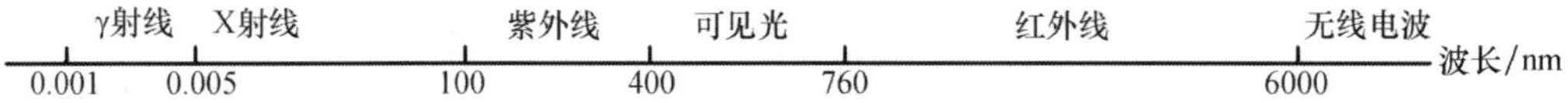

图3-1　光谱及光的范围

由光谱可知，可见光只是光谱中的很少一部分，但它能刺激人眼从而引起视觉效应。要严格确定可见光的波长范围是比较困难的，它取决于光的强度。一般强度的光为400～760nm可见，而当光很强时，人眼所能感受到的波长范围就会被拓宽，可以达到350～900nm。

人类眼睛日常感受的自然可见光——日光，一般为白色，但其实这是多色光混合的结果。1666年初，牛顿用一个著名的实验证明了这个现象。首先，他在漆黑房间里的窗户上打了一个小孔，让适量的日光照射进来。然后在光的入射处和一面墙壁之间的合适位置放置了一个三角形的玻璃棱柱镜，使射入房间的日光通过棱镜发生折射，同时使被折射后的光能够射到对面的墙壁上。这时，在墙上便得到了一个彩色的光斑，颜色的排列是红、橙、黄、绿、青、蓝、紫。这个实验证明了日光是由各种不同颜色光组成的，玻璃对各种色光的折射率不同，当日光通过棱镜时，各色光以不同角度折射，结果就被分开成不同颜色的谱带。由光折射率的相关知识可知，光的折射率会受光波长的不同而有所差别，日光通过棱镜时，向棱镜的底边偏折，波长最短的紫光偏折最大，波长最长的红光偏折最小。棱镜使日光分开成各种波长色光的现象叫做色散，这个实验就是著名的光的色散实验。

在可见光光谱的短波末端，波长比紫光还短的光一般肉眼是无法观察到的，同时因其光谱位于可见光谱中紫光的外侧，故称紫外线（一般用UV表示）。紫外线的光谱波长范围为100～400nm。其中波长为100～200nm的称为真空紫外线，波长为200～300nm的称为远紫外线，波长为290～400nm的称为近紫外线。另外还有一种分法是短波紫外线（UVC：200～280nm）、中波紫外线（UVB：280～320nm）、长波紫外线（UVA：320～400nm）。太阳光通过大气层时，波长在290nm以下的射线几乎全部被臭氧层所吸收，通常只有近紫外线才能够到达地球表面。

在可见光谱的长波末端，波长比红光还长的光一般肉眼也是无法观察到的，同时因其光谱位于可见光谱中红光的外侧，故称红外线（一般用IR表示）。红外线的光谱波长范围为760～14 000nm。其中波长为760～2000nm的称为近红外线，波长为3000～5000nm的称为中红外线，波长为8000～14 000nm的称为远红外线。

2. 光的粒子性

除波动性外，光还具有粒子性。光是由特殊粒子——光子（又称光量子）组成的粒子流，光子是不连续的、一份一份的以极大速率传播能量的一种形式，它是光的吸收和辐射的最小能量单位。

光所辐射光子的能量与光的波长（λ）成反比，或与光的频率（v）成正比。

$$E = h \cdot v = h \cdot c/\lambda \tag{3-1}$$

每摩尔光子的能量为

$$E = N \cdot h \cdot c/\lambda \tag{3-2}$$

式中，N 为阿伏伽德罗常量，$6.02\times10^{23}/\text{mol}$；$h$ 为普郎克常量，$6.62\times10^{-34}\text{J}\cdot\text{s}$；$c$ 为光速，$2.998\times10^{8}\text{m/s}$；$\lambda$ 为波长，单位为纳米（nm）。

将数据代入式（3-2）并简化得

$$E=1.197\times10^{5}/\lambda\ (\text{kJ/mol}) \quad (3\text{-}3)$$

$$E=2.85\times10^{4}/\lambda\ (\text{kcal/mol})$$

由式（3-3）可以看出，光的波长越短，光的能量越大。不同波长光的能量见表3-1。

表 3-1　不同波长光的能量

波长/nm	光能/（kcal/mol）	光能/（kJ/mol）
200	142.5	598.5
300	95.0	399.0
400	71.3	299.3
500	57.0	239.4
600	47.5	199.5
760	37.5	157.5

3.1.2　颜色的本质

可见光虽然在光谱中只占有很少的一部分，但它却非常重要。因为可见光波长的不同会引起人眼颜色感觉的差异。波长由长到短，对应着颜色的感觉由红到紫（表3-2）。

表 3-2　人眼的色彩感受与对应的可见光波长

人眼的色彩感觉	对应的光波长 nm	人眼的色彩感觉	对应的光波长 nm
红色	620 ~ 760	绿色	500 ~ 530
橙色	590 ~ 620	青色	470 ~ 500
黄色	560 ~ 590	蓝色	430 ~ 470
黄绿色	530 ~ 560	紫色	380 ~ 430

当然这种划分只是一个大致的范围，实际上单色光的颜色是连续渐变的，不存在严格的界限。而且单色光的色彩感觉还随着光的强度变化而变化。实验表明，光谱上除了三点（572nm、503nm、478nm）不受光强的变化影响外，其他波长的颜色都会改变。例如，660nm 的红色光，当照度由 2000lx 减少到 1000lx 时，就必须减少波长 34nm 才能保持原来的颜色。

由牛顿的色散实验可知，白色的日光就是由上述不同波长的各色色光混合而成的。物体表面的颜色其实就取决于这些波长不同的色光的混合比例。图 3-2 是绿色矿物颜料石绿在白色可见光（波长范围为 400 ~ 700nm）下的反射光谱曲线，可以看出石绿的反

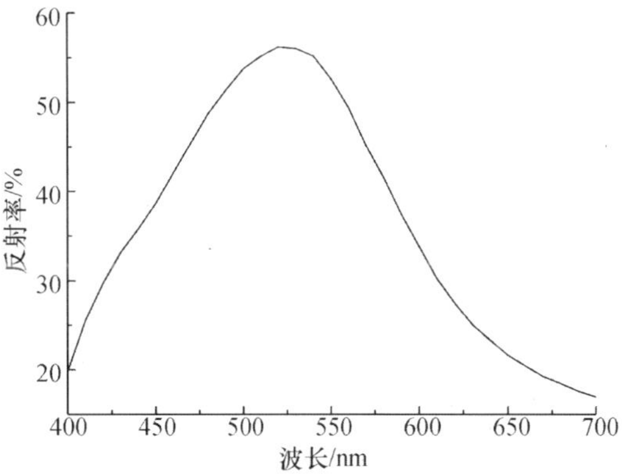

图3-2 石绿的反射光谱曲线

射曲线上没有一处的反射率为零，也就是说入射到石绿表面的可见光均发生了一定程度的反射。但是反射率曲线并不平直，而是呈钟形，这说明石绿并不是把所有入射到其表面的可见光均匀反射回来，而是有选择性的更多的反射了一部分可见光。由图3-2可知，钟形曲线的峰值位于波长525nm处，也就是说对白色的入射光石绿选择性的更多反射了波长位于525nm左右的部分。由表3-2可知，该部分正是可见光中的绿光部分。换言之，石绿之所以呈现绿色是因为它在白色可见光入射时更多的反射出绿色的光。实际上对石绿表面而言所有颜色的光都会被反射，只是反射的绿光量比其他的要多些。其他颜色的光则更多的被物体表面吸收，从而将颜料稍稍加热。这种选择性的反射与吸收，投射到人的眼中就形成了颜色的感觉。人类肉眼感觉到的所有物体的颜色都是由可见光的选择性反射或透射决定的。

3.1.3 光的能量

能量的最终本质至今尚未完全探究清楚，一般认为热、光以及运动都是能量的表现形式。能量是守恒的，那些看似濒于消失的能量实际上只是转化为其他形式的潜能。

对文物保护而言，大多数形式的损害都可以归结为化学反应，这个过程可能会吸收能量或释放分子内蕴藏的一部分潜能。但无论是哪一种化学反应，反应要发生都需要一定量的能量“启动”，这就是所谓的反应“活化能”。在文物周边的环境中“活化能”可能来自于对物体的加热或光线照射。其中光辐射是这种能量最经常的来源。

从宏观的角度来看，文物遭受侵蚀这样的化学变化似乎是一个渐变的过程。但实际上产生这种渐变“假象”的原因是参加这一反应的分子数目十分巨大。对每一个分子而言，其实发生的是跳跃性变化而非渐变。一个分子要发生变化，所需能量必须一次性给足。由光的能量与波长的关系可知，在紫外光、可见光、红外光三种光中，紫外光的能量最大，可见光的能量次之，红外光的能量最小。因此，紫外辐射提供的“活化能”

最大，也就更易于激发文物侵蚀的发生。

在总辐射剂量相等的前提下，紫外、可见、红外三种光中紫外线对文物的破坏最大。从表3-3中可以看出，波长为320～400nm的UVA能量就已经达到或超过了脂肪族C—C键、C—N键及过氧化物O—O键的键能。这说明单纯从能量的角度而言，UVA就足以使这三种键断裂。再加上UVB和UVC，其能量几乎可以破坏所有有机材料常见的化学键。由此可见紫外线对文物尤其是有机质文物的破坏不容忽视。地球上紫外线的来源主要是太阳辐射和各种人工光源，其中以太阳光辐射的紫外线强度最高。

表3-3　有机化合物键能与光谱能量的对应关系

化学键	键能/（kcal/mol）	键能/（kJ/mol）	能量相应波长/nm
C—C（芳香族）	124.0	519.6	230
O—H	110.6	463.4	259
C—H	98.8	414.0	290
N—H	93.4	391.3	306
C—O	84.0	352.0	340
C—C（脂肪族）	83.1	348.2	342
C—N	69.5	291.2	410
O—O（过氧化物）	64	268.2	446

由于可见光波长较紫外光长，其能量较紫外线低，因此从原理而言单位辐射剂量的可见光对文物的破坏小于紫外光。但是，在文物保护的实际工作中，情况却恰恰相反。这是因为，首先虽然可见光的能量较紫外光略低，但紫外光和可见光对文物的破坏并没有本质区别，只是能量大小的问题。从光的能量方程可以看出，光谱从紫外光向可见光红移的过程中，能量是逐渐减小的。因此，紫外光和可见光对文物的破坏仅是一个量变的过程，并不存在质变；其次，由于紫外线对文物的破坏作用已经众所周知，在文物的出土、保护处理、保存过程中，人们花费了大量精力用以减少紫外线对文物表面的照射。而可见光在文物出土后不论是保护处理还是陈列展出都是不可或缺的，加之早期人们对文物光老化过程中可见光的作用并没有清晰的认识，不像对待紫外线那样对文物保存环境中的可见光进行严格控制，从而使得可见光在文物表面的总辐射剂量远远大于紫外光。相对较高的总辐射剂量以及与长波紫外线能量不存在本质差别两大特点使得在一些情况下可见光成为了文物光老化的真正元凶。因此，传统的紫外光对文物有害而可见光危害较小的认识是不准确的。应该说可见光与紫外光一样对文物有害，只是紫外光的能量更大一些。然而对可见光而言，也并不可以一概而论，可见光从光色可以将其按照波长范围从大到小分为红、橙、黄、绿、青、蓝、紫七色光。这七色光中，波长较短的紫色和蓝色光对文物的损害较大，而红色和黄色光则较小。

红外光的波长较可见光更长，因此其能量更小。相关研究表明红外光由于能量较小，不能诱导光化学反应，仅具有热效应，会导致物质温度的升高。虽然可见光也具有一定的热效应，但红外光的热效应更强，因此红外辐射又称“热辐射”。但是根据最近的研究表明，红外辐射所产生的热效应有加速光老化反应速率的作用。人们发现，同一种聚合物虽然接受了同样剂量的紫外线辐射，但在赤道地区进行试验所测定的老化速率要高于在北回归线地区测定的值。研究者将这种差异归结为红外辐射对光老化反应的促进作用。此外，红外光的热效应会导致文物表面温度的升高，如不加控制，2.1.2节中所述的所有文物损害都会因红外辐射而产生。

3.1.4　文物光老化的一般特点及引发机理

文物材料尤其是有机质文物材料出土后在保护处理、储存、研究等过程中，因受到光、热、氧、水分等因素的综合作用，使材料的各方面性能逐渐劣化，以致最后丧失文物的各方面价值，这种现象称为老化。光是文物材料老化的最主要外因之一。由光引起的文物材料性能的劣化称作文物的光老化。

光之所以能引起文物材料老化，是因为文物材料中含有能吸收能量较高的短波辐射的发色团。即使组成文物本身的材质分子链中并不含有这种发色团，但材料中存在的杂质（有时候某些杂质作为组成单元结合在高分子链上）也会吸收短波辐射而诱发光化学反应。

光引起文物材料的光化学反应主要有光降解与光交联两类。一方面，光降解的结果产生自由基，进而发生链断裂或交联。因此，降解和交联反应往往可以在某一种文物材料的老化过程中同时存在。不同结构的文物材料，其可能的不同之处是仅以哪一类反应为主而已。另一方面，由于文物材料出土后都不可避免地要接触空气。因此当光化学反应产生出自由基后，还可能引发材料的光氧化反应，在高分子链上引入羰基、羧基、过氧基或不饱和键，它们又可能进一步引起有机物链断裂。这类光氧化过程大多是按自由基链式反应机理进行。有时光氧化反应可能成为文物材料光老化的主要因素。

对文物材料光老化过程的精确描述是十分困难的。因为在光老化过程中，同时存在热、氧、大气污染物的影响，同时文物材料及其中所包含的杂质也千差万别。

1. 光老化反应的一般特点

1）光化学反应是激发态分子的反应

物质的分子在各种运动状态中，能量所处的最低运动状态称为基态；分子吸收光能后，能量高于基态时所处的运动状态称为激发态。处于激发态的分子的能量较基态高，故很不稳定，它将会通过各种理化过程消耗所积累的能量。光化学反应就是消散这种能量的一种形式。文物发生光化学反应致使其材质出现各种光老化现象都是激发态分子的反应。因此，为防止光化学反应的发生，重点应放在有效阻断光对文物的辐射作用与对分子激态能的猝灭或消散上。

2）物质对光的吸收具有选择性

物质受光辐射发生光化学反应的前提是必须有一个对光的吸收过程。物质对光的吸收服从光化学第一定律：只有被物质吸收的光，才能有效地引发光化学反应。这就是说，当物质受到光辐射时，并不是任何波长的光都能引发光化学反应，但如果发生了光化学反应，则一定是被其所吸收的那部分光作用的结果。

物质对光的吸收是以光子为单位进行的。有机物对光吸收的选择性决定于其分子初态与终态之间的能量差，只有当某种波长的光子的能量正好等于两能级之差时，光才能被物质吸收。

$$E_0 = hv = E_2 - E_1 \tag{3-4}$$

式中，E_0 为被吸收的光子能量；E_2、E_1分别为物质分子在终态（高能态）与初态（低能态）的能量。由于每种物质的结构各不相同，其分子终态与初态的能级差也不相同，因而对光的吸收便产生了选择性。

3）光的波长越短，其光化学效应越大

有机化合物分子链的断裂，往往发生在分子的弱键上；而只有当弱键上积累了相当数量的能量时，才能发生链的断裂，并进而引发新的光化学反应。有机物大多是由碳、氢、氧、氮等元素组成的，这些元素间的键能大多在紫外线与部分可见光的能量范围内，故对光的吸取多选择在紫外光区。理论上，当文物材料吸收并累积了与键能相当的光能时，就有可能造成某些化学键的断裂。但实际上光化学反应要比这复杂的多。

到达地表的紫外线辐射量约占太阳总辐射能的 5% 以下，它在数量上虽然比较小，但它的光子具有两个显著的特点：一是波长短，能量较可见光大；二是穿透能力较可见光弱，易被辐射表面吸收并转变成物质的内能。所以紫外线较可见光具有更大的破坏性，即光的波长越短，致害文物的光化学效应越大。因此，在相同辐射剂量的前提下，波长较短的紫外光对文物的破坏更大。

4）光化学反应具有光敏性

在光化学反应中光敏剂起着十分重要的作用。在有机质文物中存在的重金属元素、游离氯、染料甚至其他杂质都是重要的光敏剂。由于光敏作用，光敏剂可以把激态能转给基态氧，而使之成为激态氧，由激态氧与文物材料发生光氧化反应，并生成过氧化物；它也可以把能量转移给文物材料分子，自身生成游离基并再与基态氧生成过氧自由基，过氧自由基再与材料分了反应生成氢过氧化物，然后光敏剂自身再被还原。从表面上看，某些可见光的光能小于化合物的键能，受这些可见光辐射时不足以引发重要的光化学反应，但由于光敏剂的作用，能使物质对光的敏感范围向长波方向扩散，并进而引发光化学反应，这也是光致害文物材料的一个重要特征。因此，除紫外线外，可见光亦能导致文物材料的光老化。

5）光化学反应具有后效性

光化学反应中最普通的反应就是裂解成游离基、分解成小分子、光敏反应、光氧化反应等。这些反应通常都伴有游离基的链式反应。文物受到光的辐射后，一旦有游离基产生，即使将其移至黑暗处，使其不再受到光的直接辐射，某些类型的光化学反应仍会继续进行，如激发态材料分子与空气氧的反应或激态氧与材料分子游离基的反应，这就是光化学反应致害文物的后效性。由此可见，文物的防光问题是一个不容忽视的问题。

2. 光老化的一般引发机理

分子吸收了光量子被活化成为电子激发状态后，可发生各种不同的变化过程。分子所吸收的能量大小取决于光的波长。从表 3-3 可以看出，太阳光的光量子能量足以切断有机物中许多类型的单键。因此，化学反应可以是一种消散吸收能的方式，这些反应包括自由基的形成、光致电离、环化、分子内重排及分子碎裂。除了光化学过程外，还有一些辐射性的和非辐射性的光物理过程，它们不引起化学反应，却是消散吸收能的又一种方式。由于光稳定的主要方法是使所有的激发能都在光物理过程中消散，所以较为详细地了解一下这些光物理过程是很有必要的。

1）光物理过程

一个受激分子 A^* 发生衰减的光物理过程有以下三种：① $A^* \xrightarrow{\text{发射}} A_0 + h\upsilon$；② $A^* \xrightarrow{\text{作辐射转换}} A_0 + \text{热}$；③ $A^* + B_0 \xrightarrow{\text{能量转移}} A_0 + B^*$。

图 3-3 表示有机分子吸收了光量子后可能发生的光物理过程。据已有的研究表明，最低激发的单线态（S_1）和三线态（T_1）是大多数有机光化学过程的起点。

分子通过光吸收从基态（S_0）上升到第一激发单线态（S_1）之后，可由不同的途径返回 S_0 态。它可以发射光子（荧光）或转变激发能为振动能（内部转换）。还可以改变在半填满轨道上的一个电子自旋方向，从而成为三线态 T_1（系统跨跃）。该三线态又可通过发射光子（磷光）返回基态，或通过系统跨跃（$T_1 \sim\sim\sim\rightarrow S_0$）成为振动受激能级的 S_0。另一个重要的光物理过程是从 S_1 或（通常是）T_1 将能量转移给另一分子。有机物体系中的能量转移的这一过程也为稳定化提供了一个可行的途径，特别是 T_1 为

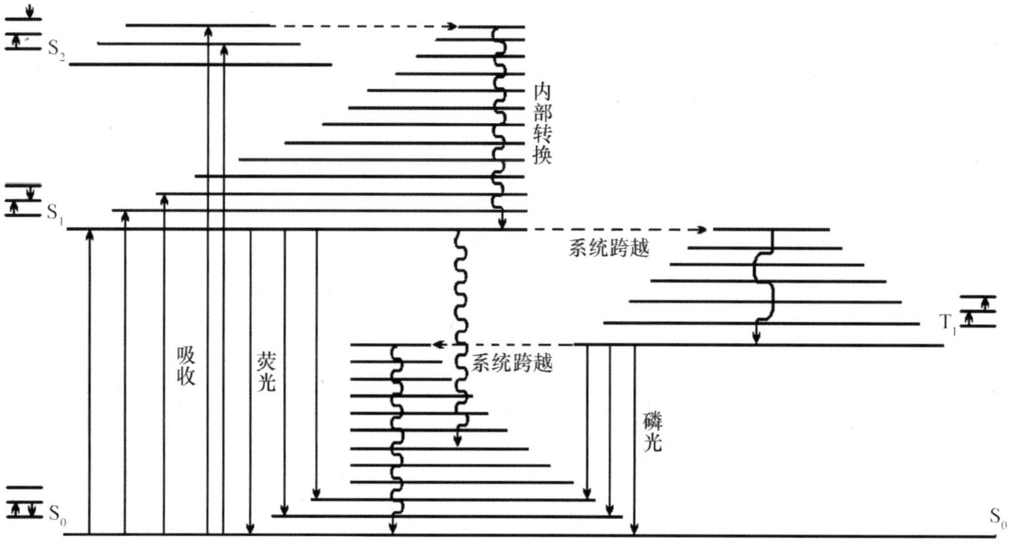

图 3-3　分子的光物理过程

光化学反应的中途能态时更容易稳定。

各光物理过程有一个“寿命”问题，它可看做是一级衰减的过程。多数有机分子的 S_1 荧光的寿命为 $10^{-5} \sim 10^{-9}$s，磷光寿命为 $10^{-4} \sim 20$s。磷光寿命较长是电子自旋反换较慢的结果。

2）光化学过程

表 3-3 的数据表明，太阳光短波紫外线光量子所含的能量足以打断许多有机物的化学键。但是实际上有机物在太阳光中并没有以极大的速率发生灾难性的光降解。这主要是因为：首先，有机物对太阳辐射的吸收速率低；其次，量子产率，即每吸收一个光量子引起反应的分子数比较低。光物理过程消除了大部分激发能，但尽管如此，还是有一些化学反应能够发生，而且这些反应会引起一系列变化，造成文物的破坏。

前面已经指出，虽然最低的三线态 T_1 是能量最小的激发态，但是通常也只有这一能态能将电子激发态的寿命维持到足以发生双分子化学反应的长度。因此，有机光化学的很大一部分是 T_1 态化学。当然，我们也绝不能忽视 S_1 态的化学，它在某些有机物的劣化中起到重要作用。

前已述及，能量转移过程是激发分子 A^* 不经化学反应，消除其激发能的光物理过程。但接受其能量的 B^* 却很可能发生化学反应，这就是光敏化反应。

$$A \xrightarrow{h\nu} A^*$$

$$A^* + B \longrightarrow A + B^*$$

$$B^* \longrightarrow \text{产物}$$

一般来说，激发态的寿命越长，能量转移的可能性就越大。为此，三线态比单线态更有可能发生能量转移。

3）“热”基态反应

内部转换是前述光物理过程之一。借此，激发态分子 S_1 在返回基态 S_0 时将激发能转换为振动能。然而这种振动激发基态能够发生与热激发基态同样类型的化学反应。因此，某些反应看上去好像是光化学反应（反应由电子激发态开始），实际上是光诱发的热反应（反应从振动激发基态或热基态开始）。

4）光氧化降解的一般机理

当分子吸收一个光子时，它可被活化为电子激发态，随之可以发生一系列不同过程。化学反应是耗散所吸收光子能的一种方式。这样的光化学过程可能包括生成自由基、光离子化、环化、分子内重排及断裂等反应。然而除了光化学过程，还有许多种辐射及非辐射光物理过程，它们不引起净化学反应，而是将大部分被吸收的能量转变为对有机物无害的热能和长波长的光。因此，有机物分子光化学过程的量子效率小于 1。

迄今为止，人们所研究的大多数有机物光化学反应的引发过程主要是生成自由基活性中间体。生成自由基的光化学引发反应一般可分为初级光化学过程及次级光化学过程。初级光化学引发是受激分子本身被解离为自由基，

$$M^{*} \longrightarrow R_1^{\cdot} + R_2^{\cdot}$$

典型例子是酮的 α-断裂（也称 Norrish I 型过程）。

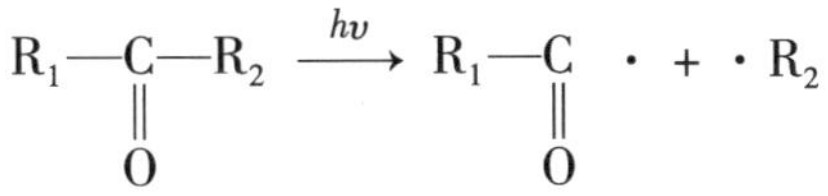

次级光化学过程是通过受激分子与另一个分子发生某种反应生成自由基，典型例子如下反应式：

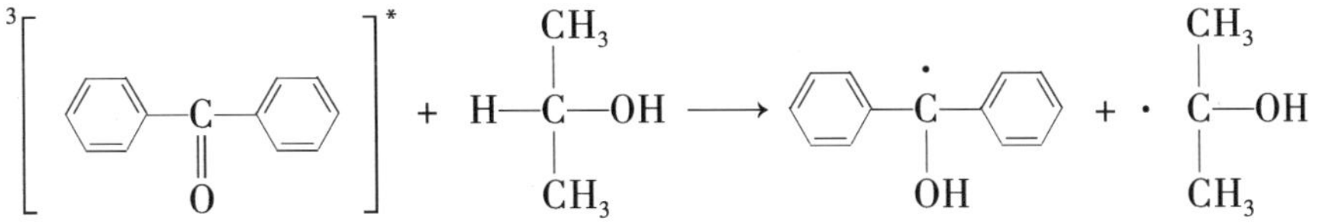

这里，具有较长寿命激发三线态酮（二苯甲酮）与氢给体（异丙醇）反应生成了羰基自由基和 2-羟基-2-丙基自由基。

活性中间体也可以是可反应的基团或离子，如下面三种。

A. 有机物可能与基态氧分子形成一种弱吸收络合物，该络合物在紫外光照射下可产生过氧化氢基团，如下式

$$P—H + O_2 \longrightarrow [P—H\cdots O_2] \xrightarrow{h\nu} P—H^+\cdots O_2^- \downarrow\ \ POOH \longleftarrow P\cdot + \cdot O_2H$$

B. 某些有机物在受到短波长光辐射时，有光电流产生。在某些条件下，容易产生离子。若激发三线态$^3M_1{}^*$与第二种化合物的基态化合物$^1M_2$生成了激基复合物，后者可能解离产生离子对

$$^3M_1^* + {}^1M_2 \rightleftharpoons \text{激基复合物} \begin{cases} \rightarrow R_1^* + R_2^* \\ \rightarrow A^- + K^+ \end{cases}$$

C. 电荷转移，复合物在受到能量比复合物离子化能小得多的光子辐照时，也可能产生瞬间离子对。

$$D\ A \overset{h\nu}{\rightleftharpoons} D_*^+ + A_*^-$$

3.1.5　光源的类型

光源依照其来源可分为自然光源和人工光源两类。

1. 自 然 光 源

地球上唯一的自然光源就是太阳。太阳光是由于太阳内核的温度高达1.5×10^7℃，在那里发生着氢氦核聚变反应，核聚变反应及高温产生的能量以光的形式释放出来，到达地球就是我们平常称之的日光。因为太阳的温度非常高，因此它所发射出的电磁波波长覆盖范围非常广，即包含有大量长波辐射，也包含有大量短波辐射，虽然经过了1.5亿km的传播与消耗，到达地球的太阳光中除可见光外，仍包含有大量的紫外光、红外光及其他辐射。地球所接受到的太阳辐射能量仅为太阳总辐射能量的$1/22\times10^8$，但这些能量却是地球上大气运动、植物生长、季节变化等一系列自然现象或生命活动的主要能量源泉。此外，太阳辐射还是地球上最主要的光源，因此它也就成为了文物材质发生光老化的最主要诱因。

地球大气上界太阳辐射光谱的99%以上在波长为150～4000nm，其中大约50%的太阳辐射能量在可见光谱区（波长400～760nm），7%在紫外光谱区（波长<400nm），43%在红外光谱区（波长>760nm），最大能量在波长475nm处。

太阳辐射通过大气，一部分到达地面，称为直接太阳辐射；另一部分被大气的分子、大气中的微尘、水汽等吸收、散射和反射。被散射的太阳辐射一部分返回宇宙空间，另一部分到达地面，到达地面的这部分称为散射太阳辐射。到达地面的散射太阳辐

射和直接太阳辐射之和称为总辐射。太阳辐射通过大气后，其强度和光谱能量分布都发生了变化。290nm 以下的辐射在通过大气层时全部被大气层吸收。短波辐射的绝大部分是被大气层高空的臭氧（其厚度相当于标准温度和压力下 0.25cm）所吸收。因此，与空气污染（如低空的烟雾）有牵联的臭氧，在高空却构成一个太阳的屏障，对于维持地球上的生命起到至关重要的作用。

一般来说，太阳辐射的紫外线强度与所在地区的海拔高度、纬度以及季节和气候条件均有关。海拔越高，紫外线与大气层的作用就越少，相应紫外线的强度就越高。空气越干燥，紫外线的强度越大。一年中夏季的紫外线辐射最强。一天中的紫外光强度直接随太阳的高度而变，在早上和下午低于 313nm 的紫外线强度比中午小得多。此外，到达地球表面的紫外光除了太阳直射以外，还有相当一部分来自天空的散射。事实上在天气晴朗时，一天内有两个时间段（早晨 10 点 30 分以前和下午 14 点 30 分以后）散射太阳辐射的紫外线量大于直接太阳辐射的紫外线量。中午时两种成分的量大致相等。因此，如果存在着大量的散射太阳辐射，即使不直接受太阳的照射，文物也会遭受紫外线的损害。散射太阳辐射的紫外线量和直接太阳辐射的紫外线量比例随季节而变，在冬天两种紫外光强度都最低时，该比值较大。地区条件如薄云和雾也能增加散射太阳辐射紫外线量的比例。

2. 人 工 光 源

人工光源曾经只能靠燃烧获得。但是随着人类对世界认识的深入，人们发现非易燃物质加热到足够高的温度时也可发光，最常见的人工光源之一——白炽灯就是基于该发现制成的。

1）白炽灯

白炽灯又称钨丝灯，是将卷状钨丝通上电流，并加热到白炽状态（2700℃）时，利用热辐射发出可见光而进行照明的。白炽灯的种类繁多，有透明泡白炽灯、乳浊泡白炽灯、内置反射镜白炽灯等。

A. 白炽灯的历史

1845 年，美国辛辛那提的一位名叫斯塔尔的人提出可以在真空泡内使用碳丝，将其加热后便可放出可见光，这是现有的最早提出白炽灯原理的记载。此后，英国人斯旺按照这种思路，使用一条碳化纸作为灯丝，使电流通过它来发光。但是，由于当时的真空技术尚处于起步阶段，无法营造高的真空度，灯泡中的残余氧气使得灯丝很快便烧断了。因此，这种灯的寿命相当短，不具备实用价值。此后经过近 30 年的努力，1878 年真空泵出现后，使斯旺有条件再度开展对白炽灯的研究。1878 年 12 月 18 日，斯旺试制成功了第一只白炽灯泡。此后不久，他在纽卡斯尔化学协会上展示了他的碳丝灯泡。

1879 年，美国的爱迪生也开始投入对电灯的研究。他认为要使得白炽灯具有实用价值，白炽灯必须能够更长时间的点亮。爱迪生将延长白炽灯寿命的关键归结于提高灯泡的真空度和采用耗电少、发光强且价格便宜的耐热材料作灯丝。爱迪生先后试用了 1600 多种耐热材料，结果都不理想。1879 年 10 月 21 日，他采用碳化棉线作灯丝，把它放入玻璃球内，再启动真空泵将球内抽成真空。结果，碳化棉灯丝发出了明亮而稳定光，且持续了 10 多个小时。就这样碳化棉丝白炽灯诞生了，爱迪生为此申请并获得了专利。

与爱迪生不同的是，斯旺在发明白炽电灯后，直到 1880 年才去申请专利，1881 年才正式投产。而在灯泡投产之后，他未能像爱迪生那样建立相应的发电站和输电网。这样就使得爱迪生后来居上，成了人们公认的白炽电灯的发明家。

现代的钨丝白炽灯到 1908 年才由美国发明家库利奇试制成功。发光体是用金属钨拉制的灯丝，这种材料最可贵的特点是其熔点很高，即在高温下仍能保持固态。事实上，一只点亮的白炽灯的灯丝温度高达 2700℃，正是由于炽热的灯丝产生了光辐射，才使白炽灯发出了明亮的光芒。

B. 白炽灯泡的结构

普通的白炽灯泡主要由玻壳、灯丝、导线、感柱、灯头等组成（图 3-4）。

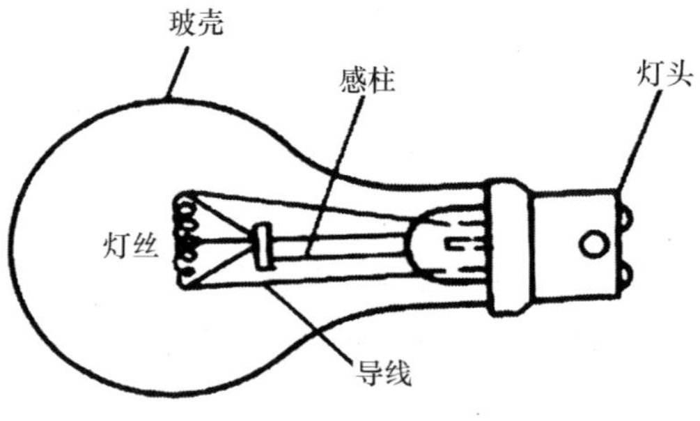

图 3-4　白炽灯泡的结构

玻壳做成圆球形，制作材料是耐热玻璃，它把灯丝和空气隔离，既能透光，又起保护作用。白炽灯工作的时候，玻壳的温度最高可达 100℃ 左右。之所以白炽灯的玻壳都被造成大腹便便的外型，是因为在高温下一些钨原子会蒸发变为气体，并在灯泡的玻壳内表面上沉积，使白炽灯变黑，为了使沉积下来的钨原子能在一个比较大的表面上分散开，故而将玻壳造成圆球形。否则玻壳在很短的时间内就会被熏黑，无法保证良好的透光性。

灯丝是用细钨丝做成螺旋形。看起来灯丝很短，其实若将这种极细的螺旋形钨丝拉成直线，其长度可达 1m 左右。灯丝在点亮后会不断地升华，因而逐渐变细，直至最后断开，这时一只白炽灯的寿命也就结束了。如果灯丝附近饱含空气，那么通电后，钨丝温度升高到 2000℃以上，空气中的氧气就会很快使灯丝被烧断，同时生成一种黄白色的三氧化钨，附着在玻壳内壁和灯内部件上。若灯泡轻微漏气，玻壳内残留的空气比较少，那么这个过程就会进行得较为缓慢，钨跟空气中的氧化合生成一薄层蓝色的三氧化二钨和氧化钨的混合物。

两条导线表面上看起来很简单，实际上由内导线、杜美丝和外导线三部分组成。内导线用来导电和固定灯丝，用铜丝或镀镍铁丝制做；中间一段很短的红色金属丝叫杜美丝，要求它同玻璃密切结合而不漏气；外导线是铜丝，任务就是连接灯头用以通电。

白炽灯泡内部那个喇叭形的玻璃零件称为感柱，它连着玻壳，起着固定金属部件的作用。其中的排气管用来把玻壳里的空气抽走，然后将下端烧焊密封，以保证灯泡的气密性。有时为了防止气泵未彻底将玻壳内的空气抽净，会事先在灯泡的感柱上涂抹红磷。在白炽灯点亮后，红磷受热会变成白磷，白磷很容易同氧气反应，生成固态的五氧化二磷，把氧气消耗掉。这样，玻壳内残留的氧气就被消除了。

灯头是连接灯座和接通电源的金属件，用焊泥把它同玻壳粘结在一起。

C. 白炽灯的发光原理

白炽灯的发光原理是将卷状钨丝通上电流，并被加热到白炽状态2700℃时，利用热辐射发出可见光而进行照明。

如前所述，当白炽灯点亮温度较高时，钨的升华十分严重。长时间的高温使钨丝表面的钨原子不断地升华扩散，然后又一层一层地凝华、沉积到玻壳的内表面上，使玻壳慢慢黑化，越来越不透明。钨的升华也使钨丝越来越细，最后烧断。灯丝工作温度越高，钨的升华越快，白炽灯的使用寿命就越短。

理论上，如果降低白炽灯点亮时的钨丝温度，就可以减缓金属钨的升华速率，从而延长白炽灯的使用寿命。有研究表明，如果将钨丝的点亮温度从2700℃降低至1700℃，白炽灯的使用寿命将延长约1000倍。但是，降低钨丝的工作温度就意味着降低它的白炽程度，会使白炽灯发出的光远不如温度高时那么明亮。更重要的是，即使是加热到2700℃的普通钨丝灯泡，大多数通过它的电能都会被转化为热能（100W灯的转换率为94%）而不是转换为光。而如果将钨丝的工作温度降低，会使得其发光效率进一步减低。也就是说，更多的电能转化为了热能而不是光能。

实际工作需要的是既有高的发光效率，又能减少钨丝蒸发的白炽灯。经过多年的研究人们发现，当灯泡里充有空气时，虽然灯丝很快会被氧化，但是钨的升华却被减缓了。这是因为空气是由多种成分组成的，使钨氧化的是只占空气总量1/5的氧气，而其余的大约占总量4/5的氮气不仅没有参与对钨的破坏作用，相反地还阻碍钨分子的运动，降低钨的升华速率。因此，过去为了保证白炽灯的寿命，人们必须尽可能干净的将玻壳内的空气抽出。而现在为了同样的目的，人们却要做相反的工作，即把气体——当然是不会与钨发生化学反应的气体充入到玻壳内部。

1913年，美国化学家欧文·朗缪尔首次向白炽灯玻壳内充进氮气，这是继灯丝由炭丝改钨丝后白炽灯的又一重要革新。直到目前为止，充气仍然是抑制钨丝蒸发的基本措施。

虽然自从白炽灯诞生开始，就不断有人对其进行改进。但时至今日，在所有用电的照明灯具中，白炽灯的发光效率是最低的，它所消耗的电能只有很小的一部分转化为光能，而其余部分都以热能的形式散失了。至于照明时间，这种电灯的使用寿命通常不会超过 1000h。

但是，在常见的各种光源中，白炽灯的紫外线含量最低。因此，从减少紫外线对文物的破坏作用而言，白炽灯是文物照明的适宜光源。但使用白炽灯时，应注意减小其热效应，如可采取加乳白色灯罩并使白炽灯与文物的距离不小于 50cm 等措施。另一个减少白炽灯热效应的做法是某些制造商所称的“冷光灯”，它装有分色反射镜，其特性是让红外辐射穿过灯的背部，只向前方发射出可见光。

2）荧光灯

荧光是指一种光致发光的冷发光现象。当某种物质经某种波长的入射光照射后进入激发态，从激发态分子返回基态或低激发态时发出比入射光的波长长的出射光，具有这种性质的出射光就被称之为荧光。

荧光灯又称日光灯、低压汞灯，它就是利用低气压的汞蒸气在放电过程中辐射紫外线，从而激发荧光粉发出可见光的原理发光的，它属于低气压弧光放电光源。

荧光灯主要由电感镇流器、启辉器和灯管三部分构成（图 3-5）。

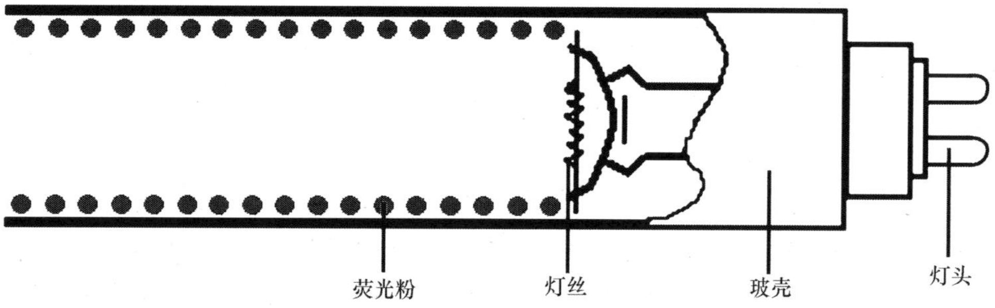

图 3-5　荧光灯管的结构

电感镇流器位于荧光灯架的上部，该部件是一个铁芯电感线圈，电感的性质是当线圈中的电流发生变化时，在线圈中将引起磁场的变化，从而产生感应电动势，其方向与电流的方向相反，因而阻碍着电流变化。在正常发光过程中，镇流器的自感起着稳定电路中电流的作用。

同时，在荧光灯架上方还有一个圆柱形的启辉器。启辉器在电路中起开关作用，它由一个氖气放电管与一个电容并联而成，电容的作用是为了消除对电源的电磁干扰并与镇流器形成振荡回路，增加启动脉冲电压幅度。放电管中一个电极用双金属片组成，利用氖泡放电加热，使双金属片变形并形成闭合回路，引起电感镇流器电流突变并产生高压脉冲加到灯管两端。

灯管是荧光灯的发光部件，灯管两端各有一灯丝，灯丝上涂有电子发射材料三元碳酸盐（碳酸钡、碳酸锶和碳酸钙），俗称电子粉。在交流电压作用下，灯丝交替地作为阴极和阳极。灯管内充有微量的氩和稀薄的汞蒸气，压力为 400 ~ 500Pa，灯管内壁上涂有荧光粉。

当荧光灯接入电路后，启辉器两个电极间开始产生辉光放电，使双金属片受热膨胀而与静触极接触。此时，电源、镇流器、灯丝和启辉器构成一个闭合回路。电流使灯丝预热，当受热时间1~3s后，启辉器的两个电极间的辉光放电熄灭，随之双金属片冷却而与静触极断开。当两个电极断开的瞬间闭合回路中断，电路中的电流突然消失。此时，在镇流器中会产生一个高压脉冲，与电源叠加后加到灯管两端，使灯丝发射电子击穿灯管内的惰性气体，使其电离形成气体导电电流。运动的气体离子在与汞原子碰撞作用中不断地将能量传递给汞原子，使其核外电子从低轨道跃迁到高轨道，继而自发跃迁回基态，并辐射出波长253.7nm和185nm的紫外线（主峰值波长为253.7nm，约占全部紫外辐射能的90%；次峰值波长为185nm，约占全部辐射能的10%），以释放多余的能量。荧光粉吸收紫外线的辐射能后发出可见光，这就是荧光灯的发光原理。

从荧光灯的发光原理可知，荧光粉对荧光灯的质量起关键作用。20世纪50年代以后的荧光灯大都采用卤磷酸钙，俗称卤粉作为荧光粉。卤粉价格便宜，但发光效率不高，热稳定性差，光衰较大，光通维持率低，因此不适用于细管径紧凑型荧光灯。1974年，荷兰的飞利浦公司首先研制成功了将能够发出人眼敏感的红、绿、蓝三色光的荧光粉氧化钇（发红光，峰值波长为611nm)、多铝酸镁（发绿光，峰值波长为541nm）和多铝酸镁钡（发蓝光，峰值波长为450nm）按一定比例混合成的三基色荧光粉（完整名称是稀土元素三基色荧光粉)。这种荧光粉的发光效率高（平均光效在80lm/W以上，约为白炽灯的5倍)，色温为2500~6500K，显色指数在85左右，用这种荧光粉的荧光灯可将更多的电能转化为光能，因此，又称为高效节能荧光灯。稀土元素三基色荧光粉的开发与应用是荧光灯发展史上的一个重要里程碑，没有三基色荧光粉，就不可能有新一代细管径紧凑型高效节能荧光灯的今天。但稀土元素三基色荧光粉也有缺点，其最大的缺点就是价格昂贵。

由于大多数荧光灯发射出的白光都是少数几种单色光混合的产物，其发射光谱一般为非连续光谱，在部分波长处存在缺失，因此多数荧光灯的显色性较差，只有某些特定荧光灯具有良好的显色性。

此外，由前所述可知，荧光灯管内部产生的其实是紫外光，它是依靠紫外光激发内壁荧光粉发射荧光而将紫外线转变为可见光的。但紫外线在激发荧光粉时，不可能每一份紫外光子都能作用于荧光粉而产生一份可见光子，当荧光粉层太薄或荧光粉粒径太大时会因荧光粉间不能相互作用而使部分紫外线溢出管外。因此荧光灯发出的可见光中紫外线的含量较高。

由于荧光灯是依靠激发荧光发光，其发光方式完全不同于白炽灯，整个发光过程产热小，所消耗的电能大部分用于产生可见光，因此，荧光灯的发光效率远比白炽灯和卤钨灯高，是目前最节能的光源之一。

荧光灯点亮时的温度较低，即使用手触摸灯管的中部也没有任何危险。当然，其两端高温的灯丝位置则不可徒手触摸。荧光灯点亮过程中大量的热主要来自于镇流设备。

荧光灯也是文物常用的照明冷光源之一。但在使用荧光灯对文物进行照明时，常常将灯管封装在光的出射面安装有一层较厚玻璃的灯箱中。这样做可以利用玻璃对紫外线的吸收作用，过滤掉荧光灯灯光中的部分紫外线。此外，如果在较密闭环境中使用荧光灯进行文物照明时，应将镇流设备和灯管分开，并将其放置到其他地方，以避免密闭空间中额外热量的产生。值得注意的是，为了开发荧光灯在诸如文物保护等特殊场合的应用价值，飞利浦、东芝等公司已经推出了无紫外线系列及高显色性系列的荧光灯。这类荧光灯是较理想的文物照明光源。

3）卤钨灯

事实上，物体在大于绝对零度的任何温度下都在向外辐射着电磁波，不同波长电磁辐射的能量分布与发射物体的温度相对应。温度越高，波长短的电磁波所占比例越大；反之，温度越低，波长较长的电磁波所占比例越大。例如，当温度介于室温～500℃时，物体主要发射红外光；当温度升高到500～550℃时，物体将发射出一部分暗红色的可见光来；当温度升高到1050～1150℃时，物体将发射出黄色的可见光来；如果温度继续升高，物体发射的各种波长的可见光就丰富起来。也就是说物体向外发射电磁波的波长会随着物体温度的升高而出现紫移（向短波方向移动），这就是著名的维恩位移定律。

在前面介绍的光源中，虽然白炽灯的紫外线含量较低，但发光效率和光源寿命是它的主要缺点。为了改进白炽灯的发光效率、增加其寿命，人们在白炽灯的基础上制造出了一种功率更高、发射光略微白一些的光源——卤钨灯。白炽灯是靠加热灯丝到2700℃而发光的，其释放出的光中主要包含波长较长的红外光和可见光。由于发射的光中包含有大量红外光，因此其发光效率较低。由维恩位移定律可知，如果提高发光体的温度，其发射电磁波的波长会向短波方向移动。如果将白炽灯的灯丝加热到更高的温度，那么白炽灯发射出的光中红外光的相对含量就会降低，而可见光的相对含量将会增加，这样便可以提高白炽灯的发光效率。但是如此又会带来两个新的问题。

首先，当钨丝加热到更高温度后，钨的升华速率将变得更快，从而使得该类光源的寿命更加短暂。为了解决这个问题，人们在白炽灯的玻壳内充入了卤族元素（Br、I等）。当灯丝发热时，钨原子被蒸发（升华）向玻璃管壁方向移动。在它们接近玻璃管时，钨蒸气被“冷却”到大约800℃并和卤素原子通过化学反应结合在一起，形成卤化钨（碘化钨、溴化钨等）。卤化钨在扩散作用下向玻壳的中心部位移动，由于卤化钨不稳定，遇热后会分解成卤素蒸气和金属钨，这样钨又在灯丝上沉积下来，弥补了升华的部分。如此循环，灯丝的使用寿命就会延长很多。因此，卤钨灯的灯丝就可以做的相对较小，玻壳也可以很小巧。这也就是卤钨灯名称的由来。

此外，出现的另外一个问题是，当钨丝被加热到更高温度时，灯泡的玻壳温度也会相应升高。这时，普通玻璃就无法胜任其原本作为玻壳的角色了，因为玻璃加热到600℃就会软化。这时需要更加耐高温的透明材料代替原本的玻璃。由于石英具有较好的透光性，加之1750℃的较高熔点，成为了首选替代材料。但由此又引申出的一个问题是，当钨丝被加热到更高温度时，其发射光谱中随着可见光含量的增加，位于可见光另一侧的波长更短的紫外线含量也相应增加了。玻璃具有一定的吸收紫外线的能力，而石英则完全没有这种功能。因此，随着钨丝温度的升高以及外壳材料的更换，钨丝发射出的紫外光会毫无阻碍的透射出来，造成光源的紫外线含量增高。为了避免这个问题，在卤钨灯的前面往往覆盖有一层玻璃，利用玻璃对紫外线一定的吸收能力，降低出射光的紫外线含量，但是同时必须保证空气流通，从而防止过热的情况发生。

卤钨灯由于其发光效率较白炽灯高、紫外线含量较荧光灯低、灯管体积小易于安放等特点已广泛应用于文物照明，是现阶段较为理想的文物照明光源之一。

4）发光二极管

发光二极管简称LED（light emitting diode），是一种固态的半导体器件，它可以直接把电能转化为光能。LED的发光核心是一个半导体晶片，晶片由两部分组成，一部分是P形半导体，在其内部空穴占主导地位，另一端是N形半导体，其内部主要是电子。当将这两种半导体连接起来时，它们之间就形成一个P-N结。当电流通过导线作用于该晶片时，电子会被推向P区，在P区里电子跟空穴复合，然后会以光子的形式发出能量，这就是LED的发光原理。LED的发光波长即发光颜色是由形成P-N结的材料决定的。最初，由于LED仅能发出几种特殊颜色的单色光，因此其主要用作仪器仪表的指示光源。而对于一般照明而言，人们更需要的是能够发射出白色光线的光源。经过研究者不断地努力，1998年白光LED开发成功，这种LED是将氮化镓（GaN）芯片和钇铝石榴石（YAG）封装在一起做成的。氮化镓芯片发蓝色光（波长峰值为465nm），高温烧结制成的含Ce^{3+}的YAG荧光粉受此蓝光激发后发出黄色光（波长峰值为550nm）。蓝光LED基片安装在碗形反射腔中，覆盖以混有YAG的树脂薄层。LED基片发出的蓝光部分被荧光粉吸收，另一部分蓝光与荧光粉发出的黄光混合，就可以得到白光。这种通过蓝光得到白光的LED具有体积小、光电转化率高、使用寿命长、环保无污染等特点，现已广泛应用于人们的日常生活及工作中。

LED由于光效高、寿命长，在文物照明中也偶有使用。但是白光LED和普通荧光灯类似，也是通过少数几种单色光混合产生白光的，其发射光谱一般为非连续光谱，因此该光源的显色性一般较差。

3.1.6 表征光辐射的相关参数

1. 色　　温

色温是表示光源光色的尺度，单位为 K（开尔文）。如前所述，物体在大于绝对零度的任何温度下都在向外辐射电磁波，不同波长电磁波的能量分布与发光物体的温度相对应。开尔文认为，假定某一纯黑物体能够将落在其上的所有热量吸收而没有损失，同时又能够将热量生成的能量全部以“光”的形式释放出来，那么它释放光辐射的最大强度波长会随温度变化而变化，也就是说光源的颜色成分是与该黑体的温度相对应的。因此光源的色温就定义为：当某一光源所发出的光的光谱分布与不反光、不透光完全吸收光的黑体在某一温度时辐射出的光谱分布相同时，就把绝对黑体的温度称之为这一光源的色温。在黑体辐射中，随着温度不同，光的颜色各不相同，黑体呈现由红—橙红—黄—黄白—白—蓝白的渐变过程。黑体的温度越高，光谱中蓝色的成分就越多，而红色的成分则越少。也就是说低色温光源的特征是能量分布中，红色辐射相对多些，通常称为“暖光”；而色温提高后，能量分布中，蓝色辐射的比例增加，通常称为“冷光”。一般情况下，人们把高色温称为冷色调，把低色温叫做暖色调。值得指出的是色温是指发出同等色彩光时的黑体温度，而并不是光源温度。也就是说光的色温并不一定和光源的温度一致。例如，白炽灯的光源温度较高，但其发射光的色温一般仅为 2760 ~ 2900K；而荧光灯的光源温度较低，但它发射光的色温为 3000K 甚至更高；某些卤钨灯的色温甚至可达 4100K 以上。

2. 显　色　性

如前所述，可见光是由红、澄、黄、绿、青、蓝、紫七色光混合而成的，一般为白色。当它照射物体时，物体会选择性的吸收一部分光同时反射一部分光。如果该物体将其他颜色的光吸收只反射绿色的光，那么我们看到的物体就是绿色的。同样如果该物体将所有光都反射回来，我们看到的物体就是白色的，都吸收自然就是黑色的。但是如果照射到物体表面的入射光中缺失某一种色彩的光，或者色光的分布不均匀，某种色光的比例过高，那么发射出该入射光的光源显色性就较差。例如，贩卖肉类的一些不法商贩经常在其店铺的光源上罩有红色的灯罩，从而增加了光源出射光中红色色光的比例，使得肉质反射出的光中红光比在自然光下更多，以欺骗消费者误以为肉质鲜美。

所谓光源的显色性就是通过与同色温的参考或基准光源下物体外观颜色的比较，评价光源对物体颜色的呈现程度，即颜色的逼真程度。将物体放在测试光源下所反映出的颜色与其在参考光源下反映出的颜色越接近，光源的显色性就越好。

需要说明的是，光源的显色性和光源的光色之间并没有决定性的关系。光源发射光的谱带分布决定了光源的光色，但同样的光色可以由许多、少数甚至仅仅两种单色光混合而成。因此，即使具有同种光色的光源对各种颜色的显色性亦有所不同。相同光色的光源会有相异的光谱组成，光谱组成较广的光源可能提供较佳的显色品质。当光源光谱中很少或缺乏物体在基准光源下所反射的主波时，会使颜色产生明显的色差。色差程度越大，光源对该色的显色性就越差。

显色指数是目前评价光源显色性的普遍方法，它是指对象在某光源照射下显示的颜色与其在参照光源照射下的颜色之间的相对差异。将白炽灯的显色指数定义为 100，视为理想的基准光源。以 8 种彩度中等的标准色样来检验，比较在测试光源下与在同色温的基准下此 8 色的偏离程度，用以确定该光源的显色指数。显色指数越低，所呈现的颜色越失真。该指数以 100 为最高，显色指数为 100 的光源可以让各种颜色呈现出如同被参照光源所照射的颜色。数值为 90 以上，能够真实的映射出物体原有的色彩。显色指数低于 20 的光源通常不适于一般用途。一般在文物保护处理、研究、展陈的过程中，如无特殊要求，光源的显色性最少应达到良以上，即显色指数在 80 以上。显色性最好能够达到优即显色指数 90 以上，尤其是在对显色性要求较高的文物修复、研究等场合。具体的显色指数及显色性指标见表 3-4 及表 3-5。

表 3-4　不同显色指数对应的显色性及应用场合

显色指数	等级	显色性	应用
90～100	1A	优	需要精确对比色彩的场合
80～89	1B	良	需要正确判断色彩的场合
60～79	2	普通	需要中等显色性的场合
40～59	3	较差	对显色性的要求较低，色差小的场合
20～39	4	差	对显色性无具体要求的场合

表 3-5　不同光源对应的显色指数

光源	显色指数	光源	显色指数
白炽灯	97～100	卤钨灯	95～99
日光色荧光灯	80～94	暖白色荧光灯	80～90
白色荧光灯	75～85	白光 LED 灯	80 左右
金属卤化物灯	60～65	高压汞灯	22～51

3. 辐射通量及辐射通量密度

光的传播过程本质上是能量的传递过程，光源在发光时要失去能量，而吸收光的物体就要增加能量。发光体在单位时间内辐射出的光（包括红外线、可见光和紫外线）的总能量就称为光源的辐射通量。辐射通量是一个辐射度学中的纯客观物理量，用功率表示，单位为W。辐射通量密度指单位时间内，单位面积上所接受的辐射通量，又称辐照通量密度，用符号E_p表示，单位为W/m^2。

辐射通量及辐射通量密度虽然是反映光辐射强弱程度的客观物理量，但它并不能完整地反映出由光能量所引起的人们的主观感觉——视觉的强度（即明亮程度）。因为人的眼睛对于不同波长的光波具有不同的敏感度，不同波长的数量不相等的辐射通量可能引起相等的视觉强度，而相等的辐射通量的不同波长的光，却不能引起相同的视觉强度。例如，一个红色光源和一个绿色光源，若它们的辐射通量相同，则绿光看上去要比红光更亮些。这是因为人眼对黄绿光最敏感，对红光和紫光较不敏感，而对红外光和紫外光，则无视觉反应。

4. 人眼的视敏特性与视敏函数

人眼的视敏特性是指人眼对不同波长的光具有不同的灵敏度的特性。视敏特性常用视敏函数来表示。人眼对不同波长光的敏感程度的确定方法是，使用不同光谱的单色光源发光，由“标准观察者”的眼睛观看，当观察者对所有单色光源发出的光获得相同的亮度感觉时，测量此时各不同单色光源的辐射通量$P(\lambda)$。显然$P(\lambda)$越大，说明人眼对该波长的光越不敏感。相反，$P(\lambda)$越小，说明人眼对该波长的光越敏感。通常用辐射通量的倒数来衡量人眼对波长λ光的敏感程度，把辐射通量的倒数称为视敏函数$K(\lambda)$，即

$$K(\lambda)=1/P(\lambda) \tag{3-5}$$

式中，$P(\lambda)$为辐射通量。

相关研究表明，在明亮条件下人眼对波长为555nm的黄绿光最敏感，即555nm的视敏函数（$K(555)$）最大，称为亮视场下的最大视敏函数；而在暗视场下，人眼对波长为507nm的青偏绿色光最敏感，因此$K(507)$被称为暗视场下的最大视敏函数。之所以在明暗两种视场下会存在两个不同的最大视敏函数是因为，在人眼的视网膜上有两种不同的光敏细胞——杆状细胞和锥状细胞。杆状细胞的灵敏度高，但只能辨别明亮，对颜色不敏感。人眼在暗视场条件下主要是由杆状细胞起作用，故在低照度的夜晚，人眼只能辨别明亮，难以分辨颜色；锥状细胞的灵敏度较低，但其既能辨别明亮，又能辨别颜色。在亮视场条件下人眼主要由锥状细胞起作用。正是由于两种光敏细胞在外界亮度不同的环境下主导地位的不同，导致了明暗视场下两种最大视敏函数的差异。通常把任意波长光的视敏函数与最大视敏函数的比值称为相对视敏函数$V(\lambda)$。

$$V(\lambda)=K(\lambda)/K(555)=P(555)/P(\lambda)\text{（亮视场）} \tag{3-6}$$

$$V(\lambda)=K(\lambda)/K(507)=P(507)/P(\lambda)\text{（暗视场）} \tag{3-7}$$

5. 光　通　量

光通量是按人眼的光感觉来度量光的辐射通量，即辐射通量能够被人眼视觉系统所感受到的那部分有效当量。表征的符号为 Φ，国际通用的光通量单位为流明（lm）。

假设单色光的波长为 λ_i，则该波长的光通量 $F(\lambda_i)$ 就等于它的辐射通量 $P(\lambda_i)$ 与相对视敏函数 $V(\lambda_i)$ 的乘积，即

$$F(\lambda_i) = P(\lambda_i) \times V(\lambda_i) \tag{3-8}$$

一般光源的总光通量为各个波长分量光通量的总和。

因为一般情况下，人眼对波长为 555nm 的黄绿光最敏感，故常把它作为标准，并把这个波长的相对视敏函数 $V(\lambda)$ 定为 1。这样，对于“黄绿色光”而言，其辐射通量就等于光通量，其他波长的相对视敏函数都小于 1，于是，光通量也就小于相应的辐射通量。

光通量与辐射通量有着一定的对应关系，即流明和瓦有一定的对应关系，经实验测定：当光波长为 555nm 时，1W 相当于 683lm，当光波长为 600nm 时，1W 相当于 391lm。由此可见，同样发出 1lm 的光通量，波长为 600nm 光所需的辐射通量约为波长为 555nm 光的 1.75 倍左右。

综上所述，辐射通量是一个辐射学概念，是一个描述光源辐射强弱程度的客观物理量。而光通量是一个光度学概念，是一个属于把辐射通量与人眼的视觉特性联系起来评价的主观物理量。或者说光通量是按光对人眼所激起的明亮感觉程度所估计的辐射通量。总之，光通量与辐射通量是两个不同的光学概念，不能混为一谈。

6. 照　　度

照度指物体被照亮的程度，采用物体表面得到的光通量与被照射面积之比来表示，它是光学中的一个基本物理量。

$$E_v = \Phi / S \tag{3-9}$$

式中，E_v为光照度，单位为勒克斯（lx）；S 为被照射物体的表面积，单位为 m^2；Φ 为物体得到的光通量，单位为流明（lm）。

照度是以垂直面所接受的光通量为标准，若倾斜照射则照度下降。

7. 辐　照　量

辐照量是光电接收器接收辐射能量的重要度量参数，它是指在一定时间内单位面积接受到的辐射能，用符号 H_e表示，单位为 J/m^2。辐照量 H_e采用辐射到物体表面的辐射

通量密度 E_p 在时间 t 内的积分计算而来，即

$$H_e = \int E_p \mathrm{d}t \tag{3-10}$$

如果物体单位面积上的辐射通量与时间无关，则上式可化简为

$$H_e = E_p \times t \tag{3-11}$$

式（3-11）的意义是在定常辐射通量密度的情况下，辐照量是辐射通量密度与其持续时间的乘积。

8. 曝　光　量

曝光量是辐照量对应的光度学参数，它是指在一定时间内单位面积接受到的光通量，用符号 H_v 表示，单位为 lx·s（勒克司秒）或 lx·h（勒克司小时），曝光量 H_v 采用照射到物体表面的光照度 E_v 在时间 t 内的积分计算而来，即

$$H_v = \int E_v \mathrm{d}t \tag{3-12}$$

如果物体单位面积上的光通量与时间无关，则上式可化简为

$$H_v = E_v \times t \tag{3-13}$$

式（3-13）的意义是在定常照度的情况下，曝光量是光照度与其持续时间的乘积。

3.1.7　光辐射的测量

1. 照　度　计

照度是受照平面上接受的光通量的面密度。照度计（又称测光表或勒克斯表）是用于测量被照面上的光照度的仪器，是光照度测量中应用最多的仪器之一。照度计和人类的眼睛一样，对红外光区域和紫外光区域没有任何反应。此外，如前所述人眼对黄绿色光最敏感，照度计也是如此。这是因为照度计就是用来测量视觉中的照明状况的仪器，越好的照度计其反应的灵敏性就越接近于人眼。

现在常用的照度计是光电池照度计，它主要由受光探头（包括硒光电池或硅光电池、相对视敏函数滤光器、余弦修正器）和微安表（又称读数显示器）两部分组成。光电池能把光能直接转换成电能，当入射光透过金属薄膜到达半导体硒或硅层和金属薄膜的分界面上时，在界面上发生光电效应，产生光电流。光电流的大小取决于入射光的强弱和回路中的电阻，因此就可以从微安表上读出不同的照度值。照度计有变档装置，因此可以测量较高照度，也可以测量较低照度。

照度计的使用一般是在被测区域表面选取若干个点，分别测量后取平均值。对于没

有确定表面的空间，照度测量一般是选取距地表0.8m高的水平面测量。将测量区域划分成大小相等的方格，测量每个方格中心的照度，然后求其平均值。

现在市场上照度计的种类繁多，质量良莠不齐。适合考古发掘现场保护使用的照度计一般应具备以下特点。首先，要求体积小、重量轻、便于野外携带；其次，要求耐用性强、准确度高。有些照度计的准确度会随着使用时间的延长出现明显的下降，现场保护绝不能选用这类产品，否则由于较恶劣的使用环境极易造成使用初期和末期同一照度计采集数据的严重偏差，从而误导保护工作者。要避免照度计准确度的降低，其探头的光电池应选用线性较好的硒或硅光电池；同时，测量高照度时应选用高内阻的光电池，其灵敏度低但线性好，受强光照射不易损坏；另外要求探头中有内置的相对视敏函数滤光片，因为用光电池等光电接收器来测量光的照度时，为使接收器的视敏函数与人眼的视敏函数相一致，必须用该滤光片进行修正；最后，要求探头中有余弦修正器（乳白色玻璃或白色塑料），用以校正光的入射角度。

在使用照度计时应注意，首先，只有在测量时才打开照度计的电源和探头的保护盖，不使用时应确保电源处于关闭状态，探头保护盖覆盖在探头表面；其次，将探头水平放置于待测位置；如照度计有档位选择，应根据实际情况估测并试选档位，一般按从高向低的原则依次试选，直至确定合适档位；再次，照度计开始工作后，其显示数据会出现波动，应待数据稳定后再读取。有些照度计带有“读值锁定”功能，在数值稳定后应锁定读值再读数；不带档位选择的照度计直接记录读数即可，带有档位选择的则应将读数乘以相应档位的系数后再记录；最后，解除“读值锁定”功能，盖上探头保护盖并关闭照度计电源即可。

2. 紫外线辐照度计

紫外线辐射量的测量与可见光完全不同。可见光的测量是建立在人眼视觉基础上的，而紫外辐射是人眼无法感知的，它与人眼的视觉感受无关，只与光电接收器的响应度有关。因此，紫外辐射量的测量是一个纯物理量的测量。

紫外线辐照度计是测量紫外辐射在单位面积上辐射通量大小的仪器。它与照度计的主要区别在于光谱响应度不同，在结构上表现为接收器和滤光片不同。紫外线辐照度计必须用对紫外线灵敏的光电探测器（如紫敏光电池、光电管、光二极管等）作为接收器。一台紫外辐照度计主要是由通带滤光片、紫外探测器、光电倍增管、电流表等组成。

紫外线辐照度计的定标单位为W/m^2或$\mu W/cm^2$。在使用紫外线辐照度计时，应避免强光照射，以消除照度计的疲劳现象。同时光电紫外线辐照度计的工作温度低时，可减少热电流，提高极限灵敏度。另外，紫外线辐照度计测量的波长范围受通带滤光片的透射波长范围限制，因此测量几种不同最大波长的紫外线辐照度时，需要更换不同的探头。

由于紫外线对文物材料的破坏作用十分明显，测量紫外线密度（单位面积所受的紫外辐射量）及光源的紫外线辐射比例（紫外线与总辐射的比值），对文物保护中的防光具有指导意义。

光源的紫外线辐射比例是指光源发射出的紫外线密度占可见光照度的比例，其表达式为

$$Q = 1 \times 10^4 \times \frac{U}{E_v} \tag{3-14}$$

式中，Q 为紫外线辐射比例，单位为 μW/lm；U 为紫外线辐照度，单位为 μW/cm^2；E_v 为可见光照度，单位为 lx。

3.1.8　光辐射的控制

光对文物的影响是客观存在的，尤其在考古发掘现场文物出土时，环境因素——光的突然增加几乎是不可避免的。虽然没有光对文物而言更加安全，但在考古现场保护处理的过程中文物表面又必须有适当的光线照亮，于是便形成了矛盾。解决这一矛盾的正确途径是加强文物的防光措施，在不需要进行照射的情况下，尽可能杜绝文物遭受光辐射；在必须要进行照明的情况下，尽可能减少辐照量或曝光量。

此外，在传统的实验室文物保护中，人们一直认为紫外线对文物的破坏作用是文物遭受光老化的主要原因。但是随着研究的不断深入，研究者逐渐发现在实验室或博物馆中即使很好地控制住紫外线的量，文物尤其是脆弱文物的光老化依然以较快的速率发生着。近年来，人们逐渐将这一原因归结为可见光的辐照。因此，对实验室文物保护而言，光辐射的控制主要意味着可见光的控制。但是，对考古发掘现场文物保护而言，情况却绝非如此。实验室保护之所以着眼于可见光的控制是因为实验室或博物馆中的光源可控、可选择，大多都选用紫外线辐射比例较低的光源进行照明，同时严格控制日光辐射。因此，在博物馆或实验室中，紫外线的含量一般非常低。而对现场保护而言，光源几乎无法选择也难以控制。一般情况下，太阳是文物出土后接受光辐射的主要来源，日光中含有大量的紫外线，因此文物出土后就会接受到大量紫外辐射。此后，文物在临时实验室中进行保护处理时，由于现场条件的限制，一般也是无法对其中的光进行有效控制的。大多数情况下临时实验室中的光都是日光、普通荧光灯、白炽灯的混合光，其间的紫外线含量也远高于真正的文物保护实验室或博物馆。因此对考古发掘现场文物保护而言，防光的重点是紫外辐射，同时兼顾可见光。

1. 可见光的控制

1）合理确定文物表面的照度标准

文物表面的照度标准是指在一定环境条件下所要求的最低照度。文物保护、研究过程中的照度标准既要能满足人们观察的需要，同时又要最大限度的减少光对文物材料的损害。人的肉眼所能分辨的最小尺寸直接和工作面上的照度相关，同时也和前景与背景光照度的差别直接相关（表 3-6）。

表 3-6　最低照度值对应的最小识别尺寸

识别对象的最小尺寸 d/mm	识别对象与背景光照度对比	最低照度/lx	
		混合照明	一般照明
$d \leqslant 0.15$	小	1500	—
	大	1000	—
$0.15 < d \leqslant 0.3$	小	750	200
	大	500	150
$0.3 < d \leqslant 0.6$	小	500	150
	大	300	100
$0.6 < d \leqslant 1.0$	小	300	100
	大	200	75
$1.0 < d \leqslant 2.0$	—	150	50
$2.0 < d \leqslant 5.0$	—	—	30
$d > 5.0$	—	—	20
一般观察过程	—	—	10

注：一般照明是指不考虑特殊局部需要，为照亮整个假定工作面而设置的照明；混合照明指一般照明与局部照明共同组成的照明。

文物中有些材质对光是较为敏感的，如纸张、纺织品等，如采用一般照明（基本一致的照度）时，30lx 即能辨识直径 2～5mm 的纹饰，因此对这类光敏感文物，在一般性的观察、研究过程中应采用 30～50lx 的照度。

2）限制光的照度值

受日光直接照射的表面，其照度值非常大，如夏季被日光直接照射的表面的照度值可高达 10^5lx，夏季室内照度值也在 10^2～10^4lx。对日光照度的限制在考古发掘现场主要包括两方面内容。首先，是对刚刚出土文物的临时照度限制；其次，是对储存文物临时库房的照度限制。这两方面内容应分别从相关遮阳措施及建筑的角度着手。

对刚刚出土文物的临时照度限制。在考古发掘现场应选择不透明的反光材料如铝箔等为文物搭建临时遮阳蓬，以减少直射阳光的照度。同时用于临时储存文物的盒子或箱子外部也应采用不透明反光材料制成，以减少其内部临时储存文物表面的照度。在此基础上，对光较敏感文物的现场保护处理，由于现场光辐射难以控制，在现场一般仅进行必要的、简短的前期处理，从而缩短文物在现场的曝光时间，把大量的保护处理工作转移至环境较容易控制的临时实验室中进行。

对储存文物临时库房的照度限制。从理论上说，如果把库房建成无窗库房就能从根本上解决文物临时储存中的防日光辐射的问题。但考古发掘现场保护的临时库房往往是租赁当地民用住房或厂房临时代用的，因此往往会有窗户。对于这类库房，窗户是日光进入室内的主要通道，选择库房时应首先注意窗户的朝向。不同朝向的窗户透过太阳辐射的强度也不同，在同样条件下以西、东向窗透过的太阳辐射强度最大，因此房间的西、东向墙上不宜设窗。此外，为加强防光还应注意两点：一是应适当减小窗户的面积；二是应注意改进窗户的结构，如把单层窗改为双层窗，选用毛玻璃、花纹玻璃、吸热玻璃或茶色玻璃代替普通玻璃等，均能在一定程度上减少进入室内的光通量。同时还可以在窗户上增加一些遮阳设施用以防止光辐射。常用的遮阳措施可分为外遮阳、内遮阳和双层玻璃间遮阳等几种形式，其具体形式又有固定式、活动式和可调节式。例如，内遮阳包括百叶窗、帘幕等形式；外遮阳包括遮棚、百叶窗、水平悬板等形式；双层玻璃间遮阳包括软百叶窗、褶片及可卷式遮阳等形式。就隔热防光效果而言，外遮阳优于内遮阳，因为外遮阳是太阳辐射到达窗户之前就被遮断，内遮阳是通过吸收辐射以遮断光辐射。相关研究表明，外百叶窗遮阳可消除 90% 以上的太阳辐射热，有效外遮阳可使室内照度减少 53%~73% 。而采用暗色内遮阳则有 75%~80% 的太阳辐射热可进入室内。因此考虑光和热的综合因素，考古发掘现场文物临时库房的窗户最好在其外部添加遮阳措施。

3）减少照射时间

相关研究表明，从宏观角度而言文物遭受光辐射的破坏程度直接和其所接受光辐照的累积量有关。如前所述，光的辐照量可以简化为辐射通量密度和时间的乘积。因此，在辐射通量密度相同的条件下，光对文物的破坏程度随照射时间的延长而增加。在考古发掘现场文物保护中，为了测量和研究的方便，往往忽略不同波长光的视敏函数间的差异，近似的将可见光曝光量等同于辐照量。这样，曝光量就成为了一个简化的衡量光对文物破坏程度的度量值。例如，某件文物表面接受 100lx 的照度，并持续了 5h，则该文物表面的曝光量为 500lx · h。用 50lx 的光照射 10h 也会产生同样的曝光量。因此当照度无法控制时，减少照射时间，也可以有效抑制光对文物的损害。但需要说明的是这个等式并不是指两倍的曝光量一定会导致两倍的病变。病变的速率通常是随着时间的推移而减少，直到当没有更多的未病变物质剩下时到达极点，这时的病变速率就为零。

2. 紫外光的控制

对光照敏感的文物材料如纸张、纺织品等，在考古发掘现场仅控制照度值的大小是不够的。因为在相同照度下，不同光源对光敏感材质文物产生的损伤度是不同的。这种差别主要取决于不同光源出射光的光谱分布，有些光源的出射光中包含大量紫外线或短波可见光，而有些光源的出射光中紫外线含量较少或短波可见光含量较少。在相同照度下，前者对文物的损伤度较高，而后者较低。考古发掘现场文物保护最常接触的光——日光，其间就含有大量紫外光。所有普通荧光灯所释放的紫外辐射都比钨丝灯释放的多，所有普通荧光灯所释放的紫外辐射都比日光低。因此，不仅要对光源的照度加以限定，还应采取一定的措施将紫外线过滤或吸收掉。在考古发掘现场，防护重点是日光和普通荧光灯。需要说明的是，虽然短波可见光比长波可见光对文物的损伤度高，但在一般文物保护的范畴中，并不将其区别而加以限定。这是因为，限定短波可见光的射入会导致文物保护及研究过程中，光照射文物表面的显色性出现偏差，从而对保护和研究效果造成影响。而对紫外线的滤除不会对光的显色性造成太大影响。

普通玻璃对日光中的紫外线具有一定的过滤作用，如1.5mm厚度的玻璃就几乎可以过滤掉所有波长小于320nm的紫外线，而波长为350nm的紫外线对其的透过率也仅为8%，但是波长为400nm的紫外线对其的透过率可达91%。

更为常用的滤光措施是在窗户玻璃、荧光灯管壁、文物表面覆盖或涂布光稳定剂。光稳定剂按其作用机理可分为四大类：光屏蔽剂（UV screener）、紫外线吸收剂（UV absorber）、猝灭剂（excited-state quencher）和受阻胺（hindered amine light stabilizer，HALS）。

其中光屏蔽剂又称屏蔽剂，是指能在文物与光辐射源之间起屏障作用的物质。通常作为光屏蔽剂的多是一些无机颜料和填料，常见的光屏蔽剂有炭黑、氧化锌、氧化钛等。

紫外线吸收剂是光稳定剂中使用最早、用量最大的一类。若根据屏蔽剂定义也可将其看做是紫外光区域的屏蔽剂。紫外线吸收剂按化学结构主要可分为5类：二苯甲酮类，如UV-9、UV-214、UV-531、UV-1200等；苯并三唑类，如UV-P、UV-327、UV-326、UV-328等；水杨酸酯类，如BAD、TBS、OPS等；三嗪类，如紫外线吸收剂三嗪-5等；取代丙烯腈类，如UV 317等。紫外线吸收剂可以有效地吸收紫外线，将其转化成无害的能量形式并释放掉。

猝灭剂是有机质材料在降解引发阶段的能量转移剂。有机物在吸收紫外光后被激活，在没有产生自由基之前，多余的能量被转移给猝灭剂，本身回到基态，这时猝灭剂可以将这部分能量转化为无害的热能形式释放出去。目前使用的猝灭剂主要是二价镍螯合物，有机部分为取代酚或硫代双酚等。主要产品有二硫代氨基甲酸盐、膦酸单酯镍型和硫代双酚型等。

受阻胺类光稳定剂是一类具有空间位阻效应的以 2，2，6，6-四甲基哌啶为母体的化合物同时也是一种新型高效光稳定剂。HALS 主要是哌啶系、哌啶系衍生物和咪唑烷酮类衍生物。

光氧化降解的引发，可以通过屏蔽紫外线、吸收紫外光、猝灭活性发色团等光物理过程，转移紫外线能量而加以防止。在光氧化降解的增殖阶段，可以通过受阻胺捕获自由基、分解氢过氧化物等光化学反应加以抑制。

在具体选用光稳定剂时，一是应注意光稳定剂自身的稳定性，应选择稳定、耐久的材料；二是应注意光稳定剂尤其是紫外线吸收剂吸收紫外线的范围，每种紫外线吸收剂都有其特定的最大吸收波长，如涂布在玻璃上的紫外线吸收剂应对波长为 350～400nm 的紫外线有强烈的吸收作用，而用在荧光灯管壁上的紫外线吸收剂则应对波长为 253.7nm 的紫外线有强烈的吸收作用；三是应注意光稳定剂的透光性，不要因涂布光稳定剂而影响光源的照度或造成光的偏色。

总之，不论采取何种控制手段，照射到文物表面的光线中的紫外线辐射比例一般不应超过 75μW/lm。

3.1.9　考古发掘现场文物保护的最佳环境照度

在考古发掘现场，相比温湿度而言光更加难以精确控制。因此为了保证文物的安全，考古现场保护只能尽量减少文物尤其是对光较敏感的脆弱文物的光照度及照射时间。在考古发掘现场如果可以不让文物接受光线照射就不使其暴露在光线下，即使是照度极低的可见光下。如果由于保护处理工作或其他需要必须使文物接受光辐射，也应通过减少辐照时间的方式限制光对文物的损害。

3.2　空气污染

空气污染也是促使文物老化变质速率加快的一个重要诱因。在考古发掘现场，各种形式的空气污染物都可能会存在。文物在出土的一瞬间将会经历一个从周围没有空气或没有流动空气的埋藏环境到周围存在大量空气，空气中存在众多污染物（相对地下埋藏环境而言）环境的突变过程。

3.2.1　空气污染物及其特性

空气是人类赖以生存和生活的不可缺少的物质。文物就处在空气之中，空气的洁净程度对文物的耐久性有着重要的影响。污染的空气不仅直接影响人体的健康，而且会对所有动植物的生长和生存造成危害，同时也会危及大多数文物。

1. 空气的组成

大气和空气是经常遇到的两个词，这两个词从自然科学的角度来看，并没有实质性的差别。但在环境科学中根据所研究的范围不同，常对这两个名词分别使用。一般在研究某一特定场所（考古发掘大棚、临时实验室、临时库房等局部区域）的污染时使用空气一词，而在对大区域或全球性的气流研究中则常用大气一词。这两个词在文物保护中都要涉及，因为局部空气污染状况要受到大区域大气污染的影响。虽然空气污染与大气污染的标准和评价方法有所不同，但是在研究特定区域的空气污染时，要借用大气的质量标准。

地球表面被一层厚度为1000～1500km的空气包围着，这层空气被称为大气圈（大气层）。根据距离地面的高度和本身具有的特点，可将大气层分为对流层、平流层和电离层。与地面贴近的是大气的对流层，其厚度平均为10km，与人类关系最为密切。环境科学中讨论的大气层，就是指这个范围。

自然状态的空气是一种无色、无味的混合气体，其组成包括恒定组分、可变组分和不定组分三部分。

恒定组分是指空气中氧、氮、氩及微量的氖、氦、氪、氙等稀有气体，这些组分在近地层空气中（人们的生活环境中）的含量是恒定不变的。

可变组分是指空气中的二氧化碳、水蒸气等。这些气体的含量受地区、季节、气象的变化以及人们生活和生产活动的影响而有所变化。在正常状态下，二氧化碳的含量为0.02%～0.04%，水蒸气的含量约为4%以下。

由恒定组分及正常状态下的可变组分组成的空气，称为纯净空气或洁净空气。

不定组分是指空气中的有害气体及大气中的颗粒物质。空气污染就是由于空气中的不定组分增多而造成的。不定组分的来源较多，自然过程就会引起空气中不定组分的增加，如火山爆发、森林火灾、地震、海啸、土壤和岩石的风化以及大气层中空气运动等自然现象产生的尘埃、硫的化合物（主要是氧化物）及氮氧化物，这些物质进入空气中，会对空气造成一定的污染。但是，一般来说由于自然环境的自净机能，各种自然现象一般能自动协调生态系统的动态平衡关系。因此，空气中不定组分主要来源于人类生活生产活动以及环境管理不善等人为因素。具体的不定组分，因地区、居民集中程度、工业类别、有害气体、烟尘排放情况的不同而有所区别。当空气中的不定组分达到一定浓度时，就会对人群、动植物以及文物造成危害。

2. 空气污染物

空气污染物按其状态可分为气溶胶态污染物和气态污染物两大类。

1）气溶胶态污染物

气溶胶态污染物是指沉降速率可以忽略的固体粒子、液体粒子或固体液体粒子在气体介质中的悬浮物。按照气溶胶的物理性质，可将其分为粉尘、烟、飞灰、黑烟、雾；根据粒径可分为降尘、飘尘、总悬浮微粒（T. S. P）。有些文献将空气中气溶胶统称为粉尘或大气尘。

2）气态污染物

常见的气态污染物大体上可分为5种，即以二氧化硫为主的含硫化合物、以氧化氮和二氧化氮为主的含氮化合物、碳的氧化物、碳氢化合物，以及卤素化合物（表3-7）。

表3-7　气态污染物的类别

污染物	一次污染物	二次污染物
含硫化合物	SO_2，H_2S	SO_3，H_2SO_4，M_2SO_4
碳的氧化物	CO，CO_2	无
含氮氧化物	NO，NH_3	NO_2，HNO_3，MNO_3
卤素化合物	HF，HCl	醛、酮、过氧乙酰基硝酸酯
碳氢化合物	C_mH_n	

注：M代表一价金属离子。

直接从污染源排出的污染物，称为一次污染物。一次污染物与空气中的原有成分或几种污染物之间发生一系列化学或光化学反应而生成的与一次污染物性质不同的新污染物，称为二次污染物。在空气污染物中受到普遍重视的二次污染物主要有硫酸烟雾和光化学烟雾等。

硫酸烟雾是空气中的二氧化硫等含硫化合物在有雾、含有重金属飘尘或氮氧化物存在时，发生一系列化学或光化学反应而生成的硫酸雾和硫酸盐气溶胶。光化学烟雾则是在阳光照射下，空气中的氮氧化物、碳氢化合物和氧化剂之间发生一系列光化学反应而生成的烟雾，其主要成分是臭氧、过氧乙酰基硝酸酯（PAN）、醛类及酮类等。

3. 空气污染物的特性

1）污染物的迁移

污染物进入大气中后，所发生的空间位置的移动及其所引起的富集、分散和消失的过程，称为污染物的迁移。正是由于空气污染物存在迁移的特性，一个地区的某种空气污染物可能由于迁移作用会连带与其相邻的区域也出现同样的污染物。如果考古发掘工地附近存在某些特定的空气污染源，那么由于迁移作用，基本上不可避免的该考古工地的空气环境中也应存在该污染源排放的相应空气污染物。

2）污染物的转化

污染物在大气中通过物理的、化学的或生物的作用，改变污染物的形态而转变为另一种物质的过程称之为污染物的转化。转化特性使得很多空气污染物在排入大气中时对文物是无害的，但经过一段时间的转化就变成了对文物有害的物质。污染物的转化大大增加了对文物有害的空气污染物的数量及种类。例如，一氧化氮对文物是无害的，但是在空气中经过氧化转化为二氧化氮就会对文物产生损害了。

3）污染物的持久性

有些污染物在大气中很快就转化为其他物质或通过其他方式消散掉，而有些污染物则能够长时间地存留在大气中，这些污染物具有持久性。长时间存留在大气中的污染物会持续对环境造成损害，治理难度较大。

4. 空气污染在环境科学与文物保护学中的差异

文物保护学中的空气污染的概念来源于环境科学，但是由于研究对象的不同（环境科学的研究对象是人、社会财富、生态平衡等，而文物保护学的研究对象就是文物本体），因此二者存在一定的差异，这种差异主要表现在两点。

1）污染因素的不同

环境科学的污染因素非常多，凡是对人、社会财富、生态平衡会造成不利影响的因素都是环境科学检测、治理的对象。文物保护的污染因素比起环境科学的要少得多，主要是针对那些对文物有害的少数污染物，如二氧化硫、硫化氢、氮氧化物、氯及氯化物、臭氧、光化学烟雾、酸雨（$pH < 5.6$）、气溶胶等。但文物保护学中的污染因素也并非是环境科学的子集，一些在环境科学中不属于环境污染因素的物质，在文物保护的

环境检测中可能就属于污染因素。例如，铁在环境科学中一般是不属于污染因素的，但在文物保护中由于铁会造成纸质文物的脆化，从而加快纸张的变质速率，因此在纸质文物保存环境中，铁就是一类重要的污染因素；另外一类特殊的针对考古发掘现场文物保护的污染因素就是和我们日常生活息息相关的氧气。氧气在环境科学中也不是污染因素，在一般的文物保护中也并未归入污染因素之列，但对考古发掘现场文物保护而言，由于存在地下缺氧环境至地上富氧环境突变的情况，氧气会造成一些脆弱文物出土后的迅速劣化，因此也将其归入污染因素。

2）污染标准的不同

环境科学的污染标准是依据各污染因素对人、社会财富、生态平衡造成影响的最低限度而制定的。而文物保护的要求一般较之应更为严格。例如，我国规定二氧化硫最高浓度为0.5mg/m^3，而0.286mg/m^3的二氧化硫就会对棉织品、纸张等纤维质文物产生损害，使其强度降低。

3.2.2　空气污染物对文物的危害

空气中的污染物多种多样，性质复杂。其中对文物造成威胁和存在最为普遍的主要污染物有硫的氧化物及硫化物、氮的氧化物、卤素化合物及其光化学反应的产物、气溶胶（大气尘）以及一类特殊的对文物有害的气态物质——氧气。

1. 硫　化　物

1）二氧化硫

二氧化硫是空气污染物的主要组分，空气中的二氧化硫大多来自燃料的燃烧和火山爆发。煤中的含硫量为0.5%～5%，在燃烧过程中除部分非燃烧性硫残留在灰分中外，绝大部分被氧化成二氧化硫排出。原油含硫量一般在1%左右，各种石油提炼制品在燃烧过程中，有90%以上的硫氧化成二氧化硫。

二氧化硫又名亚硫酸酐，是一种无色、具有剧烈窒息性臭味的气体，比重为2.26，易溶于水，每升水中能溶解约40L的二氧化硫，它是大气中分布广、危害极大的一种酸性气体，因此常用它的含量作为评价大气污染的重要指标。二氧化硫对文物的危害较大，这主要是因为它性质活泼，遇水生成酸性物质，从而侵蚀文物。

二氧化硫会对多种文物材质产生侵蚀作用。对植物纤维质文物，二氧化硫会导致其发生酸性水解，从而使得纤维素等长链分了被打断为糖类的短链分子。这种变化反映在宏观上就是植物纤维机械强度的明显降低。对皮革等蛋白类文物，二氧化硫会产生严重的侵蚀，它会使皮革变为红色粉末。这种变化最初一直被认为是光辐射尤其是紫外线作用的结果，1843年人们发现了这一现象的元凶其实是二氧化硫，但其作用机理至今尚无定论。二氧化硫对石质文物的危害主要是生成的硫酸接触到以碳酸钙为主要成分的石质后和碳酸钙发生反应，使碳酸钙变为硫酸钙。这样，在二氧化硫的作用下，一方面石质的材料结构遭到了破坏；另一方面，由于硫酸钙会随着环境湿度的变化不断地吸放水，在这样的反复作用下，硫酸钙会从石质表面剥落，从而露出其下层的新鲜碳酸钙继续经受二氧化硫的侵蚀。石质文物就这样一层一层的被侵蚀剥落，直至破坏殆尽。侵害的表象特征主要是石质表面先变为灰色，而后形成一层较硬的外壳，最后从石质表面脱落。对金属文物，二氧化硫首先和空气中的氧反应生成硫酸或亚硫酸，在水的作用下形成电解液，通过电化学反应侵蚀作为阳极的金属。而对于活泼性排在氢以前的金属，如铁、锡、铅等，在电化学反应的同时还会发生酸对金属的氧化还原反应。

2）硫酸雾及硫酸盐类

二氧化硫是直接从污染源排放出的污染物，它不仅直接危害文物，而且容易发生各种化学反应，生成危害性更大的二次污染物（三氧化硫和硫酸雾），这些污染物随着降雨降落到地面，这就是人们常说的“酸雨”。对文物危害更大的是生成的硫酸以雾状漂浮在空气中，或者形成硫酸盐（如硫酸铵）悬浮在空气中，这种现象称为化学烟雾。它们如同二氧化硫一样，被文物吸收后，会使文物酸度增大，侵蚀文物，其机理如下：

$$SO_2 + \frac{1}{2}O_2 \xrightarrow[\text{粉尘}]{h\nu} SO_3$$

$$SO_3 + H_2O \longrightarrow H_2SO_4\ （微粒）$$

$$SO_2 + H_2O \longrightarrow H_2SO_3$$

$$H_2SO_3 + \frac{1}{2}O_2 \xrightarrow{\text{固体催化}} H_2SO_4$$

当二氧化硫、粉尘和水蒸气三种成分同时存在、具有足够浓度时，便会很快地形成硫酸烟雾。由于硫酸烟雾粒径很小，可以视为与空气一起扩散运动，极易被文物吸收。当硫酸烟雾随空气扩散运动时，遇到金属微粒或碱性（如氨）微粒等可形成硫酸盐的微粒漂浮在空气中。二氧化硫气体在空气中停留的时间一般较为短暂，同时二氧化硫对文物的危害取决于它被文物吸收的量。根据有关文献报道，二氧化硫被纸张吸收的量与二氧化硫浓度的平方根成正比。由此可见，二氧化硫的二次污染物对文物的影响更为严重。

3）硫化氢

硫化氢气体是空气污染物中硫化合物的重要组成部分，具有腐败鸡蛋的臭味。硫化氢对文物的影响，除了极易溶于水而形成具有酸性的氢硫酸外，更为严重的是它的二次污染物，因为硫化氢是空气中二氧化硫的主要来源之一。由于生物分解和化学转化，环境中的硫化氢被空气中的氧和臭氧等氧化，生成二氧化硫。

$$H_2S + O_2 \longrightarrow HS^- + OH^-$$

$$HS^- + 5OH^- \longrightarrow SO_2 + 3H_2O$$

$$H_2S + \frac{2}{3}O_2 \longrightarrow SO_2 + H_2O$$

$$H_2S + O_3 \longrightarrow SO_2 + H_2O$$

因此上面谈到的二氧化硫及其二次污染物对文物的危害，硫化氢都能产生。但除此以外硫化氢还有一些对文物的危害是二氧化硫所不具备的。

中国古代的矿物颜料大多为重金属盐，如白色的铅白，红色的铅丹、铁红，蓝色的石青，绿色的石绿等。这些颜料一般情况下都比较稳定，可一旦接触到了硫化氢气体就会迅速的生成黑色的硫化铅、硫化铁或硫化铜。因此，微量硫化氢气体的存在就会造成古代彩绘文物表面多种颜料的变色。此外，银质文物在大多数情况下是比较稳定的，但一旦在硫化氢的作用下就会生成黑色的硫化银，从而使原本银亮的文物表面形成一层黑色的覆盖物。

2. 氮氧化物和光化学烟雾

氮氧化物的种类很多，有氧化氮、一氧化氮、二氧化氮、三氧化二氮、四氧化二氮和五氧化二氮等。氧化氮是空气的基本组分，无毒性。其他几种氮氧化物对人和物都具有危害，其中一氧化氮和二氧化氮的危害尤为严重。

氮氧化物除少量来源于自然过程外，其主要污染源是燃烧过程和某些工业生产过程，如硝酸制造、氮肥生产、炸药、制药、染料等工业，以及汽车尾气。

在燃料燃烧过程生成的氮氧化物中，一氧化氮占90%左右，其余为二氧化氮。氮氧化物的生成主要有两种情况：一是空气中的氮气在高温下与空气中的氧气氧化而成。燃烧的温度以及燃烧时空气中的氧的含量越高，一氧化氮产生量就越多。为了使燃料充分燃烧，往往要吹入较多的氧气，这时一氧化氮的产生量就比较多，而且还可以直接氧化成二氧化氮，如下面的反应式所示：$N_2 + O_2 \xrightarrow{1500℃以上} 2NO \xrightarrow{O_2} 2NO_2$。二是燃料中含有氮的有机物，在燃烧时被氧化而生成一氧化氮。

一氧化氮是无色气体，在水中溶解度很小，易被强氧化剂氧化成二氧化氮。因此，一氧化氮对文物的破坏作用是间接的，只有二氧化氮才能直接破坏文物。二氧化氮是棕红色的气体，具有特殊臭味并有毒，浓度为0.012～0.22ppm（ppm为质量浓度单位，1ppm即百万分之一）即可嗅出。二氧化氮能够与水反应生成硝酸，反应式如下：

$$3NO_2 + H_2O \longrightarrow 2HNO_3 + NO$$

二氧化氮被文物吸收后，保存环境湿度稍大时，可以使文物的酸性增大，从而造成文物的损害。二氧化氮除了增加文物材料的酸性外，还是强氧化剂和光化学烟雾的引发剂。

3. 氯　　气

氯气是黄绿色气体，与水作用生成盐酸（HCl）和次氯酸（HClO）。

$$Cl_2 + H_2O \longrightarrow HCl + HClO$$

$$HClO \longrightarrow HCl + [O]$$

次氯酸很不稳定，易分解为盐酸和氧原子，所以氯气既是酸性有害气体，又是氧化性有害气体。在现场保护中，氯对文物的危害非常明显，众所周知氯会导致青铜器粉状锈的发生。此外，在考古发掘现场出土的铁器，常常会发生在铁锈蚀层上出现一个纵向的开裂，紧接着沿着这个裂痕出现片状的锈蚀层，同时显露出表面布有黑色粉末和小的橙色斑点的金属核心。或者没有出现长的开裂，而是有小块的片状物从文物上剥落下来，在文物表面形成包含有亮橙色或深红色锈蚀产物的锈点。再或者在潮湿的空气环境下，铁质锈蚀表面出现棕色的酸性液滴。这些特点均指示出铁质文物侵蚀进行的非常活跃。而这种活跃的侵蚀状况，主要归结于氯的影响。

上述几种污染物的共同特性是与水作用会生成酸。这些污染物及酸雾接触到文物表面，就会被文物所吸收。空气中总是含有一定量水蒸气的，许多文物本体材料中也会含有一定量的水，尤其是质地疏松的纸张、木质、纺织品等。因此，这些酸性物质会溶解在水中，从而在文物体内蓄积起来，进而促使文物发生一系列侵蚀，破坏文物材料。

氧化性有害气体所产生的原子氧、臭氧、氮氧化物及光化学烟雾，都是很强的氧化剂，同样也会侵蚀文物材料。

4. 大　气　尘

1）大气尘的来源

空气中所包含的除了气体以外的物质，称为空气的颗粒污染物。它们能以固体或液体的形式存在于空气中，统称大气尘，包括固体的粉尘、烟尘和雾尘以及液体的云和雾。随气流逸出的这些悬浮的颗粒物，其粒径大到200μm，小至0.1μm，有的更小，与空气形成不同分散度的气溶胶。

大气尘的来源很广泛，可分为自然发生源和人为发生源两类。在自然发生源中，有因海水喷沫作用而带入空气中的海盐微粒，可深入陆地数百公里，但90%还是降在海上；有风吹起的土壤微粒；有森林火灾时放出的大量微粒；有火山喷发过程中产生的微粒；有来自宇宙间的流星尘；还有花粉。在人为发生源中，现代工业发展造成的空气污染占主要地位。但是，人们的生活造成的污染也不能忽视。空气中颗粒污染物的组成和发生量对某一地区而言，特别是对工业城市及其近郊来说，问题非常复杂，其成分和数量因季节、地点的不同而有很大差别。

大气尘中无机微粒主要有矿物（包括砂土）的碎屑、煤粉、炭黑和金属。大气尘中的有机微粒主要是植物花粉。

2）大气尘浓度的表示方法

大气尘浓度一般有以下三种表示方法。

（1）计数浓度：以单位体积空气中含有的尘粒个数来表示。单位记作：粒/升。最常用的是以粒径≥0.5μm 的微粒数量为标准计数浓度。

（2）记重浓度：以单位体积空气中含有的尘粒重量来表示。单位记作：毫克/立方米。

（3）沉降浓度：以单位时间单位面积上自然沉降下来的尘粒个数或者质量来表示。单位记作：粒/平方厘米·时或吨/平方公里·月。

在环境监测中，大气尘的浓度多采用记重浓度辅以沉降浓度来表示。

3）空气中大气尘对文物的破坏作用

（1）增加文物材料的机械磨损。空气中无机质微粒，如粉尘等都是固体，而且形状多不规则，大多带有棱角。它们落在文物表面，在文物保存、运输、研究的过程中，会造成尘粒与文物材料间的摩擦。这种摩擦会使文物材料遭到机械损伤。

（2）增加酸、碱对文物的影响。飘尘（粒径在10μm 以下的大气尘）由于粒径小，表面积非常大，因此，它们的吸附能力很强，可以将空气中的有害物质（如有害气体）吸附在其表面，而呈酸性或碱性。有些尘埃本身就具有酸性或碱性（如硫酸烟雾、光化学烟雾就具有酸性，金属氧化物等微粒则具有碱性），当它们覆盖在文物上时，就会增加文物的酸性或碱性（增加酸性的几率更大），从而对文物产生损害。

（3）使纺织品、纸张等有机质文物“砖化”。空气中的大气尘是导致纸质、纺织品等有机文物粘结成“砖”的原因之一。大气尘的成分复杂，有些微粒吸收了空气中的水分会形成胶状物，如黏土（$Al_2O_3 \cdot 2SiO_2 \cdot H_2O$）等物质。当它们落在文物上时，就会吸收空气中或文物材质本体中的水分，发生水解反应，分解出胶黏状物质，从而使纸张、纺织品等文物粘连在一起。因此，大气尘对文物“砖化”的过程起着一定的作用。

（4）污染文物表面，影响文物色彩。空气中的大气尘多数是带有颜色的微粒，它们落在文物表面会使文物表面逐渐变为灰色，污染严重的还会导致文物纹饰不清，影响研究及展陈。

（5）向文物传播霉菌孢子。由于霉菌孢子体积小重量轻，随着空气到处飘游，因而不可避免的附着于大气尘。当这些附着孢子的大气尘侵入到文物存放环境中后，在一定条件下霉菌就会在文物上滋长。

5. 氧　　气

氧是自然界中分布最广、含量最多的元素之一，它分别以游离态和化合态两种形式大量存在。在两种状态中，以化合态存在的氧更多，如 SO_2、CO_2、NO_2、H_2O 等中的氧都是以化合态存在的，这类物质对文物可能会产生一定的损害，但其损害方式各不相同。以游离态分子存在的氧——氧气，它是地球上一切动植物生存所必需的物质。环境科学与一般的文物保护学研究中并不把氧气列为污染因素，但它确是很多文物发生侵蚀、出现老化状态的主要诱因之一。在考古发掘现场由于存在着由地下缺氧至地上富氧环境的突变情况，氧气对脆弱文物的破坏尤为突出。因此，对考古发掘现场文物保护而言，氧气是不可忽略的一类重要污染因素。

在大气中氧气的体积比例含量约为20.95%，是空气的主要组成部分。氧有三种稳定同位素，即^{16}O、^{17}O 和^{18}O，其中^{16}O 含量占99.759%。氧气的化学性质比较活泼，除了稀有气体、活性小的金属元素，如金、铂、银之外，大部分的元素都能与氧发生反应。一般而言，非金属氧化物的水溶液呈酸性，而碱金属或碱土金属氧化物则为碱性。此外，几乎所有的有机化合物均可在氧中剧烈燃烧生成二氧化碳与水。普通氧气含有两个未配对的电子，等同于一个双游离基。两个未配对电子的自旋状态相同，基态的氧分子自旋多重性为3，称为三线态氧。在受激发下，氧气分子的两个未配对电子发生配对，称为单线态氧。空气中的氧气绝大多数为三线态氧。紫外线的照射及一些有机分子对氧气的能量传递是形成单线态氧的主要原因。单线态氧的氧化能力高于三线态氧。单线态氧的分子类似烯烃分子，因而可以和双烯发生狄尔斯·阿尔德反应。

3.2.3　空气样品的采集

采集空气样品是空气污染物监测工作的重要组成部分，采集工作可为空气污染物的分析提供可靠样本，其分析结果将为文物保护研究提供理论依据。因此，空气样品的采集是考古发掘现场文物保护必须进行的重要工作之一。采样方法和采样仪器的选择，取决于被测物质在空气中的存在状态、浓度和将要采取的分析方法。

1. 采样位置的选择

采样位置的选择可分为5个方面。

（1）在室外采样，必须在周围没有树木、高大建筑的平坦地带，在距离地面50～180cm 高度采集没有沉降作用的大气样品；

（2）在室内采样时，应在离地面150cm 高度采集样品；

（3）采集降尘样品时，应在离地面500cm以上的高度或在四周开阔的建筑物顶上采样，不要靠近污染源、建筑工地，同时应避免风沙和地面灰尘等的影响；

（4）采集烟气样品时，应采集气流比较稳定、烟尘浓度分布均匀的样品；

（5）采集汽车尾气样品时，采样位置应选择在汽车的排气口。

2. 直接采样法

当空气中有害物质的浓度较高或分析方法的灵敏度较高，采集少量的空气样品即可满足监测分析的要求时，可选用直接采样法。直接采样法常采用三种形式。

1）用塑料袋采集样品

这种形式只适用于采集不活泼的气体，采样后应尽快分析。选择与气体中污染组分既不发生化学反应或吸附，也不渗漏的塑料袋。常用聚四氟乙烯袋、聚乙烯袋、聚酯袋等。为减少对被测组分的吸附，可在袋的内壁衬银、铝等金属膜。采样时，先使用二联球将现场气体打进袋中冲洗采样袋2～3次，再充满样气，夹封进气口，送实验室尽快分析。

2）用注射器采集样品

常用100mL注射器采集空气中的试样。采样前需先检查注射器的气密性，一般的做法是在注射器中抽取一定量的气体，用乳胶管密封进气口，记录活塞位置后适当推压尾部活塞使注射器中空气被压缩，松开活塞后看其是否会回到推压前的位置。经数次测试如活塞均能回到推压前位置，说明注射器气密性良好，可用于采样。采样时，先用现场气体抽洗注射器2～3次，然后抽取100mL现场气体，采样后用乳胶管密封进气口，送实验室分析。用该方法采集的样品存放时间不宜过长，一般应当天分析完，此法多用于有机蒸汽的采集。

3）用采气管或真空瓶采集样品

采气管是两端带有活塞的玻璃管，其容积为100～500mL。采样时，将采气管的一端连接抽气泵，打开两端活塞，抽进比采气管容积大6～10倍的欲采气体，使采气管中原有气体完全被置换出，关上两端活塞，带回实验室分析。

真空瓶是一种用耐压玻璃制成的容器，容积为500～1000mL。采样前先用真空泵将瓶内抽成真空（瓶外套有安全保护套），并测出瓶内剩余压力（一般为1.33kPa左右）。采样时打开瓶口上的旋塞，被采气样即入瓶内，关闭旋塞，带回实验室分析。

3. 浓缩采样法

当空气中有害物质的浓度较低或分析方法的灵敏度还不能满足直接取样分析时，就需要采集大量的空气并对其中的污染物进行浓缩、富集后再进行分析。常用的方法有四种。

1）溶液吸收法

主要吸收呈气态或蒸汽状态的物质。当空气通过装有吸收液的吸收管时，有害物质分子由于溶解作用或化学反应，很快进入吸收液中，从而达到浓缩富集的目的。常用的吸收剂有水、各种水溶液、有机溶剂等。

2）滤纸和滤膜阻留法

主要采集不易或不能被液体吸收的尘粒状气溶胶、烟尘、飘尘等物质。常用的滤纸和滤膜有一般的定量滤纸、超细玻璃纤维及有机的化学纤维膜等。

3）固体吸附剂阻留法

当空气通过装有固体吸附剂的采样管时，有害物质被固体吸附剂所吸附或阻留，从而达到浓缩富集的目的。固体吸附剂有颗粒吸附剂和纤维网状吸附剂两种。常用的颗粒吸附剂有硅胶、活性炭、素陶瓷、分子筛等。这些都是多孔性物质，具有较大的比表面积，对气体或蒸汽分子有较强的吸附作用，同时气溶胶颗粒在多孔气路中会因惯性碰撞而被阻留。采样后再选择适当的溶剂将被测物质洗脱下来，对有机蒸汽也可用吸气法解吸下来。

4）低温凝缩法

某些低沸点气态物质在常温下难以被固体吸附剂完全吸附，此时可采用低温制冷将其冷凝浓缩。将被测物质冷凝在采样管中之后，可以在常温或加热情况下，用载气带出进行分析。

4. 无动力采样法

主要用于采集空气的沉降或某一特定有害物质。例如，用氧化铅法测定空气中含硫化合物，用集尘缸采样测定大气中灰尘自然沉降量等。

3.3 微　生　物

微生物是个体微小（其大小用微米度量）的，肉眼无法观察到（只有在显微镜下放大后才能看到）的低等生物的总称。它包括属于原核类的细菌、放线菌、支原体、立克次氏体、衣原体和蓝细菌（过去称蓝藻或蓝绿藻），属于真核类的真菌（酵母菌和霉菌）、原生动物和显微藻类，以及属于非细胞类的病毒、类病毒和朊病毒等。微生物的种类繁多、形态各异，有些是腐败性的，即能引起有机质发生变色、腐败等不良变化的；有些微生物是有益的，它们可用来生产如奶酪、面包、泡菜、酒类等。

3.3.1　微生物的名称、分类和基本特征

1. 微生物的名称

标准的微生物命名应遵从生物分类“界—门—纲—目—科—属—种”的方式进行。但这种命名方式过于繁琐。例如，常见的大肠杆菌的命名按照标准方法就应为“细菌界—变形菌门—γ-变形菌纲—肠杆菌目—肠杆菌科—埃希氏菌属—大肠杆菌种”，这种命名在实际应用中造成了诸多不便。为简单起见，微生物的实用命名只标明属种，一般情况下使用两个拉丁语拼写而成，第一个拉丁语是其属名，词首字母大写；第二个拉丁语是其种名，如 *Escherichia coli* 即埃希氏菌属大肠杆菌。有时甚至将微生物的属也省略掉，直接用种名命名，如大肠杆菌。

2. 微生物的分类

微生物的分类如图 3-6 所示。

- 微生物
  - 非细胞形态的微生物——病毒
  - 细胞形态的微生物
    - 原核生物
      - 细菌
      - 放线菌
      - 蓝藻
    - 真核生物
      - 真菌
        - 酵母菌
        - 霉菌
      - 藻类
      - 原生动物
        - 肉足类
        - 鞭毛类
        - 纤毛类
      - 后生动物
        - 轮虫
        - 线虫

图 3-6　微生物的分类图

其中，原核生物是指具有原核细胞的生物，其内部结构简单，细胞的核发育不完全，只是一个核物质高度集中的核区，不具核膜，核物质裸露，与细胞质没有明显的界

限，没有分化的特异的细胞器，只有膜体系的不规则泡沫结构，不进行有丝分裂。而真核生物是指具有真核细胞的生物，其内部结构比较复杂，有发育完好的细胞核，有核膜使细胞核与细胞质分离，有高度分化的特异细胞器，进行有丝分裂。

3. 微生物的基本特征

地球上的生物都是由原核细胞生物经过长期进化而来的。微生物和其他生物一样，它们虽然体积微小，但也具有新陈代谢、生长繁殖、遗传变异等生物的共性，同时又有自己的特点。

1）分布广、种类多

自然界无论高山、海洋、空气和土壤及动物和人体内，到处都有微生物的踪迹。特别是土壤，它是微生物活动的主要场所。据统计，1g 土壤中含有几千万到几百亿个微生物。从种类上说，各种微生物仅目前知道的就有 10 万种左右。绝大多数微生物是异养型的低等植物，亦自己不能制造食物，靠分解其他的营养物质作为生长繁殖的需要。

2）繁殖快、代谢能力强

微生物具有惊人的繁殖速度。只要温湿度适宜，在很短的时间内就能产生大量的新个体，一般细菌 20～30min 分裂繁殖一代，24h 分裂繁殖 72 代。也就是说，一个细菌一天就会变成 4.7×10^{21} 个个体。

3）容易变异、适应性强

微生物的每一个细胞都直接与周围环境接触，容易受外界条件的影响而发生变异，对不良环境条件的抵抗力较强。

3.3.2　细菌和放线菌

1. 细　　菌

细菌是微生物的一大类群，在自然界中分布广、种类多，与人类生产、生活和文物保护的关系十分密切，是研究微生物的主要对象。

尽管细菌种类繁多，就单个有机体而言，其基本形态可分为球状、杆状与螺旋状三种，分别被称为球菌、杆菌和螺旋菌。

其中球菌是指细胞呈球形或椭圆形的细菌，它们中的许多种，在分裂后产生的新细胞常保持一定的空间排列方式。

杆菌是指细胞呈杆状或圆柱形的细菌，是细菌中种类最多的一类。各种杆菌的长度与直径比例差异很大，有的粗短，有的细长。短杆菌近似球状，长的杆菌近丝状。一般来说，同一种杆菌其粗细比较稳定，而长度则有较大变化。有的杆菌很直，有的梢弯曲。有的两端截平，有的略尖，有的半圆。杆菌细胞常沿一个平面分裂，大多数菌体分散存在，但有的杆菌呈长短不同的链状，有的一个紧挨一个呈栅栏状或八字形。

螺旋菌是指细胞呈弯曲杆状的细菌。螺旋形细菌细胞壁坚韧，菌体较硬，常以单位细胞分散存在。不同种的细胞个体，在长度、螺旋数目和螺距等方面有显著区别。

球菌、杆菌和螺旋菌是细菌的三种基本形态。此外，还有些具有其他形态的细菌，如柄杆菌属，细胞呈杆状或梭形，并具有一根特征性的细柄，可附着于基质上。又如球衣菌属，能形成衣鞘，杆状的细胞呈链状排列在衣鞘内而成为丝状。

2. 放 线 菌

放线菌是介于细菌与丝状真菌之间而又接近于细菌的一类丝状原核生物，因菌落呈放射状而得名。放线菌多为腐生，少数寄生，与人类关系十分密切。腐生型在自然界物质循环中起着相当重要的作用，而寄生型可引起人、动物、植物的疾病。放线菌具有特殊的土霉味，易使水和食品变味。有的能破坏棉毛织品、纸张等。该菌种最突出的特性之一是能产生大量的、种类繁多的抗生素。

放线菌常以孢子或菌丝状态广泛分布于自然界中。不论数量和种类，以土壤中最多。据测定，受土壤性质、季节等条件的影响，每克土壤可含数万乃至数百万个放线菌孢子。土壤环境因子如有机质、水分、温度、通气状况等也影响其数量。放线菌适宜在含水量较低的土壤内生长，它所产生的代谢产物往往使土壤具有特殊的泥腥味。河流和湖泊中，放线菌数量不多，大多为小单孢菌、游动放线菌和孢囊链霉菌，还有少数链霉菌。海洋中的放线菌多半来自土壤或生存在漂浮海面的藻体上。海水中还存在耐盐放线菌。大气中也存在着大量的放线菌菌丝和孢子，它们并非原生的微生物区系，而是由于土壤、动植物、食品甚至衣物等表面均有大量的放线菌存在，由于它们耐干燥，常随尘埃、水滴，借助风力飞入大气所致。

放线菌的菌落由菌丝体组成。一般圆形、光平或有许多皱褶，光学显微镜下观察，菌落周围具辐射状菌丝，总的特征介于霉菌与细菌之间。

3.3.3 丝状真菌——霉菌

霉菌是一类引起物品霉变、并在表面产生肉眼可见的丝状、绒状或蛛网状菌丝体的真菌。它属于耐受性较强的陆生性丝状真菌，广泛分布于水体、土壤、空气、各种动植物体内外。

霉菌菌丝细胞均由细胞壁、细胞膜、细胞质、细胞核、线粒体、核糖体以及内含物组成。

细胞壁厚约 100 ~ 250μm，主要成分为多糖，如几丁质、纤维素、葡聚糖、甘露聚糖、半乳聚糖等。此外，还有蛋白质、类脂、无机盐等；细胞膜主要由脂类（主要是磷脂和鞘脂类）和蛋白质构成。在细胞膜上也有糖类存在，主要位于质膜外表面，具有细胞间识别受体功能；细胞核是细胞内遗传信息的储存、复制和转录的主要场所，外形为球状或椭圆体状。一切真核生物都有形态完整、有核膜包裹的细胞核，它对细胞生长、发育、繁殖、遗传、变异等起着决定性的作用。每个细胞通常只含一个核，有的含两个至多个。真菌生物的细胞核由核膜、核仁（合成 RNA 装配核糖体）、染色质和核基质（是充满于细胞核空间由蛋白纤维组成的网状结构，具有支撑细胞核和提供染色质附着点的功能）等构成；另一些结构组成与其他真核细胞基本相同，如内质网、核糖体、线粒体、高尔基体、溶酶体、液泡、膜边体等。

由于霉菌的细胞呈丝状，故它们的菌落与细菌不同，而与放线菌接近。其主要特征是，菌落形态较大，质地一般比放线菌疏松，外观干燥，不透明，呈现或紧或松的蛛网状、绒毛状或棉絮状；菌落与基层的连接紧密，不易挑取，菌落正反面的颜色和边缘与中心的颜色常不一致等。霉菌菌落一般比细菌菌落大几倍到几十倍。有些霉菌，如根霉、毛霉、链孢霉生长很快，菌丝在固体表面附着后会迅速蔓延，以至菌落没有固定大小。

霉菌一般主要有以下八种代表属。

1. 根　霉　属

根霉菌丝无横隔膜，单细胞。菌丝体呈白色疏松的棉絮状菌落。在基质表面生长时，由营养菌丝体产生具有延伸功能的弧形匍匐菌丝，在基质表面向四周蔓延生长，由此菌丝分化出分支状的假根，接触基质并吸取养分。在与假根相对的方向上生出孢囊梗，顶端膨大形成孢子囊，内生孢囊孢子。孢子囊内有近球形的囊轴，囊颈茎部与梗相连处有囊托。孢子囊成熟后，孢囊壁消解或破坏，可释放出大量的孢囊孢子。孢子呈球形、卵形或不规则形，常有棱角和条纹，呈灰色、灰蓝色或浅褐色等。根霉在一定条件下，也能产生接合孢子进行有性繁殖。

2. 毛　霉　属

毛霉的菌丝一般呈白色，不具横隔膜，为单细胞低等丝状真菌。菌丝体生长迅速，但不产生假根。由菌丝体直接生出孢囊梗，单生直立不分支或呈总状分支或呈假轴状分支，孢囊梗顶端膨大为孢子囊，内生孢囊孢子。成熟后孢囊壁消解或破裂释放出孢子，孢子无色、无条纹、光滑。囊内有囊轴，但囊基部无囊托。毛霉能产生接合孢子进行有性繁殖。某些种还能产生厚坦孢子。

3. 曲 霉 属

曲霉的菌丝有横隔膜，为多细胞丝状真菌，某些菌丝细胞膨大成为厚壁的足细胞，由足细胞生出直立的分生孢子梗，顶部膨大形成球形的顶囊。在顶囊的表面以放射状生出一层或两层小梗（初生小梗、次生小梗），小梗的顶端着生成串的分生孢子。顶囊、小梗及分生孢子链一起构成分生孢子头，分生孢子头具有各种不同的颜色和形状。少数形成有性阶段，产生子囊孢子。

4. 青 霉 属

青霉的菌丝与曲霉相似，有横隔，多细胞，但无足细胞。分生孢子梗直接由气生菌丝生出，顶端不膨大成为顶囊，而是经过多次分支成为帚状梗（孢子穗）。轴状枝由单轮、二轮或多轮分支构成，对称或不对称。最后一轮分支称为小梗，在小梗顶端产生成串的蓝绿色分生孢子。有极少数青霉能产生闭囊壳，内生子囊和子囊孢子。

5. 脉 孢 菌 属

因子囊孢子表面有纵形花纹，犹如叶脉而得名，又称链孢霉。它具有疏松网状的长菌丝，有隔膜、分枝，多核。无性繁殖形成分生孢子，一般为卵圆形。在气生菌丝顶部形成分枝链，分生孢子中呈桔黄色或粉红色，常生长在面包等淀粉性食物上，故俗称红色面包霉。脉孢菌的有性过程产生子囊和子囊孢子，属异宗配合。一株菌丝体形成子囊壳原，另一株菌丝体的菌丝与子囊壳原的菌丝结合，两株菌丝中的核在共同的细胞质中混杂存在，反复分裂，形成很多核；两个异宗的核配对形成很多二倍体核，每个结合的核包在一个子囊内；子囊里的二倍体核经两次分裂形成 4 个单倍体核；再经一次分裂，则成为 8 个单倍体核，围绕每个核发育成一个子囊孢子。每个子囊中有 8 个子囊孢子。此时，子囊壳原发育成子囊壳。子囊壳圆形，具有一个短颈，光滑或松散的菌丝，呈褐色或黑褐色。在一般情况下，脉孢菌很少进行有性繁殖。

6. 交链孢霉属

交链孢霉是土壤、空气、工业材料上常见的腐生菌，植物的叶子、种子和枯草上也常见到。菌丝暗至黑色，有隔膜，以分生孢子进行无性繁殖。分生孢子梗较短，单生或丛生，大多数不分枝，与营养菌丝几乎无区别。分生孢子呈纺锤状，顶端延长喙状，多细胞，有壁砖状分隔，分生孢子常数个成链，一般为褐色。

7. 赤霉菌属

赤霉菌包括许多寄生于植物的病菌。赤霉菌菌丝蔓延于宿主体内，并在宿主表面产生大量白色或粉红色的分生孢子。在固体培养基上形成白色、较紧密的绒毛状菌落。赤霉菌的无性过程产生分生孢子。首先在一些菌丝尖端形成多级双叉分枝的分生孢子梗，梗上产生大、小两种分生孢子。大的为镰刀形，中间有3～5个隔膜，单生或丛生在分生孢子梗顶端。而小分生孢子为卵圆形，其中无隔膜。分生孢子萌发形成新的菌丝体。赤霉菌的有性繁殖形成子囊孢子，子囊内有8个囊孢子，子囊着生于子囊壳内。

8. 白僵菌属

白僵菌菌丝细弱，直径约1.5～2.0μm，无色透明，有隔膜，并分枝。菌落平坦，孢子形成后表面呈粉状，白色至淡黄色。无性繁殖形成分生孢子。分生孢子梗瓶状，分生孢子梗或小梗可多次分叉，聚集成团，小梗顶端着生孢子。孢子一般为球状，直径2～2.5μm。若进行液体振荡或通气培养，则形成圆柱形节孢子。白僵菌目前已成为真菌中治虫效果最好的农药之一。其孢子在虫体上萌发后，穿过体壁，进入虫体，大量繁殖，吸收营养，致使昆虫死亡。死虫僵直，并呈白茸毛状，故称白僵菌。但近年发现，白僵菌萃取液中的节卵孢毒素对脊椎动物幼体有剧毒，因此，对其安全性应予注意。同时发现，在生产过程中若接触和吸入了较多的白僵菌孢子，可使人产生短时的类似感冒的症状。

3.3.4 微生物的营养与代谢

1. 微生物细胞的化学组成

构成微生物细胞的物质基础是各种化学元素。根据微生物对各类化学元素需要量的大小，可将它们分为主要元素和微量元素，主要元素包括碳、氢、氧、氮、磷、硫、钾、镁、钙、铁等，碳、氢、氧、氮、磷、硫这六种主要元素可占细菌细胞干重的97%。微量元素包括锌、锰、氯、钼、硒、钴、铜、钨、镍、硼等。组成微生物细胞的各类化学元素的比例常因微生物种类的不同而各异。不仅如此，微生物细胞的化学元素组成也常随菌龄及生长条件的不同而在一定范围内发生变化，幼龄的比老龄的含氮量高，在氮源丰富的基质上生长的细胞比在氮源相对贫乏的基质上生长的细胞氮含量高。

2. 微生物的营养及生长要素

微生物生长所需要的元素主要以相应的有机物与无机物的形式提供，也有小部分可以由分子态的气体物质提供。营养物质按照它们在机体中的生理作用不同，可以将它们区分成碳源、氮源、能源、矿物元素和水。温度、酸碱度和氧是其生长要素。

1）碳源

在微生物生长过程中能为微生物提供碳素来源的物质称为碳源。碳源物质在细胞内经过一系列复杂的化学变化后成为微生物自身的细胞物质（如糖类、脂类、蛋白质等）和代谢产物，碳可占一般细菌细胞干重的一半。同时绝大部分碳源物质在细胞内生化反应过程中还能为机体提供维持生命活动所需的能源，因此碳源物质通常也是能源物质。但有些以 CO_2作为唯一或主要碳源的微生物生长所需的能源则并非来自碳源物质。

微生物利用碳源物质具有选择性，糖类是一般微生物较容易利用的良好碳源和能源物质。不同种类微生物利用碳源物质的能力也有差别。有的微生物能广泛利用各种类型的碳源物质，而有些微生物可利用的碳源物质则比较少。一般微生物能利用的碳源物质主要有糖类、有机酸、醇、脂类、烃、CO_2及碳酸盐等。

对于为数众多的化能异养微生物来说，碳源是兼有能源功能的营养物。

2）氮源

凡是能被用来构成菌体物质中或代谢产物中氮素来源的营养物质称为氮源。氮对微生物的生长发育有重要的作用，它们主要用来合成细胞中的含氮物质，一般不作为能量。只有少数细菌，如硝化细菌能利用铵盐、硝酸盐作为氮源和能源。能被微生物利用的氮源物质包括蛋白质及其不同程度的降解产物（多肽、氨基酸等）、铵盐、硝酸盐、分子氮、嘌呤、嘧啶、脲、胺、酰胺、氰化物等。

3）能源

能源是能为微生物的生命活动提供最初能量来源的营养物或辐射能。化能异养微生物的能源就是碳源，葡萄糖便是常见的一种兼有碳源与能源功能的双功能营养物。所有真菌、放线菌和大部分细菌是化能异养型微生物。化能自养微生物的能源主要是无机物，这些微生物都是细菌、硝化细菌、硫细菌、氢细菌等。光能自养和异养微生物的能源主要是太阳能，如蓝细菌、紫色非硫细菌等。

4）矿物元素

矿物元素也是微生物生长所不可缺少的营养物质。矿物元素在微生物体内具有的作用主要是：首先，参加微生物中氨基酸和酶的组成；其次，调节微生物的原生质胶体状态，维持细胞的渗透与平衡；最后，做为酶的激活剂。

根据微生物对矿物元素需要量的大小可以把它分成大量元素和微量元素。大量元素包括 Na、K、Mg、Ca、S、P 等。微量元素是指在微生物生长过程中起重要作用，但同时机体对这些元素的需要量极其微小的元素，通常需要量在 $10^{-6} \sim 10^{-8}$mol/L。属于这类元素的有 Zn、Mn、Cl、Mo、Se、Co、Cu、W、Ni、B 等，它们一般参与酶的组成或使酶活化。

5）水

水是微生物生长所必不可少的物质，水在细胞中的生理功能主要包括：起到溶剂与运输介质的作用，营养物质的吸收与代谢产物的分泌必须以水为介质才能完成；参与细胞内一系列化学反应；维持蛋白质、核酸等生物大分子稳定的天然构象；因为水的比热高，是热的良好导体，能有效地吸收代谢过程中产生的热并及时地将热迅速散发出体外，从而有效地控制细胞内温度的变化；通过水合作用与脱水作用控制由多亚基组成的结构，如微管、鞭毛的组装与解离。

在微生物学中常常用水的活度值 a_w 来表示微生物生长环境中水的有效性。水活度值是指在一定的温度和压力条件下，溶液的蒸气压力与同样条件下纯水蒸气压力之比。纯水的 a_w 值为 1，溶液中的溶质越多，a_w 值就越小。微生物一般在 a_w 值为 0.69 ~ 0.99 的条件下生长，a_w 值过低时，微生物的生长将变得迟缓。

6）温度

温度也是影响微生物生长的重要因素之一。根据微生物生长最适宜温度的不同，可以将微生物分为嗜冷、兼性嗜冷、嗜温、嗜热和超嗜热五种不同类型。它们都有各自的最低、最适合和最高生长温度范围（表3-8）。

表3-8　不同类型微生物的生长温度范围

微生物类型	生长温度/℃		
	最低	最适合	最高
嗜冷微生物	低于0	15	20
兼性嗜冷微生物	0	20 ~ 30	30
嗜温微生物	15 ~ 20	20 ~ 45	45 以上
嗜热微生物	45	55 ~ 65	80
超嗜热或嗜高温微生物	65	80 ~ 90	100 以上

温度对微生物生长的影响具体表现在以下几点：首先，影响酶活性，微生物生长过程中所发生的一系列化学反应绝大多数是在特定酶催化下完成的，每种酶都有最适合的酶促反应温度，温度变化影响酶促反应速率，最终影响细胞物质的合成；其次，影响细胞质膜的流动性，温度高流动性大，有利于物质的运输，温度低流动性降低，不利于物质运输，因此温度变化影响营养物质的吸收与代谢产物的分泌；最后，影响物质的溶解度，物质只有溶于水才能被机体吸收或分泌，除气体物质以外的大多数物质，温度上升物质的溶解度增加，温度降低物质的溶解度降低，从而影响微生物的生长。

7）酸碱度

环境中的酸碱度通常以氢离子浓度的负对数即 pH 来表示。例如，纯水的氢离子浓度是 1×10^{-7}，因此它的 pH 为 7。小于 7 呈酸性，大于 7 呈碱性。

微生物生长过程中机体内发生的绝大多数的反应是酶促反应，而酶促反应都有一个最适合的 pH 范围。在此范围内只要条件适合，酶促反应速率最高，微生物生长速率最大。因此微生物生长有其最适的 pH 范围。此外，微生物生长还有最低与最高的 pH 范围，低于或高出这个范围，微生物的生长就被抑制。微生物种类不同，其生长的最适、最低与最高的 pH 范围也不同（表 3-9）。

表 3-9　不同微生物生长的最适、最低与最高的 pH 范围

微生物种类	最低 pH	最适合 pH	最高 pH
细菌	3～5	6.5～7.5	8～10
霉菌	1～3	4.5～5.5	7～8

pH 通过影响细胞质膜的透性、膜结构的稳定性和物质的溶解性或电离性来影响营养物质的吸收，从而影响微生物的生长速率。质子是一种唯一不带电子的阳离子，它在溶液里能迅速地与水结合成水合氢离子。在偏碱性条件下，OH^- 占优势，水合氢离子和 OH^- 对营养物质的溶解度和离解状态以及细胞表面电荷平衡和细胞的胶体性质等方面均会产生重大影响；在酸性条件下 H^+ 可以与营养物质结合，并能从可交换的结合物或细胞表面置换出某些阳离子，从而影响细胞结构的稳定性；同时由于 pH 较低，CO_2 溶解度降低，某些金属离子如 Mn^{2+}、Ca^{2+}、Mo^{2+} 等溶解度增加，导致它们在溶液中的浓度增加，从而对机体产生不利的作用。

8）氧

根据氧与微生物生长的关系可将微生物分为好氧型、微好氧型、耐氧型、兼性厌氧型和专性厌氧型五种类型（表 3-10）。

表 3-10　微生物与氧的关系

微生物类型	最适合生长的环境中 O_2 体积分数
好氧型	大于或等于20%
微好氧型	2%~10%
耐氧型	小于2%
兼性厌氧型	有氧或无氧
专性厌氧型	不需要氧、有氧时死亡

氧对于好氧微生物生长一方面，虽然可以通过好氧呼吸产生更多的能量，满足机体的生长需要。但另一方面，氧对一切生物都会使其产生有毒害作用的代谢产物，如超氧基化合物与 H_2O_2，这两种代谢产物互相作用还会产生毒性很强的自由基。自由基是一种强氧化剂，它与生物大分子互相作用，可导致产生生物分子自由基，从而对机体产生损伤或突变作用，直至死亡。氧之所以对专性厌氧微生物以外的其他四种类型微生物不产生致死作用，是因为它们具有超氧物歧化酶，可催化使超氧基化合物分解。

3. 微生物的营养类型

微生物为了生存需要不断地从外界吸取各种营养物质，从中获得能量，合成新的细胞物质，维持细胞内一定的pH及离子组成。不同的微生物对营养的需求不同，根据微生物所利用的能源的不同，将微生物分为四种营养类型。

（1）光能自养型：以光作为能源，以无机化合物作供氢体，还原二氧化碳，合成细胞物质；

（2）化能自养型：从无机化合物氧化中取得能量，以二氧化碳为碳源，合成细胞物质；

（3）光能异养型：能量来自于光，需要有机物作供氢体，还原二氧化碳，合成细胞物质；

（4）化能异养型：能量来自有机化合物氧化所产生的化学能，以有机化合物作为碳源。几乎全部的真菌及酵母菌属于此类型。

需要说明的是，以上划分并不是绝对的，当外界条件改变时，有些微生物可由自养型变为异养型，由光能型变为化能型。

3.3.5　微生物对文物材料的危害作用

1. 对文物材料有害的微生物种类

微生物的种类丰富且广泛分布于自然界，对文物有害的微生物仅仅是微生物中的一小部分。一般来说，对文物有害的微生物必须具备三个条件。首先，该类微生物应能够在文物保存地点的一般条件下生存；其次，该类微生物必须能够以文物材料为营养源；最后，该类微生物必须能够分泌液化文物材料的酶。

霉菌和细菌都会对文物造成侵害，从二者对文物的危害性而言，霉菌一般要比细菌的危害程度大的多。这是因为，首先，一般情况下细菌对环境的要求远比霉菌苛刻；其次，霉菌对文物材料的分解能力比细菌强。

2. 微生物危害文物的一般过程

微生物对文物的危害主要是指有害微生物在适当的温湿度环境条件下，使文物材料发霉变质的过程。这一变质过程大致可分为初期霉变、生霉、霉烂三个阶段。初期霉变是微生物与文物材料建立腐生关系的过程，表现为有轻微异味、材料发潮等状态。生霉阶段是微生物大量繁殖的过程，在此阶段微生物迅速达到稳定的生长期，受损部位开始形成毛状或绒状菌落。颜色逐渐由白色变为灰绿色。霉烂阶段是文物材料被严重腐解的过程，使其力学强度明显下降甚至彻底丧失。

3. 微生物对文物的危害机理

微生物能引起除重金属外几乎所有材质文物的侵蚀，其破坏的形式多种多样。它不仅损害文物材质的化学成分与物理机械性能，更有甚者会导致文物面目全非，直至彻底损毁。

1）微生物对纤维质文物的破坏

纤维质文物主要指棉、麻、纸、木等文物。这些文物多含有纤维素、淀粉、明胶等材料。如前所述，微生物之所以能够和这些文物材料建立腐生关系并进而使其腐烂，主要原因是微生物能够分泌出可以分解这些文物材料的酶。破坏棉、麻、纸张、木器等文物的微生物主要是霉菌和细菌。霉菌有曲霉菌、青霉菌，细菌有大肠杆菌、葡萄球菌、纤维素分解菌等。这类文物出现的霉变是由于附着在文物表面上的微生物在温湿度适宜的条件下，大量生长繁殖、分解营养成分而引起的。一般是从纤维素的外部开始逐渐向内发展。霉变过程中有机材料被微生物分解，使文物机械强度显著下降，这就是该类文物遭到破坏的原因。

2）微生物对蛋白质文物的破坏

蛋白质文物材料是指丝、毛、皮革、犀角等类文物。微生物对他们的破坏主要是通过分泌蛋白酶将蛋白质水解为氨基酸，从而使文物强度下降、表面产生各种颜色的霉斑。

从蛋白质分解而来的氨基酸（是微生物良好的氮源、碳源和能源）会被微生物进一步分解、脱氨、脱酸最终产生饱和或不饱和的脂肪酸、酮酸、羧酸、醇、二氧化碳、NH_3、H_2S 等物质。其中 NH_3、H_2S 等物质会使有机物发臭并带毒。由于微生物能够使蛋白质分解，从而使蛋白质类文物表面光泽和强度均出现降低，表面发黏。

3）微生物对金属文物的侵蚀

微生物对金属文物的腐蚀破坏还没有引起重视，这一领域的工作文献报道的也很少。就现今的研究成果一般认为微生物对金属文物的破坏主要有两种。

A. 微生物对空气中金属文物的侵蚀

微生物的存在与生长需要营养物质，而对于单纯的空气而言，严格意义上并不具备微生物可以直接利用的营养物质。但空气中一般都含有尘埃和水，因此微生物就可以在空气中存在、生长。对于处于潮湿空气中的金属文物而言，微生物的生长会产生大量的有机酸代谢产物，这些酸会接受金属腐蚀所产生的电子，从而促进金属失电子反应的进行。

一些微生物自身具有接受电子的能力，如硫酸盐还原菌、厌氧菌等都能使硫酸盐还原而获得生长繁殖的能量。同样这种得电子能力可以促进金属失电子反应的进行。

当金属文物处于潮湿环境中时，往往电化学腐蚀与微生物腐蚀同时发生，并且两者相互促进，加速文物材料的变质老化。因此潮湿污浊的环境是保存金属文物最不利的条件。

B. 微生物对地下埋藏金属文物的腐蚀

微生物对埋藏于地下的金属文物也起着巨大的腐蚀破坏作用。以铁质文物为例，地下发掘出来的该类文物多数腐蚀较为严重。由于在一般情况下铁器最易发生电化学腐蚀，依据电化学反应机理，在地下缺氧的情况下，铁的腐蚀过程应该非常缓慢，同时腐蚀产物应为氧化铁。但对出土铁器的锈蚀产物进行分析常常会发现，铁锈中除了氧化铁之外，还会含有大量的硫化亚铁。所以，铁并非受到单一的电化学腐蚀，在地下缺氧环境中还应发生了微生物腐蚀，如硫酸盐还原菌在金属已发生电化学腐蚀的阴极区还原土壤中的硫酸盐为硫化物。

当然，除了以上介绍的微生物危害的文物种类外，还有很多种类的文物会遭受微生物侵害，由于篇幅及本书重点并非在此等原因，这里就不一一介绍了。

3.3.6　有害微生物的防治

微生物对文物具有极强的破坏作用，尤其是考古发掘现场文物保护中，文物刚刚从地下发掘出来，其表面附着的土质还未完全清除干净。如前所述，土壤是微生物最主要的富集场所。只要环境条件适宜，微生物就会在文物表面迅速增长，给文物带来毁灭性的损害。因此对微生物的防治在考古发掘现场文物保护中尤为重要。

所谓微生物的防治包括三层意思。一是对有害微生物的预防，即对那些还没有遭受到微生物侵蚀的文物采取积极的预防措施，使文物材料免受微生物的侵蚀。二是对已经发生微生物侵蚀的文物采取适当的方法以停止这种侵蚀作用。三是对曾经遭受过微生物侵蚀的文物，由于环境的改善，微生物死亡了，但微生物侵蚀在文物上留下了影响文物外观的痕迹，必须采取适当手段将这些痕迹去除。在考古发掘现场文物保护中，预防是第一位的，也是最常进行的工作；消灭微生物的工作在考古发掘现场的一些特定情况下也偶有进行；但去除痕迹一般不在现场保护中进行。

1. 有害微生物的预防

有害微生物预防的工作内容很多，有低温预防、脱氧预防、干燥预防等。在实际工作中应根据实际情况选择一种简单、易行的预防方法。

1）低温预防

低温能够抑制微生物的生长。在0℃以下时，菌体内的水分冻结，生化反应无法进行而停止生长。略高于0℃时，中温型和高温型微生物因细胞膜内饱和脂肪酸的含量较高而被“冻结”，致使营养物质无法进入细胞而停止生长。此外，在细菌细胞内还含有许多复合体物质，如核糖体、异构酶等，它们是由两个或两个以上的高分子以疏水键结合而成。低温能使这种结合不稳定，复合体呈松散状态而失去活性，细菌便停止生长。有的微生物在冰点以下就会死亡，即使能在低温下生长的微生物，低温处理时，开始也有一部分死亡。主要原因可能是细胞内水分变成了冰晶，造成了细胞明显脱水；另外，冰晶往往还造成细胞尤其是细胞膜的物理损伤。低温的作用主要是抑菌，处于低温条件下的大多数微生物，虽然代谢活力降低，生长繁殖停滞，但仍维持存活状态，一旦重新回到适合的生活环境就可继续生长繁殖。

虽然0℃以下的低温其抑菌效果更佳，但由于会导致文物的冰冻风化，因此在考古发掘现场一般不允许将文物的保存温度降低到这个水平。此外，绝大多数对文物有害的微生物都属于中温型微生物，这类微生物一般在20℃以下就会出现生长速度降低的现象，当温度降低到10℃左右，发育更加迟缓，甚至一些微生物处于休眠状态。因此采用5℃左右的低温保存就可以有效抑制微生物的生长，防止其对文物的侵蚀作用。

2）脱氧预防

脱氧保存就是指用生物的、化学的、机械的方法把密闭的文物储存环境中的氧迅速脱除，通过破坏有害微生物的呼吸代谢达到预防的目的。在考古发掘现场保护中比较常用的脱氧方法是利用脱氧剂脱氧。也有先将密封文物的容器中的空气抽去，再充入惰性气体以达到脱氧效果的。但脱氧的方法只对好氧型和微好氧型微生物有效。

3）干燥预防

水分对于维持微生物的正常生命活动是必不可少的。干燥会导致细胞失水而造成微生物代谢停止甚至死亡。不同的微生物种类、干燥时微生物所处的其他环境条件、干燥的程度等均会影响干燥对微生物的抑制效果。虽然，干燥保存对大多数微生物具有明显的抑制作用。但在现场保护的实际操作中，一般较少采用，因为能够干燥保存的文物种类非常有限。

2. 有害微生物的杀灭

有害微生物的杀灭是指杀死文物中的一切微生物的方法，可分为物理方法和化学方法两类。

1）物理杀灭

A. 紫外辐射杀灭

紫外线是非电离辐射，它们使被照射物的分子或原子中的内层电子提高能级，但不引起电离。波长为 265～266nm 的紫外线杀菌能力最强。紫外辐射对微生物有明显的致死作用，是强杀菌剂。由于紫外线穿透能力差，不易透过不透明的物质，故紫外杀菌只适用于空气及物体表面的消毒灭菌。

紫外辐射对细胞的有害作用是由于细胞中很多物质对紫外线的吸收，例如细胞原生质中的核酸及其碱基对紫外线吸收能力特强，其吸收峰为 260nm。当这些辐射能作用于核酸时便能引起核酸的变化，轻则引起细胞代谢机能的改变而发生变异，重则破坏其分子结构，妨碍蛋白质和酶的合成。此外，微生物细胞经照射后，在有氧情况下，还会产生光化学氧化反应，生成的过氧化氢能发生强烈氧化作用，引起细胞死亡。

紫外辐射的杀菌效果，因菌种及生理状态而异，照射时间和剂量的大小也有影响。干细胞比湿细胞对紫外辐射抗性强，孢子比营养细胞更具抗性，带色的细胞能更好地抵抗紫外辐射。经紫外辐射处理后，受损伤的微生物细胞若再暴露于可见光中，一部分可恢复正常，称光复活现象。光复活的程度与暴露在可见光下的强度、时间、温度等条件有关。

B. 电离辐射杀灭

α 射线、β 射线和 γ 射线均为电离辐射。它们的波长很短，有足够的能量从分子中逐出电子而使之电离。电离辐射的杀菌作用不是靠辐射直接与细胞作用，而是间接地通过射线引起环境中水分子、细胞中水分子在吸收能量后导致电离所产生的自由基起作用。这些游离基团能与细胞中的敏感大分子反应并使之失活。电离辐射效应无专一性。α 射线是带有阳电荷的氦原子核，具有很强的电离作用，但穿透力很弱，甚至纸片都能阻挡；β 射线是中子转变为质子时放出的带阴电荷的射线，电离作用不太强，但穿透力比 α 射线大；γ 射线是由某些放射性同位素如^{60}Co发射出的高能辐射，具较强的穿透力，能致死所有的生物。考虑到 γ 射线的强穿透力和强的杀菌效应，现已制出了用于不耐热的大体积物品消毒灭菌的 γ 射线装置。而 α 射线与 β 射线由于电离辐射作用较强，也具有抑菌或杀菌作用。

C. 渗透压杀灭

水或其他溶剂经过半透性膜而进行扩散的现象就是渗透。渗透时溶剂通过半透性膜时的压力即渗透压。其大小与溶液浓度成正比。适宜于微生物生长的渗透压范围较广，而且它们往往对渗透压有一定的适应能力。突然改变渗透压，有些微生物也能适应这种改变。但对一般微生物来说，它们的细胞若置于高浓度溶液（如 20% NaCl）中，水将通过细胞膜从低浓度的细胞内进入细胞周围的溶液中，造成细胞脱水而引起质壁分离，使细胞不能生长甚至死亡。相反，若将微生物置于低浓度溶液（如 0.01% NaCl）或水中，外环境中的水将从溶液进入细胞内引起细胞膨胀，甚至使细胞破裂。

由于一般微生物不能耐受高渗透压，所以常用高浓度的盐溶液抑制或杀灭微生物。由于盐的分子量小并能离解，因此所需的使用实际浓度并不太高，一般为 10%～15%。但有些微生物甚至能够在较高渗透压的环境中生长，如嗜盐微生物可在 15%～30% 的盐溶液中生长。对这类微生物就无法使用渗透压进行杀灭。

D. 超声波杀灭

超声波（频率在 20 000Hz 以上）具有强烈的生物学作用。超声波的作用是使细胞破裂，内含物外溢，所以几乎所有的微生物都能受其破坏，其效果与频率、处理时间、微生物种类、细胞大小、形状及数量等均有关系。一般来说，高频率比低频率杀菌效果好，球菌较杆菌抗性强。

2）化学杀灭

A. 重金属及其化合物

一些重金属离子是微生物细胞的组成成分，当这些重金属离子浓度低时，对微生物生长有促进作用，反之会产生毒害作用；也有些重金属离子的存在，不管浓度大小，对微生物的生长均会产生有害或致死作用。因此，大多数重金属及其化合物都是有效的杀菌剂或防腐剂。其中，作用最强的是 Hg、Ag 和 Cu。它们的杀菌作用，有的易与细胞蛋白质结合而使之变性；有的在进入细胞后与酶上的-SH 基结合而使酶失去活性。重金属盐类是蛋白质的沉淀剂，能产生抗代谢作用，或者与细胞内的主要代谢产物发生螯合作用，或者取代细胞结构上的主要元素，使正常的代谢物变为无效的化合物，从而抑制微生物的生长或导致死亡。

B. 酚及其衍生物

酚又名石炭酸，它们对细胞的有害作用主要是使蛋白质变性，同时又有表面活性剂的作用，破坏细胞膜的透性，使细胞内含物外溢。当浓度高时是致死因子，反之则起抑菌作用。

酚的另一用途是作为比较其他化学消毒剂杀菌能力的标准，通过酚系数（石炭酸系数）来表示。将某一消毒剂作不同的稀释，在一定的条件、一定时间致死全部供试微生物的最高稀释度与达到同样效果的酚的最高稀释度的比值，即为酚系数。酚系数越大，表明该消毒剂杀菌能力越强。

常用的酚的衍生物是甲酚，它的杀菌能力比酚强几倍。甲酚在水中的溶解度较低，但在皂液与碱性溶液中易形成乳浊液。常用3%~5%浓度的溶液来进行消毒灭菌。

C. 醇类

醇是脱水剂、蛋白质变性剂，也是脂溶剂，可使蛋白质脱水、变性，损害细胞而具杀菌能力。50%~70%的乙醇便可杀死营养细胞，70%的乙醇杀菌效果最好，超过70%以至无水乙醇的杀菌效果较差。无水乙醇与菌体接触后使其迅速脱水，部分蛋白质凝固，形成了保护膜，阻止了乙醇分子进一步渗入，从而无法对微生物起到进一步的作用。

甲醇的杀菌力较乙醇差，而且对人，尤其是对眼睛有害，不适于作消毒剂。

此外，醇类物质，随着分子量的增大，杀菌力增强。例如，戊醇 > 丁醇 > 丙醇 > 乙醇 > 甲醇。那些高级醇虽杀菌力强于乙醇，但由于丙醇以上的醇不易与水相混，故一般不用作灭菌剂。

D. 甲醛

甲醛也是一种常用的杀菌剂，灭菌效果良好。纯甲醛为无色气体，有特殊刺激性，沸点为 -19.5℃，极易汽化，易溶于水、乙醇等溶剂。市售的福尔马林溶液就是37%~40%的甲醛水溶液。甲醛是一种原生质毒剂，其杀菌机理主要是凝固菌体蛋白质，一是与蛋白质中的氨基结合而使氨基的碱性消失，二是起到脱水剂的作用，夺取蛋白质分子水化膜中的水分子，使蛋白质分子相互凝结而产生沉淀，破坏蛋白质的空间结构。由甲醛的杀菌原理可知，甲醛会使得蛋白质凝固，反映到宏观上就是原本具有弹性的皮革、毛发等蛋白质材质失去弹性、变硬、变脆。因此甲醛不可用于蛋白类文物的消毒灭菌。

E. 环氧乙烷

环氧乙烷具有杀菌范围广、杀菌力强（几乎所有霉菌及其孢子都能被杀死）、渗透挥发性能优良、对颜料或织物的强度均无影响等特点。由于环氧乙烷具有极强的渗透性，因此装入箱中的文物在不开箱的情况下，药物即可渗入杀菌。这对于文物的批量消毒灭菌具有非常大的现实意义，可以极大的节约处理时间。

环氧乙烷的杀菌机理主要是依靠与蛋白质的作用阻碍蛋白质的新陈代谢而使微生物死亡。主要缺点是剧毒。使用环氧乙烷的最佳温度是54.4℃，最佳湿度为25%～50%。在5～54℃，温度每增高10℃，环氧乙烷的灭菌效果增长2.7倍。但由于有机材料对温湿度变化比较敏感，因此一般应在室温下进行灭菌处理。使用时最好使用环氧乙烷和二氧化碳混合气体（1∶9体积比），这样既能增强环氧乙烷的穿透能力，提高了消毒、灭菌效果，同时又降低了毒性和环氧乙烷燃烧爆炸的危险性。

第4章 考古发掘现场文物保护的信息记录和样品采集

4.1 考古发掘现场文物保护档案

考古发掘现场文物保护是文物保护工作者接触文物的最前线，因此档案记录工作就显得尤为重要。完整、详尽的记录下文物出土后的一系列变化以及对文物所采取的所有保护处理措施，对后期的实验室保护及考古学研究都会产生非常积极的作用。

从时间的角度而言，出于考古发掘现场文物保护目的而进行的档案记录工作，应该在考古发掘现场随时进行并贯穿现场保护的始终。现场保护的档案记录应从文物刚刚“露头”时就开始，直到文物被运送回博物馆库房或实验室后结束。

从内容的角度而言，考古现场保护的档案记录不仅要涉及文物出土的位置、编号、属性等田野考古学信息，还要记录文物出土时的保存状况、文物的现场保护方法、文物的包装方法、运输方法以及文物采样的部位及采样方法等一系列内容。总之，现场保护档案记录的重点是要将在任何地点（不论是文物的出土现场还是临时实验室）采取的任何形式的保护处理，都详细、精确的记录下来。这些记录不仅要包括文字的描述，还应配有相应的照片或图表资料。

考古发掘现场文物保护档案应一式两份，一份由现场保护工作者保存，另一份在现场保护工作结束后交由文物接收单位与文物一同保存，作为文物进一步保护、修复的基础资料以及文物档案的一部分。

标准的考古发掘现场文物保护档案可参照附录Ⅱ——考古发掘现场文物保护处理技术档案。该档案由封面、表格主体及附录三部分组成。

4.1.1 封面部分

封面左上方为档案编号，由现场保护工作者按保护顺序依次编排，其作用主要是为了便于档案查找与管理。

封面正中文物名称及编号应与考古学定名及编号一致，以便与田野考古的相关记录表格及文物实体相对应。

4.1.2　表格主体部分

表格主体部分文物基本信息中的材质栏应填写文物的质地，如青铜、金、银等。对于现场无法确认质地的文物，应填写“不明”；质量栏中应填写出土文物经过初步清理后的重量，无法现场称量的特大件文物可暂空缺；数量是指同一编号的一组文物的数量或者破碎文物的碎块数量；出土位置是指文物的出土层位以及在探方中的相对位置；发现时间一般为文物“露头”时间，应精确到小时。

相关环境信息部分埋藏环境栏中的温度是指文物周边埋藏包裹物（一般为土质）的温度，其温度值一般与文物出土时的初始表面温度一致；含水率及 pH 亦是针对文物周边埋藏包裹物的；埋藏深度是指文物出土位置距离现代地表的高度；发掘出土环境中的现场温度及湿度日变化记录应填写文物出土位置局域空气的温湿度日变化，一般记录极值（最大值和最小值）及其出现时间以及全日的平均值即可；辐照度水平是指文物出土位置的可见光照度值和紫外光辐照度值；考古发掘现场其他防护措施主要是指现场是否有大棚或其他临时性防护设施。

样品采集信息栏主要由两部分组成，分别是环境样品部分和文物样品部分。在现场无论对环境还是文物本体进行的采样都应当详细记录。记录的内容主要包括样品编号、样品照片编号、采样部位、采样方法及采样量。其中样品编号应与样品包装容器上的编号一致，以便于日后将分析结果与文物对应；样品照片编号应与附录中样品采集照片中的相应编号一致，最好为照片电子版文件名，以便于查找；采样部位要求简单描述采样点处于文物或者环境的某个部位，如底部、口沿等。该部位应与附录中采样前后文物/环境照片相对应，这样有利于对日后样品分析结果的解读；采样方法要求记录具体的采样工具及采样手段，如手术刀切取、采样钻钻取等；采样量要求记录所采集样品的质量及体积。

文物保存现状主要是描述文物出土时的保存状况、本体是否完整、破损程度等信息。在这部分文字内容中，文物表面任何脆弱的区域、裂缝以及与此类似的其他情况，都应该明确的记录下来。该内容作为文物基本信息的补充，同时作为保护处理前的原始资料。文物保存现状描述应配有相关照片，描述中只说明照片编号，具体照片应粘贴在表格附录中。

现场保护处理方法及步骤栏中主要填写考古发掘现场对文物进行的所有保护处理的详细信息，包括表面清理、提取、粘接、加固以及储存包裹等。应该清楚、明确、详尽的记录下保护工作者对文物进行了何种处理，如何进行的以及在何种状况下进行的等相关信息。即使一些保护处理在现场看来是显而易见的，在该栏中也应详细记录。因为如没有相关档案，这些对于现场保护看似简单的处理，对于后期的实验室保护处理而言却是难以探究的。为此，实验室的保护工作者不得不花费大量的时间和精力去避免，在不明现场保护处理方法的情况下，进行后续保护处理可能对文物产生的各种损害。而如果在考古现场进行了正确、详尽的记录，就不会产生这些问题。

文物临时储存微环境变化记录栏中，主要填写针对文物营造的局域气候微环境（即储存包裹）的监测情况，以观察文物所处微环境是否稳定。对于没有营造密闭微环境的文物，该栏中填写的内容为文物临时储存库房的温湿度变化情况。

文物包装和运输方法及步骤栏中，主要填写以运输为目的的文物缓冲包裹方法及文物运输的手段、方法。

保护处理所使用的化学材料及试剂栏中要详细填写现场保护中所使用的所有化学材料及试剂，同时要标明其用途，如用于表面清理或是加固剂溶剂等。对使用的化学材料要写明其品牌、级别、商品名、使用浓度及溶剂种类，对溶剂要标明其纯度。

保护处理所使用的其他材料栏主要填写现场保护处理使用的缓冲材料、包裹材料、标记材料、工具等，要标明这些材料的质地、种类、商品名等信息。

文物接收单位为现场保护结束后接收文物的单位名称，在交付文物时由接收单位或接收单位负责人签章。

4.1.3　附录部分

附录中的表格数量如不够可再添加。其中文物保存现状照片主要粘贴文物刚刚出土时、保护处理前的照片，以配合表格中文物保存现状的描述。如果有必要，可以在照片上标出文字记录中所描述的那些脆弱区域或裂缝。照片编号应与表格正文中的相关描述对应，同时最好与电子版照片的文件名一致，以便日后查对。

文物样品采集照片应包括采样前文物局部、采样后文物局部以及样品的单独照片，照片编号应与表格正文中对应，同样最好也与电子版照片的文件名一致。

文物现场保护处理照片栏中，保护处理方法是指对文物采取的保护处理步骤名称，如表面清理、加固、粘接等。照片内容应与方法相对应，编号也应与电子版照片的文件名一致。

样品分析检测结果栏中，检测目的是指分析的意图，如成分确定、断代等。检测方法是指采取何种检测手段，如 XRD、GC/MS 等。样品种类填写文物样品或环境样品。样品用量为本次分析所使用或消耗的样品质量。检测结果为检测分析的主要数据结果及结论。

最后，一定要将这些记录与处理过的文物在一起配套保存，这样当文物移交到实验室保护人员手中时，保护人员就可以从其中了解到所有进行过的保护处理及相关信息。与此同样的信息还应该编入考古发掘报告中或编入档案系统中，如此一来这些相关信息就会成为永久的处理记录。

4.2 采　样

为了更加科学的进行考古发掘现场保护以及后期的文物保存和研究，在考古发掘现场当文物刚刚出土时，就采集未被污染的文物及相关环境样品是非常必要的。现场保护一般采集的样品包括两类：环境样品和文物样品。环境样品是指文物出土环境中的土质、水质、墓室内气体等。文物样品是指从文物上采集的本体材料、附着物、残留物、腐蚀产物以及文物内部的包含物等。

4.2.1 采样原则

文物的价值在于其历史性、科学性和艺术性，文物的价值越高、艺术造型越完美、器型越完整，也就越能代表当时历史条件下先进的科技工艺水平，就更需要进行全面的科学观察、分析和研究，但取样进行科学分析研究的可能性就越小。如何解决这一矛盾，一直是文物科技保护和文物研究工作者努力的方向。

无损分析检测方法以其无需取样、对文物无损伤、不改变文物外观的特点，近年来受到了文物保护工作者的青睐。但无损分析所能够解决的问题目前还存在着较大局限性，虽然精度在不断提高，但反映的科学信息目前基本仍然停留在文物表面或表面以下的浅层。此外，很多现在意义上的无损分析意味着要将文物的全部本体置于分析仪器中进行测试，这种测试往往由于不同分析测试方法之间的相互干扰，可能会从所谓的无损分析变为全损分析。例如，X 射线荧光及衍射分析现已广泛应用于结晶态文物的组成及物相分析，与此同时热释光及光释光分析也已广泛应用于陶瓷等曾经烧制过文物的断代研究。无损的 X 射线荧光及衍射分析需要将文物整体置于样品舱中，虽然分析过程中 X 光仅聚焦在表面一点，但文物的其他部分在此过程中也必然会受到 X 射线的辐射。这种辐射在一定程度上会加剧陶瓷等可用于热释光分析文物中电子的“出位”（见 4.2.3 中“2. 热释光样品的采集”一节），从而导致该类文物在进行热释光断代时数据出现偏差。因此就目前对文物科学分析检测方法的研究而言，少量或微量取样的微损分析方法至少在考古发掘现场文物保护中，仍是一个较为可行且能够解决许多实际问题的办法。故而，在考古发掘现场，常常需要对文物本体或其周边环境进行适当的采样，以用于相关的分析研究。但这并不代表着可以在考古现场对文物任意采样，现场保护中的样品尤其是文物样品的采集是要严格遵循一定原则方法的。

对考古发掘现场文物保护而言，文物的取样应服从既有利于文物及文物保存的科学研究，又保证对文物的微损或损伤最小化，同时兼顾今后文物科技保护研究的需要这一总原则。

一般情况下，采样的最佳时机应选择在文物或文物周边环境刚刚暴露于大气环境中，进行任何保护处理干预前。选择这个时间采样，一方面是因为空气中的许多污染物或漂浮物会随空气的流动污染文物或环境样品，另一方面是因为人为的保护处理将难以避免造成一些文物原始信息的丢失或改变，如大多文物保护材料属于有机高分子材料，保护处理会造成文物表面元素分布的改变等。

除此之外，对文物本体的取样还应该遵循如下具体原则：

（1）尽量选择残器或破损器物的不引人瞩目的部位采样，同时应注意对器物主要纹饰和重要部位不造成损伤；

（2）采样时应尽可能选用微型采样工具以减少采样对文物造成的损害，同时进行拍照、绘图并记录采样的具体部位、采样方法及采样量；

（3）采集的样品应立即装入相应的可密封的采样容器中并做好标记。对无机质文物而言，一般用聚乙烯等塑料容器盛放样品即可。但对有机质文物及一些未知成分样品，则必须使用玻璃等稳定材料制成的容器盛放样品。因为塑料中常常掺杂有各种添加剂，如增塑剂、稳定剂等，这些添加剂在使用过程中常常会从塑料本体中挥发出来，污染其内部盛放的样品；

（4）对部分文物（如金属）采样后，应使用保护材料封护采样部位，并对其表面进行适当修复。处理过程应做好全程记录；

（5）采样过程中还应注意观察器物表面及周边环境的其他信息，并把重要痕迹、现象通过拍照等手段记录下来。

4.2.2　采样部位及采样量

对大多数文物而言，其组成都并非是均质的。即使部分文物的质地较均一，由于周边埋藏微环境的差异，也会造成其遭受侵蚀的程度及方式的差异。因此，文物样品位置的选取会直接影响到分析结果的代表性及准确性。但在考古发掘现场很难规定一个文物取样位置及数量的标准。一般来说，如果条件允许应尽可能在文物上有代表性的部位采取不同深度的若干样品。例如，对青铜兵器戈，最好在刃尖、刃缘中部和援或阑部各采 1 个样品，这样的技术分析结果才会更全面、更准确。

另外，考虑到文物科技保护或其他科学研究的需要，在对文物本身采样的同时，还应该对埋藏环境诸因素，如土壤（包括微生物物种、孢粉、危害文物的化学物质等）、地下水（如果能够收集到的话）等进行采集，同时做好现场温湿度变化的记录。这样将有利于今后文物科技保护以及其他相关学科研究工作的开展。

此外，对日后研究所要采用的分析检测手段应进行一定的预测。也就是说对文物及环境样品的采集量不能仅够一次分析之用，需要为近期将有可能进行的分析测试预留样品。

4.2.3　考古发掘现场典型易污染样品的采集

1. 放射性碳（^{14}C）测年样品的采集

^{14}C 是碳元素的同位素之一，由于具有放射性，所以也被称为放射性碳。^{14}C 的半衰期为 5730 ± 30 年，常常被用于 1000 ~ 50 000 年内考古样品的测年研究。

^{14}C 的测年原理是，宇宙射线同地球大气发生作用产生了中子，当热中子击中 ^{14}N 发生核反应，便产生了地球上的 ^{14}C。在大气环境中新生 ^{14}C 很快与 O_2 结合生成 $^{14}CO_2$，并与原来大气中的 $^{12}CO_2$ 混合，参加自然界的碳交换循环，进入生物体内。因此，所有生物体都含有 ^{14}C，且在生物体内 ^{14}C 又不断地衰变成 ^{14}N。当生物体处于生命状态时，由于新陈代谢、光合作用等因素，其体内因衰变而减少的 ^{14}C 会立刻通过外界环境得以补充，从而使得生物体内的 ^{14}C 浓度与大气中 ^{14}C 的浓度保持动态平衡。一旦生物体死亡，其放射性碳物质与周围环境中的交换就会停止，生物体内的 ^{14}C 就按照放射性衰变规律逐渐减少，不会再得到外界环境的补充。因此，测定死亡生物标本中未衰变 ^{14}C 的残留量，并结合地球大气环境中 ^{14}C 的量及该放射性元素的半衰期，就可以计算出该生命体的死亡年代。

根据 ^{14}C 的测年原理，只要包含曾经拥有过生命的动植物体的样品都可以用于放射性碳测年。因此，理论上大多数天然有机材料都可以进行这方面测试。但是对于考古发掘现场而言，真正可以用于放射性碳测年的样品却远没有那么多。这是因为在很多有机材料中碳的相对含量非常低，含碳量相对较低的材质要进行放射性碳测年就需要采集大量的样品，这一点对考古发掘现场文物保护而言是不现实的，更何况这种情况下分析的准确性也会降低。在考古发掘现场，只有那些含碳量相对较高的样品才有可能进行放射性碳测年。下列的考古出土材料都适合于放射性碳测年，按照基于含碳比例的优先顺序排列如下：木炭、烧焦的有机材料、植物素材（种子、坚果、谷粒等）、保存状况良好的木材、植物纤维纺织品、保存状况良好的鹿角、贝壳、碳化的骨头和没有碳化的骨头。在以上几类材料中，最适合断代的标本是木材、木炭、植物种子等，这类标本含碳量高，容易处理，所测出的年代也比较准确。其他类文物，如骨骼、贝壳、有机编织物以及含碳陶器等也可以进行测定，但效果则不如前面几类。

但在考古发掘现场，即便出土了大量可用于放射性碳测年的优良样本，也常常由于未及时采样或使用了错误的采样方法，导致样品被污染，造成无法进行分析或分析结果出现偏差的现象。因此，在文物出土的第一时间，采用正确的采样方法对放射性碳样品进行采集是保证其分析结果准确性的重要基础。

在考古发掘现场对 ^{14}C 样品进行采集时，应首先明确样品的层位以及共存遗物，这样可以对样品的相对年代有所了解，从而和最终的分析结论互相对照与验证。一般来说如果有可能，应尽量选取位于地层或遗迹中部的样品，这样可以减少晚期扰动对样品的影响。

放射性碳测年的样品较易遭受污染，采集及包裹这类样品的过程中应尽可能避免诸如泥土、现代包裹材料、人类皮肤直接接触等一切可能对样品造成污染的因素。采样时，操作者必须穿戴干净的一次性乳胶手套。在操作和包裹放射性碳测年样品的过程中，所使用的和样品直接接触的工具及容器必须是不含任何油脂、润滑剂和防腐剂的。拿放或切割样品时必须使用平头的镊子及表面平滑的刀片，那些有凹凸造型或纹路的工具很有可能会由于其下凹部分隐藏的其他含碳物质而将测年样品污染。

收集样品时，应使用干净的金属压舌板、刮铲或金属镊子将样品从地下提取出来。尽可能清除干净样品上黏附的泥土及植物根茎，而后将其放置在一片干净的铝箔表面。对潮湿样品应当尽可能及时干燥，否则样品一旦发生霉变就可能失去应用的价值。干燥后的样品最好包裹于干净的铝箔中。绝不能使用棉花、纸等含碳物质包裹该类样品，也不能使用加固剂加固样品。最后将样品放入刚性的容器中以保护样品不被压碎即可。

在从大块材料上切取样品时，应尽可能让切取下来的样品直接掉落在干净的铝箔表面，而后按照前面的方法进行干燥、包裹即可。

为了达到最高的测试精确度以及为多次测试预留样品量，虽然样品中包含 1g 的碳就足以进行分析，但理想的样品还是应该最少包含 4g 的碳。需要注意的是，因为没有样品会包含 100% 的碳，故而在考古发掘现场必须要采集大量的样品。不同的实验室、不同的测试方法对样品量的要求会有很大的不同。因此，在进行采样前最好能够和将要进行分析的实验室进行核对以确定需要的样品量。一般情况下，用于放射性碳测年样品的需要量见表 4-1。

表 4-1　不同材质样品用于放射性碳测年的采样量

样品材质	样品干重	
	加速器质谱法（AMS）	液体闪烁计数器法（LSC）
木炭	10mg	10g
碳化的有机材料	10mg	10g
植物材料（种子、坚果、草、纤维、谷粒）	10mg	10g
毛发	20mg	10g
布料	20mg	10g
皮革	20mg	10g
动物粪便	20mg	20g
贝壳	20mg	30g
保存良好的木头	20mg	50g
鹿角、象牙及碳化的骨骼	2g	100g
没有碳化的骨头	10g	500g

此外，像含碳的钢铁、石灰等也可以进行测定，但由于它们的含碳量较少，用常规方法测定的难度很大。但是随着加速器质谱分析（accelerator mass spectrometric analysis，AMS）在^{14}C分析中的应用，使得放射性碳测年对样品的需求量降低了大约3个数量级，很多原本无法进行^{14}C分析的样品现在都可以尝试进行该类测试了。

2. 热释光样品的采集

热释光是一种物理现象，它是晶体受到辐射作用后积蓄起来的能量在加热过程中重新以光的形式释放出来的结果。陶器的原料中一般都含有微量的铀、钍等放射性物质，它们会发射出α、β射线并轰击陶土中的石英晶体，使其电子无规则地游离到陶土的晶格结构中。由于这些放射性元素的半衰期非常长，可以认为它们的含量是始终不变的，因此储存的能量会逐渐增多。当陶土被加热到380℃以上时，那些游离出来的电子会重新回归原位并发光（即将储藏的能量以光的形式释放出来）。释放体在冷却后，晶体继续接受、储藏大小恒定的固定辐射能。由于加热而释放出的能量是陶器最后一次受热“清零”后开始重新累积的，因此测定该能量值，可以作为其最后一次受热至今时间间隔的标志。当然，热释光的测年对象除了陶器外，也可以对火烧土、模范等曾经烧制过的类似物品进行测定。

从热释光的原理可知，其断代标本必须是经高温烧过的制品，所以通常在田野考古中可选取的标本有陶器、瓷器、砖瓦以及红烧土等。从断代的准确性要求而言，对测定的热释光标本最好要取得其埋藏环境土壤的放射性剂量。选取的标本应当出自层位清楚、厚度均匀的土层或遗迹中，距地表的深度至少在30cm以上，同时附近应没有受热的可能（如灶、窑等），另外最好附近没有岩石（因为岩石常常会引入额外的辐射）。采取热释光标本时最好带一些泥土不要清除。标本的数量一般按照每一个堆积单位一组6～12块陶片，陶片的体量大一些较好。取出的标本应立即装入塑料袋中，并使用双层塑料袋密封。保管和运输过程中应注意不要让标本受热或日光直射。

3. 古地磁样品的采集

黏土或岩石内部都含有少量磁性物质，而这类物质一旦加热到居里点温度（675℃）以上时，原有的磁性就会全部消失。但在地磁场中逐渐冷却，则又会携带磁性，其方向与该磁场相同，强度与该磁场强度成正比。这种磁性称为热剩磁性，一旦形成便可以保留几千年不变。古代人类活动会留下经火烧过的窑、炉、灶等遗迹和陶瓷器、砖瓦等遗物，它们都会保留热剩磁性，其方向和最后一次加热冷却时的地磁方向一致，强度与当时地磁强度成正比。如果这一区域地磁方向和强度随年代变化的关系已经明确，就可以通过测定遗迹或遗物的热剩磁性来判断年代，这就是古地磁断代的基本原理。

对古地磁断代样品的选取而言，原则上焙烧过的物质如红烧土、砖瓦、陶瓷器以及火山岩等都可以作为测年的标本。首先，标本应当均匀地经受过居里点以上温度的烧烤；其次，标本的方位和倾斜程度应当受热冷却后未经扰动和改变。由此可以看出标本最好还是选择固定遗迹中的红烧土或岩石等为好；再次，应尽量采集底部的或靠下方的标本；最后，提取前要先用石膏等对标本进行固定，测算好地理正北和磁北方向并标记清楚。每个测年单位应至少采集 5 ~ 20 份各种方位的标本，以平均各种方位的干扰。另外，标本在运输时应避免震动。

4. 用于物种鉴定的木炭等碳化材料的采集

考古现场常常会发现木头、坚果、种子和其他植物的遗存。正常情况下，这些天然有机材料埋藏后不久都会在土壤中微生物的作用下迅速腐烂、消失。但是，这些材料如果在埋藏前或埋藏初期发生了碳化，那么它们就将幸存下来。这是因为在埋藏的过程中，木炭等碳化材料几乎可以抵御所有的化学和生物作用。但碳化材料易受到物理作用的影响，如冰冻风化等作用会摧毁其结构的细节信息。部分的碳化保存了木头及其他植物残留物的一些细节结构特征，通过对这些细节特征的显微观察，可以实现碳化物种属的鉴别和研究。但是完全碳化的材料将会呈现无组织形态的团聚状，从而摧毁掉大多数结构上的细节信息，难以进行种属鉴定。其实，即使是部分碳化也会影响到细节结构的大小尺寸、外形及比例，细节结构改变的量和碳化的程度成正比。

在考古工地大块的木炭很容易发现并进行收集，但是种子、核以及其他较小的碳化物就不那么容易观察到了。实际上，除非在现场使用筛分或者浮选法，否则一般很难获知这些较小碳化物的存在。如果在考古工地进行一次碳化材料的系统采集，很多情况下都将会获得大量的该类材料，同时也可以获得许多有关遗址的重要信息。

具体的碳化材料的采集方法是，在对碳化材料进行提取前，应首先用软刷子或木质工具仔细清除碳化材料周围的泥土。周围泥土的清理不能使用金属工具，因为它很容易损坏碳化材料。当碳化材料同其周围的泥土分离开来后，轻轻的掘起碳化材料，并在保证其安全的前提下尽可能多的去除其上面黏附的泥土。而后，用一张有吸水能力的、柔软的纸巾或绵纸轻轻的将碳化材料包裹起来。接着，将其放置在一个纸信封中，这样可以让碳化材料缓慢的干燥。除非碳化材料已经完全干燥，否则绝不可使用塑料袋或密封的容器对其进行包裹。在提取及操作碳化材料的过程中应非常小心，因为碳化材料十分易碎，尤其是当其处于潮湿状态的时候。

如果碳化材料发现时并不连续，而是呈现出离散的群落状，那么即使这些群落间的距离很近，也应该将每一个群落的碳化材料分别收集。因为不同群落包含的碳化材料有可能具有完全不同的来源（种属），混合收集将会给将来的种属鉴定带来不必要的干扰。但在考古发掘现场，如果能够明确知道这些碳化碎块是来自于同一片碳化材料，那么就应该将他们收集并保存在一起，并在标签上标明样品中原先的块数。

收集碳化材料出土周围的一些土壤样品作对比，将会为碳化材料的研究工作提供一定的帮助。如果在一个区域中出土了大量碳化材料，一般仅需要 25～55cm^3 的土壤样品做对比研究。这些土壤样品甚至可以是黏附在碳化材料上，在包裹碳化材料前去除掉的那部分土壤。土壤样品采取后应充分干燥，并将其装入一个干净的塑料袋中。但注意不应将土壤样品与碳化材料一起包裹。

5. 孢粉分析样品的采集

孢粉是指植物的孢子和花粉，它们是不同类别植物的繁殖细胞，也是用肉眼难以观察到的物质。由于这些微小的物质比植物本身更容易保存下来，所以通过对获得的古代孢粉进行分析就有可能了解古代当地的植物状况，从而为复原当时的自然环境提供依据。孢粉分析在考古学中的应用已经有相当长的历史，考古学家也越来越重视在发掘中获取古代孢粉标本。孢粉一般沉积在土层中，因此用于孢粉分析的采样其实就是一种特殊土壤样品的采集。一般孢粉采样时应首先将剖面清理干净，并刮掉剖面表层厚度为 2～5cm 的土质，以达到未受现代孢粉干扰的层位。同时为了保证剖面新鲜和未受现代花粉的影响，应避免采集附近有虫孔、龟裂和大缝隙的样品，因为这些孔隙受风、雨作用，易把现代孢粉填充进去。孢粉样品的采集最好是从剖面底部向上依次进行。采样间距应根据实际情况，如考虑文化层的分层、延续时间、堆积厚度、堆积物的岩性岩相变化、沉积速率等。原则上每一堆积层位至少应采集 1～2 个样品。采样量方面，一般黏土、亚枯土、亚砂土采集 100g 左右的样品，砂、砂砾等采集 150g 左右的样品，泥炭采集 30g 左右的样品。采样间，即结束一个样品的采集至下一个样品采集前，要对采样工具进行清洁，以防止前一个样品混入后一个样品中。采集孢粉样品时应尽可能快的进行，同时应将采集好的样品立即放入聚乙烯等材质的袋子中并密封，这样可以降低现代孢粉混入的可能性，保证样品不被污染。将袋子密封好后用油性标记笔在袋子表面记录下剖面名称、样品编号、采样深度、文化类型、采样日期、采样者姓名等信息。最后要对采样剖面进行照相、绘图记录，并对剖面进行描述。绘制的剖面图中应标示出层序、岩性、厚度、文化性质等，同时应标明采样点和样品编号。孢粉样品除了采集文化层外，还应采集 1～2 个下伏生土层和上覆地层的样品，现代表土样品也最好采集 1～2 个，以进行对比研究。

4.3 标　　记

4.3.1 标记的定义

考古发掘现场文物保护中的标记是指，使用标签或直接在文物表面上将文物的相关简要信息进行书写记录的过程。

4.3.2 标记常用材料

1. Paraloid B72

Paraloid B72（以下简称 PB72 或 B72）是现今世界文物保护领域中使用最广泛的一种聚合物材料。该材料由罗门哈斯（Rohm&haas）公司生产，为一种无色、透明的热塑性树脂，具有较好的光、热稳定性及可逆性，可以用作文物保护加固剂、粘接剂、封护剂等。PB72 是由 66% 的甲基丙烯酸乙酯和 34% 的丙烯酸甲酯构成的聚合物。

最初，PB72 出厂时是一种白色的不规则团块状、有轻微的丙烯酸气味的物质。这种最初的 PB72 是由 68% 的甲基丙烯酸乙酯和 28% 的丙烯酸甲酯构成的。1976 年，PB72 产品改产为一种透明的、无味的小球状物质。现在 Paraloid B72 可以以两种形式购买到，一种是固体小颗粒，还有一种是 50% 的甲苯溶液（最近也有其他浓度出售）。PB72 的玻璃化转变温度约为 40℃，折射率为 1.479 ~ 1.489，可溶于甲苯、二甲苯、丙酮、四氯化碳、丁酮，微溶于异丙醇，不溶于脂肪族烃、水和油脂。1976 年以后生产的 PB72 可溶于乙醇，但在乙醇中的溶解速率较慢。该材料在考古发掘现场保护的标记中主要用于将标记油墨或颜料与文物本体隔离（图 4-1）。

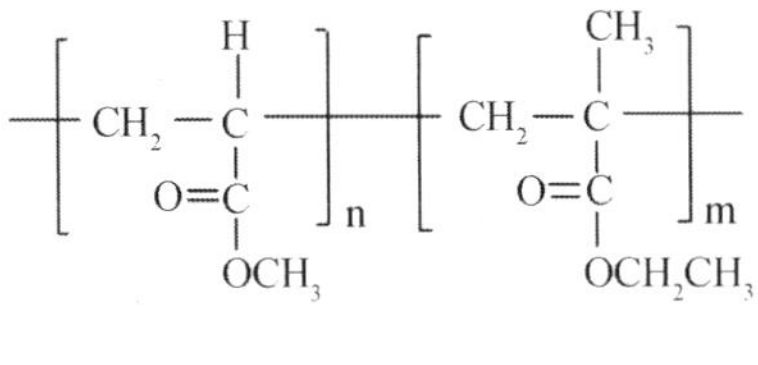

图 4-1　PB72 主体材料的结构式

2. 无纺布标签

无纺布（又称免织布）是由定向的或随机的树脂纤维构成，具有防潮、透气、柔韧、轻质、不易滋生微生物、耐久性好、价格低廉等特点。多采用聚乙烯、聚丙烯等热塑性树脂为原料，经高温熔融、喷丝、铺纲、热压生产而成。因具有布的外观和某些性能而称其为布，但不经纺织故称其为无纺布。

无纺布在考古发掘现场最大的用途是作为标签。传统的标签为纸质标签，在实验室中，纸质标签具有良好的适用性。但在考古发掘现场，纸质标签则显现出许多弊端。例如，纸质容易滋生微生物，从而导致其表面的标记内容模糊甚至消失，同时也会将微生物引入与其接触的文物表面；另外，纸张不耐水，水浸后强度急剧降低，稍有不慎就会因为标签破碎而造成其表面标记信息的丢失；再加上纸质标签容易受到污损，操作者手上的灰尘或者文物表面的泥土都很容易沾污纸质标签表面，从而使得标记变得模糊不清。这些都是纸质标签在现场常常出现的问题。而无纺布标签由于其本体为树脂材料，具有强度好、防水透气、柔韧、不易滋生微生物等特点，因此该类标签能够抵御多种侵蚀，从而对标签上的信息起到非常好的保护作用，能够普遍适用于各种考古发掘现场的标记。

除此以外，无纺布在考古发掘现场还常常用作储存包裹中硅胶、除氧剂等材料的包装袋。借助无纺布的透气性，从而实现包裹这些材料的同时也不阻断其与外界环境的交流（见5.6.2节）。

3. 油性标记笔

油性标记笔，又称记号笔、马克笔，可在纸、树脂、玻璃、金属等大部分固体表面书写。油性标记笔的墨迹具有附着力强，不脱色等特点，只可用乙醇等有机溶剂擦除。所谓油性笔是相对于水性笔而言的，其最大的特点就是书写后的墨迹遇水之后不会像水性笔那样变得模糊，便于保存，不易褪色。能够做到这一点是由于油性笔所使用的油墨不溶于水，仅溶于有机溶剂。其实，油性标记笔所使用的墨水就是油墨的有机溶液，当然其中还添加了少量成膜物质如丙烯酸树脂等。该类笔的着色原理是书写后随着有机溶剂的挥发而使得油墨与成膜树脂一起沉积在被标记物表面。由于油性标记笔常用的有机溶剂如乙醇、乙酸乙酯，其挥发速率大于水，因此在实际使用中，油性标记笔书写墨迹的干燥速度会较水性笔快，一般在1min以内即可干燥（由《油性记号笔用墨水行业标准》）。此外，该类笔如果因笔盖没有盖严而无法正常书写，可将笔头拔掉后加入一些乙醇或其他有机溶剂，将油墨稀释后，便可继续使用。

4. 墨　　汁

墨汁的主要原料为炭烟（其主要化学成分是碳）、胶料、添加剂和溶剂等，一般经由机械加工而成。炭烟的种类繁多，主要由各种植物及动物原料经燃烧或热分解制成。

传统工艺制备的墨汁，其胶料主要使用皮胶或骨胶及蛋清的混合物，另外再加入椤皮汁、朱砂、麝香等添加剂以水为溶剂制得。现代工艺制备的墨汁，其胶料常使用阿拉伯胶等植物胶或聚醇树脂等现代树脂材料替代传统的动物胶，另外添加剂也多使用现代化工材料，添加剂的种类也有所增加。

不论是传统工艺制作的墨汁还是现代工艺制作的墨汁都可应用于现场保护的标记。对文物的标记而言，墨汁本身的种类并不重要，重要的是使用墨汁标记前及标记后的处理工艺。因此，只要是市售的质量合格的墨汁都可以使用。

4.3.3　标 记 方 法

对现场保护而言，标记主要有两种方法。其一是直接在文物表面进行标记，其二是将标记记录在与文物一同保存的标签上。不同的文物保存状况及文物种类适用不同的标记方法。

1. 在文物表面标记

当一件文物从地下提取出来并进行过初步表面清理后，按标准的考古发掘步骤就该对这件器物的注册号码和它的出土地点编号进行标记了。这种标记方法是考古学研究所熟悉的，早期的田野考古工作者常常使用油漆将文物编号等重要信息简短的书写在文物表面。但是，出于考古现场保护的目的，不建议使用油漆。因为，首先油漆不稳定，使用它书写的标记很容易因为油漆的老化而破损、剥落，不利于信息的长期保存；其次，油漆的使用很容易沾污文物的表面，而且这些污染很难彻底从文物表面去除干净，尤其当油漆老化后。因此，现在常常使用墨汁替代原本的油漆对文物进行标记。

从前面的介绍可知，墨汁的主要成分是碳黑，其化学稳定性非常好，不会由于老化而出现褪色、消失的现象。但墨汁和油漆一样也容易污染文物的表面，尤其对于那些多孔文物（如陶器、石器等），由于墨汁的黏度远小于油漆，因此它会渗透到文物的孔隙内部，造成文物表面的深度污染，在日后想要将这些墨迹完全去除难度很大。因此在使用墨汁对文物进行标记时，要采用特定的处理办法。

在文物表面标记的第一步就是要选择文物的标记区域，一般的原则是选择一块不引人注目同时又易于寻找、观察的区域，这样既不会影响文物的外观也容易为研究者所辨读。标记应避免在那些有装饰或彩绘的部位进行。同时也不要在任何有片状剥离或有较厚土质、锈蚀产物结壳的表面进行，因为那样很有可能会由于后期细致的文物表面清理或者其他原因而导致标记脱落。对于有底的器物，尽量在器物底部进行标记，而不要在其口沿或侧壁进行。如果一件文物破碎成许多块，并且这些碎块最终都将要粘接、修复起来。这时无需对每一块碎块都进行标记，只用在底部碎块的底面及一些文物体部碎块的内表面进行标记，然后将这件文物的所有碎片包装在一起以防和其他文物相混淆即可。

在直接对文物表面进行标记时，一定要确保欲标记区域完全洁净并干燥。如果有必要，事先应使用潮湿的棉签清洁预标记部位，以确保去除表面所有的灰尘。在欲标记区域完全干燥后，用10%的PB72在该区域涂刷一层条带状覆盖层。如果文物的孔隙率较高，可以适当提高PB72的浓度直至15%，并使用挥发速率较快的丙酮作为溶剂。这样做是为了尽量减少PB72在文物本体中的渗透深度，使更多的树脂停留在文物的表面。这与文物保护中渗透加固的目的及效果恰恰相反，因为PB72涂层在这里只是作为文物本体与墨迹的隔离层，而并不是文物加固剂。这个条带状涂层的尺寸应该与标记区域的尺寸相称，不要太大更不能太小。当PB72覆盖层完全干燥后，就可以用墨汁在覆盖区域上进行标记了。但是使用墨汁进行标记有一个很大的缺点，那就是墨汁易溶于水且其堆积厚度远没有油漆厚，因此墨汁容易受水或其他磨蚀作用而变得模糊不清。为了防止这种情况的发生，一般在墨汁完全干燥后再在墨汁上施加一层PB72覆盖层。通过这种方法，标记的数字就不容易被蹭掉或被水溶解掉。事后如果需要去除标记，用蘸有丙酮的棉签就可以很容易的将其擦拭掉。

对于表面色调较暗的文物本体标记，还可以使用白色墨水替代一般黑色墨水进行，这样做可以使标记更加醒目，二者的标记方法完全相同。

另外，随着标记材料的发展，现在已经出现了一种荧光墨水。这种墨水在自然光下呈现无色透明状，而在紫外线照射下则呈现出特定的荧光。因此该类墨水标记后的文物在平时看来并没有任何痕迹，当需要辨读标记内容时，使用紫外线照射标记区域就可以使标记的文字显露出来。但这种标记材料至今还尚未在考古发掘现场文物保护中推广开来。

2. 附加标签对文物进行标记

这种方法其实也是田野考古学中常常使用的标记方法。田野考古学在文物出土后常常将文物的出土位置等信息书写在一张纸质标记卡上，然后将其装入文物内部或者与文物一起装入另一个容器中。

现场保护的附加标签标记方法和田野考古学主要有两点不同。第一，对潮湿文物标记所采用的材料和传统考古学不同。传统考古学主要使用水性笔或中性笔，如签字笔、钢笔等在纸质标签上书写标记内容。这种书写方式极易产生由于水、微生物等因素的作用而导致标签表面的字迹模糊、标签破损等问题。而现场保护则一般使用油性标记笔在聚乙烯无纺布标签上书写标记。这种标记方法字迹附着力强，不会受水的影响而导致字迹消退。同时由于标记的标签为聚乙烯材质，因此其强度不会因为水而降低。更重要的是在潮湿环境中，其表面不会滋生霉菌。第二，现场保护标记的内容与传统考古学略有不同，具体见4.3.4节。

在考古发掘现场，使用标签标记法既可以在文物的包装盒子或袋子外面也可以在其内部进行。如果文物的包装袋是外部有标签位的聚乙烯袋，在袋子外的标签位上用标记笔直接书写标记内容即可。如果袋子表面没有标签位，那么最好将外部无纺布标签与聚乙烯袋热封合在一起。对于多层袋子包裹的文物，一般将标签面部向外粘贴于最外层袋子的内部。如果是采用透明盒子对文物进行包裹，一般在盒子侧壁或顶部内表面粘贴无纺布标签（标签面部向外），这样在不打开盒子的情况下就可以透过侧壁或顶盖辨识标签信息。如果用不透明盒子包裹，一般采用的方式是在盒子外面用标记笔直接书写标记和在盒子内部放置标签的双重标记方式。这是因为盒子表面较光滑，标记笔的墨迹易由于刮蹭、光照或特殊溶剂而褪色，双重标记的方式最大限度的保证了标签内容的安全。对于大件物体可以将标签用涤纶线栓在文物上，但最好用聚氨酯泡沫衬垫在线和文物之间，以防系紧标签时涤纶线割伤文物表面。当饱水文物被置于塑胶网中时，标签往往可以系在塑胶网的网格上。

4.3.4　标记的内容

在考古发掘现场文物保护中，文物本体表面直接进行标记的内容与田野考古学完全一致，主要是文物的出土编号。而使用标签标记的内容，二者则有很大不同。这是因为田野考古学标签的目的是记录文物出土的第一手资料，为日后文物整理及本体标记做准备。而现场保护标签标记的目的是明确储存包裹物的内涵以及包裹环境的要求，记录环境维持情况。因此考古发掘现场文物保护中标签标记所应包含的内容除了文物的基本出土信息外，还应包括文物的材质、环境控制要求、特殊包装材料及其更换时间等内容（表 4-2）。

表 4-2　现场保护中标签标记的内容举例

遗址名称：	××遗址 M1005
文物材质：	铁质
文物名称及编号：	
铁剑　M1005：64	铁块　M1005：70
铁斧　M1005：66	
铁钉　M1005：67	
环境控制状态	干燥，相对湿度低于 20%，湿度指示卡指示
检查时间/年-月-日	2009-5-15，2009-6-15，2009-7-15，2009-8-15，2009-9-15，2009-10-15
硅胶更换时间/年-月-日	2009-5-15，2009-7-15，2009-9-15
特殊包装详情	无
备注	无

第5章　考古发掘现场文物保护技术

5.1　文物的拿放操作

5.1.1　文物拿放操作的定义及特点

在现场保护中，所谓文物的拿放操作就是指在考古发掘现场对文物进行的一切人为的触摸、拿放、搬移、旋转等操作的统称。

在考古发掘现场对文物进行拿放操作与实验室保护中的文物拿放操作有很大差异。这是因为在实验室保护中，各方面条件都相对较完善，真正可以做到对文物的最少拿放甚至零拿放。另外，由于实验室保护一般在时间及仪器设备方面没有太大限制，因此在对文物进行保护处理前，往往已经充分掌握了文物的保存状况，如文物的锈蚀程度、文物的脆弱部位等信息。而在考古发掘现场这一切则完全不同。

首先，在考古发掘现场文物保护中是不存在对文物的零拿放的。在发掘现场对文物的触摸拿放操作是必不可少的，并且拿放操作会贯穿考古发掘现场文物保护的几乎每一个阶段。

其次，考古发掘现场由于时间、设备等方面条件的限制，在文物刚刚出土时就将文物的基本保存状况了解清楚几乎是不可能的，有些时候甚至确定文物的构成材质都是一件比较困难的事情。在这种情况下，文物底层是否有裂隙、文物是否完全矿化、文物的脆弱部位在何处等信息均无法获知。

再次，在考古发掘现场，文物出土时往往带有附加物或包裹物，如容器内部的包裹土、多孔材质内部孔隙吸收的水分等。这些附加物都使得原本就已十分脆弱的文物本体被迫支撑着比自身实际重量重得多的重力，因此对这类文物进行拿放操作时更加危险。

由此可见现场保护中文物的触摸拿放操作对考古发掘现场文物保护工作至关重要，错误的拿放操作方式对于刚刚出土的、保存状况不是十分清楚的文物非但不会有任何保护作用，反而可能会造成人为的破坏。

5.1.2　文物拿放操作的原则

触摸拿放操作的基础是对文物保存状况的认知。在考古发掘现场，所有的出土文物几乎都已遭受了一定程度的侵蚀退化。而这种侵蚀退化最直接的效果就表现在文物本体强度的降低，部分文物出现了开裂、变形甚至粉化的现象。还有些文物原本起粘接作用的胶料已经流失殆尽，仅仅依靠附着作用或者土壤的黏附作用而连接在一起。无论何种原因，重点是这些考古发掘出土文物一般都处于一种十分脆弱的状态。因此对它们进行拿放操作时应格外小心。

然而，如前所述，在考古发掘现场完全了解文物的保存状况几乎是不可能的。因此对现场保护而言，一般比较安全的做法是假定所有的发掘出土文物都处于一种极度脆弱的状态，现场保护中称之为假定脆弱原则。当然这种脆弱的状态在文物的表面并不一定都是显而易见的，一些文物可能看起来比较结实坚固，但实际上在泥土和锈蚀产物的下面可能已经布满了裂隙。这些被遮蔽的或只有显微镜才能看到的裂隙仅凭肉眼的简单观察是无法发现的，但它们的存在导致器物非常易碎。

在考古发掘现场，虽然无法做到对文物的零拿放，但也应遵循最少拿放原则。这一原则不仅在文物刚从地下出土时应遵循，在文物的表面清理、保护处理、观察研究和包装等过程中都应该遵循。

5.1.3　文物拿放操作的方法

即便充分了解了以上两大原则，在实际的考古发掘现场保护中对文物的触摸拿放操作往往还是经常要进行的。在必须接触拿放文物的时候，触摸拿放操作应该采取以下方法。

在考古发掘现场对文物进行拿放操作时最好穿戴手套，尽量不要徒手拿放文物。这样做的目的一方面是保护文物不受污染，另一方面是保护工作人员自身的身体健康。但穿戴手套的尺寸及厚度一定要合适，过大或过厚的手套会导致操作者动作笨拙、感觉迟缓，穿戴这种手套进行文物拿放操作时往往会增加文物跌落的危险。

在必须要对文物进行拿放操作时，应该轻而稳的拿放。对文物的抓握力度应适当，不可过松亦不可过紧。过紧的抓握易导致文物的突然断裂，而过松的抓握则易导致文物从手中滑落。

在拿放文物时，手接触文物的部位应选择其表面最厚重、最坚固的部分，通过这种方法可以较安全的平均分散掉文物自身质量产生的重力。

对于质量轻且体型小的文物，拿放时一般用一只手捉握文物，同时用另一只手从下部保护性的拥住或支撑住文物，这样可以防止文物的意外滑落。这种操作方式在拿起状态下转动小件器物时尤为适用。

对于重量较重且体形较大的文物，拿放时一般用两只手一起稳固的托起文物。但应注意在那些较为脆弱的部位不要施加太大的压力，以免对文物造成损坏。

对于有把手或系的器物，在拿放时决不可抓握把手或系的部分，而应该用双手支撑在器物身体的下半部分将其捧起。

长而薄的器物，如玉圭或骨针，拿放时应尤其注意。对体量较小的该类文物，应该从其中部拿起。而体量较大的则应该双手从其中部两侧的下方将其托起，尽量不要从一端拿起该类文物。

对于那些有韧性的材料，如纺织品、金属薄片等，应避免反复的弯曲。因此这种材料更应该尽可能少的触摸拿放。为了更容易地移动这类文物，通常把它们放在一片有一定强度的聚乙烯泡沫板上。这样在需要拿放或移动该类文物时，对聚乙烯泡沫板进行操作就可以了，从而避免了对该类文物的直接触摸和损坏。这种方法其实可以推广到考古发掘现场保护中所有脆弱文物的拿放。为了进一步减少对脆弱文物的直接拿放频次，可以在观察研究和保护处理文物前，将文物先放入一个坚固的容器中或支撑物上，这样就为文物的拿法操作创造了一个替代品，可以通过对容器或支撑物的拿放来代替对文物的直接操作。

此外，当文物在拿起状态时，应该始终使它们处于桌子或者柔软表面的上方，并且要尽量减小器物和桌面的距离。这样要求是为了预防文物万一从手中滑落而对其产生的损害。如果文物从手中意外滑落，当其掉落到另一物体表面（如软木桌面、毡垫表面等）时，其接触到软表面产生的冲量要远比接触硬表面产生的冲量小得多。表面越软，缓冲时间越长，文物遭受损害的可能性就越小。此外，文物从手中掉落后到其接触桌面或其他物体表面前，会经历一个近似于自由落体的运动。自由落体运动的距离（即文物距桌面的高度）越大，接触桌面时文物的速率也越快，产生的冲量也将越大，文物遭受损害的可能性就越大。再加之由于文物遭受高冲量后很有可能发生破碎，碎块会四下散落。文物与桌面等物体表面接触的一瞬间产生的冲量越大，其赋予散落碎片的初始速率也越大，碎块散落的距离也将越远。因此，这样要求一方面是为了防止器物从高距离掉落到硬表面上产生破碎，另一方面是为了防止器物破碎时，其碎片弹出距离过远，以至于散落到黑暗的角落或者其他难以寻找的地方。

在拿法操作的最后阶段即将文物放下的时候，一定要在确认文物已安全的放到桌面上或者架子搁板上，并不会出现任何移动或滚动后，再缓缓松开文物。这一点对于那些圆底或小底的长或笨重的器物尤为重要。在触摸拿放操作中，文物放置时稳固是第一性的，如果一件器物在其竖直放置时不是十分稳固，就应将其侧放，并同时在器物下面放置褶皱绵纸或泡沫以安全的固定其位置，防止文物的滚动。当然也可以把这类器物放入和其体形相称的坚固的容器中。无论如何放置，需要注意的是，决不要把文物放置在桌面或者架子隔板的边缘。因为在这些区域放置的文物，意外滑落的几率更大。

此外，在考古发掘现场，切忌试戴如戒指、耳环、项链等文物饰品。因为这些饰品在经历了多年侵蚀后，其强度已无法再承受试戴所产生的变形，试戴极易造成该类文物的断裂。

同时，在考古发掘现场文物保护中，一般不允许文物的手对手交接或传递，即文物由一位工作人员的手中直接交付到另一位工作人员手中。因为，这种手对手的文物交接或传递常常会由于交接瞬间的失误而导致文物的跌落、破碎。例如，文物传递者认为文物接收者已经将文物抓握稳当，而接收者认为那位传递者此时还未将文物松开，当这种情况发生时，文物的损坏几乎是必然的。这种失误在一整天的现场保护高强度作业后发生的几率会更大。正确的做法是，当需要交接或传递文物时，传递者将文物安全的放置在一个固定平面上，而后由接收者自己从这个平面上将文物稳固的拿取。

总之，在考古发掘现场文物保护中，如果能够将操作过程中触摸拿放对文物产生的威胁减到最小，就可以避免一些对文物没有必要的损坏。

5.2　文物的表面清理与清洗

5.2.1　文物表面清理/清洗的定义

现场保护中文物的表面清理/清洗是指在考古发掘现场，从文物被发现的那一刻开始对文物进行的去除诸如表面泥土等一系列附着物工作的统称。它包括在文物出土位置为了将文物从包裹物中提取出来而对文物进行的初步清理，也包括为了进一步保护处理而对文物进行的细致清洁工作。

附着物是物体受到外界物理、化学或生物作用，在文物表面上形成的污染层或覆盖层。虽然可以把从物体上清除附着物的过程统称为表面清理，但通常都是把附着物从固体表面上清除的过程叫做清理。由于待清理的文物都存在于特定的介质环境中，因此清理过程中必然存在三种物质：被清理的固体文物、存在于固体表面的附着物以及周围的介质。而在三种物质之间必然存在一定作用力才能使清理过程发生。把这种作用力称为清理作用力。因此，一次完整的清理工作应包括四个要素：欲清理文物、附着物、介质及清理作用力，其过程可用下式简单表示：

$$\text{文物} * \text{附着物} \xrightarrow[\text{介质}]{\text{清理作用力}} \text{文物} + \text{附着物} \tag{5-1}$$

式（5-1）表示清理过程是在一定的介质环境中在清理作用力的作用下，使文物表面上的附着物脱离去除，恢复文物表面本来面貌的过程。

文物表面的清理过程按照介质的不同可分为湿式清理和干式清理。其中湿式清理又称清洗，是指清理工作在溶液（即液体介质）中进行，如在水、各种水溶液和有机溶剂中进行清理；而干式清理是在空气中或在氮气、氩气等气体介质中进行的清理。干式清理不使用液体，因此具有不需要清理后进行干燥的优点，但由于气体介质使从固体表面解离分散下来的附着物粒子稳定分散的能力不强，所以附着物粒子可能会再吸附到文物表面造成再污染，造成清理不彻底的现象。

5.2.2　文物表面清理/清洗的理论基础

1. 溶液与溶解理论

1）溶液的基本概念

溶液是指一种或一种以上的物质分散到另一种物质里，形成均一的、稳定的混合物。由溶液的定义可知，溶液由两种或两种以上的物质组成，在物质分类上属于混合物。溶液的特征是均一性和稳定性。所谓均一性是指溶液中各部分的组成和性质完全相同。所谓稳定性是指如果温度不改变，溶剂不蒸发，溶质和溶剂不会自行分离。溶液是一类比较特殊的混合物，其他一些混合物一般没有固定的组成，而溶液的组成在一定条件下是固定的。

2）溶液的组成

溶液由溶质和溶剂两部分组成。溶质是被溶解的物质，可以是固体，也可以是气体或液体。但是只有已经溶解的那部分物质才是溶质，如果有仍未溶解的物质，那么未溶解的那部分物质不是溶质。溶剂是能够溶解其他物质的物质，溶剂一般为液体，最常见的溶剂是水。

如果是固体或气体溶解在液体中，那么固体或气体是溶质，液体是溶剂。如果是两种液体互溶，一般水作为溶剂。若没有水，则量多的液体为溶剂，量少的液体为溶质。溶液质量 = 溶质质量 + 溶剂质量，但是由于微粒之间有空隙，在溶解过程中，溶质的微粒和溶剂的微粒会填补一部分空隙，因此溶液体积≠溶质体积 + 溶剂体积。

3）溶液的分类

溶液有两种分类方法，一种是根据溶液的浓度，可以把溶液分为浓溶液和稀溶液；另一种是根据在一定条件下能否继续溶解某种溶质把溶液分为饱和溶液和不饱和溶液。

浓溶液和稀溶液只是相对而言，没有具体的标准。

饱和溶液则是指在一定温度下，一定量的溶剂中，不能继续溶解某种溶质的溶液；还能继续溶解某种溶质的溶液叫做这种溶质的不饱和溶液。溶液是否饱和必须强调“在一定温度下”和“在一定量溶剂中”。因为温度和溶剂量的改变会使饱和溶液变为不饱和溶液，也可以使不饱和溶液变为饱和溶液。饱和与不饱和是溶液在一定条件下的状态，如果条件改变，状态也会改变。此外溶液是否饱和，还要指明是某溶质的。因为一种溶质的饱和溶液，可能是另一种溶质的不饱和溶液，也就是说溶液中溶质不一定只有一种。

浓溶液与稀溶液，饱和溶液与不饱和溶液是两种不同的分类方法。二者之间没有必然的联系。对于不同的溶质，或是同种溶质但温度不同，饱和溶液不一定是浓溶液，不饱和溶液不一定是稀溶液。对于同种溶质，同一温度下，饱和溶液比不饱和溶液浓。

4）溶解度

在一定条件（温度、压力）下，一定量的溶剂溶解溶质达到饱和时，所含溶质的量称为溶解度。任何一种表示浓度的单位都可用来作为溶解度的单位。因此，根据工作需要溶解度可以有各种不同的表示方法，通常用一定温度下 100g 溶剂形成饱和溶液时所溶解溶质的质量（单位为克）表示。物质溶解度的大小与很多因素有关，主要取决于溶质和溶剂自身的性质以及外界的温度和压力。大多数固体物质的溶解度随温度升高而增大，只有个别物质的溶解度随温度的升高反而减小。

2. 相似相溶原理

1）非极性键和极性键

在单质分子中，同种原子形成共价键，两个原子吸引电子的能力相同，共用电子对不偏向任何一个原子，电荷在两个原子核附近对称地分布，因此成键的原子都不显电性。这样的共价键叫做非极性共价键，简称非极性键。例如，H—H 键、Cl—Cl 键都是非极性键。

在化合物分子中，不同种原子形成的共价键，由于不同原子吸引电子的能力不同，共用电子对必然偏向吸引电子能力强的原子一方，因而吸引电子能力较强的原子一方相对地显负电性，吸引电子能力较弱的原子一方相对地显正电性。也就是说，在这样的分子中，共用电子对的电荷是非对称分布的。人们把这样的共价键叫做极性共价键，简称极性键。例如，在 HCl 分子里，Cl 原子吸引电子的能力比 H 原子强，共用电子对的电荷偏向 Cl 原子一端，使 Cl 原子一端相对地显负电性，H 原子一端相对地显正电性。因此，H 原子与 Cl 原子之间的共价键是极性键。

2）非极性分子和极性分子

在研究了键的极性之后，现在来研究分子的极性。如果分子中的键都是非极性的，共用电子对不偏向任何一个原子，整个分子的电荷分布是对称的，这样的分子叫做非极性分子。以非极性键结合成的双原子分子都是非极性分子，如非金属单质的双原子分子 H_2、O_2、Cl_2、N_2等。

以极性键结合的双原子分子如 HCl 分子里，共用电子对偏向 Cl 原子，因此 Cl 原子一端相对地显负电性，H 原子一端相对地显正电性，整个分子的电荷分布是不对称的，这样的分子叫做极性分子。以极性键结合成的双原子分子都是极性分子。以极性键结合成的多原子分子，可能是极性分子，也可能是非极性分子，这决定于分子中各键的空间排列。例如，CO_2是直线型分子，两个 O 原子对称地位于 C 原子的两侧。

$$O=C=O$$

在 CO_2分子中，因为 O 原子吸引电子的能力比 C 原子强，共用电子对偏向于 O 原子，使得 O 原子一端相对地显负电性，因此 C ═O 键是极性键。但从 CO_2分子总体来看，两个 C ═O 键是对称排列的，两键的极性互相抵消，整个分子没有极性。所以，CO_2是非极性分子。H_2O 分子的情况则不同，它的两个 O—H 键之间有一个夹角，约为 104.5°。O—H 键是极性键，O 原子吸引电子的能力强于 H 原子，共用电子对偏向于 O 原子，使得 O 原子一端相对地显负电性，H 原子一端相对地显正电性。由于 O 原子在分子的一端，整个分子电荷分布不对称，因此 H_2O 分子是极性分子。

3）分子间相互作用力

分子间的相互作用力包括分子间力和氢键。

A. 分子间力

共价分子相互接近时可以产生性质不同的结合力。当非极性分子相互靠近时，由于电子的不断运动和原子核的不断振动，要使每一瞬间正、负电荷中心都重合是不可能的，在某一瞬间总会有偶极存在，这种偶极叫做瞬间偶极。瞬间偶极之间总是处于异极相吸的状态。由瞬间偶极产生的分子间力叫做色散力。

当极性分子相互靠近时，色散力也起着作用。此外，它们还存在着固有偶极。由于固有偶极的相互作用，极性分子在空间就按异极相吸的状态取向。由固有偶极之间的取向而产生的分子间力叫做取向力。

由于取向力的存在，使极性分子更加靠近。同时在相邻分子的固有偶极作用下，使每个分子的正、负电荷中心更加分开，产生了诱导偶极。诱导偶极与固有偶极之间产生的分子间力叫做诱导力。因此，在极性分子之间还存在着诱导力。诱导力还存在于非极性分子与极性分子之间。

总之，在非极性分子与非极性分子之间只存在着色散力；在极性分子之间存在着色散力、诱导力和取向力。取向力、诱导力和色散力的总和通常叫做分子间力，又称为范德华力。其中色散力在各种分子之间都有，而且一般也是最主要的；只有当分子的极性很大（如 H_2O 分子之间）时才以取向力为主；而诱导力一般较小。分子间作用能很小（一般为 0.2～50kJ/mol），与共价键的键能（一般为 100～450kJ/mol）相比差 1～2 个数量级。分子间力没有方向性和饱和性。分子间力的作用范围很小，它随分子之间距离的增大而迅速减弱。所以气体在压力较低的情况下，因分子间距离较大，可以忽略分子间力的影响。

B. 氢键

除上述三种分子间力之外，在某些化合物的分子之间或分子内还存在着与分子间力大小接近的另一种作用力——氢键。氢键是指氢原子与电负性较大的X原子（如F、O、N原子）以极性共价键相结合时，还能吸引另一个电负性较大，而半径又较小的Y原子（X原子与Y原子可以相同，也可不同）的孤对电子所形成的分子间或分子内的键。能形成氢键的物质相当广泛。例如，HF、H_2O、NH_3、无机含氧酸和有机羧酸、醇、胺、蛋白质以及某些合成高分子化合物等物质的分子（或分子链）之间都存在着氢键。因为这些物质的分子中，都有F—H键、O—H键或N—H键。而像醛、酮，如乙醛、丙酮等有机物的分子中虽有氢、氧原子存在，但与氢原子直接连接的是电负性较小的碳原子，所以通常这些同种化合物的分子之间不能形成氢键。

氢键具有饱和性和方向性。氢键的键能比化学键要弱得多，与分子间力有相同的数量级。但分子间存在氢键时，大大加强了分子间的相互作用。

4）分子间相互作用力对物质溶解性的影响

影响物质在溶剂中溶解程度的因素较复杂。一般来说“相似相溶”是一个简单而较有用的经验规律，即极性溶质易溶于极性溶剂，非极性（或弱极性）溶质易溶于非极性（或弱极性）溶剂，溶质与溶剂的极性越相近，越易互溶。例如，碘易溶于苯或四氯化碳，而难溶于水。这主要是碘、苯和四氯化碳等都为非极性分子，分子间存在着相似的作用力（都为色散力），而水为极性分子，分子之间除存在范德华力外还有氢键，因此碘难溶于水。

通常清洗用的溶剂一般有水和有机物两类。水是极性较强的溶剂，它既能溶解多数强电解质如HCl、NaOH、K_2SO_4等，又能与某些极性有机物如丙酮、乙醚、乙酸等相溶。这主要是由于这些强电解质（离子型化合物或极性分子化合物）与极性分子H_2O能相互作用而形成正、负水合离子；而乙醚和乙酸等分子不仅有极性，且其氧原子藉孤对电子能与水分子中的H原子形成氢键，因此它们也能溶于水。但强电解质却难为非极性分子的有机溶剂所溶解，或者说非极性溶剂分子难以克服这些电解质本身微粒间的作用力而使它们分散或溶解。

常见的有机溶剂主要可分为两类：一类是非极性和弱极性溶剂，如苯、甲苯、汽油以及四氯化碳、三氯甲烷、三氯乙烯、四氯乙烯和某些其他卤代烃等。它们一般难溶或微溶于水，但都能溶解非极性或弱极性的有机物，如油类。因此，常用来清洗文物表面黏附的油脂；另一类是极性较强的有机溶剂，如乙醇、丙酮以及低分子量的羧酸等。这类溶剂的分子中，既包含有羟基（—OH）、羰基、羧基这类极性较强的基团，并且还含有烷基类基团，前者能与极性溶剂如水相溶，而后者则能溶解于弱极性或非极性的有机物。根据这一特点，在文物清洗过程中，往往可先以甲苯等非极性或弱极性溶剂去除表面的油脂。然后再以这类极性溶剂（如丙酮）洗去残留在文物表面的非极性或弱极性溶剂，最后用水洗净。为使其尽快干燥，可将经水洗后的部位用少量乙醇擦洗表面，以加速水分挥发。这一清洗过程主要依赖于分子间相互作用力的相似，即“相似相溶”的规律。

3. 清 洗 媒 质

根据清洗使用的媒质不同而将清洗系统分为两大类：把使用水、各种水溶液、有机溶剂等液体媒质的清洗系统叫湿式清洗系统，而把以空气等气体作为媒质的清洗系统叫干式清理系统。湿式清洗系统主要包括清洗、冲洗、干燥三个工艺过程；而干式清理系统不需要干燥工艺，只包括清洗和冲洗两个工艺过程。下面对这两种清洗系统做进一步介绍。

1）液体媒体——湿式清洗

清洗多是在溶液中进行的，如在水中、各种水溶液中及有机溶剂中进行清洗。这些情况下，清洗媒体都是液体。把用液体做清洗媒体的清洗方法称为湿式清洗。湿式清洗主要包括喷射清洗、浸泡清洗、溶剂蒸气清洗等具体清洗方法。

2）气体媒体——干式清理

以空气为媒质的干式清理是最简便的清洗方法。一方面，干式清理不使用液体媒质，因此不需要清洗后进行干燥，这是它的优点。但另一方面，气体媒质使解离分散下来的污垢粒子稳定地分散能力不强，结果经常造成污垢对清洗对象的再污染。因此干式清理往往达不到较高的清洁程度并最终造成清洗不彻底，这是它的缺点。

3）清洗媒体的作用

清洗媒体在清洗过程中起着重要的作用，主要表现在以下两方面。

A. 对清洗力的传输作用

众所周知，肥皂是一种具有强清洗力的清洗物质，但如果把它直接涂在沾有污垢的衣物上并不能很好地发挥它的洗净效力。只有把肥皂溶于水中形成水溶液之后，肥皂分子才能吸附在污垢表面并深入到其内部，同时肥皂分子又能吸附在衣物的纤维上。将纤维间细孔中的空气顶出来，这样使织物与污垢都被洗涤液润湿、渗透而膨胀，并且使衣物与污垢间的结合力减弱，此时借助机械搅拌或搓洗、加热等物理作用力使衣物上的污垢转移到水中。如没有水作为媒介，这个过程是不能发生的。在某些利用机械作用力的物理清洗过程中，没有水和空气等介质的传输作用，水力、风力、超声波等这些作用力也是不可能发挥其作用的。

B. 防止解离下来的污垢再吸附

清洗媒体能使从清洗对象表面解离下来的污垢以稳定的状态分散并保留下来，则污垢不会再吸附到已被洗净的表面上，并且随着介质的流动更换，污垢可永久地被去除。然而不同介质对污垢分散稳定的能力是不同的。

由上可知，在选择清洗媒体时应考虑它能否在清洗系统中充分发挥上述两种作用。

4. 清　洗　力

清洗对象、污垢及清洗媒体这三者间必然存在一种作用力使得污垢从清洗对象的表面清除并将它们稳定地分散在清洗媒体中，从而完成清洗过程，这个作用力即是清洗力。在不同的清洗过程中起作用的清洗力亦有不同，大致可分为六种力。

1）溶解力，分散力

水和有机溶剂之所以能有效的去除污垢就是利用它们对污垢有溶解分散的特性，把水和有机溶剂的这种作用力称为溶解力、分散力。这是一种最常见的清洗力。不同溶剂对不同污垢的溶解和分散能力有所不同，一般需针对所要去除的污垢进行溶剂选择以达到更好的清洗效果。

2）表面活性力

作为溶质能使溶液表面张力显著降低的物质称为表面活性剂。表面活性剂具有在污垢和清洗对象表面吸附并使其表面的能量降低，从而使污垢从清洗对象表面解离分散的能力。把表面活性剂的这种独特的作用称为表面活性力。利用表面活性力清洗的特点是对清洗对象的损伤较小，而且对不同类型的污垢普遍有较好的去除能力。

3）化学反应力

酸、碱、氧化剂及金属离子螯合剂等化学试剂能与污垢发生化学反应而使污垢解离分散，并从清洗对象表面去除。把这些化学试剂的作用称为化学反应力。利用化学试剂进行清洗是希望该试剂仅与污垢反应而不对清洗对象起作用，但实际情况不可能完全做到这一点。因此，一般要求所选用的化学试剂对清洗对象表面的影响减小到最低限度，在此前提下进行清洗。

4）吸附力

一些物质能把原来吸附在清洗对象表面的污垢吸附到自己的表面上而达到去污的目的，这种物质就是吸附剂，吸附剂的上述作用称为吸附力。在家庭中用抹布去除灰尘、用洗碗巾擦去碗上油污等都是利用吸附作用的典型例子，在文物保护尤其是考古现场保护领域也广泛地利用吸附作用进行清洗。

5）物理力

利用热、流动力、压力、冲击力、摩擦力和电流的分解力、紫外线、超声波、等离子体、离子束、激光、X射线、微波等物理作用给予体系能量，使污垢解离、分散的作用力总称为物理力。在各种清洗过程中往往都离不开物理力的作用。使用物理力清洗的场合一般需要注意效率的提高和能量的充分利用。

6）酶力

酶是由植物、动物和微生物产生的具有催化能力的蛋白质，它有高效催化动植物体内各种新陈代谢过程的能力。把酶的这种能力应用到清洗过程中而形成的一种特殊的生物化学作用力，这种作用力称为酶力。

5.2.3　表面清理常用介质及工具

1. 乙　　醇

乙醇，俗称酒精，在常温、常压下为无色、透明，具有特殊香味的液体，并略带刺激性。易挥发，易燃，密度比水小，能和水以任意比互溶。其折射率为1.362，比水稍高。乙醇是一种重要的溶剂，能溶解多种有机物和无机物。可以与水、乙酸、丙酮、苯、四氯化碳、氯仿、乙醚、乙二醇、甘油、硝基甲烷、吡啶和甲苯等溶剂混溶。由于存在氢键，乙醇具有潮解性，可以很快从空气中吸收水分。纯度高达99.5%的乙醇称之为无水乙醇，该类乙醇一般用作溶剂；浓度为95%的乙醇常用以擦拭光学仪器镜头或灯管；浓度为70%~75%的乙醇常用于消毒。这是因为，过高浓度的乙醇会在细菌表面形成一层保护膜，阻止其进入细菌体内，难以将细菌彻底杀死。而浓度过低的乙醇，虽可进入细菌，但不能将其体内的蛋白质凝固，同样也不能将细菌彻底杀死。其中70%的乙醇消毒效果最好；浓度为40%~50%的乙醇可以达到促进局部血液循环的作用；浓度为25%~50%的乙醇可用于物理退热。

乙醇会对人的眼睛产生一定的伤害。吸入或摄入高浓度的乙醇蒸气会导致人头疼、头昏眼花、产生睡意，并且会对人的中枢神经系统产生损害。

为了防止误食乙醇，许多地区会在乙醇中掺杂多种添加物，从而使其呈现粉红色或紫色。这种显色基团可以通过用碳粉过滤乙醇的方法予以去除。在现场保护中，一般不建议使用这种带色的乙醇。因为其内部的显色基团会在使用乙醇的过程中沾染在文物的表面，导致处理后的文物呈现出粉红色或紫色。

在考古现场，乙醇常常用于那些无法使用水的清理工作或者对泥土的软化工作。它不能用于对水敏感的器物表面，如象牙、木头或皮革。因为乙醇会造成这类器物的脱水，最终导致器物的起翘、开裂。

2. 丙　酮

丙酮，也称二甲基酮，是饱和脂肪酮系列中最简单的酮。其熔点为 -94.6℃，沸点为 56℃，密度为 0.788kg/cm^3（25℃），常温、常压下为一种无色、透明、有特殊辛辣气味的液体。丙酮极易燃、易挥发，化学性质较活泼。丙酮能溶于水、乙醇、乙醚及其他有机溶剂。丙酮蒸气与空气混合可形成爆炸性混合物，爆炸极限 2.55%~12.8%（体积比）。丙酮对人体没有特殊的毒性，主要是对中枢神经系统的抑制、麻醉作用，吸入后可引起头痛，支气管炎等症状。如果大量吸入，还可能导致昏迷。

在文物保护领域，丙酮是一种性能优异的、多用途的溶剂。丙酮可以溶解的树脂种类范围很宽，包括聚乙酸乙烯酯、丙烯酸树脂、硝酸纤维素等多种树脂材料。此外，由于丙酮的挥发速度很快，因此在用作清洁剂时，清理后的文物可在短时间内实现干燥，同时在用作加固剂溶剂时加固剂也将在较短的时间内达到加固效果，可节约工作时间，提高工作效率。但是，也正是因为丙酮的极易挥发性，在干燥炎热的气候环境下做为加固剂的溶剂，丙酮比其他溶剂更难使用，因为它会造成加固剂渗透深度的不足以及明显的反迁效应。

在丙酮使用和保存时都应该远离硝酸，因为它们二者的接触可能会产生剧烈的反应。

在一些地方购买的丙酮常常含有不同剂量的水，这种丙酮不适合做为加固剂的溶剂使用，因为水会导致加固剂形成的薄膜泛出乳白色。在使用加固剂时尽量选择纯的丙酮。

3. 甲　苯

甲苯是一种常用溶剂，在现场保护中因为甲苯的挥发速率较丙酮慢，在干燥炎热气候环境下使用时常常作为丙酮的替代溶剂。甲苯是一种具有特殊气味的、无色、易燃的液体，其密度为 0.866kg/cm^3（25℃），熔点 -95.0℃，沸点 110.8℃。它不溶于水，但溶于乙醇、乙醚和丙酮。甲苯的蒸汽与空气混合也会形成爆炸性气体，爆炸极限为 1.2%~7.0%（体积比）。由于甲苯和水是不相溶的，因此使用甲苯作为溶剂时，水对溶剂污染的问题就不会存在。吸入甲苯的蒸汽会导致头昏眼花、头疼、恶心、精神混乱。如果甲苯中含有杂质苯，长时间吸入它的蒸汽还会导致败血病。不管是甲苯的蒸汽或者液体都会刺激人的眼睛及黏膜。吸入甲苯的蒸汽还会损害人的肝脏、肾脏及中枢神经系统。长时间的皮肤接触会导致皮炎，通过皮肤的吸收或摄入甲苯都会导致中毒。

4. 水

水（化学式：H_2O）在常温常压下为无色无味的透明液体，是地球上最常见的物质之一，也是包括人类在内所有生命生存的重要资源。水分子由两个氢原子和一个氧原子所组成，三个原子排列成以两个氢原子为底，以氧原于为顶的等腰三角形。分子中正负电荷中心相互分离，其偶极矩 μ 很大，因此水分子具有很强的极性。在具有强极性的水分子之间，由于 H—O 之间的电子云强烈地偏向电负性很大的氧原子，使氢原子核裸露，产生剩余价键，能与另一个水分子中的氧原子相结合，形成氢键。

水有优良的分散溶解能力。强极性的水分子与离子型化合物或强极性化合物等强电解质分子接触时，水分子和它们的离子或极性分子相互吸引，并由于质点的热运动，使电解质分散、溶解或离解于水。溶解于水并电离的离子，又能与水分子结合，即发生水化作用，成为水合离子，分散于水中。水合过程是放热过程，可使溶解于水溶液的离子稳定。因此，水是大多数无机酸、碱、盐的良好的、成本低廉的、应用极广的溶剂和清洗介质。水的极性分子和具有极性的有机化合物也有强烈的相互作用，水分子与分子中有强电负性元素的其他有机化合物分子，如醇、胺、有机酸、蛋白质等也会形成氢键，有利于这些有机物在水中的溶解。因此，水也可用于清洗某些有机化合物。灰尘、土壤等是含无机盐的混合物，在一定程度上也可分散于水中成悬浮液，部分溶解于水。

水有接近于常温的沸点和凝固点，在 1 个标准大气压下，温度在 0℃以下为固体，0℃为水的冰点。100℃以上为气体，100℃为水的沸点。在 0 ~ 100℃水都是小黏度的液体，因此便于使用常规的方法控制清洗温度，进行清洗作业。纯水在 0℃时密度为 999. 87kg/m^3，在沸点时水的密度为 958. 38kg/m^3，密度减小 4%。在 3. 98℃时密度最大，为 1000kg/m^3。温度高于 3. 98℃时，水的密度随温度升高而减小，在 0 ~ 3. 98℃时，水不服从热胀冷缩的规律，密度随温度的升高而增加。0℃水冻结成冰时，比 3. 98℃时的液态水体积会增大约 1/9。封闭条件下水冻结时，体积增加所产生的压力可达 2500 个大气压。

在自然界，纯水是罕见的，水通常是酸、碱、盐等物质的溶液，习惯上仍然把这种水溶液称为水。

水在比热容、汽化热、表面张力等方面都有特殊性，与其他的液体化合物相比水作为溶剂有许多的优点。如水的汽化热和比热容比许多其他的溶剂大，温度每升高 1℃或降低 1℃，水所吸收或放出的热量比同质量的其他溶剂多，因此水常用作冷却、传热等过程的良好载体；水有适中的蒸汽压，有一定的挥发性，有利于清洗后表面干燥；水有不可燃烧性，这是大多数非水溶剂所不具备的；水可以从自然界大量获得，无毒无味。当然除此以外水还有一些缺点，如水易被空气、可溶盐等污染，在清洗中不易溶解非极性物质等。

用于清洁文物的水应该尽可能的纯净，蒸馏水是文物保护的首选用水。但需要注意的是，即便是超纯水也会由于在空气中暴露吸附空气中的酸性污染物从而被污染，因此使用水清洁文物前必须用 pH 试纸对水进行简单测试。蒸馏水的酸性底线标准为 pH 最低5.5，如果测出一个低于5.5 的 pH，那就说明被测试的蒸馏水已经污染，不能使用于文物保护。当然在考古发掘现场文物保护中，全程使用蒸馏水的难度较大。经过适当过滤或当地饮用的纯水也可用于现场保护中，但需注意其中可溶盐的含量。如果当地的水中含有大量可溶盐则不能用于考古现场保护。

5. 混合溶剂

混合溶剂是把两种或两种以上的溶剂，按一定的比例混合在一起的产物。把两种溶解性能和使用范围不同的溶剂混合所得到的溶液，由于其互相影响，大幅度地改善了混合后溶液的溶解能力，使各溶剂的优点得到充分发挥，从而可以更有效地溶解和清除各种污垢。在考古发掘现场文物保护中使用的混合溶剂常常是指把两种或三种可以互溶的溶剂混合，得到一种均匀的单相溶剂体系。例如，将水与乙醇、丙酮按适当的比例混合（即所谓的3A 溶液），所形成的单相混合溶剂。这种混合溶剂可以更好地发挥水、乙醇和丙酮各自的溶解特性，使原来在水中难以溶解的色素等污垢易于被溶解，也使原来在乙醇、丙酮中难以溶解的盐类等电解质也易于被溶解。因此，3A 溶液是现场保护中最常使用的一种表面清洗试剂。

6. 海　绵

海绵是最原始的多细胞海生动物，在海洋各处均有海绵的身影。由于海绵身体柔软似绵，且大都生活在海洋里，故称之为“海绵”。海绵种类繁多，形状各异。但真正为人类所使用的海绵是将海绵动物从水中捞取上来，在海滨挖坑埋藏，待其肉质腐烂掉，剩下纤维状交织的骨骼，再经过漂洗的产物。现在日常生活中最常使用的其实是一种“人造海绵”，该物质仿造了海绵的多孔结构，具有与天然海绵类似的吸水、透气等特性。常见的“人造海绵”其实是一种软质聚氨酯泡沫塑料，简称聚氨酯软泡，它是聚氨酯制品中用量最大的一种产品。聚氨酯软泡多为开孔结构，具有密度低、回弹性好、吸音、透气、保温等性能。广泛应用与考古发掘现场文物保护中的表面清理及保湿包裹中。

7. 洗耳球

洗耳球又称吸耳球，是一种橡胶质地的下部呈中空球形上部为管状的清洁工具。使用时突然用力压缩下部球形，使其球形中空内部储存的空气快速通过上部的管状喷出，从而将欲清洁表面的附着物吹走。洗耳球最初用于游泳后吸取耳内的进水故而得名，现多用于非接触式清洁物体表面的灰尘。洗耳球的常用规格有 30mL、60mL、90mL 和 120mL 等。在考古发掘现场文物保护中，洗耳球常常用于脆弱文物表面浮土的清理，其非接触式的清理方式最大限度的减少了清洁过程对脆弱文物表面的破坏。但这种非接触式的清洁一般效率较低，仅能去除文物表面的松散浮土。对于和文物具有一定黏结力的灰尘或附着物的去除，一般需辅助其他清洁手段。另外，对于文物表面强度稍佳的状况，为了提高清洁效率，可以先将洗耳球的出气管口部紧挨欲清洁文物表面，挤压球形尾部，使其内部空气具有一定压力后略微抬起洗耳球出气管口，这时空气会以一定的压力迅速冲出并吹拂到文物表面，从而可以一定程度的提高清洁效率。

8. 手　术　刀

手术刀在清除物体表面泥土及结壳时是非常有用的。手术刀一般由两部分组成：刀柄及刀片。在考古发掘现场文物保护中最常使用的手术刀柄是 3# 刀柄和 4# 刀柄，它们依据不同的用途及需求可装配不同大小、型号的刀片，刀柄编号一般铸印在刀柄尾部。3# 刀柄长 12. 5cm，宽 0. 9cm，又称小号刀柄，可与 9# ～16# 刀片配合使用。4# 刀柄长 14cm，宽 0. 9cm，又称普通刀柄，可与 18# ～27# 及 34#、36# 刀柄配合使用。刀片的种类非常多，一般是根据文物的尺寸及欲清理部位的形状来选择不同标号的刀片，刀片标号一般刻印在刀片根部，常用的刀片标号及形状如图 5-1 所示，在文物保护中最常使用

图 5-1　常用的手术刀柄、刀片标号及形状

10#及 15#刀片。使用时将选定的刀片安装到与其配套的刀架上即可。需要注意的是，这种分体式手术刀一般为了提高刀片的锋利程度，刀片使用高碳钢材质制成，因此刀片硬度较大，用其对文物进行清理或其他操作时要谨防刀片将文物刮伤。另外，还有一种手术刀是刀片与刀架固结在一体的，这种手术刀在现场保护中一般较少使用。

9. 刷　　子

刷子在考古现场保护中是最常用到的工具之一，手头随时备有各种大小、形状、硬度的刷子将会给保护工作带来很多便利。一般宽度为 2 ~ 5cm 的刷子非常适用于文物表面的清理（主要是表面浮土的清理），更小的刷子则适用于将加固剂涂刷于文物表面或文物表面细小部位或纹饰的清理。

如果现场准备的刷子有限，则可以根据需要人工对刷子进行一些加工。加工的原则是同等硬度刷毛的刷子，可通过对刷毛的剪裁控制刷子的硬度。一般来说，刷毛剪的越短，刷子就会越硬。

另外，在使用溶剂时必须谨记，所有和溶剂一起使用的刷子的刷毛必须是天然毛发。许多人工合成的塑料刷毛在使用过程中会被溶剂溶解，从而给文物表面带来损害。但和酸配合使用的刷子必须是塑料刷毛，因为酸会腐蚀天然毛发，同时酸也会腐蚀刷子上捆绑定位刷毛的金属箍环。

10. 木质压舌板

压舌板是用来下压舌头以方便医生检查周围器官及组织的医疗器材，有竹质、塑料、木质等品种。木质压舌板由于其质地较柔软且具有一定的韧性，在使用该工具进行清理时，既能去除文物表面有一定强度的泥土，同时又不会对大多数文物表面造成较大的物理损害，因此广泛应用于考古发掘现场文物保护中。为了使木质压舌板更加易于使用，一般需要对其进行切削以形成一个尖顶端（图 5-2），这种形式对清理非常有用。在考古发掘现场，木质压舌板主要用于在从地下将文物提取出来之前清理文物周围泥土。当然，实际工作中木质压舌板还可以用于其他用途，如搅动加固剂溶液或乳液等。

11. 木质牙签、原棉及棉签

木质牙签一方面是对一些文物表面细节部位进行清理所不可或缺的工具，它的细小头部可以深入一些一般工具无法触及的文物裂缝或纹饰内部，从而对这些细节部位进行清理。此外，对于一些附着于平坦表面的土质结壳，可以通过使用木质牙签在其表面扎入的方法使结壳变得松散，进而从文物表面脱落。

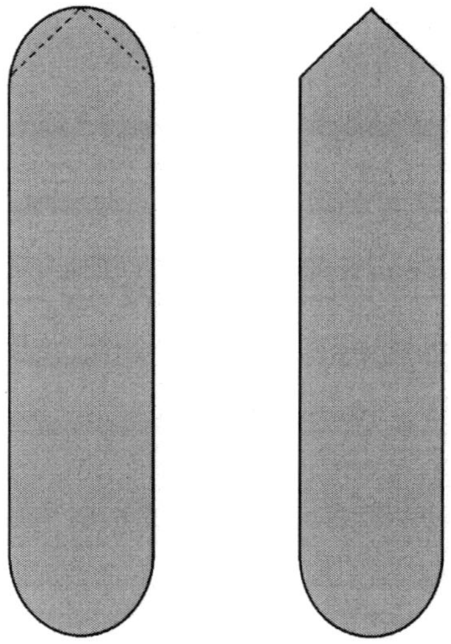

图 5-2　改变木质压舌板为有用工具的方法

木质牙签和原棉（自然生长而成的棉花）配合使用，可以现场手工制作用于对文物进行精细清理的棉签。自己制作棉签的好处是可以按照实际的需要改变棉签的大小和形状。用于制作棉签的原棉最好经过脱脂处理。脱脂后的原棉因表层不含有脂肪，有很好的亲水性，比普通原棉更容易吸收液体，因此也就更易于在精细清理中使用。这种经脱脂处理的原棉称为脱脂棉。用于配合原棉制作棉签的木质牙签，最好一端为尖头另一端为平头。这种牙签为了方便使用者使用，常常在平头部位雕有花纹（雕有花纹的平头可以增加手指与牙签的摩擦系数，使牙签更易于抓捏使用）。平头的雕花非常利于制作棉签，它会将原棉纤维紧固的附着于牙签上，使其不易滑动或脱落。此外，圆形牙签较扁平状的牙签更结实耐用，也就更适合考古现场保护使用。需要注意的是，在使用有机溶剂进行文物表面清理时，一定要确保棉签顶部的棉是自然生长而成的原棉，绝不能是人工生产的替代物，因为溶剂在使用过程中会溶解掉人工制造的原棉替代物。基于同样的原因，如果直接购买棉签使用，也要注意棉签不能是塑料或人造纤维制成的，同时棉签的柄部也不能是塑料质地的。

12. pH　试　纸

甲基红、溴甲酚绿、百里酚蓝这三种制剂在不同 pH 的溶液中均会按一定规律变色。甲基红在 pH 为 4.4 ~ 6.2 会从红色变为黄色，溴甲酚绿在 pH 为 3.6 ~ 5.4 会从黄色变为绿色，而百里酚蓝在 pH 为 6.7 ~ 7.5 会从黄色变为蓝色。如果将这三种制剂定量混合后浸渍中性白色试纸，将试纸晾干就得到了日常使用的广泛 pH 试纸。在使用 pH 试纸时不可将试纸直接伸入溶液中，而应用蘸有待测溶液的玻璃棒点滴在试纸的中部，待试纸颜色变化稳定后与标准比色卡比较来确定溶液的 pH。pH 为 7 代表溶液呈中性；pH 小于 7 溶液呈酸性，值越小酸性越强；pH 大于 7 溶液呈碱性，值越大碱性越强。在考古发掘现场文物保护中，pH 试纸主要用于确定用酸对陶器表面不可溶盐去除后是否将陶器上的酸完全洗掉，以及确定文物保护中使用的蒸馏水是否已被酸性物质污染。

5.2.4　以提取为目的的清理

在考古发掘现场，对一件文物进行清理的最初阶段往往是将文物从包裹物（常常为泥土）中清理出来。当一件文物刚刚被发现，它的表面清理工作即开始。这种清理工作，如果不涉及其他保护问题，其目的往往仅是将文物提取出来。因此，该工作一般不要求将文物表面清理的非常干净，甚至可以在文物表面保留部分泥土，但需要注意的是清理过程需仔细、谨慎，防止工具对文物产生物理损害。这种仅以提取为目的的清理工作一般分两步进行，第一步只着眼于文物周边大块泥土的清理，在紧挨文物的表面要保留一层厚度大约 1cm 左右的泥土。文物周边大块泥土的清理主要使用手铲、手术刀等金属工具进行，这样可以保证高的清理效率，同时由于在文物表面保留了一层泥土，从而降低了金属工具与文物表面剐蹭而对文物造成物理损害的几率。第二步就是着眼紧挨文物那一层泥土的清理了。这一步的清理工作因为会直接暴露文物的表面，因此需要更加小心、细致。使用的工具也从金属工具变成了质地较为柔软的木质或竹质工具。在这一步清理工作中最理想的工具是木质压舌板。通过这两步的清理工作，文物表面的大部分泥土就可以被清理掉，一般情况下就可以进行提取了。

5.2.5　文物的细致清理/清洗

如果文物存在其他保护问题，或者需要进行其他保护处理，以提取为目的的清理工作就远远不够了，还需要进行更细致的工作。这种更细致的清理工作旨在尽可能将文物表面附着的泥土或灰尘清理干净，为进一步保护处理（如加固）做好准备。对文物的细致清理一般应从文物的上部开始逐渐向下进行，这样可以防止后期清理掉的泥土或灰尘再次沾染已经清理干净的文物表面。该清理过程并不一定需要使用水。实际上，只要有可能，细致清理的过程应该尽量避免液态水的使用。如果土壤是沙质的或在文物表面的附着并不十分紧密牢固，那么刷子的普通刷扫就足以应付大多数初步的细致清理工作了。一般需要配备几种硬度不同的刷子，先使用最软的刷子进行刷扫，然后逐步增加刷子的硬度，直到文物表面的松散大块泥土都被去除。但不要对文物进行剧烈的刷扫，因为那样会损害文物的表面。

如果文物表面黏有较为致密、坚硬的土块，仅仅通过物理的刷扫就难以对其进行完全的去除。对于这类坚硬的土块，绝不要试图通过撬动或弹动的方式将其从文物表面剥离，因为这样做很容易会使器物表面的一些信息或附属物随着土块的剥离而从器物表面掉落。取而代之的是，应该用蘸有乙醇或水的棉签接触坚硬的土块，让土块吸收棉签上的水或乙醇。而后，坚硬的土块就会变软，在潮湿状态下就可以较容易的用木质工具或微型金属工具进行清除。但是在采取这种方法处理的过程中应非常小心，尽量不要弄湿器物的本体。因为水会损害一些特定材质的文物，如金属、象牙、木头等。乙醇也会导致一些对水敏感的有机材料，如象牙、木头等过度的脱水，从而可能造成这些文物的翘曲、变形、出现裂痕。另外，过量的水或乙醇还有可能和文物表面的泥土混合成污水在文物上流淌，这种流淌会造成污物在水或乙醇的作用下渗透到文物孔隙的内部，给清理工作造成极大的不便。

如果在对文物进行干刷后还有一些细小的松散灰尘残留，可以用吸耳球吹扫掉它们。这个时候如果文物表面已经比较洁净，则可结束清理工作并尽快进行下一步保护处理。但如果文物表面的洁净程度仍不是很理想，尤其是当文物表面不十分平坦、具有很多孔隙的时候，大量的细小灰尘很有可能隐藏在这些孔隙或下凹处，这时就需要进行进一步的精细清洁处理了。具体的操作方法是使用蘸水的棉签，将其取出水后用手指轻轻的挤去多于的水分，使得棉签处于潮湿状态但又不会因为轻轻的挤压就产生液态水的溢出（即湿水棉签）。然后将棉签的侧面接触文物表面，并在其上进行轻轻的滚动，这样做可以清除掉文物表层及浅层孔隙中的细小灰尘。这种清洁其实是利用水的极性将细小灰尘吸附到棉签表面从而清除的，棉签必须处于潮湿状态是要保证其表面水分的含量，从而保证对灰尘的极性吸附力。但水不可过多，尤其是不能出现液态水的流淌。因为如果出现液态水，就会由于文物内层孔隙而产生的毛细作用，使得液态水混合细小灰尘形成的污水被吸入文物内层，从而非但无法起到有效的进一步清洁作用，还会给文物内部引入污物。此外，大量的液态水引入对某些文物（如金属文物、纺织品等）还会造成其他的损害。在清洁过程中一旦棉签沾上了泥土变脏，就应将其丢弃并更换一个新的、干净的棉签继续上述操作。决不可用脏棉签继续对文物表面进行清洁，因为如果那样棉签上黏附的灰尘颗粒就会成为研磨材料对文物表面产生磨损。另外，棉签在文物表面应进行滚动而不可擦动。因为擦动会对文物表面产生较大的磨损，同时还容易将棉纤维钩挂在其上，造成文物表面的二次污染。

对较大面积的精细清洁，使用棉签法就显得效率过低。这时可以用另一种方法——海绵吸附法。海绵吸附法是使用一块大小合适的人造海绵，将其浸入水中，取出后尽可能将海绵中的水挤出，接着立即用海绵轻轻的拍打文物的表面。和使用棉签一样，也不要用海绵擦拭文物的表面，同时要经常用清水冲洗海绵以去掉黏在海绵上的会对文物产生磨蚀作用的泥土。

无论使用海绵法还是棉签法，由于这种进一步清洁处理向文物表面引入了水，因此在进行下一步处理前，一定要等到文物表面的被沾湿区域干燥后方可进行。

如果通过上述方法，土块还是难以去除，就说明泥土中可能混合了大量不可溶盐。一般情况下，这种不可溶盐沉积物在考古发掘现场并不急于清除，大多数时候都是将其保留至将文物运送到实验室后再进行清理。

但是，在一些特殊情况下，考古发掘现场可能也需要对该类沉积物进行适当的清理。这时就需要使用一些特殊的处理方法。最简单的不可溶盐沉积物清洗方法是无机酸清洗法，由于该方法简便易行，在考古发掘现场文物保护中常常被采用。无机酸清洗不可溶盐沉积物的基本原理是利用酸将难溶沉积物转化为可溶盐，在水的冲洗下从文物表面去除。这种清理方法应根据沉积物种类的不同选用不同的酸进行。常见的沉积物可分为石灰质沉积物（MCO_3）、石膏质沉积物（MSO_4）和硅质沉积物（SiO_2）。针对不同沉积物选用的酸分别为石灰质沉积物选用 10% HCl 或 HNO_3，其原理是将难溶的碳酸盐转化为较易溶的氯化物或硝酸盐，具体反应式为

$$MCO_3 + 2HCl \longrightarrow MCl_2 + H_2O + CO_2$$

石膏质沉积物选用浓 HNO_3，其原理是将难溶的硫酸盐转化为较易溶的硝酸盐，具体反应式为

$$MSO_4 + 2HNO_3 \longrightarrow M(NO_3)_2 + H_2SO_4$$

而硅质沉积物选用 1% HF，其原理是将难溶的 SiO_2 转化为较易溶的 SiF_4 或 H_2SiF_6，具体反应式为

$$SiO_2 + 4HF \longrightarrow SiF_4 + 2H_2O$$

$$SiF_4 + 2HF \longrightarrow H_2SiF_6$$

但在实际工作中，考古发掘现场往往难以确定文物表面的沉积物属于哪种类型，一般采用如下清洗程序并配合机械清理进行该类沉积物的清洗，即先使用 10% 的 HCl 进行清洗。如果效果不佳，改用 10% 的 HNO_3 进行。如果仍然无效，就改用浓度较高的 HNO_3 进行。如果这样依然没有效果，这说明沉积物属硅质，在考古发掘现场就不要再对其进行清除了，因为清除这类沉积物所用的酸——HF 有毒，且不易运输，一般难以在现场保护的条件下安全使用。

在用酸对不可溶盐进行清除后，一般为了防止酸对文物的侵蚀，需要对文物进行浸泡清洗。具体的方法是将施加过酸的部分或文物整体放入蒸馏水中浸泡，并适时更换浸泡用蒸馏水，直至蒸馏水的实测 pH 为 7 时，取出器物于阴凉处缓慢、均匀干燥即可。

虽然无机酸清洗法是在考古发掘现场较为行之有效的一种沉积物去除方法，但对于那些对酸较敏感的器物，如活泼金属文物、植物纤维质地文物等则应谨慎使用。

5.2.6　文物的浸水清洗

除了这种较细致的表面清理外，在考古发掘现场还常常使用一种批量的、较粗糙的文物表面清理方法，即浸水清洗法。这种清洗一般只对大批量的陶瓷碎片进行，而且这些碎片中还不能包含那些表面有彩绘的或者易碎的个体。具体的做法是将陶瓷碎片放在一个用塑料网状物或塑料纱窗做成的架子上，将这个架子用支撑物支撑在盆底或者悬挂在盆子的边缘，这样做可以防止小碎片在清洗过程中沉降到盆底的淤泥中。然后向盆里注入水，使水浸没陶瓷碎片，使用软质的毛刷刷掉碎片表面的泥土，但不要进行剧烈的洗擦。尽可能频繁的更换文物的清洗用水，因为脏水本身对文物表面会产生研磨的作用。

另外，这种处理方法可以有效缓解可溶盐对陶瓷类文物的损害。可溶盐的问题是大多数多孔材质的文物在考古发掘现场几乎都会遇到的。这些盐（主要是氯化物、硝酸盐和硫酸盐）在文物埋藏过程中通过土壤中水分的运移被多孔材料所吸收。大多数情况下，在考古发掘现场，陶器、石质、骨质和象牙等多孔材质的文物都是已经被这些可溶盐污染

了的。但这种污染其实一般并不会对文物产生很多损害，只有在文物出土以后，由于外界环境相对湿度较低造成多孔材质中的水分开始向外蒸发后，这种损害才逐渐显露。随着文物中水分的散失，孔隙中可溶盐溶液的浓度急剧增高，当达到饱和点之后，可溶盐就出现结晶，这种结晶发生在文物的表面或者稍低于文物表面的下层。在固体的状态下，这些盐的晶体体积一般均大于它们处于溶液状态时的体积，这种体积的膨胀会在文物表面的多孔结构内部产生非常大的应力，这种应力会挤压多孔材质的孔隙侧壁，造成孔隙侧壁的崩解，反映到文物表面就是使得固体的表面出现粉化现象。如果文物再度潮湿或者相对湿度的水平变得足够高，那么这些盐就会再次返回到溶液状态，然后当潮气再度离开文物即文物再次干燥时，这些盐又会再次结晶出来。这种干湿状态的循环，伴随着可溶盐的结晶-溶解-再结晶的过程，最终将会逐渐导致文物表面的脱落与消失。而浸水清洗法在一定程度上降低了陶瓷器中可溶盐的含量，从而缓解了这种病变。

此外，对一件文物浸水清洗后，在进行进一步保护处理前一定要注意让该文物彻底、均匀、缓慢的干燥。

5.3 临时加固

5.3.1 物理加固

所谓物理加固就是在不对文物表面施加任何化学改变的前提下对其本体进行的加强处理。这种处理一般只能应对文物表面的物理损害如裂隙、破损等，而对如陶器表面酥粉、金属本体腐蚀殆尽等状况则无能为力。

1. 绷带包裹法

最常使用的物理加固方法是绷带包裹法。该方法一般应用于本体保存状况较好、具有一定体量、外形在三维尺寸上有一定纵深的出土文物，如烧制较好的陶质龡器，本体保存较好的青铜鼎、甬钟等。如果对象是类似容器的中空器物，则一般要求容器内部最好有土等较密实的包含物。这样在包裹的过程中，包含物可以给有裂隙的容器侧壁或碎块提供足够的支撑作用。

当一件文物出土时虽然本体强度尚可，但其表面遍布裂纹或者文物已经出现破裂，这时为了不在提取的过程中导致裂纹进一步发展或者彻底贯穿，抑或是为了在不分开文物碎块的前提下将文物提取出现场（这样做可以减少后期文物室内粘接及修复的工作量，另外对于内部有包裹物的容器类文物，这样做还将非常有利于其内部包裹物原态的保留），通常需要使用绷带包裹的物理加固，从而将整个器物提取出来。

进行绷带包裹前，一般需要先将器物周围的泥土清理干净，但器物内部的泥土应予以保留，这样做一方面是因为容器的内部土壤中可能包含有包裹物，更重要的是因为在进行绷带包裹时内部土壤可以对器物提供支撑作用。如果文物已经破碎，且碎块还在原先的位置，即已经破碎的碎片还未从器物上脱落。这时在清理的过程中不要对碎块位置进行任何移动，更不要将碎块取下。若碎块已经脱落，则应立即将其捡起，并填补回其脱落前的原始位置。

在清理完器物周围的泥土后，就可以开始绷带包裹了。具体的做法是使用强度较好的条状纱布绷带以逐渐螺旋的方式沿器物轴线为 45°～60°方向在外轮廓表面进行紧密的包缠，螺旋间应有一定的交叠，交叠面积为绷带宽度的 1/3，即每一个螺旋的绷带应压着前一个螺旋绷带的约 1/3 宽，而后又被后一个螺旋绷带压住它的 1/3（图 5-3A）。在包裹过程中如果一卷绷带用完时，可以先用胶带或别针将其尾部固定扎牢，然后用另一卷绷带的头部叠压前一卷绷带的尾部至少 5cm 长度，按照上述方法继续包裹文物，直到给文物提供足够的支撑。但是仅仅第一层的包裹即使给文物提供了足够的支撑也是不安全的，因为它使得文物表面受到来自 45°～60°方向的一个外部的压力，这种单向的压力会使得文物表面出现沿压力方向变形的趋势。为了中和这种趋势，必须要在第一层包裹的基础上进行与其包裹方向斜纹相对的第二层包裹（图 5-3B），即其包裹方向与第一层包裹沿文物轴线呈镜面对称。毫无疑问，第二层包裹可以中和掉第一层包裹给文物侧向带来的压力，但是，这层包裹同时会加强第一层包裹给文物轴向带来的压力。为了避免轴向压力过大给文物带来的变形，必须在两层包裹的基础上进行沿文物轴向的第三层包裹（图 5-3C）。只有经过这三个方向的三重包裹，才能最大限度的消解由于包裹给文物带来的不均匀压力，从而给文物提供更好的加强作用。

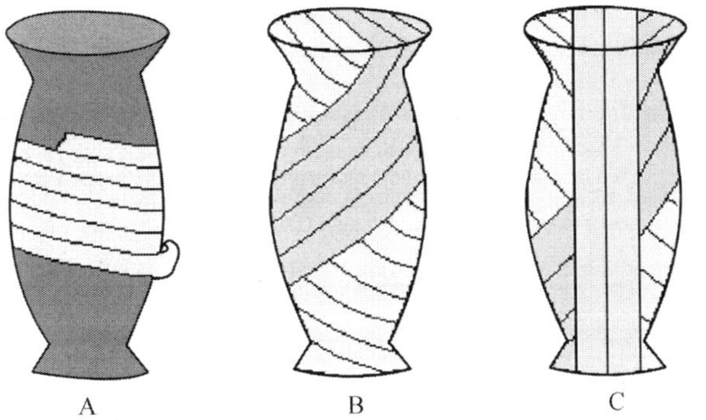

图 5-3　包裹文物的方法

（A. 第一层绷带；B. 第二层绷带；C. 第三层绷带）

另外，如果器物体量较大或者破碎的碎块较多且较松散，那么这种绷带包裹就不可能一步完成。遇到这种情况时，要将绷带包裹与去除文物周围泥土的工作配合起来，多步进行。即将文物表面分为多个部分，先去除最上部的周围泥土，然后对去除泥土的部位进行第一层和第二层绷带包裹；再去除较低部位的泥土，然后对新暴露出的文物表面再进行两层包裹；如此往复，直到将文物表面的所有部位的泥土都去除掉，且所有部位都进行了分步骤的第一层和第二层绷带包裹，最后对文物整体进行第三层绷带包裹即可。

在实际的操作中，出土文物的外形通常是十分复杂的，绷带包裹不可能总是整齐的螺旋形，同时包裹的纱布条也不可能总是平坦的紧贴在文物的表面。好在这些外观方面的问题并不重要，重要的是绷带给器物提供了足够、均匀的支撑力。其实并不一定必须要把文物的全部表面都包裹起来，只要对需要进行物理加固的部位进行包裹就可以了。

如果文物的体积或重量太大，普通的绷带包裹并不能给文物提供足够的支撑。这时就必须采用石膏绷带或者树脂绷带对文物进行物理加固。

2. 石膏绷带法

石膏（主要成分为二水合硫酸钙 $CaSO_4 \cdot 2H_2O$），又称生石膏，难溶于水。石膏在加热时存在 3 个排出结晶水的阶段：加热至 105 ~ 180℃时，会首先排出 1 个水分子，随后会立即再排出半个水分子，变成熟石膏（又称烧石膏，即半水和硫酸钙 $CaSO_4 \cdot 1/2H_2O$，白色粉末状）；继续加热至 200 ~ 220℃时，会排出剩余的半个水分子，从而全部失去结晶水，变成无水硫酸钙。

熟石膏粉末与水混合后形成的浆状物具有可塑性，但它会逐渐凝固成硬块，从而丧失塑性，这一过程相当于 $2CaSO_4 \cdot H_2O$ 转化为 $CaSO_4 \cdot 2H_2O$ 的反应，该反应放出大量热，使生成的 $CaSO_4 \cdot 2H_2O$ 互相连结成一块多孔的固体，其体积比原来的浆状物大，这种膨胀作用使石膏能适用于翻模、制作石膏绷带等许多用途。

石膏绷带具有硬度大、干燥时间快、适应性强、耐高温、耐高寒、无毒、有些石膏绷带还可以控制固化时间等特点，被广泛应用于物理加固、整体提取等现场保护过程中。石膏绷带是在普通的纱布绷带中注入干的熟石膏，品质较好的石膏绷带往往是用上过浆的纱布、化学粘接剂加上优质石膏粉制作而成的。这种石膏绷带在浸水的过程中石膏流失量少，从而减少了石膏绷带使用过程中对环境的污染，同时也保证了石膏绷带固化后的强度。

在使用石膏绷带时，首先选择合适宽度的绷带，将绷带卷的一端打开并用手抓住，以防止末端回缩到湿的石膏绷带团中。另一手轻轻握住石膏绷带，不要挤压。将石膏绷带以 45°角浸入水中，这时石膏和水反应会冒出气泡，待再无气泡冒出后取出绷带。沿轴向由两端至中间轻轻地挤压石膏绷带，迫使多余水分自中部流出，挤出水分的多少应适度，一般不得使石膏绷带卷干瘪或水滴成流，以免影响结晶作用（图 5-4）。

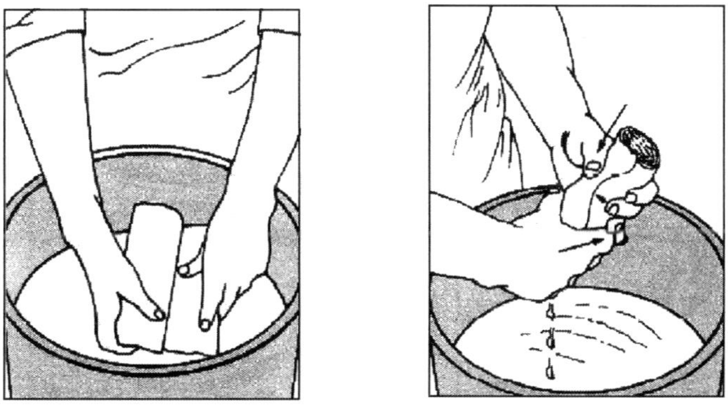

图 5-4　石膏绷带浸水方法

最后按照绷带包裹法的加固方法将石膏绷带均匀的卷绕包裹在设有隔离层的文物外表面。在石膏绷带的包裹过程中，应该边包裹边用手对石膏绷带进行平整（以防止石膏绷带固化后无法整理），整个包裹过程应在浸水后 5min 内完成，否则大多数石膏绷带都会固化而无法操作。

如果没有现成的石膏绷带，在现场可以利用纱布绷带及石膏简单的制作一些类似的替代品。具体的制作方法是，先将纱布裁剪成需要宽度的条状，并缠绕成卷。而后将石膏粉和水配制成较稀释的浆液，将纱布卷浸入石膏浆液中并搅拌浆液。为了使纱布上每一寸表面都接触到浆液，在不取出纱布卷的情况下，在浆液中将纱布卷打开，并同时反卷 1 次。反卷的目的是为了防止从浆液中取出纱布后，纱布条蜷缩成团，不好整理。然后将反卷好的纱布卷从浆液中取出并按照石膏绷带挤去多余水分的方法除去多余的浆液，最后按照绷带包裹的加固方法缠绕自制的石膏绷带。在自制石膏绷带上附着的石膏浆液不可太少也不宜过多，太少的石膏浆液不能给纱布绷带提供足够的加强力，从而使得其与使用普通绷带包裹的加固效果相差不大。过多的石膏浆液在干燥后极易从纱布表面脱落，会造成文物保存周边环境的污染，同时这些过量的浆液对提高石膏绷带的强度也并没有太大帮助。如果在缠绕后发现自制石膏绷带上石膏附着量过少，即发现在纱布表面出现连续网眼的透明区域或孔洞，则可以通过向其外表面均匀涂抹稠石膏浆液的办法以加强加固效果，涂抹量应控制在将纱布网眼完全覆盖但不会彻底掩盖纱布纹理为宜。

3. 树脂绷带法

所谓树脂绷带就是采用热塑性树脂为主要原材料，均匀涂布于网状棉织物表面而制成的绷带。树脂绷带较之石膏绷带具有使用方便、重量轻、强度高、污染小、可反复使用等特点，是石膏绷带的理想替代材料。市售的树脂绷带种类繁多，所用树脂种类也不尽相同，但具体的使用方法基本相同。一般来说都是先将树脂绷带放入热水中（具体温度视不同的树脂绷带而有所不同，使用时参照所用树脂绷带的说明）软化数分钟，而后将软化的绷带取出，按照绷带加固的方法均匀缠绕在设有隔离层的文物表面，并尽快对绷带进行平整。室温下，大概20min以后树脂绷带就可完全固化，起到加固的效果。固化后的树脂绷带仍可通过再次软化的方法二次使用。

当然，也可以在考古发掘现场自制树脂绷带。但是由于现场的条件限制，一般无法像石膏绷带那样进行自制，常常采用的做法是在绷带包裹的基础上采用树脂加固。具体的做法是在设置隔离层的文物表面先采用绷带加固，而后在绷带外表面涂刷或喷涂树脂溶液或乳液即可。

不论使用石膏绷带还是树脂绷带，不同于普通绷带加固的是，在对文物进行包裹加固前，必须为文物表面建立隔离层，从而防止石膏或树脂渗入文物表面污染文物。常用的隔离层材料是聚乙烯食品保鲜膜和铝箔。对于珍贵文物，最好使用双层隔离，即内层使用聚乙烯保鲜膜，外层再使用铝箔的方法进行隔离。这种复合双材质隔离层可以为文物提供更加安全的隔离效果，最大限度的防止外来污染物污染文物表面。当然有时也可以使用聚乙烯或铝箔单层隔离。但不论是双层隔离还是单层隔离，有一些问题是必须注意的。

首先，不论使用哪种隔离材料，如果一层隔离材料无法完全覆盖欲隔离的文物表面，可以像绷带包裹那样采用相互间一定叠压区域的多层隔离材料连接以增大隔离面积。但两层隔离材料的叠压区域宽度应控制在5cm左右，这样可以保证叠压区域的密闭，最大限度的减少外界物质通过叠压区域渗入文物内部的可能性。

其次，如果使用复合隔离层，聚乙烯保鲜膜必须是内层材料，而铝箔必须做外层材料。这样做的原因是聚乙烯保鲜膜具有良好的贴附性，可以随文物外形紧贴文物表面，从而将其在文物表面滑动的可能性降到最低。同时，聚乙烯保鲜膜可以在文物表面形成尽可能密闭的隔离层，即使是膜与膜的接合部位也能通过自然贴附取得良好密闭效果。但聚乙烯薄膜较软，很小的剐蹭或摩擦就会导致其薄膜的破漏，从而造成隔离效果的降低。铝箔较耐摩擦，不会因为小的剐蹭就产生破漏，设置在聚乙烯薄膜外层，最大限度的减少了外界剐蹭对隔离层的破坏。此外铝箔虽然具有较好的可塑性，但贴附性远不及聚乙烯薄膜，因此其单独使用的隔离效果不如聚乙烯保鲜膜，尤其是膜与膜的接合部位往往无法取得良好的隔离效果。另外，由于铝箔贴附性较低，从而很容易在文物表面产生滑动，对表面脆弱的文物容易产生摩擦损害。

但是有些时候是不能使用聚乙烯薄膜作为内层隔离材料的。例如，当文物表面有彩绘或出现粉化时，就不能使用聚乙烯薄膜做内层隔离材料。这是因为聚乙烯薄膜在生产和使用过程中极易由于摩擦而产生静电，静电具有很强的吸附能力，这也是聚乙烯薄膜具有较好贴附性的原因之一，这种静电的吸附在将聚乙烯薄膜从文物表面去除的时候，很可能会将文物表面的彩绘颜料颗粒或者粉化物从脆弱表面吸附下来，造成文物表面的损害。在这种情况下，一般只能使用铝箔对文物进行单层隔离。需要注意的是为了增加铝箔，尤其是接缝处的隔离效果，一般在单层使用铝箔时必须对接缝部位用纸胶带进行固定。

此外，当使用有机溶剂型树脂自制树脂绷带时，不能单独使用聚乙烯薄膜作为隔离层，因为树脂绷带中的溶剂很有可能会溶解掉聚乙烯薄膜，从而造成文物表面的严重污染。在这种情况下，一定要使用内层聚乙烯薄膜、外层铝箔的复合隔离层。

另外，无论是使用石膏绷带还是树脂绷带，在提取器物之前，一定要确保石膏或树脂已经完全固化。

如果文物本体的保存状况太差，其强度不足以支持绷带加固，甚至可能在绷带的作用下导致文物破碎；或者由于内部支撑土质松散等原因造成文物绷带加固后，碎块间可能会出现相对位置的移动或磨损。当面临这种情况时，就必须放弃绷带加固，取而代之的是采用化学加固或整体提取等其他保护处理措施。

5.3.2 化学加固

当文物埋藏于地下时，由于浸滤、离子交换或其他物理、化学过程，文物中的原本起固定、粘接作用的要素可能都已经消失殆尽了。这时如果文物还仍然保存于地下，即处于原本的埋藏环境中，或许尚能够保持它们原先的外形和纹饰。但如果要尝试将这种状态的文物从地下发掘出来，那么由此产生的环境突变及相应的物理操作就极有可能会导致它们立即崩溃瓦解。化学加固就是指使用具有一定粘接性的化学材料（一般为高分子聚合物），将其渗透进多孔或者脆弱文物体系内部，取代或加强已经消失殆尽的文物固定、粘接要素，以起到增加其强度的目的，从而使它们可以安全的被提取和进行保护操作。适用于考古发掘现场文物保护的化学加固剂必须具有很好的粘接性、渗透性、耐久性、稳定性和可再处理性，并且在加固的过程中加固剂还应尽可能少的改变文物的外观。

1. 现场常用的化学加固材料

化学加固剂一般是指用于加强软质材料或者易碎物体强度的高分子树脂。应用于文物保护中的加固剂一般有两种形式：一种是树脂/溶剂型加固剂，还有一种是乳液型加固剂。

树脂/溶剂型加固剂一般有两种形态：呈球状、颗粒状、块状等固体形态，或者是这类固体树脂溶解在某种有机溶剂中的溶液形态。在树脂/溶剂型加固剂中，一般固体形态的加固剂在现场更易于使用。因为固体形态的加固剂较树脂溶液更易于运输、储存，同时也不易污染，配置或稀释时也不受原始溶剂的限制。当然，溶液形态的树脂/

溶剂型加固剂在考古发掘现场保护中也可以使用。无论哪种形态的树脂/溶剂型加固剂，一般在现场以适当浓度溶于溶剂或采用同样溶剂稀释后就可以使用了。

乳液型加固剂是通过分散、悬浮树脂/溶剂溶液于水中而形成的，因而该类加固剂常常是一种特殊的乳白色液体。在乳液型加固剂干燥之前，它们都是可溶于水的。但一旦该类加固剂完全干燥后，它就只能溶解在其本体树脂所能溶解在的溶剂中了。

一般乳液型加固剂多用于加固潮湿的文物材料，反之树脂/溶剂型加固剂多用于加固那些比较干燥的文物材料。

乳液型加固剂属环境友好型试剂，运输及使用过程都较树脂/溶剂型加固剂更加安全。

但在稳定性方面，所有的乳液均不及其相应材料的树脂溶剂型好。即所有的乳液都有随着时间的推移化学性质改变或者产生交联的趋势。这就会导致乳液型加固剂会逐渐表现出越来越不易溶解的性状。这种情况产生的原因是在乳液中存在着添加剂，这些添加剂是保证树脂能够在水中分散、悬浮所必须的。如果交联大量产生，树脂将会变得不可溶。

1）聚醋酸乙烯酯

聚醋酸乙烯酯又称聚乙酸乙烯酯，简称 PVAc，是一种由醋酸乙烯聚合而得的无定形聚合物，属热塑性树脂，分子量为 2 万 ~ 20 万。随聚合方法不同可制得无色胶乳或无色透明珠状固体。固体相对密度 1.19，折射率 1.47，玻璃化转变温度 16 ~ 29 ℃ 不等，吸水性 2% ~ 5%。可溶于丙酮、甲苯、乙酸乙酯以及有部分水存在的醇类溶剂中。

该材料曾经被广泛的应用于考古发掘现场文物保护中。后来被 PB72 所替代，因为 PB72 比 PVAc 更加坚固、更不易变形、具有更好的渗透性。PVAc 还有一个最主要的缺点就是它的变软问题，由于该材料的玻璃化转变温度过低，因此当处于热的环境中时，PVAc 就会产生一种流动的趋势，故而它不能在热的气候环境下使用。PVAc 形成的膜较 PB72 形成的膜柔软，这一点在对需要刚性支撑的物体进行处理时算是缺点，但对于处理那些柔软的有机材料时又是优点。因此至今为止 PVAc 在柔性材质文物的现场保护中仍有使用。

PVAc 的优点有：膜无色，透明度高，耐开裂和黄变能力强，透过水蒸气的能力强，耐磨；另外，它对光老化稳定，虽然有一定程度的氧化，但是没有明显的交联现象。

PVAc 的缺点有：具有较大的吸湿性，在水的作用下可以溶胀，变为乳白色，干燥后重新变为透明；此外如前所述，由于树脂的玻璃化转变温度较低（接近室温），在环境温度较高的情况下容易黏附灰尘，同时在受被粘物应力的影响时易发生蠕动，使粘接失效；另外，该材料还不耐霉菌和地衣的侵蚀。

除了树脂/溶剂形式以外，PVAc 还可以以乳液形式使用。聚醋酸乙烯乳液胶粒的粒径在0.1μm，这种粒径使它能够渗入较低孔隙率的文物中。这种乳液的黏度一般很低，所成的膜柔软，但是耐水性差。乳液在储存过程中不稳定，会释放醋酸气体，醋酸与文物反应，会对部分文物产生侵蚀。为了中和醋酸，有时向其乳液中加入碳酸钙。聚醋酸乙烯乳液固化后，膜的老化变黄快于树脂，这是由于乳化剂的影响。

不管是树脂形式还是乳液形式的PVAc都具有非常广泛多样的商品名和分类，所有这些商品名和分类都具有各自不同的特性，在使用时应遵从其各自的使用说明。但不论是何种PVAc，相关研究表明该类材料不适于做长期的文物保护材料。在考古发掘现场文物保护中，直接将该材料应用于文物加固或粘接的做法越来越少，在当前的实际操作中，PVAc更多的作为辅助或者备用材料使用。

2）Paraloid B72

见4.3.2一节。

3）环十二烷

环十二烷（分子式为$C_{12}H_{24}$）是一种固体环烃，它是一种半透明蜡状白色结晶。易溶于非极性溶剂及芳香烃溶剂，难溶于极性溶剂。因此该材料不溶于水，表现出很强的疏水性。酸和其他一些基础元素也无法穿透它。环十二烷在室温下呈固态，其熔点为58～61℃，沸点为243℃，密度为0.863g/cm^3。它是一种稳定的可燃固体，不适宜与强氧化剂一起保存。如果将该材料持续暴露在空气中，它将发生升华而最终消失。和其他蜡状烃相比，环十二烷具有较低的溶解度参数以及较低的表面能值。熔化了的环十二烷在冷却时会快速的凝固成一个相对坚固的蜡状物质。

自从1995年以来，环十二烷就逐渐开始被应用于考古现场脆性材料的临时加固和化学防护中。环十二烷的升华较为缓慢。Michael Hans曾经介绍环十二烷固态薄膜的挥发速率是每24h挥发0.03mm。有研究表明，大约0.08mm厚的在玻璃上施加的环十二烷固体薄膜，在20℃的环境下，一天之内就开始挥发并逐渐消失，三天之内就全部彻底的升华消失掉了。在38℃的环境下，同样厚度的薄膜在一天内就完全挥发消失掉了。

环十二烷的固体薄膜既可以通过冷却溶化了的材料获得，也可以通过溶液中溶剂的挥发而获得。这个薄膜会沿着被施加基层材料表面的外部轮廓而形成。这层环十二烷的特性依据两种施加方法、基层材料的孔隙率以及膜形成速度的不同而有所不同。有相关研究在相对湿度为45%，温度为21℃的条件下进行了对环十二烷的试验。他们采取的施加方式是在不经加热的载玻片上涂刷环十二烷的石油醚溶液，让石油醚正常挥发以形成环十二烷的固体薄膜。最终发现以这种方式形成的环十二烷固体，其晶形均为大块的针状结晶；而如果是以熔融的形式涂刷而形成的薄膜，其晶形则是小块的晶体（图5-5）。初步试验表明，通过熔融而形成的环十二烷薄膜较通过溶液挥发而形成的环十二烷薄膜在保护对水敏感的介质时，能够为文物提供更好的屏障。

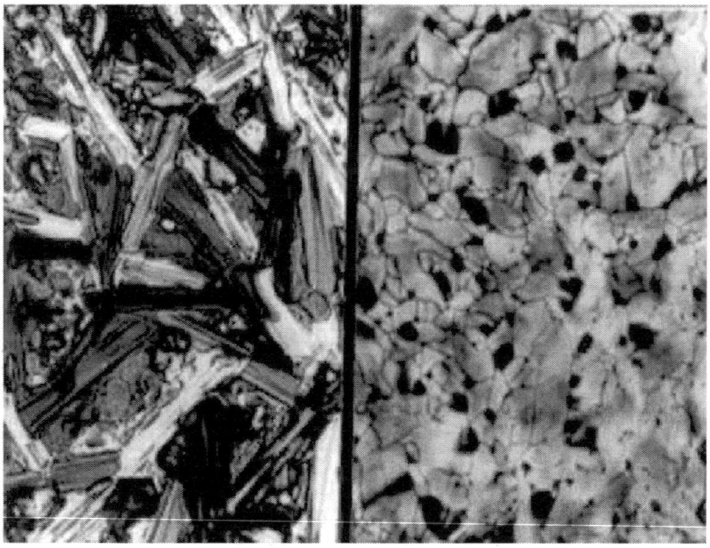

A　　　　B

图 5-5　施加在载玻片上的环十二烷薄膜的显微照片

（A. 石油醚挥发形成的环十二烷的膜；B. 熔融的环十二烷形成的膜）

然而从已有的报道来看，环十二烷在文物保护中的应用也是有一些缺点的。例如，它会使五倍子酸铁墨水变得容易剥落，还会使纸张变脆的情况更加严重。产生这些问题的确切原因仍在研究中。

总而言之，环十二烷为考古现场保护未来加固材料的研究指明了一条新的途径。但是由于它在性质方面以及在文物保护中应用的利弊方面都有许多问题还没有研究透彻，因此，现阶段该材料在考古发掘现场文物保护中的应用仍不广泛。

最近，国内有一些相关研究单位已经着手研究与环十二烷挥发实现可逆性相类似的现场临时加固材料——薄荷醇，该材料是一种萜类化合物，也具有一定的挥发性。和环十二烷类似，也可采用熔融和溶剂溶解两种方式施加。当不需要加固效果时，也可采用挥发方式使其消失。

4）Primal AC33

Primal AC33 是一种白色的丙烯酸共聚物乳液，其溶液呈弱碱性，具有较好的渗透能力，固化后能形成一层无色透明的薄膜，广泛用于文物保护的各个领域。该材料在老化过程中的颜色变化非常缓慢，分子内部即使已经发生部分交联，也不易出现变黄等现象。施加前后对文物表面的颜色改变也比较小。但是该材料固化后的耐水性较差，使用 Primal AC33 加固后的样品常会由于水的冲刷及浸泡导致加固效果的急剧降低甚至消失。近年来，该材料已经被在其基础上改进的产品——Primal SF016 所替代。

5）Acrysol WS-24

Acrysol WS-24也是一种常用的文物加固材料，它是一种中性的白色丙烯酸乳液，其分散胶粒尺寸较小，因而具有较好的渗透性。固化后，该材料能够形成一层无色透明的薄膜，对文物表面原状的改变较小。Acrysol WS-24的原液固含量为36%，玻璃化转变温度为46℃。

当然，现场保护中使用的加固材料绝不仅限于以上介绍的几种。随着文物保护研究的不断深入，近年来越来越多的原本应用于其他行业的性能优异的材料被转用到文物保护中，并取得了良好的效果。但碍于本书篇幅的限制及重点内容不在此等原因，在这里仅对个别有代表性的材料进行了简要的介绍。

2. 加固剂加固

1）加固剂的加固原理

加固剂加固疏松文物的原理是，树脂溶液或乳液在重力、扩散力、毛细作用等的促使下渗入多孔材料的孔隙中，随着溶剂的挥发或加固剂单体的聚合，在文物内部逐渐形成聚合物的薄膜覆盖于松散颗粒的表面，或在颗粒连接处析出聚合物形成新的连接点，从而在松散材料的内部恢复并建立新的连接，提高了文物的稳定性及强度。

加固剂加固文物的主要过程是，首先加固剂溶液或乳液在多孔材质的毛细作用、自身的重力作用以及扩散力作用下通过孔隙进入文物内部。在这个过程中，有机树脂的分子和溶剂同时向文物内部渗透、迁移，其速率决定于二者之间的作用力及二者与文物间的作用力。通常情况下，由于采用的溶剂均为树脂的良溶剂，且加固剂溶液浓度及黏度较低，溶质与溶剂之间的作用力远大于溶剂或溶质与文物间的作用力，二者在文物孔隙中的运动速度相同或差别很小，因此在文物内部加固剂溶液的浓度是相同或相近的。

当渗透完成后需要去除溶剂时，通常采用溶剂自由挥发的方式。挥发时溶剂沿毛细孔隙由内向外运动，并最终通过毛细管的开放孔隙脱离文物而进入自由空间。其实这种溶剂的挥发从加固剂溶液接触文物的那一刻就已经开始了，即在加固剂从文物外部向内部渗透的同时，加固剂中的溶剂就已经开始经历挥发过程。在这个过程中，将树脂溶解并带入多孔文物内部的溶剂通过孔隙挥发而向外部移动，并最终全部挥发，留下树脂在多孔的物质内部，起到连接作用而对文物进行加固。这种挥发对渗透完成后去除溶剂、完成加固过程是有益的。

但是这个挥发过程，由于溶剂挥发速率的不同，会出现截然不同的两种结果。

在挥发过程中，产生最大变化的是加固剂的浓度。当溶剂的挥发速率很高时，接近表面部分的溶剂挥发后，这部分加固剂的浓度会迅速升高。按照溶液中溶质与溶剂的扩散原理，此时低浓度区域的溶剂会向高浓度区域扩散，高浓度区域的溶质也会向低浓度区域扩散。但是对加固剂而言，迅速的浓度提高往往意味着溶质黏度的迅速增大，溶质的扩散受阻。此时，就会产生溶剂被迫从低浓度区域更多的向高浓度区域迁徙的现象。这个过程类似于半透膜两边溶液浓度差引起的渗透压现象，再加上溶剂迅速挥发产生的溶液体积减小，二者共同作用造成在加固剂溶液中产生文物浅表区域的负压状态。而此时文物内部加固剂溶液的浓度仍较低、流动性较好，在内部溶剂分子尚未来得及向外充分扩散时，浅表的负压导致内部的加固剂溶液迅速向表面移动，溶剂和树脂溶质同时向外迁移，只在孔隙侧壁上由于吸附作用残留薄层的少量加固剂溶液。其结果是大部分有机树脂由于溶剂的迅速挥发而集中在孔隙的接近表面处，严重时产生加固剂溶质堵塞毛细孔隙的现象。更有甚者，有些加固剂会在溶剂挥发的过程中回流出孔隙，当溶剂彻底挥发后在文物表面重新变成有机树脂薄膜。这种由于溶剂快速挥发而造成的有机树脂在文物表面层的积聚，称之为加固剂的反迁现象。

当溶剂的挥发速率较低时，会出现截然不同的情况。靠近毛细管开口部位的加固剂溶液由于溶剂挥发速率较慢，浓度提高也缓慢，微小的浓度提高不会导致加固剂溶质黏度的迅速增大。如前所述，这种浓度的不均匀可以通过溶液内部溶剂与溶质间的双向扩散消除或抑制。在溶剂挥发过程中，整个孔隙中加固剂溶液的浓度几乎同时提高。由溶剂挥发造成加固剂溶液体积减小，浓缩的加固剂向孔壁收缩。最终溶剂挥发完毕，加固剂在孔壁均匀地积聚。这种情况下不会出现明显的反迁现象。

此外，如前所述，文物的加固其实就是利用聚合物覆盖松散颗粒的表面，或在颗粒连接处析出以形成新的连接点，从而在松散材料的内部恢复并建立新的连接，利用聚合物的强度补强文物本体强度的过程。但松散颗粒并不总是只分布在文物的表面，因此加固过程需要加固剂能够进入文物内部，对文物产生整体的加强效果。在现场保护的实际操作中，加固剂主要是通过文物的孔隙系统进入文物内部的。众所周知，大多数文物为多孔体系，其内部存在大量孔隙。按照孔隙结构的不同可分为贯穿性孔隙、气孔隙和憎水性孔隙、毛细孔隙、封闭性孔隙、盲孔隙、瓶颈孔隙、连接孔隙等（图 5-6）。孔隙是文物本体与外界环境进行交流的重要通道，也是加固剂加固的必经之路。

但是，过量的加固剂加固，在溶剂挥发掉之后，会在文物孔隙中残留大量加固剂树脂，这些残留树脂常常会堵塞文物的孔隙系统，造成文物内部与外界环境的隔绝，同时也影响了下一步对文物内部本体可能需要采取的其他保护处理（图 5-7）。这种堵塞既不符合文物保护的可再处理性原则，也会导致文物内部水分、可溶盐等物质无法正常排出，在文物内部积聚，产生应力，对文物造成损害。因此文物的加固过程一定要避免过量加固。

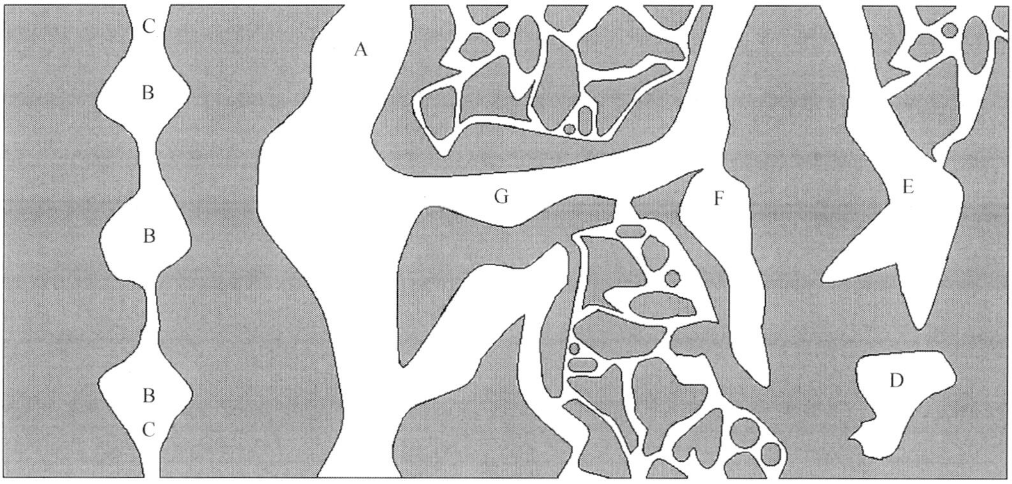

图5-6　文物中的孔隙系统

（A. 贯穿性孔隙；B. 气孔隙和憎水性孔隙；C. 与气孔隙相连的毛细孔隙；D. 封闭性孔隙；E. 盲孔隙；F. 瓶颈孔隙；G. 连接孔隙）

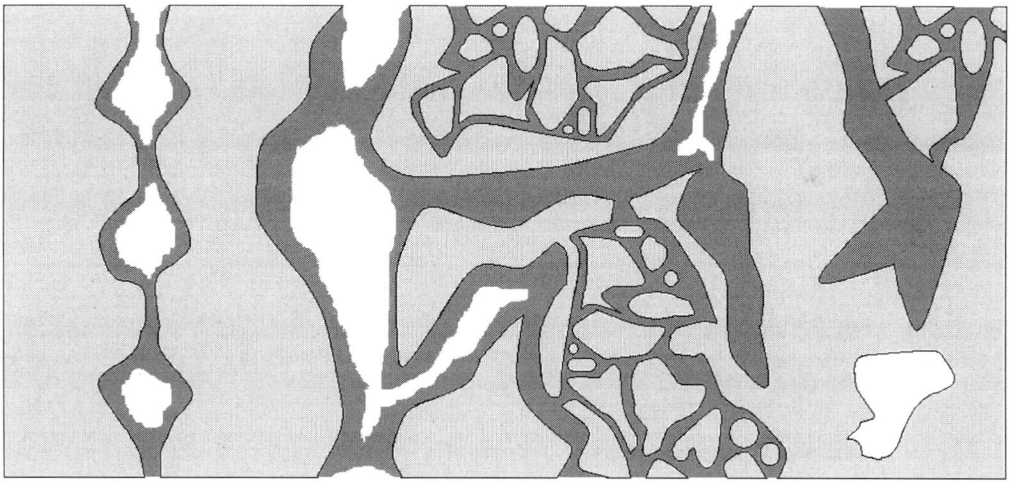

图5-7　过量加固剂凝固后的孔隙状态

合适的加固剂用量，随着溶剂的挥发会在松散材料内部建立新连接的同时覆盖于文物孔隙的侧壁，保证大多数文物孔隙的依旧畅通，从而使得文物加固后依然能够与外界环境进行交流，同时也不会影响下一步对文物本体可能采取的其他保护处理（图5-8）。

2）化学加固剂加固应遵循的原则

在考古发掘现场对文物进行化学加固剂加固处理时，有若干原则需要遵守。

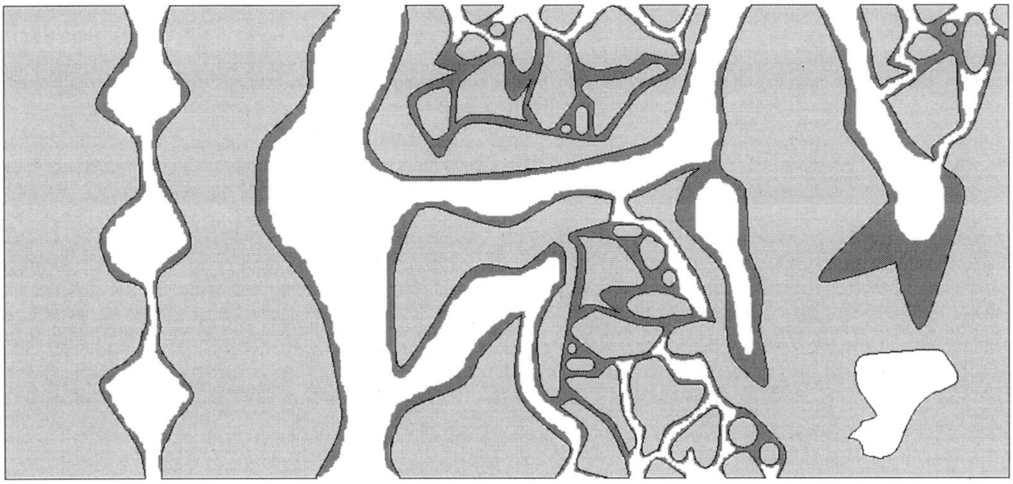

图 5-8　适量加固剂凝固后的孔隙状况

首先，只有通过仔细的观察、讨论，认为某件文物如果没有外来增加的支持力，就无法在不使其破碎的前提下将其从地下完整提取出来时，才能对这件文物进行加固。虽然文物加固剂有一定的可逆性，但在实际工作中一般是无法将已施加到文物上的加固剂全部去除的。而在考古发掘现场，很难在加固前对文物进行彻底的清洗、干燥等前处理，这就导致了加固剂加固会给日后的实验室保护中的文物清洗以及其他进一步保护工作带来更加棘手的、复杂的问题。因此，考古发掘现场文物保护中的加固剂加固是在迫不得已的情况下才采取的处理。任何一件文物，只要能够在不进行任何加固的前提下就可以安全的提取并进行保护处理操作，就不要对其进行任何化学加固处理。

其次，凡是准备进行测定年代或进行其他分析测试的文物碎块或样品，都不要对其进行任何化学加固处理，因为施加的化学加固剂很有可能会污染样品，从而影响分析结果甚至使得样品彻底失去分析意义。

再次，大多数情况下在考古现场对文物的加固应该尽量保守、尽量节制。加固剂的用量以能够满足进一步保护操作为宜，应在保证文物安全的前提下尽可能少的使用加固剂，决不能在文物表面留下一层厚的、有光泽的树脂残留。

最后，一般而言，不论使用何种加固剂，一定要记录下使用的加固剂的种类，包括加固剂的商品名、级别和使用时的溶剂、浓度等信息。关于这部分的记录见 4.1.2 一节。

3）加固剂种类的选择依据

对加固剂种类的选择应依据文物出土时材料的含水率状况而定。如果文物出土时比较干燥（即含水率较低），这时树脂/溶剂型加固剂就可以满足要求。但如果文物材料比较潮湿（即含水率较高），那么这时就必须使用乳液型加固剂。

这样选择是因为加固剂在文物表面起加固作用是依靠加固剂在文物内部产生一定渗透深度，在这一定的渗透深度中发生聚合、粘联，从而对文物起到加强作用。如果加固剂无法在文物内部取得渗透，而都富集于表面，那么在其聚合或溶剂挥发后必然会在文物表面形成一层加固剂树脂壳，这层树脂壳非但不会给文物提供太多的加固效果，还会彻底改变文物的原始外观并产生一系列保护问题。

如果在含水率较高的文物上施加树脂/溶剂型加固剂会遇到两种情况。

其一，加固剂的溶剂和水不相溶。这时文物的内部孔隙多被水所占据，加固剂溶剂又与水不相容，加固剂只能在溶剂的带领下填充到文物中少数没有水的孔隙中，而大量加固剂则无法进入文物内部，随着溶剂的挥发或聚合作用的发生，加固剂最终只能在文物表面形成一层树脂壳，对文物几乎无法起到任何实质性的加固作用，同时还彻底封堵了文物内部与外界环境进行适应、交流的通道，埋下了产生后续保护问题的种子。

其二，加固剂的溶剂与水相溶。在这种情况下，加固剂中的溶剂首先与文物孔隙中的水混合形成混合溶剂，然后在孔隙内外加固剂浓度差所产生的压力下，将加固剂带入孔隙中。通过这种作用，加固剂虽然取得了一定的渗透深度，但是由于树脂/溶剂型加固剂的自身性质，它无法在水存在的情况下进行良好的聚合或粘联，因此也就无法为文物提供应有的加固效果，同时在文物表面还会形成白色的云状树脂残留物。虽然这种表面的白色树脂残留物在日后一般可以通过使用未被水污染的溶剂予以除去，但要将文物内部所有的这类树脂全部除去，则不太可能。

而对这种含水率较高的文物使用乳液时往往可以获得满意的加固效果。这是因为乳液是通过悬浮树脂/溶剂溶液于水中而形成的，可以简单的将其理解为以水为溶剂的加固剂。对这类加固剂，其溶剂本身就是水，在潮湿材料上自然就较易引入并扩散到文物的孔隙中，从而获得较好的渗透性。

但如果文物材料太过于潮湿或者甚至已是饱水状态，这时即便使用乳液型加固剂，加固过程也不可能取得成功。这是因为，乳液型加固剂在这种情况下虽然能够取得一定的渗透深度，但是水其实仅是该类加固剂的分散介质，它的固化或粘联还是通过水蒸发后，悬浮在其中的树脂/溶剂溶液乳粒破裂，而后再经历与树脂/溶剂型加固剂类似的聚合物聚结过程来实现的。因此，如果文物材料太过于潮湿或者甚至已是饱水状态，加固剂将无法充分的干燥，从而无法对文物形成任何的加强效果。另外，加固剂的干燥必然会伴随着文物自身的干燥。很多材质的文物都存在湿胀干缩的现象，如果加固剂没有完全渗透文物，那么在干燥的过程中在文物内部会形成已加固和未加固两种材质区域，不均匀失水干缩的现象将会在这两个区域的接触面上格外显著，由此产生的应力将会对文物造成不可挽回的损害。因此对于那些极度脆弱且饱水或接近饱水的文物就不能在考古现场进行加固处理，取而代之的应该是进行整体提取。

虽然乳液型加固剂对于含水率较高的文物比树脂/溶剂型加固剂具有更好的渗透及

加固效果，但在一些特定情况下乳液型加固剂则不能使用。例如，几乎所有的金属文物在考古发掘现场都不能使用乳液型加固剂进行加固。这是因为金属文物尤其是铁质或青铜质文物对水都十分敏感，额外的水的加入很有可能会加快其锈蚀速率。因此即使该类器物出土时含水率较高，也不能使用乳液型加固剂加固，取而代之的是使其缓慢干燥后用树脂/溶剂型加固剂进行加固处理，当然这不包括完全矿化的该类器物。此外，乳液型加固剂由于以水为分散介质，水的蒸发速率要远比丙酮或甲苯等有机溶剂慢得多，而且如前所述乳液要经过分散剂挥发和聚合物聚结两个阶段。因此在使用乳液时，很难确定最少多长时间乳液就能够完全固化。一般情况下，在考古发掘现场使用乳液时宁愿给其留出过长的干燥时间，也不要急于一时，在其可能还未完全固化时就进行下一步操作。故而，从固化时间的角度而言，乳液型加固剂的加固效率要远低于树脂/溶剂型加固剂。为了缩短乳液型加固剂的固化时间，往往将该类试剂和热风机配合使用，即采用热风机产生的热空气吹淋文物表面以帮助材料固化。此外，由于乳液型加固剂的乳粒会因重力作用产生沉积于容器底部的趋势，因此在稀释或使用之前必须将其振荡或者搅拌均匀。有些乳液型加固剂长时间放置还会遭到微生物侵蚀，出现霉变等问题。

但树脂/溶剂型加固剂也有缺点。首先，由于挥发速率过快，其溶质的反迁效果明显，容易在文物表层形成树脂密集区，造成加固效果不均匀。其次，由于该类加固剂使用的溶剂（如乙醇等）会造成一些有机质文物的脱水，因此对于潮湿的有机质文物应慎用。再次，部分溶解能力较强的有机溶剂对某些材质的文物可能还有溶解的作用（如琥珀），即使其溶解能力有限，在现场施用该类加固剂时也应慎重。此外，溶剂挥发是吸热过程，使用树脂溶剂型加固剂加固文物时，随着有机溶剂的快速挥发，文物表面温度降低较明显。此时如果周边空气环境的相对湿度过高，常常会造成文物表面温度低于空气露点温度的现象，即空气中的水分在文物表面凝结，形成液态水。如果在树脂/溶剂型加固剂干燥前文物表面发生了这种凝露现象，就会影响树脂溶剂型加固剂的固化及加固效果。因此在使用树脂/溶剂型加固剂时应注意避免空气环境相对湿度过高的情况。最后，树脂/溶剂型加固剂使用的有机溶剂大多易燃，很多溶剂挥发出的蒸汽与空气按一定比例混合点燃后都会出现爆炸，大量的有机溶剂蒸汽聚集还会对操作者的身体造成损害，因此在使用树脂/溶剂型加固剂时应注意通风，同时避免周围区域出现明火。

4）加固剂加固方法

在对文物进行化学加固之前，首先要对欲加固文物表面进行彻底的清理。应去除器物表面及其边缘所有的泥土以防在加固过程中将大块泥土黏附到文物表面上。具体清理方法参见5.2节。

加固剂的施加方法很多，在考古现场保护中使用较多的主要有喷涂法、点涂法和滴涂法三种。

喷涂法一般应用于大面积加固。在考古发掘现场保护中喷涂的具体施加方法是，将雾化器喷头沿欲加固文物表面斜向上呈45°角，匀压喷射加固剂的雾化液滴，使雾化液滴弥漫在欲加固文物表面的正上方，利用液滴自身的重力，使液滴均匀沉降在欲加固文物的表面区域。由于一次处理的面积能够很大，因此喷涂法可以有效提高加固过程的工作效率，节约加固处理时间。此外，喷涂法以匀化雾滴的形式施加保护材料，其加固剂施加量的均匀性是其他加固处理方法所无法比拟的。更重要的是喷涂法不会和文物表面发生直接接触，加固剂液滴对文物表面的冲击仅仅是其沉降作用的结果，这种沉降的冲击只要喷涂工具的雾化能力足够好，对文物表面的影响就微乎其微。因此喷涂法是当前现场保护中对脆弱文物表面干扰最小的加固方法。

但喷涂法也有很多缺点。首先，喷涂法对加固剂的利用效率较低，很多加固剂并没有施加到欲加固文物的表面，而是沉降或吸附到环境周边的物质中。这就造成了加固剂的浪费，这种浪费由于考古现场保护中加固剂较难运输、难以购置等条件的限制，显得尤为明显。也正是因为这个原因在进行喷涂加固剂前，一定要对欲加固文物周围的其他文物或不需加固的表面进行临时性遮蔽，否则会造成周边环境及文物的污染。其次，喷涂法在现场往往不太适用于树脂/溶剂型加固剂。因为该类加固剂一旦采用喷涂工艺，雾化效果会急剧增大加固剂溶液与空气的接触面积，使得加固剂溶液在还未沉降到欲加固文物表面时，就已出现溶剂的大量蒸发，从而使得真正接触到文物表面的加固剂浓度要高于配置浓度，造成加固剂渗透效果的降低，这种情况在气温较高的考古发掘现场尤为明显。同时大量有机溶剂在空气中的蒸发也容易造成安全事故的发生。此外树脂/溶剂型加固剂需要特殊的喷涂设备，一般喷雾器无法满足要求。而且，喷涂法对操作人员的身体健康也会产生较大威胁。

点涂法是现场保护中最常采用的一种加固方法。这种方法需要加固剂施加工具和文物表面的直接接触，但正确的点涂方法可以将加固处理对脆弱文物表面的干扰降到最低。在现场保护中，点涂法一般使用毛笔、画刷或棉签等工具蘸取加固剂溶液或乳液来进行。正确的做法是将蘸有加固剂溶液或乳液的棉签和文物表面接触，利用毛细作用使得棉签上的加固剂被吸入文物材料中。这种点涂法将工具和文物表面的接触机会降到最低，因此对文物表面的损害也较小。但点涂法也有几点是需要注意的：第一，加固剂施加过程中，棉签等工具尽量不要在文物表面有任何滑动或滚动，任何的滑动或滚动都会给文物表面带来没有必要的摩擦损害。第二，用棉签等工具蘸取加固剂的量不可过多，一般来说，应控制在将棉签提出加固剂溶液后不会出现液滴滴落的状态。这样可以有效避免加固剂在文物表面的流淌现象。第三，棉签多次接触文物加固表面的间距应控制得当且距离相当，这样有助于保证加固效果的均匀。点涂法的优点是便于实施、易于控制、不易造成周边文物的污染、节约药剂等。但其缺点也是显而易见的。首先，点涂法加固难以保证完全均匀；其次，因为需要和文物表面直接接触，故对表面已出现粉化等质地十分脆弱的文物常常会造成一定损伤；再次，需要逐点施加加固剂，因此加固效率较低。

滴涂法是喷涂法和点涂法的折衷，其具体做法是使用胶头玻璃滴管将加固剂液滴滴加到文物表面。滴涂法的最大优势是它既具备了喷涂法的非接触式加固特点，又易于控制加固范围及加固剂用量。由于加固剂液滴体积的增大及数量的减少也克服了喷涂法不适用于树脂/溶剂型加固剂的缺点。同时，其加固效率也略高于点涂法。因此滴涂法也是现场保护中常常使用的一种加固剂施加方法。但是滴涂法仅适用于孔隙率较高的文物加固，因为滴涂的每一滴液滴体量较大（一般为0.04～0.05mL），如果文物孔隙率不高造成加固剂吸收不利，就会导致加固剂在文物表面流淌的现象。

加固剂的浓度会影响到聚合物进入文物的量，高浓度的加固剂就意味着高黏度及较差的渗透性。因此不论是使用点涂法还是喷涂法，如果发现加固剂在文物表面的渗透效果不是十分理想，就需要对加固剂进行进一步的稀释，以提高其渗透性。从而使得不仅文物的表面被加固，文物的内部也被加固。具体判断渗透性好坏的方法是首先用棉签在文物表面试施加少量的加固剂，观察文物材料对加固剂吸收的难易程度即吸收速度。如果棉签上的加固剂沾到文物表面几分钟后，文物表面被浸湿的痕迹才逐渐消失，就说明渗透性并不好，需要对加固剂进行稀释。

对考古发掘现场保护而言，多次施加低浓度加固剂的加固效果（加固的均匀性、加固剂的渗透深度及维持文物表面原状等特性）要优于一次或少数几次施加高浓度加固剂的加固效果。但是过低浓度的加固剂其加固强度并不理想，这种加固剂要达到高浓度加固剂的加固强度往往需要多次施加。多次施加低浓度加固剂不仅浪费大量的溶剂，同时也必将耗费大量时间。因此在考古发掘现场，有时也采用浓度梯度法对文物进行加固处理。所谓浓度梯度法是指，在加固的初始阶段采用低浓度加固剂进行多次处理，然后再使用稍高浓度的加固剂进行进一步加固，最后以正常浓度进行一次加固即可。这种做法既保证了加固剂具有一定的渗透深度，同时相对只使用低浓度加固剂加固减少了加固次数，节约了溶剂，缩短了处理时间。

此外，在一遍加固剂与另一遍加固剂施加的间歇中，要空留一定的时间以允许加固剂溶液的溶剂或乳液中的水有一定程度的蒸发，从而为下一遍施加的加固剂腾出渗透的空间。但绝不要让溶剂或水完全蒸干，因为如果前一次的加固剂溶剂或水完全蒸干就会对随后施加的加固剂的渗透产生阻碍效应。

如果在干旱、炎热的气候环境下使用树脂/溶剂型加固剂对文物进行加固，那么实验室保护中的最佳溶剂——丙酮往往就不能使用。这是因为丙酮的挥发性较强，在这种环境下，其挥发速率被进一步加快，造成它所溶解的加固剂还来不及渗透入文物内部，丙酮就挥发掉了，从而导致加固的结果是仅仅在文物的表面形成一浅层加固层。在这种干旱炎热的环境下，使用挥发性比丙酮低的其他溶剂，如甲苯等是一种更好的选择。如果在考古现场只有丙酮可以使用，那么进行加固操作的过程就必须选择在空气温度尽可能低的时间段进行，如把加固过程选择在清晨进行。此外，在加固完文物以后，用一片铝箔松散的搭盖在文物的上方，从而在文物上方的局域空气中营造较高的溶剂蒸汽分压，这样也有助于减缓溶剂的挥发速率。

如果需要加固的文物体量很大，应尽量在一次加固过程中将文物上需要加固的各个部位都进行完，而不要进行分区的加固处理。这是因为如果清理完文物的一块区域就立即只针对该局部区域进行加固处理，就可能在文物中已加固的区域和未加固的区域间产生应力，从而易于导致文物的变形和破裂。迅速且仔细的对大块文物整体施加一层加固剂（一般采用喷涂法），然后用同样的方法再向文物上施加几层加固剂，是一种较为安全的加固方法。

在加固剂干燥的过程中，尽可能保证文物周围区域没有灰尘。在有风的环境中尽量避免对文物进行加固，因为风会将灰尘、沙子以及其他的杂物碎屑吹到加固过的、正在干燥的文物表面。在加固文物的表面上轻轻的覆盖一层铝箔可以起到阻止风带来的灰尘沾染文物表面的作用。但不要让铝箔和加固区域发生直接接触，以免铝箔被加固剂粘到文物表面。另外一个可供选择的方法是，用一个盒子盖住文物。但不要使用塑料袋包裹正在加固的文物，因为塑料薄膜可能会被加固剂的溶剂溶解而沾染到文物的表面。

不管使用任何加固剂及加固方法对任何文物进行加固处理，关键问题是在对文物进行下一步提取或其他保护处理前，一定要等到加固剂完全干燥后再进行。一般认为，文物中的加固剂如果还未完全干燥，此时的文物比未加入加固剂前还脆弱易碎。

在加固剂完全干燥以后，就可以按照一般的提取及相关操作方法对文物进行其他保护处理了。但对加固后的文物万不可错误的认为它已经比较安全了。虽然加固后文物比加固前的强度的确有所提高，但由于需要进行加固的文物往往都是极度易碎的，其本身强度极低，即使通过加固有所提高，但比较起那些自身强度较好、没有加固处理的文物往往仍是较脆弱易碎的。因此，即便是加固后的文物也应尽量少的对其进行拿放操作。当必须要对文物进行操作时，动作一定要谨慎、缓和、温柔。

5.4　提　　取

5.4.1　文物的一般提取

文物的提取是指将文物从地下迁移出来的过程。如果欲提取的文物过于易碎或不牢固，就需要在提取之前对欲提取物进行加固。具体提取方法的选择取决于将要提取文物的强度、大小尺寸、重量、结构成分和文物的保存状况，同时也决定于土壤的状况。

提取工作的第一步是对器物进行仔细的检查以确定其保存状况，在提取器物前要确定器物表面是否有已经脱落或即将脱落的颜料层、装饰层或其他部件。提取前必须对器物进行拍照或绘图，这些数据的记录对后期的保护修复非常重要，尤其是当多件出土文物错综复杂的排放在一个区域时。

提取工作最重要的一点规则就是任何时候对任何文物都绝不能通过撬动或者抽动的方式进行提取。在文物完全和土壤分离前，任何的撬动或抽动都很有可能造成提取过程的失败，对文物产生不可挽回的损害。只要遵循如上规则，大多数的文物都是可以通过简单的方法安全提取的。

一般文物的具体提取方法是，首先按照表面清理的方法仔细的清除文物周围的土壤，最终使文物独立处于一个土壤基座或土质台基的上面，这时文物大部分外表面都暴露出来，其大概的外形和尺寸就可以确定了。然而，清理到这个程度后，一般情况下文物还仍会有一个面与土壤相连，这时需要依据文物的类型，大概判断一下文物上是否有可能有一些突出的部分延伸到了地下土壤中还并未被清理出来。如果文物与地面相接的部位不会有突出部分，即未清理部分就是一个扁平的平面，那么提取工作就非常简单了。沿着文物底面的两边将与其相连的泥土掏除掉，然后用手托住器物的两边，将力量均匀的分布在器物的周围，轻轻的将文物捧起即可。最后将其放入一个聚乙烯袋子或刚性的、衬垫良好的适当容器中。

如果发现器物可能有一些突出的部分延伸到了地下土壤中，这时就需要在提取前对器物进行进一步的精细发掘。如果不把文物上突出的部位从泥土中释放出来，那么在提取文物的时候，这些突出部分就很容易会被折断。具体的发掘办法视对文物外形的确定程度而定。如果没有办法确定延伸到土壤中的部位位于文物底部的具体位置，这时就需要使用木质工具从承载文物的土质台基一端沿文物的底面逐渐向内部掏挖，掏挖一段深度后，用一个柔软的垫子填充进掏挖出的文物底面与地面间的孔洞中，从而将暴露出的文物表面支撑起来。然后再从土质台基的另一面采用同样方法进行掏挖，一定深度后同样用垫子衬垫。再返回首次掏挖的那一面，将垫子取出，继续掏挖。如此往复，直至文物底部的突出部位被完全暴露出来后，将文物提取出来即可。但这样进行的效率太低，如果能够事先确认文物突出部位的位置，则可采取另一种较快的方法。即从土质台基的一端，沿文物底部进行掏挖，但不将与文物底部相连的泥土全部取出，仅去除文物突出部分投影位置的泥土，而其两侧的泥土予以保留（图 5-9）。同样先从土质台基的一面进行掏挖，当遇到文物突出部位后即停止，改从与其相对的另一端采用同样方法进行掏挖。直至最终文物的突出部位完全从泥土中释放出来，这时文物其实是处于一个“U”形土质基座的支撑上，最后将文物提取出来即可。不论是采用垫子衬垫还是“U”形土质基座，其目的都是为了防止在清理的过程中，当文物突出部位的一端从土壤中暴露出来后，由于来自清理方向的土质支撑的消失，造成文物底部，尤其是突出部位与底部相接处的受力平衡被打破，从而导致该部位承受额外的压力。

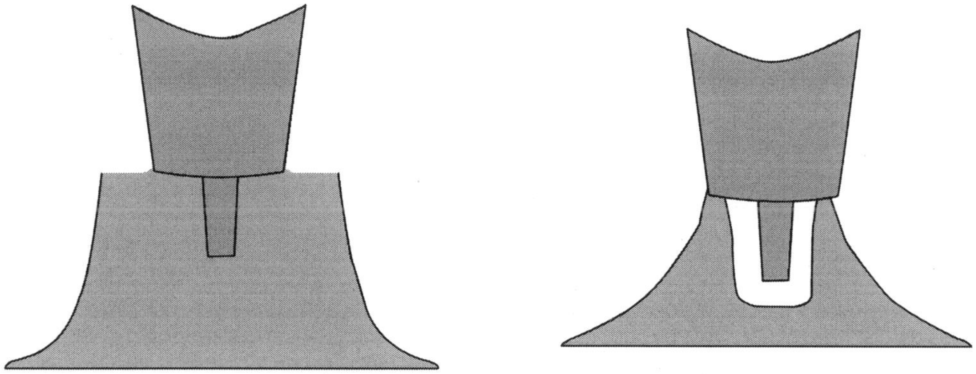

图 5-9　考古现场探明文物整体轮廓时支撑文物的土质底座

不论是文物提取还是清理，都不要对容器内部的土质进行去除，因为这些土壤中常常会有一些包含物，这些包含物对日后确定该器物的用途及其他考古学信息非常有用。即便是文物破碎了，也应尽可能在提取的同时采集位于容器底部的土壤样品以备日后分析。

如果文物发现时已经破碎，这时应仔细对周边进行清理，争取找到所有的碎块，然后按照上述的提取方法将其提取并保存在一起，这样有利于日后的实验室修复及研究工作。但是如果文物破碎的碎块数量众多，或者几件文物破碎在同一个区域，那么在现场将所有碎块分别提取并同时确定其各自的归属，将是一件不可能完成的任务，这时就需要对这些碎块进行整体提取。

5.4.2　整体提取

在考古发掘现场保护所涉及的保护方法中，整体提取是使用几率较高的一门技术，是提取技术中的一项重要内容。对该技术的掌握程度将对考古发掘现场出土文物最终的保护效果产生直接的影响。

1. 整体提取的概念

整体提取是指将文物及与其所直接接触的包裹物（一般为土质）一起提取、搬移的过程。所谓整体就是指文物及与其直接接触的包裹物所构成的整体。换言之，整体提取也就是在不完全去除文物出土时的包裹物的前提下将文物提取的过程。

2. 整体提取的使用条件

整体提取作为一种考古发掘现场较为复杂的文物提取方法并不是在任何时候都需要使用的。不顾文物保存状况及土壤情况，一概对文物进行整体提取，不仅会拖延考古工作的进程，同时还有可能对文物本身造成损害。因此，在决定对出土文物进行整体提取之前，一定要明确该文物是十分需要进行整体提取的。一般状况下，当文物遇到如下两种情况时，需要进行整体提取。

1）文物破碎严重且碎块分布复杂

文物出土时如果破碎非常严重并且碎块之间的关系没有办法立即整理清楚，就需要对这些文物碎块进行整体提取，以确保在提取过程中碎块不致遗失且碎块之间的关系不被打乱。通过整体提取将繁杂的文物清理、找对、保护等工作转移至环境条件较好的室内进行，从而降低文物遭受损伤及工作出现失误的几率。举世闻名的秦始皇兵马俑博物馆的两件铜车马就是该类型的典型例证。1980 年冬，两件铜车马出土时均破碎十分严重，其中仅二号铜车马就碎为1555 块，且碎块分布关系非常复杂。经过专家们的反复论证，最终决定对两件铜车马进行整体提取，将其运送回实验室后再进行进一步的清理。正是因为当初的这个决定，才成就了今天两件精美文物的完整。

2）文物极度易碎

除了文物破碎严重的情况外，还有一种情况需要使用整体提取技术，这种情况就是文物出土时极度易碎，无法单独提取。这时整体提取的技术可以使脆弱文物在损坏危险最小化的前提下从考古发掘现场被提取并运送回实验室，确保文物能够享受一个条件优越的、极度细致的实验室清理过程，从而将提取过程中文物损毁的几率降到最低。笔者在进行一座先秦时期墓葬的考古发掘现场文物保护工作时就遇到过类似的问题。当时墓室中出土了一件漆盘，由于年代久远，出土时漆盘的木质胎体已经完全腐朽，仅残留有原本表面的漆皮，漆盘外形及残留漆皮完全依托于土质之上，漆盘极度易碎，无法单独提取。经过慎重考虑，决定对漆盘进行整体提取，将其运送回临时实验室中再进行进一步清理及保护处理。最终，漆盘被完好的保存了下来。但当时若不采用整体提取，漆盘存留的几率将微乎其微。

在进行整体提取时，提取块的重量往往是一切失败的根源。一定要对将要进行的提取块重量有一个估算。大的潮湿的土块是非常重的。被提取的文物体积越大，那么整体提取时提取的土块也就越大，相应的提取的重量也就越重。在进行整体提取之前，一定要明确你所能成功操作的最大限度，也就是说要明确在工地的实际条件下最大能成功提取多大的土块。如果工地实在没有条件进行如此大规模的整体提取，那就必须将原本的一大块整体提取块分割成若干小块再进行整体提取。

3. 整体提取的技术方法

在考古发掘现场文物保护中应用的整体提取技术纷繁复杂，种类众多。但从提取的方式、方法及使用的主要提取材料方面可将其分为七类整体提取方法。

1）基本提取法

基本提取法是整体提取中最简单的一种提取方法。该方法几乎不借助任何提取材料，完全依靠土壤自身的强度对文物进行整体提取。因此该方法只适用于土壤自身强度较好的情况。但由于土壤自身结构的限制，即使是强度很好的土壤，对于体量（体积和重量）较大的文物也不足以提供一个完全安全的支撑，因此该方法的另一个必要的适用条件就是文物体量不大。基本提取法的具体提取步骤如下。

A. 去除文物周围泥土

基本提取法中的所谓去除文物周围泥土并不是将文物周围泥土完全去除，而是指将包裹文物的土质的周边泥土去除掉，从而使文物处于一个土质台基上（图 5-10）。基本提取法中承载文物的土质台基的剖面一般为矩形。但当土壤强度十分好时，也可以将其

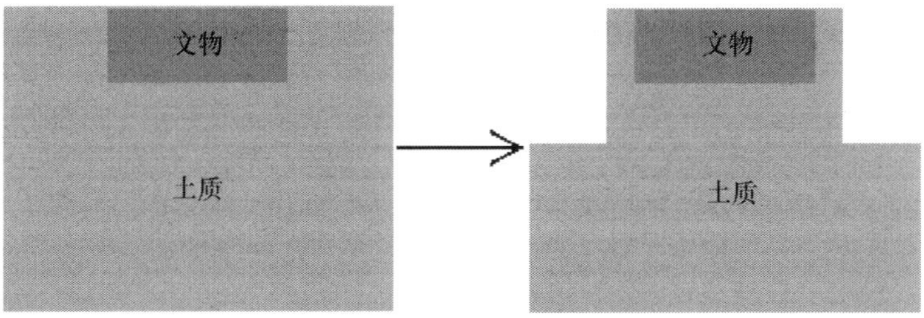

图 5-10　去除文物周围泥土

做成剖面为倒梯形的土质台基（图 5-11）。这样可以减少后续底切处理步骤的工作量。但必须要注意的是，倒梯形侧边与地面的夹角应该控制在 80°左右。这是因为如果角度太大则底切工作量的减少不明显，如果角度太小则上层架空土质坍塌的危险就会增加。同时应控制文物边缘距离土质台基边缘有 4 ~ 5cm 距离，且土质台基的高度（或文物底部距离土质台基底部的距离）最少为 5cm 以上。

B. 周边加固

周边加固是指使用加强材料对土质台基的周边进行简单的、临时性的加固，从而为之后的底切处理步骤提供一个更加坚固的承载文物的土质台基，以确保文物的安全。在基本提取法中周边加固的具体做法是采用一定宽度的纱布绷带沿土质台基底部紧密的将

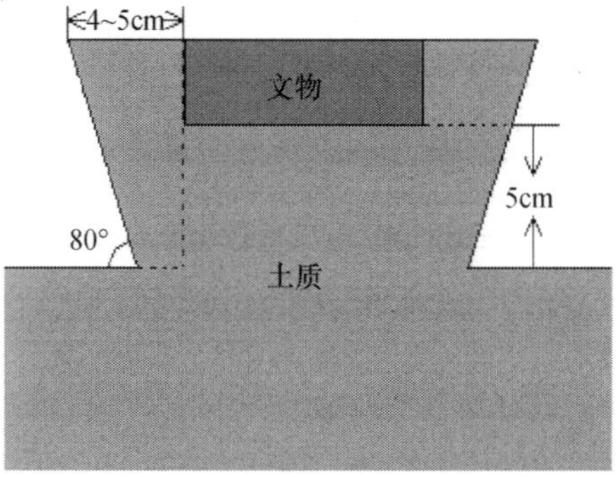

图 5-11　倒梯形土质台基

土质台基侧面螺旋式包缠起来，从而利用纱布绷带自身的强度对土质台基产生一个加强的作用（图 5-12）。还可以使用石膏绷带及树脂绷带替代纱布绷带，以提高周边加固的加固效果，但用石膏绷带和树脂绷带前需要对土质台基缠绕隔离层（具体内容见 5. 3. 1 节）。

如果绷带包裹也不足以提供足够的内聚力以支撑这个提取过程，可以采用加固剂加固周边包裹土的方式进行周边加固。这时可以先小心的在土质台基侧面扎一些小洞，然后将加固剂注入这些小洞，一般使用的加固剂浓度大约在 5%~10%，这样外围土质的强度就会被加强从而能够支撑整个整体提取过程。在注入加固剂的时候要小心加固剂渗入的深度以防止加固剂通过土质接触到文物表面。

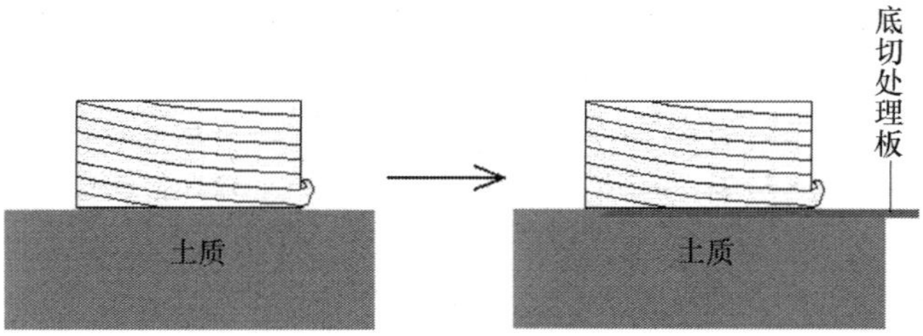

图 5-12　基本提取法的周边加固和底切处理

C. 底切处理

据统计，失败的整体提取过程 80% 的问题均出自底切处理。因此底切处理是整体提取的关键步骤。不仅对基本提取法，对其他整体提取方法亦是如此。具体的底切处理步骤是用一端带刃的金属板、锯或一段金属丝线沿承载文物的土质台基的底部水平对土质台基进行切割，从而最终使承载文物的土质台基与地面完全分离（图 5-12）。需要注意的是在整个底切处理的过程中决不要试图通过翘动或晃动的方式促使土质台基和地面分离。因为即便土壤强度再好，土质台基也无法承受翘动或晃动所产生的力量。底切过程中的翘动或晃动必然会导致土质台基的崩解，造成整体提取的失败。

D. 刚性支撑

在基本提取法中之所以最好采用一端带刃的金属板（面积略大于土质台基的底面积）进行底切处理，是因为该金属板在底切处理之后还可用作土质台基的刚性支撑。一般的整体提取过程在进行完底切处理之后均需要将整体提取块（提取材料包裹的承载文物的土质台基）滑移到刚性支撑板（多为厚度较厚的木板或其他刚性较强的板状材料）上，而后利用刚性支撑板对整体提取块的支撑力将文物连同土质台基一起提取出考古发掘现场。但在基本提取法中如果采用一端带刃的金属板进行底切处理，在处理结束之后即可直接使用底切处理板作为刚性支撑（采用基本提取法提取的文物体量一般较小，因此底切处理板的强度一般能够提供足够的刚性支撑）。从而省去了刚性支撑这一步骤。也就是说在底切处理结束后，直接利用底切处理板对整体提取块的支撑将文物提取出考古现场。这样既减少了基本提取法的工作步骤，提高了工作效率，同时也符合考古发掘现场文物保护中的处理最少化原则。

2）背衬提取法

背衬提取法也是一种简化的整体提取方法，它主要用于表面平坦的、需要支护的文物（大的片状文物如壁画、马赛克等）的提取，以及破碎严重且碎片分布的纵向深度较浅（分布于一个平面或较浅的一层）的文物的提取。这种提取能购最大限度的保护文物的平坦表面或保留碎片的原始分布关系，为后期的保护、修复、研究奠定基础。

A. 去除文物周围泥土

背衬处理中的去除文物周围泥土与基本提取法大为不同，背衬处理需要将文物的一个侧面完全暴露出来，同时往往需要对文物的这个侧面进行细致清理，具体方法参见 5.2.5 节。

B. 背衬

使用高浓度的加固剂涂刷清理暴露出的文物侧面，一次涂刷的面积依据将要背衬的纱布绷带条的长度及宽度而定。之所以要使用高浓度的加固剂，是因为高浓度加固剂的渗透性较差，而该层加固剂的施加目的是将文物表面与将要背衬的纱布粘合起来，因此希望更多的加固剂能够停留在文物表面而不是大量渗透到文物或土壤中。但因为这一层直接和文物接触，为了减少接取背衬时的工作强度，第一层高浓度加固剂在保证粘接效果的基础上，不要涂的太厚、太多。然后用一条长度略比文物长一些的纱布绷带平整贴附于刷胶区域，并用刷子刷扫绷带表面，尽可能使绷带紧贴文物暴露表面，不要在绷带及文物间留下空隙。接着用同样的方法再增加一条绷带，但要注意最少要让它们的边缘有 1cm 的交叠。这样直到物体的整个表面完全被覆盖住（图 5-13A）。而后在垂直于第一层绷带的方向上施加第二层绷带，具体的方法同前（图 5-13B）。如果觉得两层绷带的强度仍不够支持下一步的提取工作，可以在两层绷带的基础上使用麻布或其他强度更高的纺织材料进行进一步的背衬。另外，背衬处理全过程中使用绷带或其他材料覆盖的时候，一定要将器物的边缘也覆盖起来，并将绷带沿着器物的边缘轮廓推进下去，即对器物的边缘也进行背衬。在进行下一步操作前，一定要等到用于背衬的加固剂彻底干燥后。

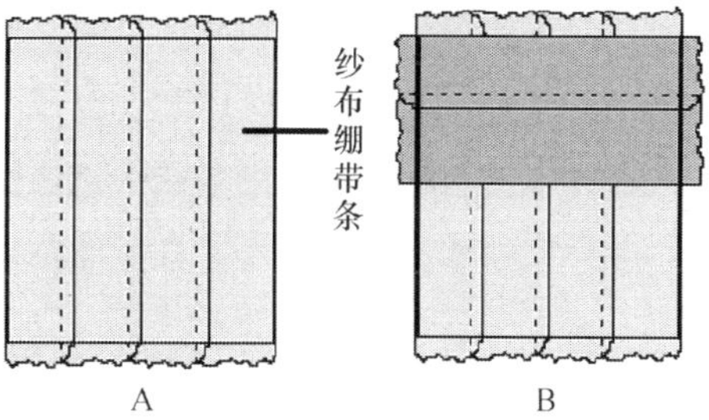

图 5-13　绷带背衬顶视图

（A. 第一层绷带条；B. 垂直于第一层的第二层绷带条）

C. 底切

当背衬的加固剂完全干燥后，就可以对背衬文物进行底切处理了。进行底切前应事先探查清文物的厚度或碎块的纵向分布深度。底切的深度应比文物厚度或碎块纵向分布深度略深一些，即保留文物下面直接与文物相接的一段土。这样既可以保证底切不会伤及文物本体，又可以防止可能存在的未粘附到背衬纱布上的文物下层碎块的散落。具体的底切方法同基本提取法。

D. 刚性支撑及翻转

底切处理结束后，在背衬物的背衬表面覆盖一层比文物略大的刚性支撑板，这时背衬文物就处于刚性支撑板和底切处理板的包夹状态。在保持这种包夹状态的前提下将背衬文物进行翻转，使背衬的绷带处于文物底部。然后移除底切处理板即可。这时整个文物都处于刚性支撑板及背衬绷带的支撑下。最后利用刚性支撑板的支撑力将背衬的文物提取出考古现场（图 5-14）。

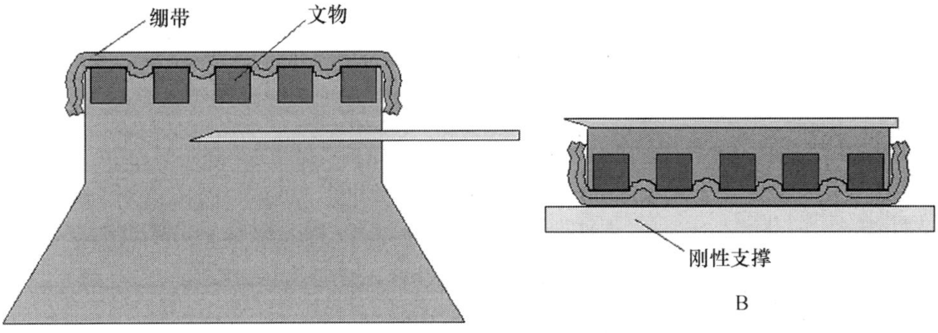

图 5-14　对物体进行背衬的方法

（A. 物体侧视截面图；B. 提取后的物品处于刚性支撑上）

另外一个可供选择的制作背衬的材料是熟石膏。石膏背衬与树脂背衬略有不同，其具体的做法是：首先仔细的清除器物欲暴露表面一侧的泥土，直到确保露出器物的边缘。然后用刷子刷扫若干层潮湿的脱酸绵纸或保鲜膜覆盖于器物表面作为隔离层，应尽可能使隔离层紧贴文物暴露表面，不要在其间留下空隙。接着调和石膏浆液并制作石膏绷带，将制好的石膏绷带按照和树脂背衬相同的方法施加到文物表面。紧接着将已近于固化的稠密石膏浆液糊敷于石膏绷带表面，糊敷厚度约为 0.5 ~ 1cm。在石膏仍处于潮湿状态时，再在其表面施加一层纱布绷带或纱布网，同时继续向其上糊敷厚度约为0.5 ~ 1cm 的石膏，如此往复直到物体被施加的石膏均匀覆盖。采用这种方法，如果需要背衬的区域过大，则必须在石膏中加入薄木条以增加石膏的强度（主要是韧性）。等到石膏完全固化后，就可以按照前面提到的底切处理和刚性支撑的方法将文物提取出来。

3）套箱提取法

套箱提取法也是整体提取方法中较简单的一种提取方法。该方法利用木质框架对土质台基周边进行加固，因此提高了土质台基自身在整体提取过程中的稳固性，较基本提取法更加安全。该方法适用于土壤自身强度较好但提取物体量略大的情况。具体的提取步骤有四步。

A. 去除文物周围泥土

同基本提取法，但仅采用剖面为矩形的土质台基而不采用倒梯形土质台基。

B. 周边加固

套箱提取法的周边加固是使用木质框架将土壤紧密的包围起来（图5-15）。如果现场没有办法构筑大小合适的木质框架，也可以用表面平坦的木板包围土壤，然后在其外部用绷带在适当的位置进行紧密牢固的绷扎。在周边加固的过程中一定要确保加固土质台基的木板内侧与土质台基侧面紧密接触。

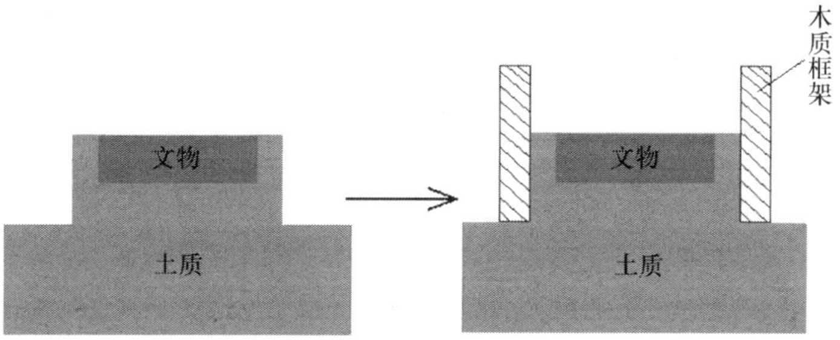

图5-15　套箱提取法的周边加固

C. 底切处理

同基本提取法，但当提取物体量较大且土质较坚硬时还可采取另一种底切处理方法——掏空插板底切法。掏空插板底切法的具体操作步骤是：沿木质框架底边向内平掏，去掉泥土后插入底板（若干具有一定宽度的板条，长度略大于木质框架的宽度）。操作时先掏空两端，插入底板，用砖垫实以防木质框架内泥土漏出。再依次将底部的泥土掏空并插板。当土质台基底部全部掏空、底板插满后，用绳或铁丝将各底板与木质框架绞紧即可（图5-16）。

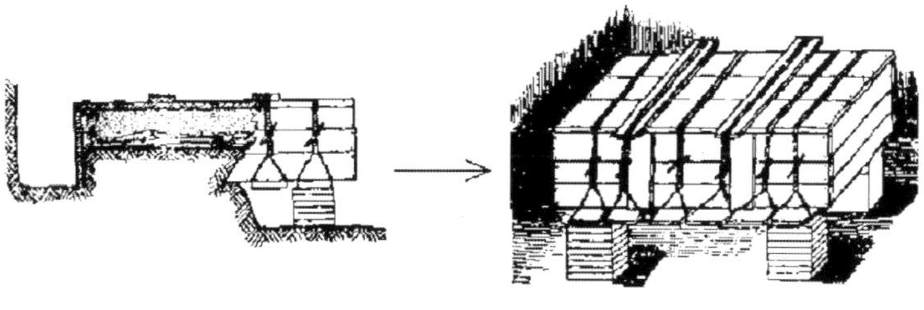

图5-16　套箱提取法的掏空插板底切法

D. 刚性支撑

在底切处理结束后，将一块刚性支撑板放在与底切处理板水平的位置，而后在整体提取块的另一端施加推力，使整体提取块从底切处理板上滑移到刚性支撑板上（图5-17）。最后利用刚性支撑板的支撑将其提取出考古现场。但使用掏空插板底切法进行底切处理的整体提取块，由于在底切的过程中同时对整体提取块进行了刚性支撑，因此对于该底切处理法本步骤省略。

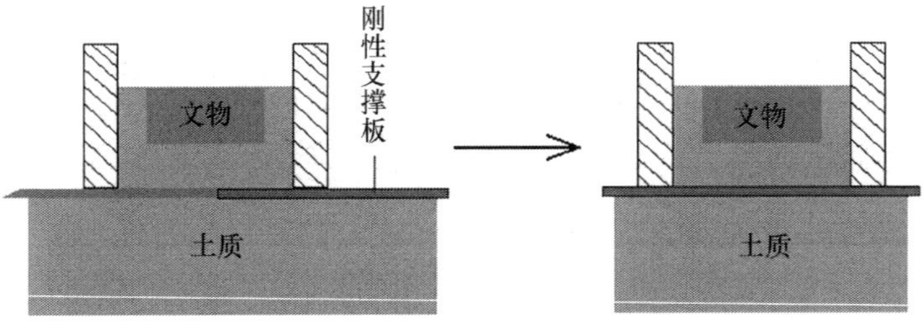

图5-17　套箱提取法的刚性支撑

4）石膏提取法

石膏提取法是整体提取中较为复杂的一种提取方法，该方法是完全借助于石膏的强度对文物及土质台基进行支撑，从而将其提取出考古发掘现场的一种方法。因此该方法适用于土壤自身强度不好的情况。但由于石膏自身重量较重的限制，因此改方法不宜应用于体量较大的提取过程。石膏提取法的具体提取步骤有五步。

A. 去除文物周围泥土

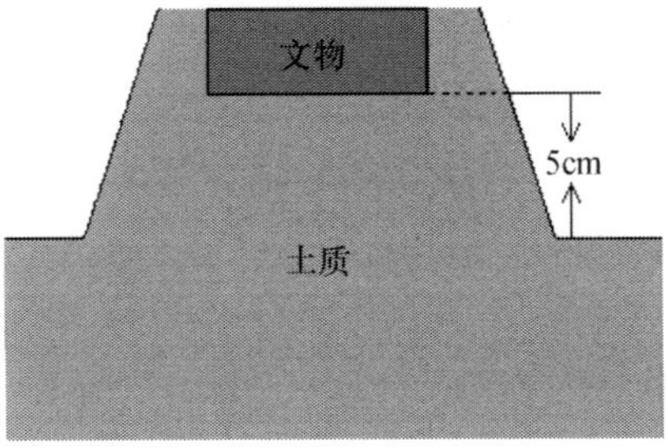

图5-18　石膏提取法的梯形土质台基

石膏提取法中的去除文物周围泥土步骤与上两种提取法不同的是在该步骤中形成的土质台基的剖面已不再是矩形，更不能是倒梯形，而应该是一个高（或文物底部距离土质台基底部的距离）最少为5cm的梯形土质台基（图5-18）。这样做是因为石膏提取法一般应用于土壤自身强度不好的状况。对于自身强度不好的土壤，梯形的土质台基较之矩形的土质台基更加稳固，从而在石膏提取法的前期步骤中能够给文物提供一个较之矩形台基更加稳定的支撑。

B. 周边加固

与前几种提取方法不同的是，这里所说的周边加固并不是真正意义上的加固，而是用木质框架将整个土质台基及其周边的一定空间包围起来，而这个介于木质框架和土质台基边缘之间的空间宽度应在2～3cm。之所以要这样做是为下一步灌注石膏预留空间。同时按照5.3.1节中使用石膏绷带前设置隔离层的方法为文物顶部设置隔离层（图5-19）。

C. 灌注石膏

用熟石膏浆液填充到木质框架的围绕区域中，将文物及土质台基覆盖但不要将木质框架的围绕区域填满。等到先前灌注的石膏完全固化以后，在石膏上面放置一个由木条或其他刚性材料构成的栅格板。而后再向木质框架区域内倒入最后一层石膏，填满木质框架围绕的区域，并将石膏的顶部修整平坦即可（图 5-20）。在石膏中垫置栅格板是为了提高固化后石膏整体的机械强度，从而为文物及土质台基提供一个更加安全的支撑。

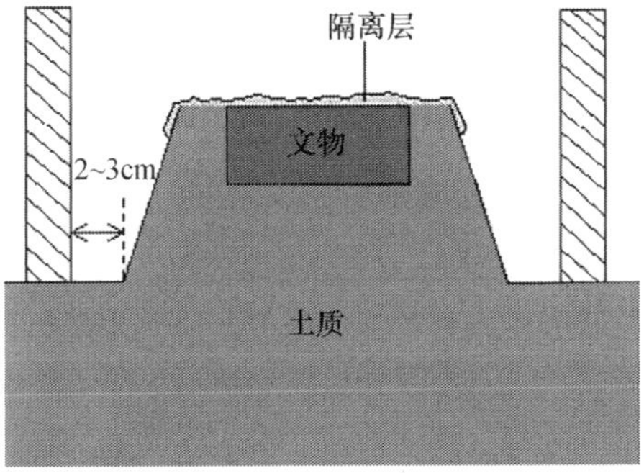

图 5-19　石膏提取法的周边加固

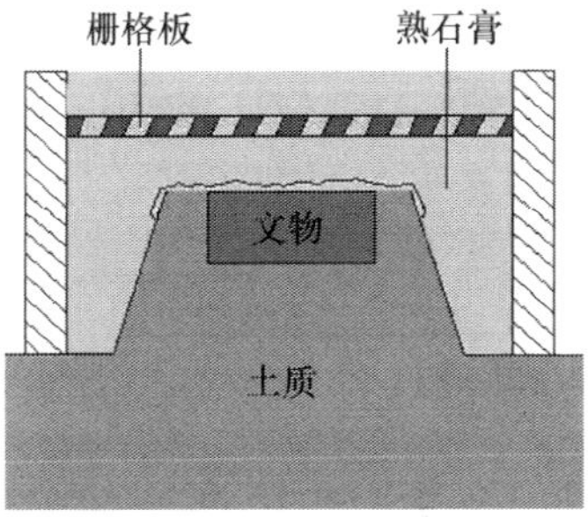

图 5-20　灌注石膏

D. 底切处理

当最后一层石膏完全固化后，按照基本提取法的底切方法对整体提取块进行底切处理，使其与地面分离。

E. 翻转

从图 5-20 中可以看出，石膏在这种状况下对承载文物的土质台基没有任何支撑作用。恰恰相反，石膏层还是覆压在承载文物的土质台基上面的。如果这样就结束提取过程，石膏非但无法保护文物，还会对文物的安全造成威胁。因此，就需要进行石膏提取法的最后一步即整体提取块的翻转。具体的做法是：在底切处理结束后，向木质框架顶端覆盖并固定一个木质的刚性顶盖。而后以底切处理板为支撑对已和地面分离的提取块进行 180°翻转。翻转结束后，沿着木质框架边缘将土质台基上多余的土壤刮切掉，直到土面与木质框架的边缘齐平（图 5-21）。这样一来，石膏就取代了原本的土质台基承担起支撑文物的作用，也就达到了石膏提取法的目的。

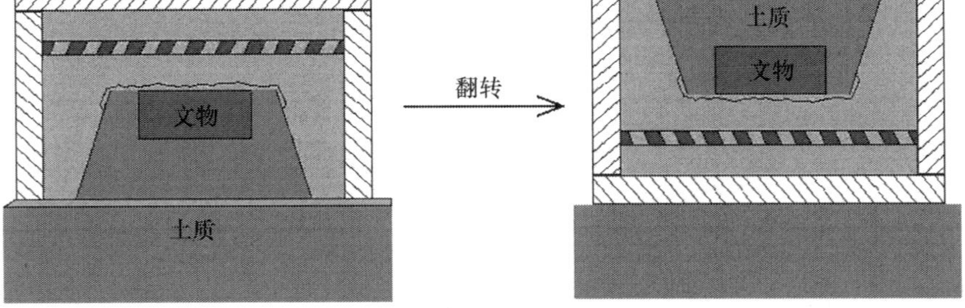

图 5-21　石膏提取法对整体提取物的翻转

5）聚氨酯泡沫提取法

石膏提取法虽然为土壤强度不是很好的情况提供了一种较为安全的提取方法，但是石膏自身较大的密度限制了该方法的应用范围。在提取物体量较大时，如果使用石膏提取法，作为提取材料的石膏会导致提取块质量的急剧增加，从而加大整体提取的难度和危险系数。因此在提取土壤状况不佳且体量较大的文物时，就需要使用一种作用类似于石膏，但质量却远小于石膏的提取材料。聚氨酯泡沫就是一种适合该情况的提取材料。

整体提取中使用的聚氨酯泡沫属硬质聚氨酯泡沫，它是一种有着无数微小封闭网状结构的高分子合成材料，是一种集防水、保温、隔热于一体的新型材料，具有比重轻、强度高、导热率极小的特点。它主要由多元醇与异氰酸酯两组分液体组成，这两种液体一旦将它们混合到一起就会剧烈发泡，从而产生大量泡沫，这个发泡过程出现的体积膨胀大约比原本液体状态的体积大 7 倍。当聚氨酯泡沫固化以后，这种材料就变得十分坚固，可以为内部包裹物提供足够的支撑。

另外，现在市场上已经有将聚氨酯预聚物、催化剂及气体抛射剂灌装于耐压的铁制气雾罐中的单独包装。该类聚氨酯泡沫无需在现场进行不同组分的混合，只要将气雾状胶体喷射至待提取物表面即可。这种喷雾装聚氨酯泡沫大大提高了现场聚氨酯泡沫使用的安全性，同时简化了施工步骤，缩短了处理时间。更重要的是，喷雾装在那些并不需要大量聚氨酯泡沫包裹的整体提取中，可以直接喷涂于提取块表面，在其表面形成一层厚度适宜的硬质泡沫结壳，大大节省了聚氨酯泡沫的用量。

但是，在使用聚氨酯泡沫材料时要格外小心，应严格遵守说明书的使用规范。构成聚氨酯泡沫两组分之一的异氰酸酯是一种有剧毒的化学物质，经由肺部吸入后会对人的神经系统和呼吸系统造成损害。由于异氰酸酯比空气重，因此绝不能在没有穿戴适当防毒面具的情况下于通风不良的区域使用，如埋藏较深的竖穴土坑墓底部等。在整体提取结束后对聚氨酯进行切割时，也必须在通风良好的区域或佩戴防毒面具进行，因为聚氨酯泡沫固化后的封闭网状结构中封存了大量有毒气体，对其进行的切割会将这些气体再次释放出来。

当在现场用聚氨酯泡沫填充一个较大空间时，最好是分几个阶段使用该材料。因为聚氨酯泡沫在膨胀发泡后的固化过程中存在着明显的收缩，使用多次灌注可以使固化过程中前次聚氨酯泡沫收缩所产生的缝隙被下次灌注的聚氨酯泡沫填充，从而保证聚氨酯泡沫的填充效果。尽管这种材料不可逆，但当在它和器物之间使用了铝箔及聚乙烯薄膜制成的隔离层后，便可很容易的在使用后将其切开并从被包裹材料的表面移除。

此外，由于聚氨酯泡沫具有一种封闭网状泡沫结构，该结构使得它像海绵一样可以保持水分，因此本方法尤其适用于一些需要保持湿度的整体提取过程。

A. 去除文物周围泥土

同基本提取法。

B. 周边加固

同套箱提取法，但此时在木质框架与土质台基之间预留的空间距离应扩大到10～15cm。这是因为聚氨酯泡沫在发泡的过程中会对木质框架内表面及土质台基侧面产生非常大的压力，留较宽的距离可以一定程度上减缓这个压力对土质台基的威胁。此外，在灌注聚氨酯泡沫之前还应按照石膏提取法中设置隔离层的方法，使用聚乙烯薄膜和铝箔对文物施加双层隔离层。在设置隔离层过程中，连接两片聚乙烯薄膜或者铝箔时，一定要将它们的边缘接合在一起折叠两下以起到密封接缝的作用。同时在这个密封措施的基础上还应进一步使用纸胶带对接缝进行粘接密封，从而确保隔离层彻底将聚氨酯泡沫与文物完全隔开。

C. 灌注聚氨酯泡沫

按照购买聚氨酯泡沫时配套的使用说明书中介绍的配比将两个组分混合起来，并在聚氨酯发泡之前进行剧烈的搅拌。一旦发泡开始，就要迅速的进行操作（将泡沫混合物灌注到木质框架与土质基坐之间的空间里），因为整个混合物将会像爆破的气体一样迅速膨胀，变成泡沫。根据周围环境的温度的不同，材料的发泡过程将会在初次发泡开始后的大概15min内结束并固化。

当泡沫彻底固化后，对刚性泡沫的顶部进行平整、切割，以使其平坦且与木质框架的边缘齐平。然后使用一块较厚的面积较木质框架略大的木板将顶部覆盖并固定。

D. 底切处理

按照基本提取法的方法或套箱提取法中的掏空插板底切法对整体提取块进行底切处理，使其与地面分离。

E. 刚性支撑

底切处理结束后，采用一块或多块强度较好的刚性支撑板替换底切处理板并将其固定，利用刚性支撑板及木质框架构成的整体将提取块提取出考古现场。

值得注意的是，一般来说聚氨酯泡沫在低于10℃的环境下便无法正常发泡，因此该方法在低温环境下并不适用。此外聚氨酯泡沫在发泡过程中还会释放出大量的热和有毒气体，因此在使用过程中要注意安全防范。同时由于一般的聚氨酯泡沫易燃，故而在使用该方法的全过程中，一定要远离火源和直接的热源。

另外，聚氨酯泡沫提取还有一种简化方法。具体的做法是：首先将容器周边的部分泥土完全去除掉，从而暴露出其1/3～1/2的表面，在文物及附近土质间形成一个盒装空间。用铝箔或聚乙烯保鲜膜将文物暴露部位及周围土质围绕覆盖，然后向这个盒装空间中注入聚氨酯泡沫以作为整体提取的支撑。接着对文物表面还仍埋在土中的部分重复上面的步骤，最终使得文物从处于土壤包埋逐渐替换到处于若干块聚氨酯泡沫包埋的状态。然后使用纱布绷带或胶带将聚氨酯泡沫块外部缠绕固定后将其连同文物一起提取出考古现场。这种方法简化了聚氨酯泡沫提取法中的周边加固步骤，免除了底切和刚性支撑步骤，因此非常易于实行。但该方法仅适用于表面具有一定强度、外形光滑规整且底面与土壤接触面较小的文物的整体提取。

6）托板法

托板法又称插板法，是指在需要提取的文物及其包裹物下部插入薄板，而将其提取的方法。该法通常用于水坑墓或积水墓中体积较小、重量较轻、纵向深度较浅的文物的提取。之所以用于积水墓是因为在这种墓室中，文物往往埋藏于淤泥之中。这类淤泥含水量高、强度差，难以采用其他的提取方法。托板法在这时是最有效的一种整体提取方法，其具体做法是：使用一端较锋利的、有一定硬度和韧性的金属板或塑料板，将其平插入文物下方的淤泥中，然后以插板为支撑将文物提取出墓室。在这类提取过程中，为了对文物进行保湿处理，往往还使用潮湿的麻纸等吸水物质对文物表面进行紧贴覆盖，同时也能起到一定的固定作用。从这一点可以看出，其实托板法就是背衬法的一种变形。

此外，在这种淤泥为包裹物的遗迹中，提取文物常常还会用到另一种方法——托网法。在实际工作中，需要完整提取的文物往往并不是安置在一个平面上，此外在这些文物之下可能还会有一些不能损坏的遗存。当遇到这种情况时就不宜使用插板的方法，而应改用托网法。托网法的具体操作步骤是：在需要提取的文物下部，用细铁丝按照文物的实际形状逐一插入，最后将这些铁丝编结在外围的粗铁丝上形成网状，利用网的支撑托起需要提取的文物。托网法的好处在于可以利用较小的缝隙插入承托物，由于铁丝具有良好的韧性，可以随形而曲，这样就可以尽量避免对下面或周边的遗存造成破坏。托网法其实也是托板法的一种变形。

7）冻结法

冻结法是一种极特殊的整体提取方法，其特殊之处不仅在于使用条件的特殊，还在于该方法应用的文物对象也应严格考究。冻结法是通过液氮等冷却剂将文物周边包裹土中的液态水冷冻为固态冰，从而为文物提供一定的支撑力，在水仍处于冰相的时间段内，利用固态冰的支撑对文物连同周边包裹土进行切割、提取的过程。待提取工作结束后，通过对整体提取块的升温程序使冰融化，消除冰相的支撑力，进而对文物进行清理及保护。该方法一般适用于文物周边土质中含有大量水的情况。冻结法的最大优点是不使用任何辅助提取材料，提取块的重量增加几乎为零。同时因为水的冰冻与融化过程完全可逆，也最大限度的实现了文物保护的可逆性原则。另外，冰冻使得一些含水量较高文物自身的强度也有所增加，从而更加易于实施提取操作。但冻结法也有一些明显的缺陷，首先水从液态到固态的转变会存在9%左右的体积膨胀，这种膨胀会造成多孔材质的冰冻风化。当然仅发生一次液—固—液的冰冻融解循环会对文物产生多大的破坏尚没有明确报道，但可以肯定的是对于考古发掘现场出土的多孔、脆弱、刚性材质的文物，这种循环是必然会产生一定的破坏作用的。因此在选择冻结法对文物进行整体提取之前一定要先对被提取对象在一次冰冻融解循环中会发生怎样的变化有一个清晰的认识。其次，冻结法一般适用于周边环境温度较低的考古发掘现场，否则刚刚冷冻的提取块可能还尚未完成提取，起支撑作用的冰就已经融化了。当然实际上冻结法在提取的过程中一般是需要随时根据情况补充制冷的，但周边环境温度较高将提高补充制冷的频率，从而造成提取操作难以实施。再次，冻结法形成的固态提取块虽然具有一定的硬度，但其脆性也明显增加，提取操作时应格外注意。最后，由于土质的冻结效率会随着土层厚度的增加出现明显的降低，因此冻结法仅适用于纵向深度较浅的文物的提取。在实际操作中，冻结法一般更多的被应用于遗迹的提取。

总之，无论采用上述的任何一种整体提取方法提取的文物，在整体提取工作结束后都应尽快的将整体提取块运送回实验室，并尽快去除文物外部包裹的提取材料及文物周边的泥土，对文物进行进一步的保护处理。决不要将包含有文物的整体提取块长时间储存。

此外，不论采取哪种整体提取方法，在考古发掘现场文物保护中，该步骤都是一项对人力、物力消耗均较大的工作。对于保护条件较为简陋的考古发掘现场，这样的工作只有在十分必要的前提下才进行。应严格遵守整体提取的两大使用条件，能够安全的单独提取的文物决不要进行整体提取。而对确实需要进行整体提取的文物，应根据其土壤状况、自身体量大小等实际情况选择适当的提取方法。

除了上述的几种整体提取方法外，实际使用中还有许多其他的整体提取方法，但其原理都基本相同。因为考古发掘现场所遇到的情况千变万化，没有办法完全规定一种或几种特定的整体提取方法，在实际的整体提取中，往往需要根据实际情况对上述方法进行适当的改进，甚至将几种方法结合使用。

5.4.3 现场信息提取——三维激光扫描与快速成型联用技术

即使有充分的考古发掘现场文物保护力量，在文物出土现场也常常会出现难以保留下来的遗迹、遗物。这是文物经过长时间的埋藏侵蚀以及发掘出土时瞬间的环境突变所造成的必然结果。这种情况下，在第一时间保留遗迹、遗物的外型及相关信息就显得尤为重要。

传统的现场信息提取技术主要是通过绘图、拍照等手段进行的。该类方法一般只能保留文物的二维信息，即将实际文物的三维信息简化成二维数据进行记录，这种简化会导致大量文物信息的失真或损失。

随着考古发掘现场文物保护工作者在考古工地的介入，翻模技术逐渐被应用于考古发掘中难以保留、提取的遗迹、遗物的信息采集中，典型的例证就是意大利庞贝古城被火山灰掩埋居民死亡时状态的提取。庞贝古城的居民死于维苏威火山喷发的火山灰，死亡后尸体很快被火山灰完全掩埋。随着尸体的降解，在固化的火山灰中留下了死者尸体的阴模。为了提取这一信息，发掘过程中人们将石膏灌入尸体留下的阴模中，待石膏固化后就将死者死亡时的状态永久的保留了下来。翻模技术如实的记录了遗迹、遗物的三维信息，最大程度的保证了信息的原真性及完整性，为难以保留的遗迹、遗物的信息采集、提取提供了一种快捷、实用的途径。同时也可以为文物的远程研究及陈列提供精确的样品。但是翻模技术是一种接触式的文物信息提取技术，该技术必须通过翻模材料对文物表面的接触及压力获得信息，对于表面极度脆弱的文物极易造成损害，难以实施。另外，翻模技术受翻模材料流动性的影响，一般对文物表面的细节信息尤其是一些超细信息的提取不够充分。再加之翻模技术会耗费一定的时间，其工作周期较传统的二维信息提取技术（拍照、绘图）要延长许多。因此翻模技术在当今考古发掘现场的信息提取中并未得到广泛应用。

近年来，随着三维激光扫描与快速成型联用技术的发展，一种新型、快速、原真、非接触式的遗迹、遗物信息提取技术逐渐应用于珍贵、脆弱文物的保护中。

三维激光扫描技术是通过激光测距原理瞬时测得实体空间三维坐标值的测量技术，利用三维激光扫描技术获取的空间点云数据，可快速建立结构复杂、不规则的实体、场景的三维可视化模型。在传统的测量概念里，数据最终输出的结果都是二维的，即使运用全站仪、GPS 等现代设备，测量结果也均为二维形式。随着科学技术的发展，三维测量已经逐渐替代了传统的二维测量，因为三维数据的直观性及数据量是二维数据所无法比拟的。最新的三维激光扫描技术每次测量的数据不仅仅包含 X、Y、Z 点的空间坐标信息，还可以包括遗迹、遗物表面的 R、G、B 色彩信息，同时还可以有物体反射率等信息。这样全面的数据最大限度的提取、保留了脆弱文物的表面信息，易于通过电脑技术合成与再现，这是一般的测量及信息提取手段所无法比拟的。三维激光扫描技术的扫描速度非常快，该技术诞生之初的扫描速度就已经达到传统扫描方法的 2000 ~ 5000 倍。随着该技术的发展，现在的脉冲扫描仪最大速度已经达到 50 000 点/s，相位式三维激光扫描仪最高速度已经达到 120 万点/s，这是三维激光扫描技术对遗物、遗迹表面详细信息采集的基本保证，从而可以实现复杂表面信息的快速、准确获取。此外，三维激光扫描技术是一种非接触式的信息提取技术，它通过激光反射的原理进行测量，完全不需要和文物表面的物理接触，不会对脆弱文物表面造成任何损害。同时，三维激光扫描技术提取的结果是空间点云、表面色彩坐标等数据信息，并非翻模技术所产生的实体物质，因此其提取结果更利于携带、运输、传播、转换及进一步处理（图 5-22）。

快速成型技术（rapid prototyping）简称 RP 技术，是 20 世纪 80 年代后期发展起来的一门制造技术。该技术被认为是近年来制造技术领域的一次重大突破，其对制造业的影响可与当年数控技术的出现相媲美。RP 系统综合了机械工程、三维扫描、数控技术、激光技术及材料科学等多项技术，可以自动、直接、快速、精确地将三维数据物化成为具有一定功能的实体物质。RP 技术迥异于传统的去除成型（如车、削、刨、磨）、拼合成型（如焊接）、或受迫成型（如铸、锻、粉末冶金）等加工方法，它是采用材料累

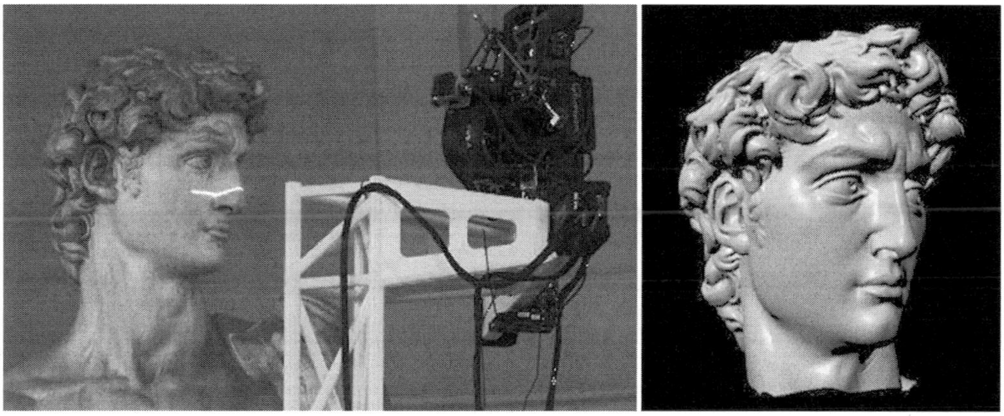

图5-22　三维激光扫描实例

加法制造实体物质的，其原理是先将生成的三维实体模型通过软件分成若干细小薄层，每个薄层断面的二维数据用于驱动并控制激光光束，扫射液态光敏树脂使其固化，以逐层固化的薄层累积成所还原的实体原型。

SLS是RP技术的一种，又称选择性激光烧结工艺，由美国德克萨斯大学奥斯汀分校的C. R. Dechard于1989年研制成功。SLS工艺是利用烧结粉末状材料成形的。其成型工艺为，将材料粉末铺洒在已成形实物的上表面并刮平，用高强度的CO_2激光器在刚铺的新层上扫描出实物截面，材料粉末在高强度的激光照射下被选择性烧结在一起，得到固态实物的截面，并与下面已成形的部分粘接。当该层截面烧结完成后，在其表面上继续铺洒一层材料粉末，并再次选择性烧结又一截面。如此往复就可以将粉末状材料最终烧结为具有一定强度的实体原型（图5-23）。

DSPC也是一种RP技术，于1993年由Soligen公司推出。它的具体的成型方法是计算机将三维模型分割为一系列二维数据，并将物体的每一个切面的二维数据传输给实体打印机，实体打印机控制在其底面均匀铺撒一层细质石膏粉，位于顶部的喷头按传输的二维截面数据向石膏粉上喷射胶合剂。随着胶合剂的固化，物体在该截面的外形就被固定了。而后在其上继续铺撒石膏粉，再按照计算机给出的相应高度的物体的切面数据喷射胶合剂。如此往复，实现物体三维模型的再现。

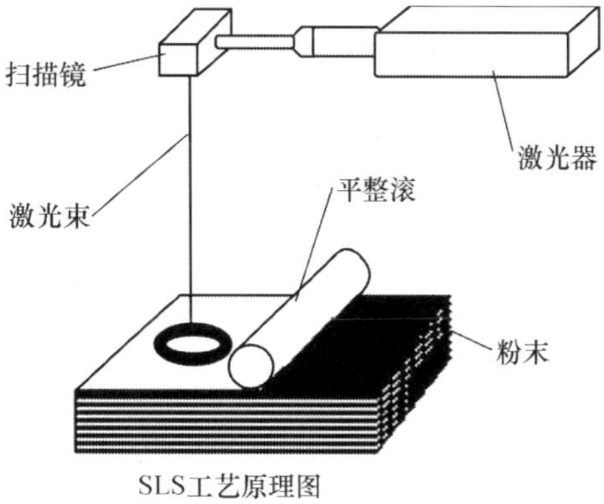

图5-23　SLS工艺原理图

不论采取何种RP技术，还原出的实体原型如果再进行抛光、着色等后续处理，将会获得更加逼真的效果。

三维激光扫描与快速成型联用技术就是将上述两种技术联用，实现考古发掘现场脆弱、易损遗迹、遗物非接触式的信息采集、提取、转化以及实验室中的遗迹、遗物的高精度复制、再现。其具体操作过程是在考古发掘现场文物出土后，采用三维激光扫描技术对文物表面的三维空间坐标、色彩、反射率等信息进行非接触式采集、提取，并在计算机中建立模型。而后将数据带回实验室，利用RP技术实现实体打印，将数字化模型转化为实体物件，同时利用扫描获得的色彩信息进行实体物件的配色及上色。通过这种方式采集、制作出的实体模型其精密程度是传统的任何一种翻模方式所无法比拟的。而且该方法只需在计算机中进行一定的数据转化处理，就可以实现从制作精细实物（“模”）到制作“范”的转化。

三维激光扫描与快速成型联用技术主要具有精密、快速、对文物没有任何的损害（不需要接触文物）、可复制颜色、模范转换方便等优点。但现阶段该技术成本较高，因此一般只应用于珍贵、脆弱文物的信息采集与再现（图5-24）。

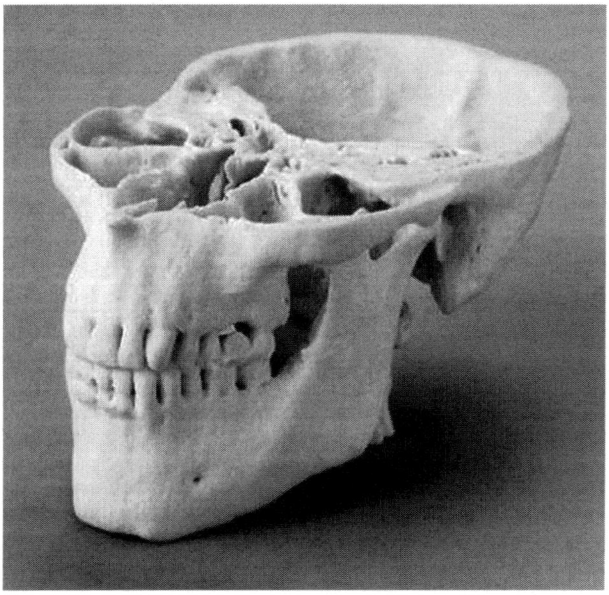

图5-24　快速成型实例

5.5　粘　　接

在考古发掘现场文物保护中，除非一些特殊的需求，一般不对文物进行粘接处理。因为，如果粘接在现场进行，常常会由于各方面条件的限制而导致无法取得良好的粘接效果，从而造成当文物被运送到实验室后不得不拆开并进行重新粘接。每一次将粘接在一起的文物拆分开，除去原本粘接文物的胶粘剂，都会使文物粘接的茬口边缘发生或多或少的损失，从而使得接下来的粘接更加困难，且更加的不美观。因此，细致的粘接工作一般应在各方面条件均较完备的实验室中进行。但由于考古学研究及留取资料等原因，有时不得不在现场对一些器物进行粘接。

5.5.1 粘接的理论基础

1. 粘接的一般过程

在粘接之前，先要对被粘物表面进行适当的处理，然后将准备好的胶粘剂均匀涂敷于被粘表面上，接着胶粘剂扩散、流变、渗透，合拢后，在一定条件下进行固化。当胶粘剂的大分子与被粘物表面的距离小于0.5nm时，则会彼此相互吸引，产生范德华力或形成氢键、共价键、配位键、离子键等，加上渗入孔隙中的胶粘剂固化后生成无数的小“胶钩子”从而完成了粘接过程。一般来说，粘接过程包括表面处理、涂胶、合拢和固化，上述每个环节都十分重要。

对于被粘接文物而言，粘接作用仅发生在表面及其浅层，因此，文物的表面性质和表面特征对粘接的强度有很大的影响。任何文物的表面在微观上都表现出一定的粗糙度，由于侵蚀的不同，粗糙度的大小和形态也各不相同。粘接表面有一定的粗糙度将有利于粘接强度的提高。此外，粘接茬口的表面都或多或少地带有灰尘、油污等污染物，这种带有灰尘、油污的表面是不利于粘接的。将未经除油、除尘的表面进行粘接，胶层和文物表面的结合强度将大幅降低。因此，为了获得良好的粘接强度，对文物表面的性质和特征要予以足够的重视。在粘接之前，文物茬口的表面都要进行表面净化处理。所谓表面净化处理就是除去文物欲粘接茬口表面上不利于粘接的杂质，如油污、疏松氧化层、灰尘、水等。

2. 胶粘剂对文物表面的浸润

为了获得良好粘接效果，胶粘剂应与文物被粘部位的表面紧密地结合在一起，也就是使胶粘剂充分浸润文物被粘表面。如果胶粘剂的浸润不完全，就会有许多空隙出现在界面中，在粘接部位承受外力作用时，这些空隙的周围就会发生应力集中，致使粘接强度大大下降。

胶粘剂对被粘文物表面的浸润情况与胶粘剂的性质、被粘文物的表面状况、文物材料的性质及粘接过程中的工艺条件有关。当一滴液体与固体表面接触后，接触面自动增大的过程就是所谓的浸润。它是液体与固体表面接触时发生的分子间相互作用的现象。液体的浸润主要是由表面张力所引起的。液体和固体都有表面张力，对液体称为表面张力，而固体则称为表面能，常以符号γ表示。如图5-25所示，图中γ_L为液体的表面张力，γ_S为固体的表面能，γ_{SL}为固体和液体之间的界面张力，θ为接触角。接触角θ是通过固-液-气三相交点所作液滴曲面切线与液滴接触固体平面的夹角。由图5-25可见，固体的表面能力图使液滴铺展开，而液体的表面张力则使液滴收缩，液体对固体表面浸润性与固体的表面能和液体的表面张力有着直接关系。

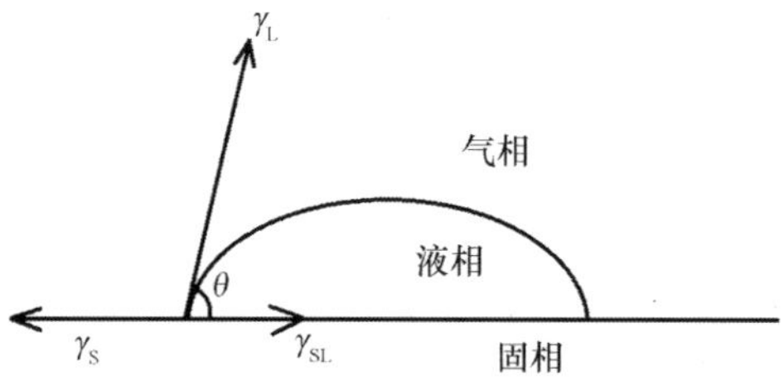

图5-25　胶液对文物表面的浸润

固体表面可以分为两大类，金属和一般无机物的表面能在0.1J/m^{2}以上，称为高能表面，一般胶粘剂都能在高能表面上展开。而有机质的表面能比较低，称为低能表面，胶粘剂对低能表面的浸润性不好。

在实际操作中，即使是一些高能表面，胶粘剂对其浸润看起来似乎也并不好。这种看似不好的浸润其实是一个浸润速度的问题。浸润速度受胶粘剂种类和黏度影响很大，低黏度的胶粘剂几秒钟之内就能充分浸润文物的表面，而高黏度的胶粘剂对文物表面的浸润往往需要几分钟甚至几个小时。胶粘剂对被粘物的浸润有些情况下在固化前就完成了，有些情况下浸润在固化过程中进行。胶粘剂的黏度随着固化程度增加而不断增大，如果在完全浸润之前就失去流动性，那么必然会影响粘接强度。因此，配胶时应注意黏度问题。例如，在夏天气温比较高，胶粘剂的黏度较低，有利于浸润。而冬天气温较低，胶粘剂的黏度随之增大，不利于浸润，所以在冬天常常采取一定的加温措施，降低胶粘剂的黏度，从而改善其浸润性。

3. 粘接理论简介

胶粘剂对被粘物的浸润只是粘接的前提，它们之间必须形成粘接力，才能使胶粘剂与被粘物牢固的结合在一起，关于粘接力的形成原理，人们进行了大量研究，提出了不少理论，目前较通用的理论主要有五种。

1）机械结合理论

机械结合理论是最早提出的粘接理论。该理论认为任何物体表面即使宏观上看起来十分光滑，但其显微结构还是十分粗糙，遍布沟痕，有些表面还是多孔性的。粘接时，胶粘剂渗透到这些凸凹不平的沟痕或孔隙中，固化后在界面区产生啮合力。这种情况类似于木箱边角的嵌接，钉子与木材的接合或根植入泥土的作用。机械连接力本质是摩擦力，在粘接多孔材质、纺织品等文物时，机械作用是最重要的作用力之一。

2）吸附理论

吸附理论认为粘接是类似吸附现象的表面过程。胶粘剂中的有机大分子通过链段与分子链的运动逐渐向被粘物表面迁移，极性基团靠近，当距离小于0.5nm时，能够相互吸引，产生分子间力，也就是所谓的范德华力和氢键形成粘接。分子间作用力是粘接力的最主要来源，它广泛存在于所有的粘接体系中。吸附理论正确地把粘接现象与分子间的作用力联系起来。但早期的吸附理论过于强调粘接力和胶粘剂极性之间的关系，无法解释非极性聚合物能够牢固粘合的问题，实际上没有必要孤立地研究粘接强度与极性的关系。胶粘剂的极性太高，有时会严重妨碍浸润过程的进行而降低粘接力。

3）扩散理论

扩散理论认为分子或链段的热运动（微布朗运动）产生了胶粘剂和被粘物分子之间的互相扩散，从而使一个物体的分子扩散到另一物体的表层里，另一物体的分子同样也扩散到这个物体的表层里，两个物体之间的界面因此而逐渐消失，相互“交织”并牢固地结合。扩散理论在解释聚合物的自粘作用方面已得到公认。但对不同聚合物之间的粘接，是否存在穿越界面的扩散作用，目前尚存在争议。

4）化学键理论

化学键理论认为胶粘剂与被粘物表面产生化学反应而在界面上形成化学键结合，像铁链一样把两者牢固地连接起来。因为化学键能比分子间力要大1~2个数量级，所以能获得高强度的牢固粘接。化学键力包括离子键力、共价键力、配位键力。离于键力有时候可能存在于无机胶粘剂与无机材料表面之间的界面区内；共价键力可能存在于带有化学活性基团的胶粘剂分子与带有活性基团被粘物分子之间。

5）静电理论

静电理论认为胶粘剂和被粘物之间存在双电层，由于静电的相互吸引而产生粘附力。当金属与高分子胶粘剂密切接触时，由于金属对电子的亲合力低，容易失去电子。而非金属对电子亲合力高，容易得到电子，故电子可以从金属移向非金属，使界面两侧产生接触电势，并形成双电层，双电层电荷性质相反，从而产生了静电引力。总之，当胶粘剂与被粘物体系是一种电子接受体与供给体的组合形式时，都可能产生界面静电引力。在干燥环境中从金属表面快速剥离胶层时，可以观测到放电的光、声现象，证实了静电作用的存在。但静电作用仅存在于能够形成双电层的粘接体系中，因此，不具有普遍性。

上述是产生粘附力的五种理论，在各种产生粘接力的因素中，只有分子间作用力普遍存在于所有粘接体系中，其他作用仅在特殊情况下成为粘接力的来源。

5.5.2　常用的粘接材料

合成高分子化合物是胶粘剂中性能最好、用量最多的粘接制剂，按照树脂的性质可分为热固性树脂和热塑性树脂。作为胶粘剂的热固性树脂是低分子量的液体或固体树脂。固化后交联成为不溶、不熔的体型结构，似丝瓜络状的网络，具有很高的强度、耐热性、耐介质性和耐久性等，适宜于配制高强度胶粘剂，也可用于对其他胶粘剂的改性。属于这类的树脂有酚醛树脂、环氧树脂、脲醛树脂、聚氨酯、有机硅树脂、不饱和聚酯等。但由于热固性树脂一般可逆性较差，因此较少用于考古发掘现场文物保护中的粘接。

而热塑性树脂为线型结构，大分子形似一团乱纱，加热时变软或熔化。该类树脂在适当的溶剂中可溶解，容易发生蠕变、耐热性差、刚性小、耐介质性差，只能用于制造一般强度的胶粘剂，或对热固性树脂进行改性。属于这类的树脂有聚乙烯醇缩醛、尼龙、聚醋酸乙烯酯、聚乙烯醇、聚苯乙烯、聚甲基丙烯酸甲酯、聚对苯二甲酸己二醇等。这类树脂虽然强度、耐热能力等性能均不如热固性树脂，但其在溶剂中的可溶解性提供了现场保护粘接所需的可逆性，因此在考古发掘现场文物保护中广泛使用。

5.3 节提到的几乎所有树脂/溶剂型加固剂在考古发掘现场保护中都可应用于粘接。只是在用作粘接时，其浓度一般较用于加固时高。之所以使用树脂/溶剂型材料而不用乳液型的主要原因有三。其一，乳液型试剂由于生产过程中加入了乳化剂等添加剂，使得其耐老化性能比同等材质的树脂/溶剂型材料要逊色，因此乳液型材料较易发生老化，从而使得原本可再次打开的接缝由于材料的不可溶而无法轻易打开。其二，乳液的分散介质——水的干燥速度太慢，再加上树脂自身的固化时间，乳液型试剂产生初始粘接效果的时间往往远慢于树脂/溶剂型粘接剂。对现场保护的粘接而言，工作者总是希望粘接剂能够尽快的达到粘接效果，至少是初步粘结效果。而乳液型试剂往往无法做到这一点。其三，树脂/溶剂型试剂的黏度可以通过提高其浓度得以增加，使得在粘接过程中粘接剂更多的停留在茬口表面而不是被文物本体吸收或流淌掉，从而保证粘接效果。但乳液型加固剂的黏度在现场调整增加的难度较大，施用时大量加固剂易被文物本体吸收或流淌掉，无法保证粘接效果。

在现场常常使用的树脂/溶剂型粘接剂一般可以分为两种形式，一种是膏剂型，另一种是溶剂型。大多数情况下，膏剂型对现场保护而言更易于使用。因为膏剂型粘接剂易于携带、黏度高、不易渗透、不流淌、初粘时间（达到初步粘接效果所需时间）短，这些都是现场保护所需要的特点。而溶剂型粘接剂一般黏度较低，这一点虽然可以通过提高树脂浓度予以克服，但比较膏剂型，其黏度仍显不足。由于黏度低，因此溶剂型粘接剂在对多孔介质粘接时，大量粘接剂会被文物本体吸收，而停留在粘接面上的胶量相对膏剂型较少，从而降低了粘接效率。也正是由于低黏度，溶剂型粘接剂更容易出现在文物表面流淌的现象，对文物造成污染。因此具有可逆性的膏剂型粘接剂是现场保护的最佳选择。

但其实膏剂型粘接剂也并非十全十美。由前面对粘接理论的介绍可知，膏剂型粘接剂由于黏度较大，对文物表面的浸润速度远不如溶剂型快，往往在完全浸润文物表面之前就失去流动性，这一点在温度较低的季节里尤为明显。不充分的浸润直接影响了膏剂型粘接剂对文物的粘接强度，这是该类粘接剂与溶剂型相比在现场保护中的一大缺点。

很多溶剂型粘接剂现在都可以购买到其膏剂形式，如 Paraloid B72。但也可以通过溶剂型粘接剂在实验室自制其膏剂形式。如将 Paraloid B72 固体树脂溶解在丙酮溶剂中制成浓度为50%的溶液。向每100mL的溶液中加入大约5g左右的硅粉（又称白炭黑，无定形微细粉状物）并充分搅拌。硅粉在这里作为填料，可以有效增强对粘接剂流动性的控制。当硅粉与树脂溶液混合均匀后静置，使其中的溶剂自然挥发，直至溶液质量大约为原先质量一半，这时溶液呈现出类似膏体的非常黏稠的状态，然后盖上容器的盖子备用。这样原本溶剂型粘接剂就变成了膏剂型，使用时用刷子将粘接剂从容器中沾出或者将其倒出即可。

5.5.3　粘接的方法

1. 粘接前对茬口的处理

为了保证粘接效果，在粘接处理前往往需要对欲粘接文物的茬口及周边区域进行清理。清理主要分三步进行，第一步是采用干刷扫的方式用软刷子刷掉茬口上及周边区域可能黏附的大块泥土，而后用洗耳球吹扫；第二部是采用湿水棉签滚动吸附掉茬口上及周边区域黏附的灰尘；第三步是在经过第二步处理的茬口干燥后，采用蘸有甲苯等有机溶剂的棉签（有机溶剂在棉签中的饱和量同湿水棉签，即棉签处于潮湿状态但又不会因为轻轻的挤压而产生液态溶剂的溢出）在茬口处滚动清洁，这样作的目的是为了清除掉茬口上可能黏附的油脂等有机质，以保证粘接效果。以上三步的操作方法同5.2.5节。

在对茬口进行完清理后，就需要对茬口的强度状况进行评估。如果文物茬口处本体保存较完好，强度较高，就可以直接对其进行下一步的粘接工作。但是如果茬口已出现矿化或侵蚀，本体保存不好，强度较差，则往往在粘接前需要对茬口及周边区域进行加固处理，否则极易在粘接后，由于茬口部位的受力造成茬口周边区域的再次破裂。具体的加固方法同5.3.2中“2. 加固剂加固”节。

在进行完上述处理后，应仔细观察茬口部位，必须等到粘接茬口及附近区域已经彻底干燥后再进行粘接处理。如果当文物的茬口仍处于潮湿状态时就对其进行粘接，粘接材料会由于文物潮湿而呈现出乳白色，在这种情况下粘接剂将无法完全干燥或正常固化，从而导致粘接强度微弱，粘接好的文物易出现脱粘现象。

2. 涂　　胶

所谓涂胶就是以适当的方法和工具将胶粘剂涂布在被粘文物的茬口表面。涂胶操作的正确与否对粘接质量有很大影响。错误的涂胶方法会造成粘接剂对茬口表面无法充分浸润，同时还会给胶层中引入气泡等杂质，造成粘接强度的明显降低。

胶粘剂对茬口表面的浸润是保证粘接效果的基本前提。黏度较大的粘接剂由于其流动性较差，极易造成粘接剂对茬口表面的浸润不充分，影响粘接效果。对于膏剂型胶粘剂，如果其本身黏度过大或因环境温度较低而致使粘接剂黏稠造成涂胶困难的，可将被粘物表面用电吹风预热至40～50℃，使涂布后的胶粘剂黏度降低，易于浸润被粘文物表面。如果是溶剂型胶粘剂黏度过大，可用相应的溶剂进行稀释后再进行涂布，从而保证其充分浸润。

被粘物表面容易吸附空气。为了防止包裹空气而使胶层中形成气泡或气孔，进而影响粘接效果，涂胶时应朝一个方向涂抹，避免往返涂胶。同时，涂胶速度不能过快，以利于文物茬口表面吸附空气的排出。

为了保证粘接效果，一般情况下，两个被粘物表面都应涂胶。涂胶的遍数因胶粘剂和被粘物的性质不同而各异。多数溶剂型胶粘剂和多孔被粘物，需涂胶2～3遍。对于多遍涂胶，应在前一遍胶溶剂基本挥发后才能进行下遍涂胶，不可操之过急。

涂胶量的大小与被粘物的种类和胶粘剂的品种有关。一般在胶层完全浸润被粘物表面的前提下厚度越薄越好。因为胶层越薄，缺陷越少、变形小、收缩小、内应力小、粘接强度也越高。而如果胶层过厚，非但无益，反而有害。一般在保证不缺胶的原则下，胶层厚度控制在0.08～0.15mm最佳。

在考古发掘现场，涂胶一般都采用刷涂法，具体的做法是使用有尖的毛笔或刷子蘸取粘接剂，将其均匀涂抹在欲粘接文物的两端茬口上。

3. 晾　　置

溶剂型胶粘剂涂胶后需要有晾置的过程。不同种类的胶粘剂，因溶剂种类和含量的不同，其晾置的时间和温度也有所不同。晾置的主要目的是使溶剂挥发、增大黏度、促进固化。如果溶剂型粘接剂不经晾置就进行叠合，则由于其中存在大量溶剂，溶剂挥发会使胶层产生气泡，影响粘接强度。晾置的环境应通风良好、清洁、干燥。尤其应注意保持低相对湿度，否则因溶剂挥发使得表面温度降低，水汽将可能凝结于施胶茬口表面，影响粘接性。对于膏剂型粘接剂一般无需晾置，涂胶后即可叠合，如果晾置也不可超过3～5min，晾置时间过长反而会使粘接强度降低。

4. 粘　　合

粘合是将涂胶后或经过适当晾置的被粘表面叠合在一起的过程。对于膏状胶粘剂，粘合后最好错动几次，以利于排出接合部位空气，促进茬口准确、紧密的接合。对于溶剂型胶粘剂，粘合时一定要选准时机，尤其是那些初始粘结力较大、固化速度较快的粘接剂，要一次对准位置，不可来回错动。粘合后适当按压，以赶出空气、密实胶层。

粘合的同时应用手指在粘接的茬口接缝处滑动触摸，以确保粘接部位平齐。如果感觉有磕碰或不平坦，应立即对碎片位置进行微调，直至粘接部位感觉平滑。

如果粘合过程中由于种种原因施胶量已然过多而被挤出，不要去试图采取任何方法将其立即擦拭掉，因为此时的擦拭只会造成文物更大面积的污染。在这种情况下，对挤出的多余胶粘剂应不作任何处理，任其自然干燥一段时间（大约5～10min），直至被挤出的胶变成类似橡胶般有弹性的物质时，再用手术刀等金属工具将其小心剔除即可。

5. 固　　化

又称硬化，是胶粘剂通过溶剂挥发、凝聚等物理作用或交联、接枝、缩聚等化学作用使其变为固体，并且具有一定强度的过程。固化是获得良好粘接性能的关键过程，只有完全固化，粘接强度才会最大。

固化可分为初步固化和完全固化两个步骤。在一定温度条件下，胶粘剂经过一段时间达到一定强度，表面已硬化、不发粘，但固化并未结束，此时称为初步固化或初粘。再经过一段时间，反应基团大部分参加反应，达到一定交联程度，称为完全固化。

粘接好的碎块一般很快就会达到初粘，这时虽然粘接剂已经将两块碎片初步粘合起来，但只要稍加外力就会使原本粘合的茬口再次分离或产生变形。因此，如不对碎片进行固定，极易由于碎片自身重力或其他外力，导致粘接失败。故而发生初粘后的两块碎块应对其采取适当的固定措施。在考古发掘现场，最简单的固定粘接后碎块的方法是，将粘接好的碎块埋入沙箱中，利用沙子易塑形的特性将碎块支撑起来。但是这种做法常常会由于接缝处溢出胶料清理的不彻底，而导致沙粒被黏附在文物表面的接缝位置。为了防止该问题的发生，在考古现场有时只将欲粘接的一对碎片中的一片下部插入沙子中，粘接茬口的两侧均暴露于空气中，而另一片位于其正上方，也完全暴露于空气中。调整文物在沙箱中的插入方向，使得上部完全暴露于空气中的碎块的重心尽量垂直于茬口断面。这样既起到了固定的作用，又可以防止沙子在粘接剂固化的过程中黏附到接缝处。当然，能够进行这种理想固定的文物较少，在现场大多数情况下还是将文物埋入沙箱中进行固定的。

对文物进行粘接的一般规律是，从底部开始，沿着器形的轮廓逐渐向上一块接一块的粘接，这种粘接方法要大大优于随意的将一些文物的碎片粘成一些大的碎片，然后再将大的碎片整合成一件完整器的方法。

如果欲粘接文物破碎的碎块数量较多，这时的粘接就必须在事先确定各自碎块的相对位置（即修复中的“找对”）的基础上再进行。处于这种状态的文物，除非特殊原因一般不建议在现场进行粘接。

此外，和加固一样，无论在文物表面使用任何粘接剂，也都必须进行详细的记录，具体的记录内容见 4. 1. 2 节。

5. 6　包　　裹

考古发掘现场保护的包裹按其目的主要可分为两类：储存包裹和运输包裹。其中储存包裹主要是采用各种环境隔离及环境控制手段为文物营造适宜储存的微环境，同时为文物提供适当的支撑和防护。而运输包裹则是根据文物将要经历的运输条件的不同，采用各种缓冲手段为文物营造安全的运输条件。

在考古发掘现场对文物进行包裹的所有材料都必须经过严格的筛选，尽管有些材料在现场可能很容易得到，但这些材料并不一定适合于文物包裹，因为它们和一些特定材质的文物长时间的接触后可能会对文物产生损害。只有那些“惰性”的材料如脱酸绵纸、聚乙烯等才能和文物直接接触，尤其是和有机质或金属文物直接接触。而像一些染色的绵纸以及卫生纸等都不能直接应用于文物包裹，因为这些材料中的添加剂都对文物有害。

5. 6. 1　常用的包裹材料

1. 天 然 棉 花

天然棉花又称原棉，是一种非常有用的包装和减震材料。同时该材料几乎在任何地方都比较容易获得。但是棉花绝不能和文物直接接触，尤其不能和十分脆弱的或表面存在片状剥落的文物直接接触。这是因为棉纤维会黏附或缠结在文物表面，尤其当文物表面十分粗糙时，这种现象会更加明显。如果强行将这些纤维从文物表面去除，那么纤维的钩挂作用极易导致脆弱文物表面碎片或附着物的剥落。

如果用原棉对文物进行包裹，就要在它和文物之间用脱酸绵纸或聚乙烯、聚丙烯塑料薄膜进行隔离。但是对于那些表面已粉化或已出现片状剥落的文物，就只能使用脱酸绵纸进行隔离，因为塑料薄膜所产生的静电力会将文物的剥落片或粉化颗粒从文物表面吸附下来。

在包装文物时，需要各种各样大小及形状的垫子以支撑文物，这时棉花是非常有用的一种材料。这种垫子一般用脱酸绵纸或聚乙烯膜包裹适当量的棉花，并在外面用胶带对其进行固定就可以制得。

2. 脱酸绵纸

绵纸也称“緜纸”，是一种用精选的天然树木的韧皮纤维为原料制成的长纤维纸张。它具有表面平整、韧性高、吸水透气性好、富有弹性等特点。由于该类纸张色白柔韧，纤维细长如绵，故而得名。脱酸绵纸是以绵纸为原料，进行脱酸处理后的一种纸张。该类纸张纸质细韧柔软，添加剂含量少，非常适用于作为文物内层包装用纸。在文物包裹方面，脱酸绵纸主要用于内层包裹纸以及人为将其皱褶成团后作为衬垫及缓冲材料。

3. 聚乙烯

聚乙烯简称PE，是一种无臭，无毒，手感似蜡，具有优良的耐低温性能、化学稳定性及耐侵蚀性的热塑性树脂。常温下聚乙烯不溶于一般溶剂，吸水性小，电绝缘性能优良。聚乙烯因其密度不同可分为低密度（简称LDPE，密度为0.91～0.925g/cm^3）、中密度（简称MDPE，密度为0.926～0.940g/cm^3）和高密度（简称HDPE，密度为0.941～0.96g/cm^3）三种。一般来说，低密度聚乙烯由于柔软而有韧性，往往使用其薄膜形式，用以制作防潮薄膜（其透湿度为12～20$g/cm^2 \cdot 24h$）。另外还有一种线性低密度聚乙烯（简称LLDPE）是低密度聚乙烯的一种替代材料，除了具有低密度聚乙烯的所有特性外，它的强度比一般低密度聚乙烯更高。而中密度和高密度聚乙烯，由于其密度更大，具有更高硬度及强度，因此常常用以制造中空容器。聚乙烯易燃，燃烧试验中无自熄性（即离开火源后不会自动熄灭），火焰上黄下蓝，燃烧时有熔滴，放出石蜡气味。

作为包裹材料，聚乙烯的主要缺点是对氧气、二氧化碳、氮气等气体的阻隔性欠佳，故不宜用于隔氧包裹和充气包裹。由于聚乙烯的表面是非极性的，所以粘合剂和油墨难以粘着，不利于标记。此外聚乙烯对油脂的稳定性较差。

聚乙烯袋在包裹考古现场出土文物上具有不可估量的作用。在现场保护中应该准备多种大小尺寸及厚度的聚乙烯袋，这样在工作的时候就可以针对不同大小尺寸及重量的文物选择适合的聚乙烯袋进行包裹。更好的方式是购买聚乙烯筒卷，这是一种直接使用聚乙烯树脂挤压出来的，具有一定宽度的圆筒状闭合聚乙烯薄膜。该材料成形时宽度已确定，但长度可根据需要进行剪裁。使用时根据器物的尺寸裁剪合适长度的聚乙烯筒状薄膜，并将其一端热封合，即可得到合适的聚乙烯袋子。在将文物及其他包裹材料装入袋中后，将另外一端热封合即可。

因为装有出土文物的聚乙烯袋子在对文物进行研究的过程中很可能被多次的打开，所以如果袋子可以很容易的打开并再密封起来，那将会节省很多时间。自封袋正是为这种需求而生产的，因此考古现场保护中配备一定数量的聚乙烯自封袋将会对工作大有帮助。

4. 聚　丙　烯

聚丙烯简称 PP，它具有高的机械强度及拉伸弹力，摩擦系数低，耐磨性好，比重小（0.89～0.92），透明度高（较聚乙烯好），无毒、无味，密度小（比聚乙烯轻），强度、刚度、硬度和耐热性均优于低密度聚乙烯，常见的酸、碱及有机溶剂对它几乎不起作用，可用作容器或薄膜。聚丙烯也易燃，燃烧试验中亦无自熄性，火焰上黄下蓝，有石蜡气味，微有黑烟。

聚丙烯薄膜具有良好的湿气阻隔性，气体透过性低，防潮、防水性能好，耐酸、耐碱及耐油性能均良好，耐低温性能良好（可耐 -50℃）。

聚丙烯的耐应力开裂性能比聚乙烯、聚苯乙烯好，耐热性较好，热合温度比聚乙烯高 10℃左右，封合牢度不如聚乙烯好。和聚乙烯相比，它具有较大的刚性和表面硬度，耐磨性也较好。化学稳定性好，对除浓硫酸以外的大多数酸碱都很稳定。但对氧气、二氧化碳等气体的阻隔性较差。

聚丙烯材质的袋子或盒子在考古发掘现场常作为聚乙烯袋及盒子的替代品。

5. 聚 氯 乙 稀

聚氯乙烯简称 PVC，按增塑剂用量之不同可分为硬聚氯乙稀（简称 HPVC）和软聚氯乙稀（简称 SPVC）两大类。

聚氯乙稀的物理、化学性质均较优，具有良好的空气、湿气阻隔性，也阻燃。在增塑剂或其他添加剂不被萃取的情况下，具有良好的耐油脂、石油溶剂的性能，加热到 280℃左右时，会使薄膜降解，释放出盐酸，产生腐蚀性分解产物，日光会对它起降解作用而使之泛黄。

聚氯乙稀的比重一般为 1.15～2，透明度适中。由于温度变化等影响，聚氯乙稀薄膜会析出增塑剂，同时会游离出氯离子，故一般不可用于文物的包装。

聚氯乙烯难燃，燃烧试验中具有自熄性（即离开火源后会自动熄灭），火焰上黄下绿，燃烧冒白烟，放出刺激性气味气体。

与聚乙烯相比，聚氯乙稀性能随温度变化而变化的依赖关系较为明显，低温时有脆性。软聚氯乙稀在湿热环境中有霉变的缺点。硬聚氯乙稀有较好的隔阻氧气、二氧化碳气体的性能。

6. 聚 苯 乙 烯

聚苯乙烯简称 PS，是一种无色透明，类似玻璃，敲击、落地有清脆金属声的树脂材料。聚苯乙烯的玻璃化转变温度为 80 ~ 90℃，密度近似于水，熔融温度为 240℃。该树脂材料具有很好的透明性，仅次于有机玻璃。熔融流动性好，易加工，成型收缩率低。吸水率低，材料尺寸稳定性好，化学稳定性也较好。但 PS 性脆，耐冲击强度较低。表面硬度小，易出现划痕。气密性和防潮性能不良。耐油性差，不耐烃类、酮类、高级脂肪酯，能溶于芳烃和氯代烃等。PS 易燃，燃烧试验中无自熄性，火焰呈金黄色，冒大量油烟，燃烧时塑料软化，放出芳烃气味。在考古发掘现场文物保护中，聚苯乙烯最主要的用途是作为缓冲泡沫材料使用。

7. 聚对苯二甲酸乙二醇酯

聚对苯二甲酸乙二醇酯简称聚酯、PET，是一种无色透明，具有光泽的薄膜，可透过 90% 以上的可见光。与其他薄膜相比，聚酯具有较强的韧性，弹性率大，抗张强度大（是聚乙烯的 5 ~ 10 倍）等优点，其机械性能在常见的所有热塑性树脂中最佳。聚酯的耐热性及耐寒性均较好，在较宽温度范围内能保持优良的物理机械性能，可在 -70 ~ 150℃使用。它还具有良好的气密性和防潮性，耐油、耐酸、耐药品性均好，可耐有机溶剂及油脂类的侵蚀，但不耐强碱。

单独的聚酯薄膜是不能热封合的，一般聚酯薄膜间的连接主要通过胶粘剂进行。因此在考古发掘现场文物保护中单纯的聚酯薄膜不易制作成袋子进行文物包裹，使用很不方便。但聚酯可以和其他材料复合成可热封的复合薄膜，通过这种加工工艺可以获得具有各单一薄膜综合性质的复合材料。以聚乙烯/聚酯复合薄膜为例，它既具有聚酯的优良气密性和防潮性，又具有聚乙烯的可热封特性，广泛应用于需要阻透性强的场合。

8. 铝　　箔

铝箔是厚度小于 0. 15mm 的金属压延片材，一般使用的铝箔其成分含有 99. 5% 的纯铝、0. 4% 的铁和 0. 1% 的硅。金属对多种物质都具有极好的阻隔性，较厚的铝箔对水、水蒸气、其他气体、光照的透过率均为零。因此，铝箔具有防潮、气密、遮光、耐磨蚀、无酸、无有机挥发物等优点。其实，只要厚度大于 0.025mm 的完好铝箔对常见物质的渗透率就接近于零。厚度超过 0.018mm 的铝箔，其针孔数可以不计。铝箔的针孔是由于氧化物混入熔化的铝中，或在轧制操作中以及铝在熔融状态时吸收了存在于空气中的水分，水分中氧会与铝结合释放出氢，氢溶解在熔融的金属中，当铝固化时以气体状态逸出，使金属产生孔隙。因此，在考古发掘现场文物保护的储存包裹中使用的铝箔，其厚度必须大于 0.018mm，以保证该材料的阻隔性。在实际工作中，铝箔除了单独使用外，还常常和其他包裹材料一起配合或作为复合薄膜使用。特别是铝箔与聚乙烯和纸复合之后，把铝箔的屏蔽性与纸的强度、聚乙烯的热封合性融为一体，进一步提高了作为包装材料所必需的对水汽、空气、紫外线和细菌等的屏蔽性能，大大拓宽了铝箔的应用范围。

9. 复合薄膜

各种树脂薄膜，单层单独使用时在性能上多少会存在一些不足。如聚乙烯薄膜虽然耐水，耐腐蚀，热封性能较好，但气体透过率较大。这是由于聚乙烯分子之间存在空穴，且在制造薄膜时还会产生一些肉眼看不见的砂眼而造成的。但涤纶薄膜的透气性只有同等厚度聚乙烯和聚丙烯薄膜的 1/30 ~ 1/60，同时耐水、耐腐蚀、耐热、强度好，但难以热封合。若两者复合起来成为聚乙烯/涤纶复合膜，则就具有强度高，耐水，透气小，容易封口的特性。因此，选用不同性能的薄膜层合，可以互为取长补短，获得比任何单层薄膜性能更加优良的复合薄膜，达到更好、更有效、更长期地保护内装文物的目的。目前，市场上已有多种复合膜供应，还可根据用户的需要生产新的复合膜。复合薄膜层合的方法基本上有五种：

（1）用水溶性粘合剂粘合，它需把粘合两层基材的粘合剂中的介质蒸发掉；

（2）用溶剂型粘合剂粘合，它也需要挥发介质以促使有效粘合；

（3）热塑性涂布，层合时需加温加压；

（4）挤出涂布，从一个模具的狭长模口中压挤出熔化的树脂作为粘合剂涂在从模头下面经过的纸或薄膜上；

（5）热熔胶涂布，与挤出涂布不同，它只是在较低温度，使用蜡或其他低熔点材料的混合物来涂布。

虽然用粘合剂层合方式生产方便，但在包装的层合材料中挤出涂布层合比较经济。另外随着吹塑薄膜工艺的发展。目前塑 - 塑共挤复合，如聚乙烯和聚丙烯共挤复合膜的应用已渐多。用于挤出涂布的材料，大约 90% 是聚乙烯，此外还有聚丙烯和尼龙。

选择层合材料时，主要考虑的因素是透湿率、透气率及刚性强度或抗张强度。在考虑层合膜时，应根据包装目的来选择层合膜的材料，使每一层都有其特殊的使命。例如，对防潮性要求高的，可选聚乙烯、聚酯或铝箔；对强度要求高的，用纸或布；要求热封性好的，可选用聚乙烯等。例如，由纸、铝箔、聚乙烯构成的层合膜是复合膜的主要品种，常以“纸/PE/铝箔/PE”的缩写方式表示。写在前面的是外层，写在后面的是与文物直接接触的内层。在这里，每层均有其特殊作用，外层纸在这里提供了拉伸强度及标记表面，铝箔提供了阻隔性，聚乙烯在其间起粘合作用，而内层聚乙烯能与对应的内层用加热方法使复合材料热封合起来。

由于复合薄膜的优良特性，它被广泛应用于考古发掘现场文物保护的袋包裹。尤其是PE/PET/PE和PE/铝箔/PE两种复合薄膜常用于对氧气敏感型文物的除氧或缺氧包裹。

10. 多孔硅胶

在单聚可溶性硅酸盐Na_2SiO_3中，加酸（H^+）至pH为7~8时，硅酸根缩聚，聚合度逐渐增高，形成大分子量的胶体溶液。当分子量达到一定程度时，溶液变为凝胶。用热水洗涤，去掉生成的盐，然后在60~70℃下烘干，300℃下加热活化，得到一种多孔性有吸附作用的物质——多孔硅胶（简称硅胶）。

$$Na_2SiO_2 + 2H^+ \longrightarrow H_2SiO_3 + 2Na^+$$

多孔硅胶属非晶态物质，呈无色半透明至乳白色的固体，多制成颗粒状，无腐蚀性，不溶于水，化学性质稳定，除强碱、氢氟酸外不与任何物质发生反应，是一种高活性吸附材料，其化学组成为$mSiO_2 \cdot nH_2O$。硅胶的孔隙率约为70%，平均容重为650kg/m^3，吸湿能力为自重的30%。硅胶的强吸湿能力是由其表面无数细孔的吸收作用造成的，被吸收的水分或以凝缩成小球的形状存在于细孔之中，或以被强烈压缩的形式存在于细孔之中。由于硅胶的吸湿是物理过程，故吸湿后外形不发生改变，温度越低，吸湿性越强，通常在40℃以下使用。

硅胶根据其孔径的大小可分为：大孔硅胶（平均孔径>30nm）、粗孔硅胶（又称C型硅胶，平均孔径8~10nm）、中孔硅胶（又称B型硅胶，平均孔径4~7nm）、细孔硅胶（又称A型硅胶，平均孔径2~3nm）。由于孔隙结构（主要是孔径尺寸）的不同，因此它们的吸附性能各有特点。粗孔硅胶在相对湿度较高的情况下（80%以上）有较高的吸附量，且其吸湿速率快，易饱和；细孔硅胶则在相对湿度较低的情况下（60%以下）吸附量高于粗孔硅胶。细孔硅胶吸湿速率慢，但维持的吸湿时间长；而中孔硅胶由于孔隙结构介于粗、细孔硅胶之间，其吸附量也介于粗、细孔之间。大孔硅胶一般用作催化剂载体、消光剂、牙膏磨料等。由于文物保护中常常遇到的需要保持干燥的环境湿度均在60%以下，故而细孔硅胶较常用作文物保护中的干燥剂。

从颜色上硅胶可分为原色硅胶和变色硅胶。原色硅胶吸湿时不变色；而变色硅胶是以细孔硅胶为基础原料经过深加工制成的指示型吸附剂。现在最常见的变色硅胶是氯化钴变色硅胶，又称蓝胶。其生产方法是以细孔硅胶为载体，将氯化钴（$CoCl_2$）通过一定的工艺步骤结合在硅胶内部孔隙的表面上。$CoCl_2$无水时呈蓝色，当干燥剂吸水后，随吸水量不同，硅胶呈现蓝—蓝紫—紫—粉红的变色规律。最后［$Co(H_2O)_6$］$^{2+}$使硅胶呈粉红色，说明硅胶已经吸饱水，继续使用时需要烘干。变色硅胶的主要特点是，具有细孔硅胶对介质中水蒸气的极强吸附性的同时，又能通过所含氯化钴结晶水数量变化而显示不同的颜色，即由吸湿前的蓝色随吸湿量的增加逐渐转变成浅红色。在实际工作中，由于变色硅胶价格较高，一般可以在原色硅胶中加入少量变色硅胶以指示其吸湿程度。

由于蓝胶并不是吸水后立即就变为粉红色，而是当它和周围环境达到平衡后同时周围环境的相对湿度大约在35%以上时，蓝胶才会逐渐变为粉红色。因此蓝胶的这种颜色的改变对于储存湿度要求低于35%的文物干燥包裹是没有用的。这时最好使用在容器内封装湿度指示卡片以指示湿度。

最新研究表明，使用氯化钴变色硅胶时存在一定的健康隐患，这是因为氯化钴是欧盟认定的二类致癌物质。虽然至今氯化钴变色硅胶在我国还没有被禁止使用，但在使用时必须采取必要的防护措施，这些措施包括作废硅胶的有控制的处理，防止吸入硅胶灰尘（使用一次性手套和适当的口罩）等。另外，现在已经出现了氯化钴变色硅胶的替代产品，这种替代品也是一种变色硅胶，只是当吸水后会变为橘红色，这是因为它使用的指示剂是一种对湿度敏感的铁系化合物。

不论哪种多孔硅胶在使用过程中因吸附了介质中的水蒸气或其他有机物质，吸附能力下降，都可通过再生后重复使用。吸附水分后的硅胶一般通过热脱附方式将水分除去，以达到再生目的。加热的方式有多种，如电热炉、烘箱及微波炉加热等。对硅胶焙烧再生时，温度过高会引起硅胶孔结构的变化而明显降低其吸附效果，影响使用价值。对细孔硅胶而言，脱附加热的温度应控制在120～180℃为宜，对于氯化钴变色硅胶则控制在110～120℃为宜（脱附再生的温度若超过120℃，则会因显色剂逐步氧化而失去显色作用），脱附加热时间一般为3～4h。另外，烘干再生时应注意逐渐提高温度，以免剧烈干燥引起胶粒炸裂，降低回收率。再生后的硅胶，其含水率一般控制在2%以下即可重新投入使用。

除作为干燥剂以外，多孔硅胶还是一种调湿材料（或称为湿度缓冲材料）。

多孔硅胶等湿度缓冲材料的调湿原理可从图5-26所示的调湿材料的吸放湿曲线来说明。当空气相对湿度超过某一值Φ_2时，平衡含湿量急剧增加，材料吸收空气中水分，阻止空气相对湿度增加；当空气相对湿度低于某一值Φ_1时，平衡含湿量迅速降低，材料放出水分加湿空气，阻止空气相对湿度下降。因此，只要材料的含湿量处于$U_1 \sim U_2$，密闭环境中空气相对湿度就自动维持为$\Phi_1 \sim \Phi_2$。若吸放湿曲线间滞后环宽度足够小，在$\Phi_1 \sim \Phi_2$斜率足够大，则材料可使密闭环境内相对湿度稳定在相当窄小的范围内，实现缓冲相对湿度变化的效果。

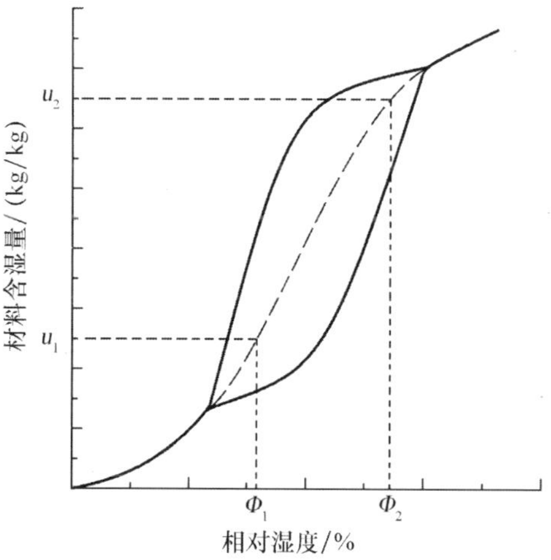

图5-26 调湿材料的吸放湿性能

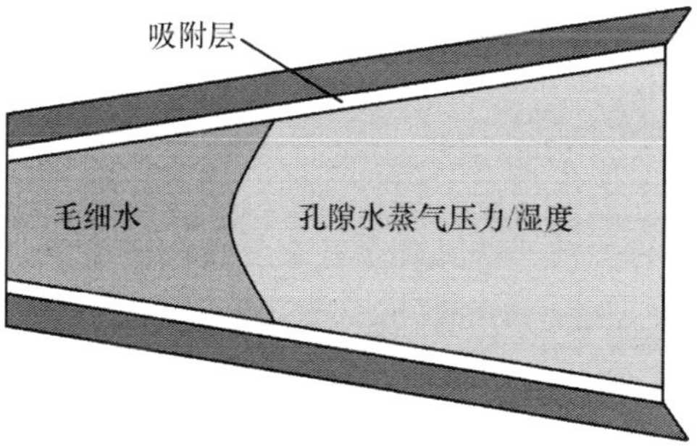

图5-27 毛细孔中水状态示意图

硅胶等无机调湿材料的调湿性能是由孔结构以及水蒸气分子在孔中的扩散情况来决定的（图5-27）。对于一定孔径（r）的该类调湿材料，当空气中的水蒸气分压高于其孔内凹液面上水的饱和蒸汽压时，水蒸气被吸附，反之则脱附。因此，在一定的相对湿度下，达到吸附平衡的调湿材料就具有控制和调节湿度的作用。这类调湿材料的湿容量可通过表面改性、扩孔、优化孔径分布等手段得到改善。

从硅胶等无机调湿材料的吸放湿机理来看，硅胶调湿实质上是材料细孔中水蒸气的凝聚化与其液体汽化的过程，这个过程取决于材料细孔半径的大小。根据开尔文毛细管凝聚理论，可计算出此半径，定义为开尔文半径，见式（5-2）：

$$r_k = \frac{-2\sigma M\cos\theta}{\rho RT\ln h} \tag{5-2}$$

式中，r_k为开尔文半径，即细孔充水的最大半径；σ为因气体凝聚而液态化的水表面张力；M为液态水的分子量；θ为接触角；ρ为气体比重；h为孔中相对湿度；R为理想气体常数；T为绝对温度。

细孔内气体凝聚主要因为细孔内部吸附的气体覆盖整个孔壁而形成吸附层引起。有研究表明，要使毛细管在40%～70%内产生水分凝结，孔直径应为1.16～2.96nm；要使毛细管在40%～70%内产生放湿，孔直径应为2.32～5.92nm，考虑水分在吸放湿前毛细管表面已有1层或多层分子吸附，最后得出孔径为3.0～7.4nm且分布均匀的材料在相对湿度为40%～70%具有最佳的调湿性能。而在考古现场文物保护中需要硅胶缓冲的湿度区间一般也就在这个范围内，因此平均孔径为4～7nm的B型硅胶最适合作为现场保护中的湿度缓冲材料。使用前，只需将B型硅胶置于调温调湿箱中，于稳定温湿度条件下把其含湿量调整为U_1～U_2即可。

在考古发掘现场文物保护中无论出于何种目的、使用哪种硅胶，都不能将文物和硅胶直接接触，一般的做法是将硅胶单独封装入一个透气的合适袋子中，然后将其连同湿度指示卡片一起装入一个密封的容器中。这样一方面可以减少硅胶灰尘的产生，另一方面也可以避免硅胶对文物表面的直接磨损。

11. 湿度指示卡

湿度指示卡简称HIC，又称湿度显示卡、湿度卡，是用来显示密封空间湿度状况的一种卡片。在这种卡片上有一个或一排圆圈，圆圈中固着有浸渍了湿度指示剂的薄膜或纸张，其上方或侧方的百分率数据是对应区域指示的相对湿度数值，可以直观的从浸渍了湿度指示剂区域的颜色变化来判断湿度状况。最常见的湿度指示卡是氯化钴湿度卡，它的变色原理同蓝胶，干燥时湿度卡呈蓝色，如果圆圈内的颜色从蓝色变化到粉红色，表示包装内的湿度达到或超过了圆圈对应的相对湿度数值。

湿度指示卡也是可逆变化的。湿度超过对应的湿度值，颜色从蓝色变为红色；如果湿度低于对应的湿度值，已经变粉的湿度卡可以变回蓝色。只是从粉红变化回蓝色需要更长的时间及更多的干燥剂。

如前所述，由于氯化钴是欧盟界定的二类致癌物，现在市场上已经出现了多种无钴的湿度指示卡，在现场保护中建议使用无钴湿度指示卡。

12. 牛皮纸信封

在将文物从考古工地运输到工作站的这段时间，可以使用牛皮纸信封对文物进行短期的包裹。因为牛皮纸信封具有吸湿、透气的特性，因此包裹在其中的样品可以自由经历一个缓慢干燥的过程，这是对其进行下一步包裹的基础。但是由于牛皮纸信封中含有大量的酸，因此不能用于文物的长期包裹。

13. 蓄　冷　剂

蓄冷技术是利用各种物理、化学、机械等有效手段将冷量储存在蓄冷剂中，需要时再将储存的冷量释放出来的过程。蓄冷剂又称保冷剂，是一种可在低温下吸收并储存大量冷量，而在温度较高时又能放出大量冷量，较长时间保持自身及周围小范围内低温环境的制剂。蓄冷剂主要是利用相变过程中的能量吸收和释放原理，把预先冷却的能量蓄积在蓄冷剂中，然后利用相变释出冷能。最简单、原始的蓄冷剂就是水的固相——冰。但冰的冷容量较低、释冷速率较快、且释冷后会变为液体水、不易保存。现代常用的蓄冷剂主要是聚合物蓄冷剂，该类蓄冷剂具有解冻融化时无水污染、可反复使用、冷容量高、冷源释放均匀且缓慢、保冷时效长、可重复使用等特点。一个典型的该类蓄冷剂配方是向醇解度为99%、浓度为7%的聚乙烯醇水溶液中加入1%的浓度为10%的戊二醛及4%的NaCl，在1.5%的柠檬酸的催化下发生缩醛化反应，生成蓄冷凝胶，封装后即可作为蓄冷剂使用。现代常用蓄冷剂在考古发掘现场主要用于温度敏感型文物的临时低温包裹或湿度敏感型文物的高湿包裹中，以防止温度的骤然升高及微生物的滋生对文物产生的损害。

14. 除　氧　剂

除氧剂又称脱氧剂，可用在有机质文物的高湿度包裹中，用来防止微生物的滋生；也可用于金属文物的包裹中，用来防止进一步侵蚀的发生。足量的高效除氧剂可以使包装内的含氧量低于0.1%，并继续维持在该水平上（如果包裹材料的隔氧能力较佳）。

常用的除氧剂按除氧机理的反应类型可分为吸水反应型和自动吸收型两种。其中吸水反应型的除氧原理是，当脱氧剂与文物同时密闭后，脱氧剂需要吸收一定量从文物中蒸发的水分后方可发生脱氧反应，产生除氧效果。而自动吸收型是吸氧剂自身保持有一定的水分，即使外部环境不存在水也能发生脱氧反应。

目前使用最广泛的脱氧剂是铁系脱氧剂。该类除氧剂呈灰色或灰黑色无定形细粒或粉末状，有极微光泽。该类脱氧剂的主要原料是将氧化铁在700~900℃下用氢还原所得的内含90%~96%的金属铁粉。还原后的金属铁和碳粉及干燥剂一起混合后置于空气中，干燥剂吸收空气中的水，产生电解质，在铁和碳组成的原电池间发生电化学反应，迅速消耗掉空气中的氧气，从而使被包裹文物处于无氧状态，抑制微生物的生长或腐蚀过程。据相关估算，铁系除氧剂中每克铁的除氧能力约为300mL氧气，折合空气体积约1500mL。因此铁系除氧剂具有除氧效果好、经济实用等特点。一个典型的铁系除氧剂的配方为：还原Fe粉、NaCl、活性炭、石灰乳以100∶0.4∶19.5∶7.5比例混合。此外，铁系除氧剂还可以通过将还原铁粉与天然沸石混合在一起，然后用饱和盐溶液浸泡，并加入少量硫磺的方法制得。

15. 泡沫塑料

泡沫塑料是以合成树脂为基础制成的内部具有无数微小气孔的塑料。由于使用不同的树脂，所制成的泡沫塑料的性能也有一定差异。但是泡沫塑料的泡沫体都是由泡孔组成，泡孔中又充满着空气，因此泡沫塑料具有以下共同性质：比重小，泡沫塑料一般比同品种的树脂轻几倍至几十倍；隔热性能好，泡沫塑料的泡孔具有防止空气对流的作用，因此不易导热；吸收振动能力强，泡沫塑料具有无数小孔，能够吸音，具有弹性。因此泡沫塑料是包裹中最常使用的缓冲材料。

泡沫塑料根据软硬程度的不同可分为软质泡沫塑料、半硬质泡沫塑料和硬质泡沫塑料；根据泡沫塑料结构的不同可分为开孔泡沫塑料和闭孔泡沫塑料；根据发泡程度的不同又可分为高发泡泡沫塑料和低发泡泡沫塑料。

泡沫塑料的性质除了其本身树脂的性质以外，由于密度不同、泡沫结构、气泡平均大小和气泡膜的厚度等的不同而具有很大差别。一般泡沫塑料的气泡平均直径为50～500μm，气泡膜的厚度为1～10μm，1cm^3泡沫塑料有气泡8000～8 000 000个左右。

1）聚氨酯泡沫塑料

聚氨酯泡沫是由多异氰酸酯和聚醚多元醇或聚酯多元醇或/及小分子多元醇、多元胺或水等扩链剂或交联剂等原料制成的泡沫塑料。通过改变原料种类及组成，可以大幅度地改变产品形态及其性能，得到从柔软到坚硬的最终产品。聚氨酯泡沫按材质可分为聚酯型聚氨酯泡沫塑料和聚醚型聚氨酯泡沫塑料两种；按发泡方式可分为一般发泡体和现场发泡体两种；按软硬程度可分为软质聚氨酯泡沫塑料、半硬质聚氨酯泡沫塑料和硬质聚氨酯泡沫塑料三级。其中软质聚氨酯泡沫（人造海绵）常用于保湿包裹，硬质聚氨酯泡沫常用于整体提取及缓冲包裹。而现场发泡型聚氨酯泡沫尤适用于考古发掘现场文物保护，因为该泡沫材料可以直接在现场进行发泡成型，因此对具有不规则外形的文物可提供完全贴合的包裹、保护。

2）聚乙烯泡沫塑料

聚乙烯泡沫塑料密度小，具有良好的耐低温性能和抗化学腐蚀性能，并具有一定的强度，因此广泛用于文物包装的缓冲包裹。生产聚乙烯泡沫塑料的主要原料是聚乙烯树脂。由于聚乙烯是结晶性化合物，因此，在未达到结晶熔融温度前，树脂的流动性极小，而达到结晶熔融温度之上时，聚合物的黏度急剧降低，从而使得发泡过程中产生的气泡不易保持，因此在制造聚乙烯泡沫塑料时常常采取使聚乙烯树脂分子交联的办法来调节熔融物的粘弹性，使之符合发泡要求的条件，并提高泡沫塑料的物理和机械性能。

聚乙烯泡沫塑料的性质与其所用原料性质直接相关，同时受发泡密度、气泡结构、气泡大小等因素影响。该材料的压缩硬度介于聚苯乙烯和聚氨酯泡沫塑料之间，具有半硬泡沫塑料的性质；受树脂本身性能、气泡结构、填充材料的多少及发泡程度的影响，特别是发泡程度不同所得到的不同密度的聚乙烯泡沫塑料，其压缩硬度有很大的不同。密度越大，压缩硬度也越大。

聚乙烯泡沫塑料的压缩变形曲线随发泡体的密度、气泡结构、气泡大小、材质情况及温度、时间等因素的不同而变化。一般来说，聚乙烯泡沫塑料的密度越大，在同样负荷下的变形率越小。含连续性开口气泡结构的比率越低，在同样负荷下的变形率也越小。使用温度越低，在同样负荷下的变形率也越小。

负荷长时间加于泡沫塑料体而产生的变形，当把负荷去掉后，泡沫体的变形复原，对于不能复原的变形部分称为永久变形，而且这个压缩永久变形经过长时间以后会慢慢的复原。这个性质是聚乙烯泡沫塑料作为缓冲材料使用的重要性质。但这个性质也受气泡结构、本身材质和环境条件等的影响而变化。一般来说，密度越大，压缩的永久变形率越小。同等密度状态下，气泡的直径越大，压缩的永久变形率越高。

3）聚苯乙烯泡沫塑料

聚苯乙烯泡沫塑料是由聚苯乙烯树脂发泡而成的。由于制造方法的不同而分为两类，即可发性聚苯乙烯泡沫塑料和聚苯乙烯泡沫塑料。前者用悬浮聚合珠状聚苯乙烯树脂生产，后者使用乳液聚合粉状聚苯乙烯树脂生产。可发性聚苯乙烯泡沫塑料是在聚苯乙烯珠粒中加入低沸点液体，在加温加压的条件下，使液体渗透到珠粒中促使其产生溶胀，制成可发性聚苯乙烯珠粒。然后经过预发泡，熟化和发泡成型制成最终制品。一般包装缓冲用可发性聚苯乙烯泡沫塑料的密度为0.015～0.03g/cm^3。而乳液聚合的粉状聚苯乙烯则是在加入固体发泡剂后，经过均匀混合，压制成毛坯，然后发泡成型制成聚苯乙烯泡沫塑料。该类聚苯乙烯泡沫的密度为0.06～0.2g/cm^3，泡孔均匀细微，冲击强度较好，表面没有像可发性聚苯乙烯泡沫塑料那样的珠粒间的粘结痕迹。

16. 气泡塑料薄膜

气泡塑料薄膜简称气泡薄膜，又称塑料气垫、气垫薄膜、气珠膜等。该材料由美国人马克·沙瓦纳于1960年发明。由于具有防震、防潮、防磨损等性能，气泡塑料薄膜被广泛应用于缓冲包裹。气泡塑料薄膜采用特殊的加工方法，在两层聚乙烯塑料薄膜之间封入空气，在一面形成一个一个的气泡，利用封入气泡内的空气的弹性来吸收冲击能量，以实现缓冲效果。作为缓冲材料使用，气泡塑料薄膜是现今唯一的一种透明缓冲材料。

气泡塑料薄膜按气泡的形状和厚度一般可分为三类，见表5-1。

表5-1　气泡塑料薄膜按其气泡的形状和厚度分类

类别	气泡形状	气泡直径/mm	气泡厚度/mm	单位面积内气泡数/（个/m^3）
Ⅰ类	圆筒形	9.5±1.5	4.8±1.5	9700
Ⅱ类	半圆形	2.5	6	—
Ⅲ类	钟罩形	31.5±5	13±3	990

气泡塑料薄膜分为两个等级：一级可以进行热封，二级不能进行热封。

按使用范围气泡塑料薄膜可分为轻型和重型。轻型由厚度为0.025mm与0.05mm的两种薄膜贴合而成，用于包装重量轻的物品，重型由厚度为0.05mm与0.10mm的两种薄膜贴合而成，用于包装较重的物品。

气泡塑料薄膜的密度较低，一般为0.008～0.030g/cm^3。该材料不吸水，对其内部包裹材料无腐蚀性，化学稳定性强，一级气泡塑料薄膜容易加工，可以热封合成包装袋。

17. 纤维缓冲垫

纤维缓冲垫是一种以各种纤维和适当的黏合剂加工而成的缓冲材料，具有良好的缓冲效果，广泛应用于缓冲包裹。

根据所使用的纤维材料和黏合剂的不同，可分为橡胶粘结动物纤维缓冲垫和橡胶粘结植物纤维缓冲垫。橡胶粘结动物纤维垫是由具有弹性的猪、马、羊等动物的毛发纤维在蓬松状态下使用天然橡胶等弹性黏合剂相互粘着而制成的；而橡胶粘结植物纤维垫是由强韧的天然植物纤维如棕麻等与橡胶组成的缓冲材料。

由于该类缓冲垫的结构特殊，其内部具有较大空隙，而且均是由弹性材料组成，具有理想的缓冲特性。根据密度大小，这种材料具有从超软质至超硬质多种规格和品种。纤维的排列、黏合方向不同（纵向和横向）也会对缓冲性能产生较大影响。不论是何种规格，总之纤维缓冲垫具有高度的耐压缩性和复原性，所以使用少量的材料就能获得良好的缓冲效果，是一种“性价比”较高的缓冲材料。

18. 瓦　楞　纸

瓦楞纸是由挂面纸和通过瓦楞棍加工而形成的波形的瓦楞纸粘合而成的板状物（图5-28）。在考古发掘现场文物保护中，瓦楞纸广泛的用于文物的外包装箱，这主要是因为用瓦楞纸做包装箱具有重量轻、强度好、与其他包裹材料比较价格便宜，来源丰富等优点。使用瓦楞纸箱包装是一个节约包装用木材的有效途径。

由于瓦楞纸本身结构的特点，使得其具有较好缓冲性能。瓦楞纸箱对被包装物的保护效果优于同级别的木箱。研究表明对同一物品的包装，使用木箱从1m高度落下，经2次就会造成物品损坏；而使用同级别瓦楞纸箱则可以在2.5m高度落下，造成被包装物同等损害的掉落次数可达到7次以上。之所以有这样的差别，其原因是瓦楞纸本身具有优于木材的缓冲性能。瓦楞纸中芯纸的形状，有利于在受到外力时吸收外力的冲击。其吸收外力的能力，则决定于瓦楞的形状。一般瓦楞芯纸形状分为“V形”和“U形”两种。“V形楞”波形的特征是：平面抗压力值高，使用中节省黏合剂用量，节约瓦楞原纸。但这种波形的瓦楞做成的瓦楞纸板缓冲性能差，瓦楞在受压或受冲击变扁后不容易恢复。“U形楞”波形的特征是：着胶面积大，粘接牢固，富有一定弹性。当受到外力冲击时，不像“V形楞”那样脆弱，但

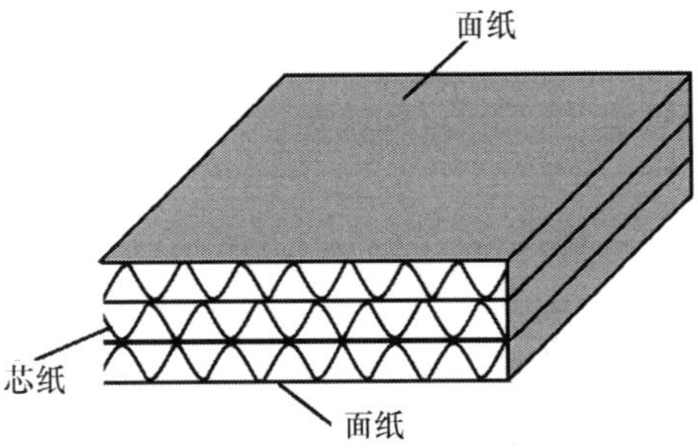

图5-28　瓦楞纸板的结构

平面扩压强度不如“V形楞”。从缓冲的角度而言，在U、V两种形式的瓦楞中，“U形楞”纸更富于弹性，缓冲性能更好。目前，根据“V形楞”和“U形楞”的性能特点，已普遍使用综合二者优点制作的“UV形瓦楞辊”。加工出来的波形瓦楞纸，既保持了“V形楞”的高抗压力能力，又具备“U形楞”的黏合强度高，富有一定弹性的特点。

瓦楞纸的结构是由面纸和芯纸所组成，所以从组成情况可以分为：瓦楞芯纸、单面瓦楞纸板、双面单瓦楞纸板、双面双瓦楞纸板、双面三瓦楞纸板和特殊瓦楞纸板等。

瓦楞芯纸是采用125g或105g的1号或2号瓦楞原纸，经过加工成瓦楞形状而制成的。

单面瓦楞纸板是由一层瓦楞芯纸和一层面纸黏合而成，主要用途是做缓冲部件，利用它的弹性来保护物品。

双面单瓦楞纸板是由两层面纸和一层芯纸黏合而成，这是一种应用最广的瓦楞纸板，主要用来制作物品的内包装盒和运输的外包装箱。

双面双瓦楞纸板是由三层面纸和两层芯纸黏合而成，这种瓦楞纸板强度较好，一般用来包装较重的易损坏的物品，主要用于运输包装，也可以作为包装内的缓冲垫。

双面三瓦楞纸板是由四层面纸和三层芯纸黏合而成，其强度很大，具有良好的缓冲性能，主要用于包装重型物品，进而保护物品在运输过程中不被损坏，也可作为包装缓冲垫。

特殊瓦楞纸板主要是为了提高产品性能，采用塑料等对面纸进行增强，或用树脂进行处理，以提高瓦楞纸板的强度和防潮性能。

使用瓦楞纸作为包装时的缓冲固定材料已有很长的历史了，近年来常常使用泡沫塑料来代替瓦楞纸。但泡沫塑料使用后处理不便、易造成污染，而瓦楞纸则因加工方便、价格便宜、使用后易于再生处理等优点，特别是可以制作具有缓冲性能的容器，所以仍在广泛使用。

瓦楞纸主要是利用芯纸的塑性变形来进行缓冲，其缺点是复原性较差，吸湿后性能变化较大，所以往往把瓦楞纸做成各种形状或层叠起来固定和支承被包装物品。

5.6.2 储存包裹

1. 储存包裹的定义、目的及一般性原则

考古发掘现场文物保护中的储存包裹是指采取各种环境隔离、控制手段及物理衬垫方法，为珍贵文物及环境敏感型文物营造特定的、独立的、相对密闭的储存微环境，同时为脆弱文物提供支撑的包裹方法。

从定义可以看出，储存包裹主要是针对珍贵文物、环境敏感型文物以及脆弱文物而

进行的。之所以不将其扩充到所有发掘出土物，是因为在考古发掘现场并不是每一件文物都需要进行储存包裹。对那些在自然环境下就可以安全保存下来的文物进行储存包裹，甚至还可能会增加其遭受侵蚀的机率。同时会造成材料及人力的浪费，也不符合考古现场保护中的少干预原则。

从定义还可以看出，储存包裹的目的主要有两点：第一，为内部的包裹物营造稳定的微环境；第二，为内部包裹物提供一定的物理防护。

另外，在考古发掘现场对文物进行储存包裹时，应将不同材质的文物分开包裹。例如，不应将铁质文物与玻璃器皿包裹在一个容器中。这不仅是因为沉重的铁器会打碎玻璃器，还因为每一种材料都有其所适宜的不同包裹和储存条件。如果将所有同一材质的文物包裹在一起，就较易于给它们营造、提供特定的文物存放环境条件，以确保它们的安全。如果条件允许，最好将每一件重要文物单独包裹在衬垫良好的刚性容器中。

此外，在储存包裹过程中凡用到聚乙烯、聚丙烯或其他材质塑料的袋子营造密闭环境时，其封口方式最好采用热封合。这是因为相比其他的缄口方法，热封具有较好的密闭效果，且封口较结实。但如果是封口需要反复打开的情况，自封袋则较实用。这种封口具有不错的封闭效果，同时还支持反复的开合。

2. 储存包裹的理论基础

考古发掘现场文物保护中的储存包裹在大多数情况下其实就是所谓的防潮包裹和除氧包裹，其主要目的是防止由于外界环境的湿气侵入或内部包裹的湿气逸出而导致的文物储存微环境的波动，或防止氧气对文物造成的侵蚀，从而更好的保护包裹内部的文物。例如，在干燥包裹中使用防潮包装材料密封文物或在包装容器内加入适量干燥剂以吸收包装内残存的潮气和外界大气透过包装材料渗入的潮气，以及在密封包装容器内抽真空等都属于考古发掘现场文物保护中的储存包裹。

1）储存包裹的原理

用低透湿（氧）度或透湿（氧）度为零的材料（薄膜或容器），将被包装文物与外界大气相隔，以减缓或杜绝外界大气环境波动对包装文物的影响。

2）薄膜材料的透湿、透氧机理及特点

任何气体对薄膜的透过，从热力学观点来看，都是单分子的扩散过程。一般气体都有从高浓度区域向低浓度区域扩散的性质，气体分子在高压（高浓度）侧的压力作用下，首先溶解于材料表面，然后在材料本体中由高浓度向低浓度扩散。最后从低浓度或低压侧表面蒸发。

一般来说，水蒸气透过薄膜材料的机理基本上与氧气、氮气等气体的透过机理相

同。唯一的差别是：氧气或氮气等气体是非极性分子物质，而水蒸气属于极性分子物质。氧气及水蒸气透过薄膜材料的特点是：

（1）水蒸气、氧气对极性分子和非极性分子薄膜的透过率是不同的。由相似相容原理，水蒸气对极性分子薄膜的渗透性大于非极性分子薄膜，而氧气对非极性分子薄膜的渗透性大于极性分子薄膜。

（2）渗透性与薄膜的结晶度、密度、分子排列形式等有关。一般情况下，水蒸气及氧气对结晶性树脂的渗透率要小于非结晶性树脂。

（3）对不同密度的树脂薄膜，水蒸气及氧气的透过能力也不同。通常，水蒸气及氧气对高密度树脂薄膜的透过能力小于对低密度树脂薄膜的透过能力。

（4）对于线性分子的聚集状态可分为有序和无序两种。水蒸气及氧气对分子有序排列的透过率要小于无序排列的。

此外，这类包裹中盛装干燥剂或环境缓冲剂的容器应能易于吸收包裹内的湿气，而其粉尘又不会落到内装文物上。为此，可将干燥剂或环境缓冲剂装在透气性能良好的无纺布袋、纤维纸袋或其他类似容器内。干燥剂或环境缓冲剂应均匀的分散于包裹内，使包裹内所有空间都能同时、均匀的受到控制作用。

包装操作时，干燥剂或环境缓冲剂在空气中暴露的时间最长不得超过 10min。当由于偶然性原因导致暴露时间较长时，则应重新烘干或调谐后再使用。

3）包裹的封缄方法

要保证储存包裹性能的稳定性，就必须对包裹采取良好且恰当的封缄。通常不应使封口处的透湿（氧）度大于阻隔层的透湿（氧）度。

不同的阻隔层材料，其封缄的方法也不尽相同。通常使用的封口和密封方法有：

（1）锡焊封缄：对采用刚性金属容器包装时，可采用锡焊的方法封口。

（2）旋塞、旋盖封口：可用于刚性或半刚性带盖容器，在旋塞、旋盖处还可加橡胶密封衬垫（如密封垫圈等），或是采用双层盖来加强密封效果。

（3）热合封缄：对热塑性薄膜可采用各种恰当的加热方法使之热合起来达到封缄的目的。封口不但要保持清洁，且还需具有一定的密封强度，故在封缄操作时应选用合适的温度、压力和加热时间，时间和温度不足都会使封口在界面上发生分离；但温度过高也会使邻近封合的区域变薄，强度降低（表 5-2）。

（4）热溶化合物封合：用热溶性的化合物（如石蜡等）来浸渍或涂敷整个表面或密封面。也可根据需要在热溶化合后再加压冷却密封，这需要选择合适的阻隔层材料、合适的熔化温度，并使之涂敷均匀。

（5）粘接剂密封：选用防潮（氧）性能优良的、对阻隔层材料有良好粘接特性的材料，将封口粘接密封。

（6）胶带密封：选用防潮（氧）性能好的胶带将封口贴封，密封时可在带面上适当施加压力。

（7）折叠密封：该方法适用于薄膜等袋类的密封，将袋口折叠后再用粘接剂或胶带粘接。

表 5-2　各种热塑性树脂薄膜的热合温度

薄膜名称	聚乙烯		聚丙烯	聚苯乙烯（定向）	聚氯乙稀	
	低密度	高密度			软质	硬质
热合温度/℃	120 ~ 200	135 ~ 200	140 ~ 200	120 ~ 175	100 ~ 150	100 ~ 175

（8）捆扎密封：用软线或金属丝将袋口牢固的扎紧，或折叠后再扎紧。

一些常用的柔性防潮（氧）包装材料的粘合及热合性能见表 5-3。

表 5-3　常用包装用薄膜的粘合及热封合性能

薄膜种类	粘合剂粘封	热封	脉冲封合	超声波封合	高频封合
聚乙烯	不行	良好	良好	可以	不行
非拉伸聚丙烯	不行	良好	良好	良好	不行
拉伸聚丙烯	不行	可以	良好	良好	不行
聚酯	可以	不行	可以	良好	不行
软质聚氯乙稀	可以	良好	可以	可以	良好
聚苯乙烯	可以	可以	良好	良好	可以
聚乙烯醇	良好	可以	良好	良好	可以

3. 包 裹 方 法

1）干燥包裹

在考古发掘现场，出土时处于干燥状态的大部分文物以及处于潮湿状态的金属文物都需要进行干燥包裹。在进行干燥包裹前，文物尤其是出土于潮湿环境的金属文物一般都应在空气环境中进行适当的自然干燥，以保证其包裹效果。

A. 袋包裹法

袋包裹法一般只应用于自身强度较好的文物的干燥包裹。这是因为袋包裹一般无法给其内部的包裹物提供足够的支撑力，因此要求其包裹的文物自身具有较好的强度。同时不论是聚乙烯还是聚丙烯，其薄膜自身的强度有限，无法承受保湿包裹所要求加入的大量包裹材料的重力，因此除一些特殊情况外，袋包裹一般不应用于保湿包裹。此外，袋子的隔离效果较差，包裹结束后需要频繁的定期检查包裹效果并更换干燥剂。但是袋包裹法也具有其不可替代的优势，那就是原料便宜、易于实施、节省空间等。因此袋包裹法是现场保护中最常采用的一种包裹方法。

最简单的袋包裹法是使用牛皮纸信封对文物进行包裹。该方法一般只适用于文物从考古工地至临时存放地或临时实验室间路程上的临时包裹。这种包裹是为了对文物进行真正意义上的干燥包裹而进行的准备工作，主要用于出土时含有一定量水分的文物。在这种情况下，往往需要在现场对文物进行一定的干燥处理后再进行包裹。但干燥的速率又不能过快，否则极易由于不均匀干燥导致文物的开裂。采用牛皮纸信封对文物进行临时包裹，由于纸信封的吸湿、透气特性，不会阻止文物的干燥，但同时其包裹又可以减缓文物的干燥速率。更重要的是，它为文物从工地现场到临时实验室的短途运输过程提供了临时的包裹。因此，它成为了袋包裹技术中最简单也是最常用的一种临时包裹技术。

对于那些已经干燥了的或者出土时即为干燥状态的、质地较结实、本体保存较完好的文物，可以直接使用袋包裹技术进行包裹。具体的做法是在确保文物已经完全干燥后，将文物放入较结实的聚乙烯或聚丙烯袋子中，然后用针将另一个稍小的聚乙烯或聚丙烯袋子扎满小孔或使用无纺布袋（使用无纺布袋无需在其上扎孔），向其中加入细孔硅胶及若干粒变色硅胶并将其密封，接着将这个包装有细孔硅胶的稍小袋子放入承装有文物的袋子中，并向其中放入湿度指示卡后将袋子密封。最后在袋子外表面进行标记即可（图5-29）。

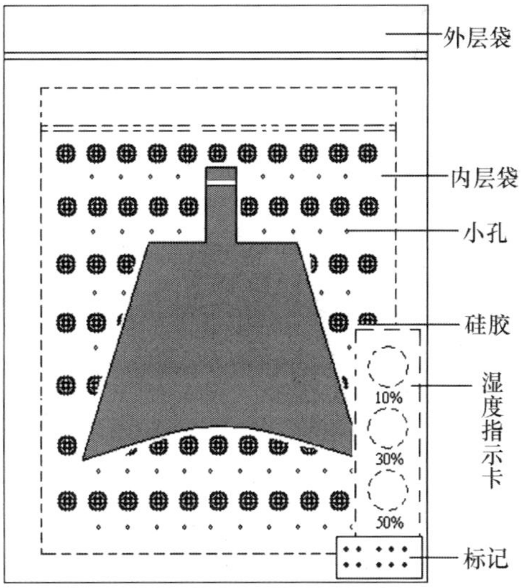

图5-29 袋包裹法干燥包裹

不论使用哪种材质的袋子，单层的袋子包裹往往都无法取得理想的密闭效果，常常在短时间后就发现袋子中的湿度上升、硅胶需要更换了。为了增加袋包裹的气密性，延长硅胶的使用时间，在考古发掘现场经常使用三层袋子包裹来增加袋包裹法的微环境维持效果。具体的做法是在单层袋子包裹的基础上，将装有文物的袋子口部朝下装入一个稍大的袋子中，并对袋子进行密封，从而形成双层袋子包裹。而后再将这个双层袋子的最外层袋子口部朝下装入一个更大一些的袋子中，同时将书写好的标签正面向上也装入这个袋子中，最后将袋子密封即可。这种包裹方法其实是通过多层包裹增加袋子的厚度，从而减缓外层空气中的水汽及氧气向袋子内部的渗透速率。同时这种包裹方法还有效预防了由于某一层袋子的渗漏而造成内部环境受外部影响的结果。之所以将前一个袋子的口部装入外一层袋子的底部是因为袋子的封口处是最易出现漏洞的地方。这样做即使某层袋子的封口不严，也能起到一定的密闭效果。

采用袋包裹法包裹的文物虽然本体都保存较完整，具有较好的强度，但有些文物由于其外形的特点还是较为易碎的，如削、圭等扁平的器物。对于这类器物的袋包裹往往需要聚乙烯泡沫板的支撑。具体的做法是将聚乙烯泡沫板剪切成略小于包裹袋的尺寸，达到可将泡沫板装入袋中，但同时又不会在袋子边缘留下空隙的状态。用针将袋子表面沾满小孔，然后将泡沫板及器物一同放入袋子中，并将袋子口部密封。之后将这个包裹有文物的袋子装入另一个稍大的袋子中，并向其中加入干燥的细孔硅胶、若干粒变色硅胶及湿度指示卡。最后将袋子密封即可。如果觉得这样的密封效果不很理想，还可以在这个包裹的基础上如前法追加两层袋子，形成三层袋子包裹体系。这种包裹在给文物提供干燥微环境的同时还给其提供了一定的刚性支撑，从而使被包裹文物更加安全。同时，这种包裹还可以使得袋子一个个直立的放置，一定程度上节约了储存的空间。

无论使用何种袋包裹法，都必须使用较厚规格的塑料袋以防袋中包裹的文物将袋子切开或者戳破。此外，还要避免袋中装满文物后的重量太重。尽管将一个大的堆积中的所有同类材料一起保存在一个袋子里相对而言较为方便，但是使用许多稍小的袋子分别包装这些材料会更加安全。因为如果当袋子装的太满时会由于文物自身的重量将下层文物压碎，而且当包装的袋子过重时，装有文物的袋子也就变得难以操作，同时袋子自身也更容易破裂。

还需注意的是，无论哪种袋包裹法，在密封任何一层袋子前都应尽量将袋子中的多余空气排出。这样一方面避免了由于袋子挤压造成内部气压增大最终导致袋子爆破的危险，另一方面节约了空间，将有利于接下来的包裹及储存。

当然，如果将袋包裹法包裹后的文物进一步保存在衬垫良好的、刚性的盒子或者其它容器内，将会取得更好的包裹及防护效果。

B. 容器包裹法

容器包裹法的适用面较袋包裹法宽泛很多，现场各种状态的文物包裹均可采用该方法。因此它也是现场保护中经常采用的一种包裹方法。

最简单的容器包裹法是针对干燥环境的盒包裹。其具体做法是使用带有可扣紧盖子的聚乙烯、聚丙烯或其他材质的塑料盒子作为容器，先在盒子的底部铺设一层具有吸湿能力的细孔硅胶，或将细孔硅胶分装于无纺布袋中后铺垫在容器底部。然后使用聚乙烯泡沫或皱褶的脱酸绵纸对盒子内部进行衬垫。当衬垫高度达到盒子中部时，在衬垫材料中心部位人为营造一个和欲包裹文物外形相称的下凹部分，然后将干燥的文物放入到这个下凹部分中，这时文物就处于盒子的中心并且被包裹衬垫材料完全支撑着。同时在盒子侧壁与衬垫材料间插入湿度指示卡，接着向盒子剩余空间中填入同样的衬垫材料，直至容器被填满。但需要注意的是，衬垫材料不可填充的过多，否则在盖上盒子盖子的时候，衬垫材料就会由于挤压而对其内部的文物产生过度的压力。但衬垫材料也不可太少，以防文物在衬垫好的容器内移动。最后盖上并扣紧盖子，如果有必要，可以进一步对盖子和盒体的接缝处用胶带或热缩膜进行密封。

另一个干燥包裹小件文物的安全方法是使用玻璃罐头瓶进行包裹。具体的做法是先将装有干燥细孔硅胶的无纺布袋或聚乙烯袋（扎满小孔）口部密封，并将其填入罐头瓶的底部。然后将棉花铺垫成具有一定厚度的与罐头瓶横截面相同的形状，并用另一个聚乙稀袋将其包裹，从而形成一个聚乙稀袋包裹的棉花质衬垫，并将这个衬垫放在硅胶的上方。同时在瓶子侧壁与衬垫之间的位置插入湿度指示卡。接着将小件文物放在衬垫上，并再制作一个或几个聚乙烯袋包裹的棉花衬垫将瓶中的其他空间填满。最后将瓶子的盖子拧紧即可（图 5-30）。由于在瓶盖内部有橡胶密封圈，同时瓶体一般为厚质玻璃，因此这种包裹方法对湿空气的阻隔能力非常强，即使将其长时间的放置于潮湿环境中，瓶中的干燥环境也能很好的维持。

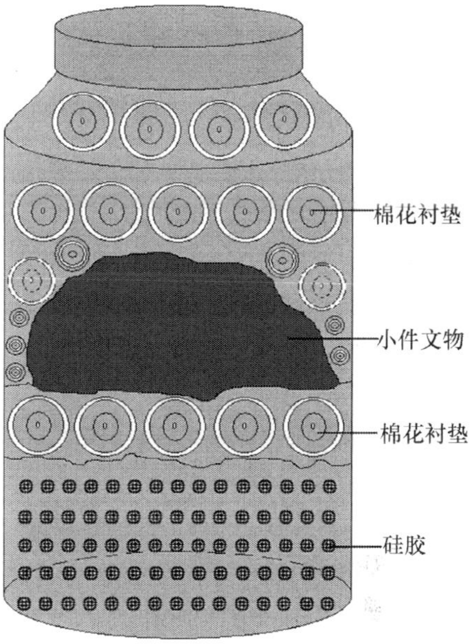

图 5-30 玻璃罐头瓶干燥包裹

如果把针对干燥环境的盒包裹和袋包裹法结合起来将会取得更好的防潮包裹效果，同时也可以为袋包裹的文物提供物理防护。具体的做法是将文物进行任何一种袋包裹后，采用上述的盒包裹法再次进行包裹，双重的干燥剂及密封可以起到非常有效的防潮效果。如果这种综合包裹的外层盒子内也装有干燥的细孔硅胶，那么它们内部的干燥环境一般最少可以维持 2 ~ 3 个月的时间。这种包裹还有另外一个优势，就是可以将若干袋包裹装入一个盒子中，并且将装满文物的这些盒子一个一个的堆积起来，从而节省储存空间。

2）保湿包裹

当一件文物发掘出土时处于饱水状态，在考古发掘现场一般都需要对其进行保湿包裹，从而防止由于毫无控制的干燥导致的不可逆转的物理损害。这种保湿包裹既可以通过将文物浸于水中，也可以通过将其置于密闭的高相对湿度的环境中以达到。但是，对于金属文物而言，由于它们在水和氧气共同存在的条件下会发生快速的腐蚀，因此该类文物出土时即使是饱水状态的也一般不进行保湿处理，除非它们是复合文物（尤其是无机有机复合文物）中的一部分。

但是，保湿包裹会产生一个非常棘手的问题，即微生物的滋生。由环境因素中微生物的相关章节可知，土壤是微生物存在的主要场所。因此，在考古发掘现场出土文物的表面会有更多机会附着大量微生物。只要环境条件适宜，这些微生物就会在文物表面滋生、蔓延开来，对文物造成危害。而保湿包裹将会为文物提供一个高湿度的环境，因此更利于微生物的生长。

为了抑制微生物的生长，传统现场保护中的保湿包裹往往需要用到防腐防霉剂。但是近年来这类制剂已渐渐退出现场保护的舞台。这是因为一方面，单一试剂难以做到广谱抗菌，而现场出土文物所涉及的微生物种类繁多，故而造成防腐防霉效果不佳；另一方面，防腐防霉剂的加入对于一些材质的文物还会产生一些副作用；此外，防腐防霉剂的使用还会对环境及人产生一系列严重的安全及健康威胁。

因此，在现阶段的考古发掘现场文物保护中，更加倾向于利用环境预防的方法进行防霉，即通过避免营造有利于大多数微生物生长的储存环境的方法达到防霉效果（图5-31）。由图5-31可知，如果在现场将文物的储存温度控制在大约10℃以下，或者将文物的保存湿度控制在65%以下均能对大多数霉菌起到抑制其生长的作用。对于现场保护中的保湿包裹，一般的做法是将文物置于比较低的环境温度中以抑制微生物的生长，最好是在5℃左右的环境温度下进行冷藏储存。冷藏的同时应该避光，并经常更换储存用水。但绝不能使温度低于0℃，否则将会产生冰冻风化，对文物的危害更大。如果使用家用冰箱来营造冷藏环境，那么在冰箱外应明确的标明仅用于储存发掘出土的文物，而不能混合储存食物或饮料。在没有冰箱的情况下，蓄冷剂或冷却的流动水也可以用于文物的储存防霉。

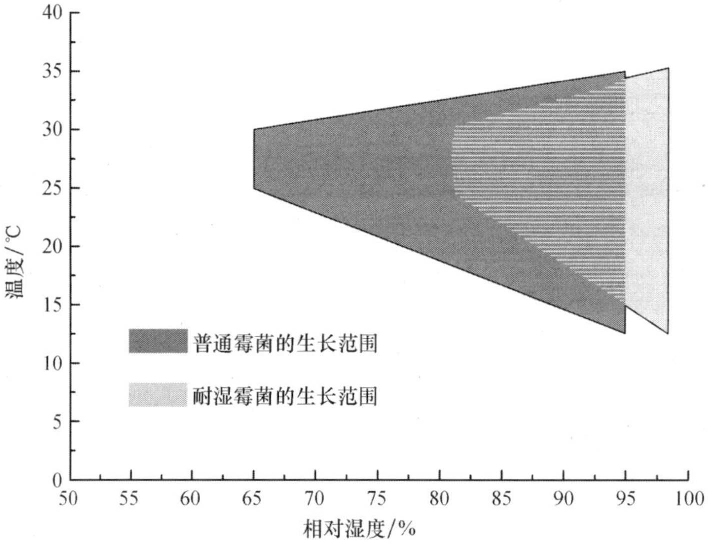

图5-31　大多数微生物生长的温湿度范围

因为可见光会促进某些微生物的生长，因此在保湿包裹中一般使用不透光材质的容器进行，这样可以进一步抑制某些喜光性微生物的生长。但在保湿包裹中绝不能使用任何类型的纸质作为包裹材料，因为这些物质极易腐烂，且同时会将微生物引入到它所包裹的文物表面。

另外需要注意的是，在考古发掘现场如果一件出土时饱水的文物由于保护处理不及时等原因已经出现了脱水现象，这时最好不要对其进行回湿性的保湿包裹或其他回湿处理，取而代之的应该是采取相应的保护处理或根据其脱水程度进行中等湿度包裹或干燥包裹。

A. 浸入技术

浸入技术是最理想的一种保湿包裹技术，非常适用于饱水文物。所谓浸入就是将文物浸入到液态的水中从而保持其饱水状态。

现场最常使用的浸入技术非常简单。首先使用表面扎满孔的聚乙烯袋包裹文物并密封袋口，然后在一个不透光的聚乙烯盒子中放入多半盒水，将聚乙烯袋包裹的文物浸入水中，最后盖上盖子即可。聚乙烯袋在这里的作用只是为内部文物提供一个简单的物理防护，当然使用其他材料也是完全可以的。需要注意的是文物一定要浸入水中而不能漂浮于水面或部分处于水中部分处于水面以上，这样可以有效防止不均匀保湿以及微生物的生长。其次应尽量将浸入水中的包裹材料和文物间的空气排除干净。另外如果文物过于脆弱，可以在聚乙烯袋中使用聚氨酯泡沫对文物进行支撑、衬垫，具体方法同干燥包裹中的袋包裹法。但是这里使用的泡沫材料只能是可大量吸收水分的材料，否则会造成包裹器物在水面上的漂浮。

对大件饱水文物的浸入和一般文物基本相同，只是要找到和其尺寸相适宜的容器。另外，大件文物也无法用聚乙烯袋子进行包裹，取而代之的往往是使用塑胶网进行物理防护。使用塑胶网缠绕包裹大件文物时还要注意缠绕的力度不可过大，以防塑胶网线割伤柔软的文物表面。此外，大容器一般很难有合适的盖子，因此在浸入文物后，往往使用聚乙烯保鲜膜等材料对容器口部进行封盖，以防水分过快蒸发。最后在其顶部再覆盖上铝箔以防光线的射入。

在使用浸入技术对文物进行包裹后，储存期间要时常检查容器中的水位，以防由于水分蒸发、水面降低而造成文物露出水面。同时对储存用水的更换最少应一个月更换一次或者通过对储存环境的检查而确定，以抑制微生物的侵蚀。

浸入技术将文物全部浸入大量液态水中，一般不会由于容器的密闭性出现问题短时间内就造成文物的干燥脱水，因此比较安全。另外，由于文物浸入水中，接触到的氧气量远远小于空气中的，因此一方面可以减缓氧气可能对文物带来的侵蚀，更重要的是可以有效抑制生物侵蚀的发生。但是浸入技术也有其缺点，那就是由于引入了液态水，其包裹重量被大大提高，对其进行操作的难度也相应增大。此外由于有液态水存在，在后期的运输过程中，极易由于颠簸而造成水的溢出。这种溢出会使得运输过程非常麻烦，甚至会危及与其一起运输的其他文物的安全。

B. 高湿包裹

所谓高湿包裹就是在文物储存空间内部维持高相对湿度的一种包裹方法。该方法在文物长期储存时的湿度维持效果不如浸入技术好。这是因为该方法易于因密闭不严而造成文物干燥脱水，同时由于其内部有大量的氧气，也易于发生生物侵蚀。但是高湿包裹中不存在自由流动的液态水，因此最大限度的避免了水的溢出。此外包裹物的重量也大大降低。因此，该方法也广泛应用于考古发掘现场文物保护中的保湿包裹。具体的高湿包裹方法是先使用潮湿的聚乙烯泡沫板衬垫盒子的四壁，然后将软质聚氨酯人造海绵裁剪成与该容器内部大小、形状相适宜的尺寸，同时在海绵中心部位掏挖出和欲包裹文物外形相适宜的孔洞。将海绵浸入水中吸饱水分后，略微挤压至海绵于正常状态下不再滴落水滴为宜。将海绵装入盒子中并同时将文物安放在海绵中心掏挖的孔洞中，然后再用一块同样状态的海绵覆盖文物上表面，接着在海绵上覆盖潮湿的聚乙烯泡沫板，泡沫板覆盖后的高度应略高于容器口沿，最后盖上容器的盖子，并使用胶带或热缩膜对接缝处进行密封（图 5-32）。如果条件允许可以进一步将它放入一个更大的密封的容器中以增强密闭效果。每两周检查一次包裹，如发现海绵表面干燥，向其上再喷洒少量的水。如果发现包裹环境内部出现微生物活动的迹象，则应立即更换水及包裹物。

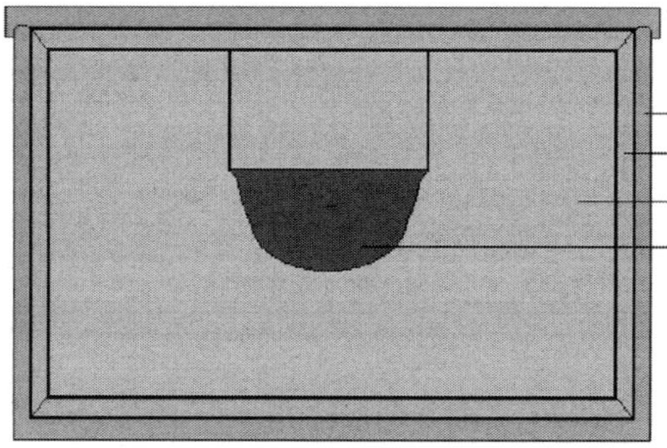

图 5-32　使用聚氨酯海绵的高湿包裹法

3）中等湿度包裹

大多数情况下，考古发掘现场的包裹中最常使用的是中等湿度包裹。相关研究表明，非饱水有机材料、大多数无机材料以及少量金属材料都应该储存在一个较为稳定的中等相对湿度（大约 55%）的环境中。而考古发掘的大多数出土物都属于该类别。但由于相对湿度受温度的影响较大，因此要完全保证包裹中微环境的湿度固定在 55% 几乎是不可能的。中等湿度包裹往往是允许相对湿度有较小波动的（大约 ±5%），但是大幅波动必须避免。因为当湿度大于 65% 时，霉菌就易于生长（图 5-31）；而当湿度小于 45% 时，微环境则有些干燥，会导致有机质文物收缩、开裂、翘曲。具体的包裹方法和干燥包裹中的容器包裹法几乎完全相同。唯一不同的是，使用的硅胶不是完全干燥的细孔硅胶，而是事先在 55% 相对湿度的环境中平衡数周的 B 型硅胶。这种 B 型硅胶可以事先在实验室中用调温调湿箱平衡好后密封运至现场备用，也可以在考古发掘现场采用饱和盐溶液平衡后直接使用。平衡后的硅胶此时就已经从干燥包裹中的干燥剂角色转变为环境维持的缓冲剂了。同时，盒中还应该包含有能指示 55% 左右湿度的湿度指示卡，并且每周都要通过湿度指示卡查验相对湿度水平。如果条件允许，在进行中等湿度包裹前，最好使用聚乙烯泡沫或聚氨酯泡沫薄板对盒体四壁、底部及顶部进行衬垫，这样可以有效缓解外界环境的温度波动对盒体内部湿度的影响。

4）饱和盐溶液的湿度调节

如前所述，在考古发掘现场使用硅胶进行湿度缓冲包裹，往往需要事先在实验室中将硅胶置于 55% 或其他数值的相对湿度环境中调节一段时间。但在实际工作中，往往难以做到这一点。这主要是因为，首先，在实验室中调节好的硅胶需要密闭保存并运输到考古工地，在这期间如果出现包装破损，硅胶和外界大气环境接触，就会导致湿度缓冲硅胶的失效。其次，在实验室中只能事先针对一种或少数几种湿度进行硅胶的调节，限制了考古发掘现场湿度缓冲硅胶的使用范围。为了保证硅胶的湿度缓冲效果，扩大其在现场保护中的应用范围，文物保护工作者往往需要在考古发掘现场，根据实际情况选择并利用饱和盐水体系对硅胶进行现场调节。该方法具有操作简单、湿度准确稳定、实用性强等特点，是一种考古发掘现场环境湿度调节的有效方法。

A. 饱和盐溶液的湿度固定原理

水是常用的一种性价比极高的极性溶剂，可溶性盐或酸、碱溶于水后会发生两种作用。首先是电离作用，即盐在水中电离变为带正电荷的金属离子和带负电荷的酸根离子；其次是溶剂化作用，即由于离子带有电荷，水又是极性分子，正离子就会吸引水分子负极一端，而负离子会吸引水分子正极一端，也就是离子进行了溶剂化，形成溶剂电离子，即水化离子。盐溶于水中形成溶液后，在溶液的表面，溶剂化的离子占据了一定的表面积，溶剂化又牵引住了一定量的水分子，使水的蒸发受到了阻碍，即单位时间内蒸发出的水分子量减少。如果盐溶液是在密闭容器内，当溶液的蒸发与气相水分子的凝聚建立平衡后，水蒸气分压就没有原来只是纯水的情况下高，这就是所谓的溶液蒸汽压下降。溶液蒸汽压的下降决不仅仅限于盐或酸碱类溶液，难挥发物质的水溶液（如甘油水溶液）也存在蒸汽压下降，这类物质的分子只是占据了蒸发的有效面积，但没有溶剂化作用。溶液的蒸汽压下降导致了溶液的沸点上升和凝固点下降，冬季在积雪上洒盐促使其融化就是利用了这种现象。

由道尔顿分压定律可知，溶液的蒸汽压下降就意味着相对湿度的降低（见 2.2 节）。在纯水上方的密闭空间内，当水分子的蒸发与凝聚达到平衡后，其相对湿度为 100%，而蒸汽压降低后相对湿度的数值就会低于 100%。降低的量与盐的种类、溶液的浓度、环境温度等因素有关。选择饱和溶液之后，则只与盐的种类及环境温度两个因素有关。若再固定温度，就只与盐的种类有关了。

B. 选择、使用饱和盐溶液的注意事项

在配置饱和溶液之前，应根据湿度的实际需要及现场条件，选择合适的盐的种类。不同种类的饱和盐溶液 0～100℃的相对湿度固定点见附录 III。在考古发掘现场选择饱和盐溶液种类时应注意如下几点：首先，由于考古发掘现场的温度难以固定，因此选取的饱和盐溶液必须是在室温下能够固定所需湿度的，同时湿度固定点随温度的改变波动尽可能小；其次，选择的饱和盐溶液在能够符合要求的前提下，其酸、碱度应尽可能接近中性；再次，选择的盐溶液最好不要含有对调节后硅胶将要包裹的文物有害的离子；最后，选择的盐溶液的溶质应尽可能便宜、易得。

在根据需要选定盐溶液种类后，就应对其进行配置。

配置固定相对湿度的饱和溶液要使用分析纯及以上纯度的可溶盐和纯水（蒸馏水或去离子水）。其目的是尽可能降低溶液的杂质含量，使产生的湿度点更加准确。

使用的无机盐其形态往往是固体结晶，溶于水中达到溶解平衡后，溶液中如果仍有固体盐存留，就说明溶液已为饱和溶液。在实际配置时，为了能够尽快的使溶液达到饱和状态，往往在配置溶液的过程中将溶液略微加热，同时不断搅拌以促进盐的溶解。

为了防止由于温度的升高，溶解度增大，而导致的溶液由饱和再变为不饱和，从而造成湿度固定点的偏离。在实际操作中，向溶液中加入的可溶盐固体应过量，以保证溶液的饱和状态。通常状况下，配置完成的饱和溶液中固体盐颗粒的含量应约占溶液总高度的1/3。

在饱和盐溶液固定相对湿度时，必须处于密闭空间中，从而保证湿度固定效果。一般来说，饱和盐溶液（包括过量的固态盐）的体积占需固定湿度密闭空间的20%左右较为合适，它可以有效保证剩余80%体积的空气相对湿度固定在需要的范围内。

此外，饱和盐溶液与空气接触的表面积越大，其间建立平衡（即达到固定湿度）的时间就越短；当温度变化时，其内部的相对湿度也就越稳定。

在考古发掘现场文物保护中，使用饱和盐溶液固定湿度的容器应选用透明、耐腐蚀、不吸水、不易导热的材料制成，常用容器包括玻璃干燥器、有机玻璃箱等。

5）缺氧或低氧包裹

缺氧或低氧包裹也是考古发掘现场文物保护中常常使用的一种微环境控制方法。这种包裹以对容器内部氧气的去除为基础，运用隔氧性能优异的材料作为最外层包裹材料，使文物储存微环境中的氧气浓度降低甚至完全消失，以防止氧气对文物的进一步侵蚀，同时抑制霉菌的生长。

该方法常常用于氧气敏感型文物的包裹，如铁质、锡质等活泼金属文物、有机质文物等。对活泼金属而言，即使储存微环境的湿度无法限制在安全水平以下，控制其包裹环境中的氧气，也可以有效减缓该类文物的侵蚀；对脆弱有机质文物而言，控制氧气不仅可以减缓有机质的氧化速率，还可以有效预防中等湿度或保湿包裹在储存过程中滋生霉菌的问题。

在考古发掘现场，文物临时储存的缺氧或低氧包裹一般采取两种方法。

A. 真空法

真空法是使用真空泵将包裹容器内部的空气全部抽出，从而为文物营造缺氧或低氧环境的一种方法。由于现场条件有限，密封手段与真空设备一般难以做到无间歇对接。故而在考古发掘现场文物保护中，真空法一般只用于袋包裹。具体的做法是，将被包裹文物装入复合薄膜袋中，将袋口大部分区域热封合，仅在角部预留一小段保持开放状态的边缘。预留的边缘宽度以能插入真空泵抽气头为准。将真空泵抽气头插入袋中并将其压紧，开启气泵，抽出袋内空气。当袋内达到真空效果后，在拔出抽气头的同时用夹子夹紧袋口，并立刻对开放边缘进行热封合即可。

使用真空法进行袋包裹必须选用隔氧效果佳、能够热封合的复合薄膜作为外包裹材料。否则真空的维持时间将非常短，无法达到有效的缺氧或低氧储存效果。在已有的复合薄膜中，铝箔作为层合材料之一的薄膜具有最佳的隔氧效果，从原理上而言是最适合该类包裹的材料。但是铝箔基复合薄膜不透光，使用过程中无法透过其观察包裹内部文物的状况，对储存过程中缺氧包裹有效性的判断以及文物安全的观测都造成了一定的障碍。因此，在实际工作中常常选用隔氧效果仅次于铝箔的聚酯作为层合材料之一，制作透明的隔氧复合薄膜，最常使用的是聚乙烯/聚酯/聚乙烯复合薄膜。

但在真空法缺氧包裹中，即便使用隔氧效果最佳的复合薄膜材料，在考古发掘现场的储存过程中，也常常会产生包裹的缺氧或低氧效果降低，直至消失的现象。这是由于袋包裹方法本身的缺陷（在前面所述及的所有包裹方法中，袋包裹的环境隔离效果最差），再加之真空法产生的包裹容器内外的压差造成的。因此，在考古发掘现场应时常检查真空法缺氧包裹的效果，观察是否出现漏气。

另外，由于该方法需要对文物包装袋进行真空抽吸。在使用时，外袋材料会在大气压力的作用下挤压包裹内的文物。因此，脆弱文物不可采用真空法进行缺氧或低氧包裹。否则，文物的脆弱部位将有可能在外界大气压力的作用下被压断或压碎。

B. 脱氧剂法

相比真空法而言，脱氧剂法是一种较温和的缺氧或低氧包裹方法。该方法将脱氧剂和文物一起包裹于密闭容器中，利用脱氧剂对氧气的吸附或和其发生化学反应，将容器中的氧消耗掉，从而为文物提供一个缺氧或低氧的储存环境。

由于脱氧剂法不用对容器内进行真空抽吸，在袋包裹中使用该方法就不会存在脆弱文物被外界气压压碎的危险。同时，对袋包裹而言，脱氧剂法一般不会在包裹袋内外造成像真空法那样的压差，外界大气中氧对薄膜的渗透速率就会相对较低。因此，采用同种包裹薄膜材料营造的缺氧或低氧环境的维持时间相比真空法将更长。另外，由于脱氧剂对氧气的吸附或反应并非瞬间完成，而是需要一定的时间，因此该方法无需密封手段与真空设备的无间歇对接。也正是由于这个原因，脱氧剂法使得在考古发掘现场采用容器包裹营造缺氧或低氧环境成为可能。鉴于该方法以上几条优点，相比真空法而言，脱氧剂法更加适用于考古发掘现场文物保护。

但脱氧剂法也有其不足之处。

首先，脱氧剂法的脱氧效果一般不如真空法迅速、彻底。真空法将空气完全抽出，因此其营造缺氧效果迅速、彻底。而脱氧剂法是利用化学反应或吸附作用消耗容器内部氧气的，其消耗速率远不及真空法迅速。如果脱氧剂用量不足，甚至会造成容器内氧气消耗不彻底的情况。同时真空法的缺氧效果是否依然存在很容易从袋包裹的外观就可以辨识。但由于脱氧剂仅消耗掉空气中的氧，其他空气组分如氮气、二氧化碳等依然存在，因此脱氧剂脱氧后的袋包裹不会像真空法那样紧缩在一起，因此容器内脱氧效果是否存在只能通过在内部封装氧指示剂进行判断。

其次，脱氧剂最好在使用前实时配置，这样可以保证其脱氧效果，防止脱氧剂的失效。如果使用的是购买的成品脱氧剂，应在使用前再打开其商品包装，并且开封后应尽可能一次将一个包装内的所有脱氧剂用完。如果无法完全用尽，应尽快将剩余脱氧剂密封于原包装容器内（最好是真空法密封），以防其失效。

再次，某些铁系脱氧剂需要适当水分才能发生脱氧反应。因此在使用这些脱氧剂时，包裹环境中必须含有一定量的水，否则无法达到脱氧效果。这一点在中等湿度及保湿包裹中很容易做到，但在干燥包裹中往往由于缺乏水分，从而难以营造缺氧或低氧环境。因此，在进行干燥、缺氧包裹时就不得不人为向脱氧剂局部注入水或选用其他种类的脱氧剂。

最后，虽然脱氧剂法可以在考古发掘现场实现容器包裹的缺氧或低氧环境。但由于氧气约占空气体积的1/5，因此当氧气被脱除后，密闭容器内部的空气体积必然会减少1/5，如果容器为合成树脂等弹性材料质地，则容器内外的压差有可能会将容器挤压变形，造成容器封口部位咬合不严，产生漏气，导致缺氧或低氧效果减弱甚至消失。因此，用于脱氧剂法的容器质地应为纯刚性材料，如玻璃、金属等，从而保证容器侧壁不会由于空气挤压而出现明显变形。

5.6.3　运输包裹

1. 运输包裹的定义

大多数现场保护都会涉及文物的运输，不论使用何种工具、经由何种途径运输，在运输前都需要对文物进行专门的运输包裹。现场保护中文物的运输包裹（又称缓冲包裹）就是指为了给文物营造相对安全的运输环境，在进行运输之前对文物及其储存包裹进行的以缓冲为目的的包裹。

一般而言，只有在运输前才能对文物进行该类包裹，而当运输结束后要立即拆除该包裹。对珍贵文物及环境敏感型文物的运输包裹最好在储存包裹的基础上进行，这样文物在运输期间依然能够保证相对稳定的微环境。

2. 运输包裹的理论基础

文物在运输过程中会由于运动而受到各种外力的作用，从而产生一定的加速度。这些外力及其产生的加速度使文物受到冲击和振动，引起文物的破损。运输包裹即缓冲包裹就是为了减少运输过程中因外力作用而对文物产生的机械损害（主要是防止文物断裂或破损）。因此要了解缓冲包裹的方式方法就必须先熟悉物体的运动状态。

1）力与加速度的关系

按照牛顿第二定律，任何瞬间作用力 F（单位为 N）都是运动物体的质量 m（单位为 kg）与加速度 a（单位为 m/s^2）的乘积，力的作用方向与加速度的方向相同，即 $F = m \times a$。同理若加速度为重力加速度时，则静止物体受重力加速度 g 作用，其重力 W 为物体质量 m 和重力加速度的乘积，即 $W = m \times g$。

当物体做自由落体运动时，若不考虑空气阻力，物体的下落速度（v）为下落时间（t）与重力加速度（g）的乘积，即：$v = g \times t$。随着下落时间的增加，物体运动速度有所变化，微小时间内的速度变化称为加速度，当物体落地停止运动时，是因为速度的反方向加速度的作用，这个负的加速度使物体的运动速度降低，最终达到相对静止的状态。自由落体运动的物体下落高度与速度的关系如下：

$$v^2 = 2gh \tag{5-3}$$

$$h = \frac{1}{2}gt^2$$

式中，h 为下落高度。

由 $F = m \times a$ 和 $W = m \times g$，可知 $F = W \times \frac{a}{g}$，令该式中最大加速度与重力加速度的比值为 G，即 $G = \frac{a}{g}$，则 $F = W \times G$。G 是物体产生的最大加速度与重力加速度的倍数，用 G 表示加速度的大小，在缓冲包裹中更易于计算作用力的大小。

2）振动与冲击

文物在运输过程中所受加速度影响而产生的力主要有坠落和惯性等产生的冲击加速度及运输工具运行时速度反复变化而产生的振动加速度，随着加速度的大小不同而有大小不同的作用力对文物产生影响，由于作用时间与物体的力学性质的不同而对文物造成不同程度的损坏。

A. 振动

振动是在一定时间内进行相同的往复运动的现象。在多数运输工具上产生的振动是一种复杂的运动，为研究方便起见，常把这些不同的振动和位变作为一种单纯的振动来

考虑。振动的最大速度，最大加速度与最大位变值（即振幅）的关系可表示为

$$v_m = 2\pi f x_m \tag{5-4}$$

$$a_m = (2\pi f)^2 x_m$$

式中，v_m为振动速度的最大值（cm/s）；a_m为振动加速度的最人值（cm/s^2）；x_m为振动位变的最大值，即振幅（cm）；f为振动的频率（Hz）。

B. 冲击

冲击是一种过度的振动，具有半正弦波、矩形波、三角波和锯齿形波等独立的冲击波形。其中半正弦波相当于简谐振动的波形。实际上包装内文物受到冲击而产生的加速度波形是复杂的，但与振动一样采用代表性的波形来考虑是比较方便的，可以得到较好的结果。

冲击加速度的最大值用 G_m 来表示，从开始冲击达到最大值的时间作为冲击时间，或把加速度再一次经过最大值到零为止的时间作为冲击持续时间。一般用代表性波形的形状来表示。

3）文物包装跌落时的运动

前面讨论的包装物全部是以假定均质为条件，考虑运动时，包装内的文物是一块均匀物质，缓冲材料也是单独的弹性体，外包装容器没有缓冲特性，这是假定的单纯缓冲包装，就是如下模型（图 5-33）。

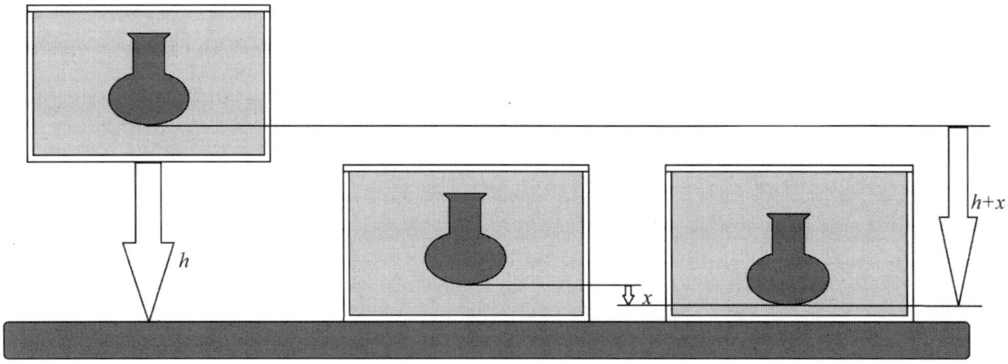

图 5-33　单纯缓冲包装模型图

包装文物跌落与地面接触时的冲击，来自包装内文物产生的力，其运动服从牛顿定律。包装内文物的作用力是受重力加速度作用而产生向下的力，即 $m \times a = m \times g$，包装文物受到冲击时，缓冲材料受到包装内文物的作用力而压缩变形，产生一个与重力相反的力作用于文物，使包装内文物的速度降低为零，则得到式（5-5）：

$$m \times a = m \times g - P \tag{5-5}$$

式中，P 为压缩缓冲材料的力。

根据牛顿定率，$m \times a$ 是作用于包装内文物的力，$m \times g$ 是文物的重力，如果加速度

a 取为重力加速度 g 的倍数，则式（5-5）可变为

$$W \times G = W - P \tag{5-6}$$

式中，W 为包装内文物的重力；G 为重力加速度的倍数。

按式（5-6）作用于包装内文物的加速度 G 与包装内文物对缓冲材料的压缩力 P 成正比。

包装内文物产生的加速度 a 若完全成为作用力 P，而对缓冲材料进行压缩，致使缓冲材料产生反作用抵抗力，从缓冲材料的变形与负荷的关系，可以制成坐标曲线。由于缓冲材料的材质、形状等特性的不同，所得到的曲线形状也不一样，负荷与变形成直线关系的称为“线性弹性材料”，成各种其他曲线关系的称为“非线性弹性材料”。

如图 5-33 所示，假定缓冲材料为弹簧时，在弹簧的弹性形变范围内，负荷与变形成直线关系，所以文物压缩弹簧的作用力可以从式（5-7）求出：

$$P = k \times x \tag{5-7}$$

式中，k 为弹簧的弹性系数（kg/cm）；x 为弹簧的变形量（cm）

非线性缓冲材料包装内文物传递给缓冲材料的力 P 和变形量 x 的关系成函数关系，如式（5-8）：

$$P = f(x) \tag{5-8}$$

从图 5-33 的模型可以看出，由地面到高度 h 的位置为止，重量为 W 的物品假定落下时缓冲材料产生的 x 的位变，其落差的能量是重量与高度的乘积。

$$W(h + x) = mg(h + x) \tag{5-9}$$

从包装物品到地面的高度 h 及其位变 x 所产生的能量与 $mg(h+x)$ 位置的能量相当，从这个高度自由落下达到基点的速度，可以通过自由落体速度公式求出：

$$v^2 = 2g \times (h + x) \tag{5-10}$$

由式（5-9）和式（5-10）可知：

$$W(h + x) = mg\left(\frac{v^2}{2g}\right) = \frac{1}{2} \times mv^2 \tag{5-11}$$

根据能量守恒定率，$W(h+x)$ 位置的能量在包装物品达到位变 x 的瞬间，全部运动能量变化为 $1/2mv^2$。则由 $m \times a = m \times g - P$ 可得到：

$$\frac{1}{2}mv^2 = mg(h + x) - \int_0^x P\mathrm{d}x \tag{5-12}$$

在一般情况下，包装物品跌落是缓冲材料被压缩变形量 x 与跌落高度 h 比起来是很小的，所以这个压缩变形可以忽略不计，则式（5-12）可改写为

$$\frac{1}{2}mv^2 + \int_0^x P\mathrm{d}x = mgh \tag{5-13}$$

式（5-13）可以从图 5-33 的模型中得到说明，m 物品在高度为 h 的位置的能量为 mgh，当其落下时把弹簧压缩，使弹簧变形 x_m 时使物体停止，若不考虑空气阻力和其他摩擦力，把压缩弹簧全部变为能量，弹簧蓄积的最大能量是其位变 x 最大的瞬间，此时包装

内文物的速度为零，代入式（5-13）可得

$$\int_0^{x_m} P\mathrm{d}x = Wh \tag{5-14}$$

式中，x_m为包装内文物的最大位变（cm）；W为包装内文物的重量（kg）。

该式给出了包装内文物的重量 W 与下落高度 h 给缓冲材料一定的能量，即缓冲材料的压缩能量，在式中表达为压缩的最大荷重的力，压缩量的累积值，也就是荷重的位变的积分值。从对缓冲材料进行的压缩实验中所得到的荷重变形曲线图上，相当于曲线与横坐标之间的面积。所以重量 W 与落下高度 h 的积与荷重变形曲线图中下部的面积相等。由缓冲材料的最大荷重 P_m，可以得到最大变形量 x_m，按照牛顿第三定律“两个物体之间的作用力和反作用力总是大小相等，方向相反”。因此，作用于缓冲材料的最大荷重 P_m也就是作用于包装内文物的最大作用力 P_m。

4）缓冲特性的分类

如前所述，作用于包装物品的最大作用力可以通过对缓冲材料的荷重变形曲线下的面积来求得，这个方法比较方便，只要经过试验制出缓冲材料的荷重变形曲线图就可以了。各种不同缓冲材料的性质不同，得到的曲线图形也不一样，按其荷重受力后的不同弹性变形关系可以分为两类：直线弹性与非直线弹性。共有 6 种不同的状况。

A. 直线弹性体

这类缓冲材料的荷重-变形曲线为经过原点的具有不同斜率的直线，符合 $P = k \times x$ 的线性关系（图 5-34）。

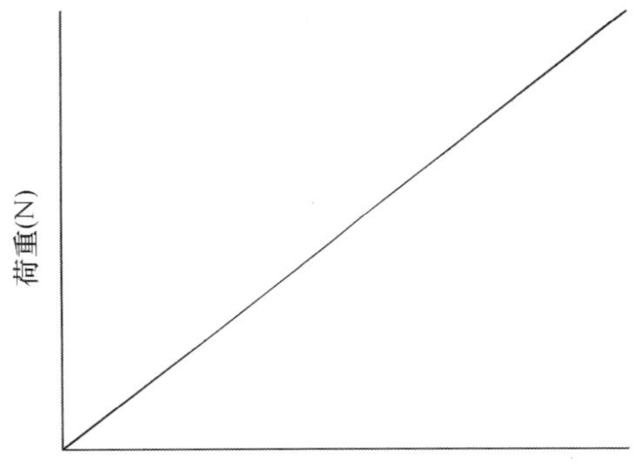

图 5-34　直线弹性体的荷重变形曲线

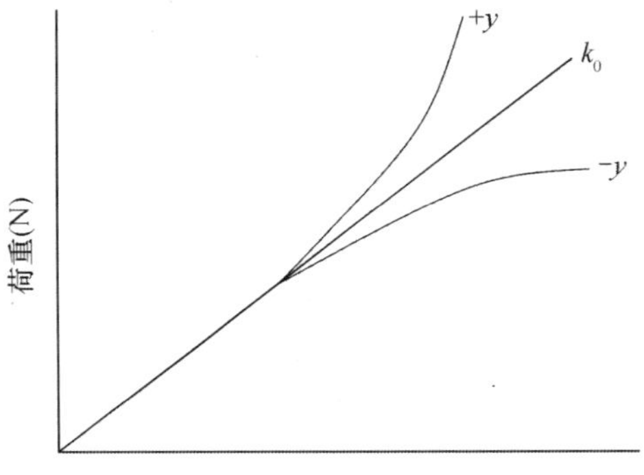

图 5-35　三次函数弹性体的荷重变形曲线

B. 三次函数弹性体

这类弹性体的荷重变形曲线与直线弹性体比较的不同之处在于当变形增加时，弹性系数慢慢地变化使直线向上或向下弯曲，呈这类弹性关系的弹性体适合用做缓冲包装材料，其弹性的负荷变形关系如式（5-15）：

$$P = k_0 x + y x^3 \tag{5-15}$$

式中，k_0为初期弹性系数（kg/cm）；y 为弹性系数增加率（kg/cm）。

初期弹性系数的曲线是从原点起的斜度之切线，当曲线向下时，变数 y 为负号（图 5-35）。

C. 正切曲线弹性体

当缓冲材料荷重随变形增大时，弹性常数慢慢增大，到压缩极限值附近时，弹性系数急剧增大，具有这类弹性性质的缓冲材料其荷重变形曲线符合如下关系式（图 5-36）：

$$P = \frac{2k_0 d_b}{\pi} \tan \frac{\pi x}{2d_b} \tag{5-16}$$

式中，d_b为压缩极限值。

D. 双直线弹性体

当包装物在压缩缓冲材料的过程中，若有内包装文物的突出部分直接与外包装容器冲击的时候，缓冲材料的缓冲效果产生急剧的变化，这就要考虑采用两种不同缓冲系数的缓冲材料配合使用，在这种情况下缓冲材料的荷重变形曲线呈双直线状态，其荷重变形关系如式（5-17）（图 5-37）：

$$\begin{cases} P = k_0 x & 0 \leqslant x \leqslant d_s \\ P = k_s x - (k_s - k_0)\ d_s & x \geqslant d_s \end{cases} \tag{5-17}$$

式中，d_s为弹性常数的变化点（cm）；k_s为变化后的弹性常数。

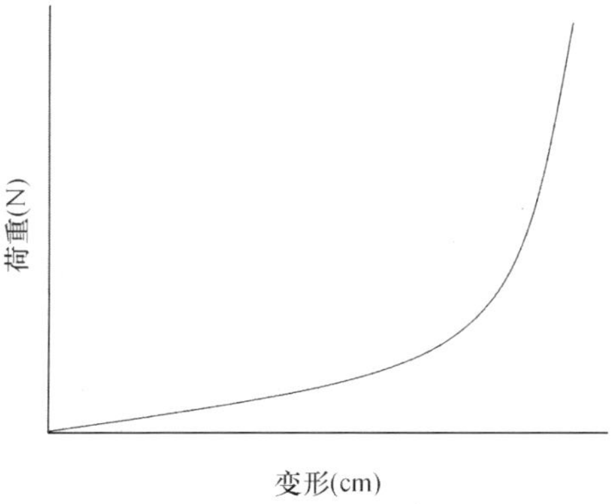

图 5-36　正切曲线弹性体的荷重变形曲线

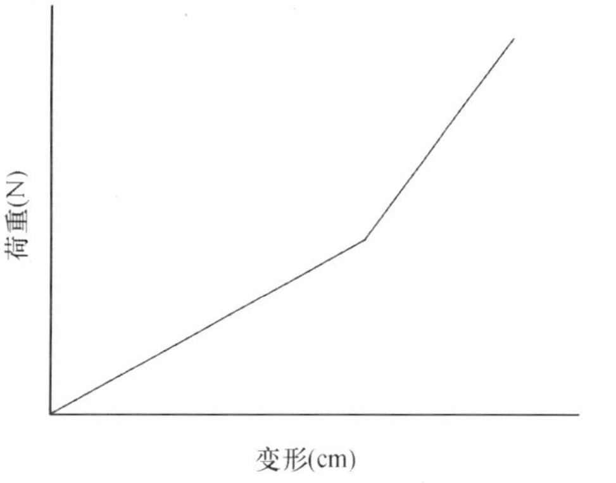

图 5-37　双直线弹性体的荷重变形曲线

E. 双正切曲线弹性体

通过包装内物品传递给缓冲材料的最大力，当这个力的值被限制在规定范围内时，即力不再增加的时候，缓冲材料仍继续变形，其荷重变形曲线呈双正切曲线。这类缓冲材料的特点是具有理想的缓冲特性曲线，曲线与横坐标之间的面积很大，表明它的缓冲效率高。与其他种类的缓冲材料比较，只要有较少的体积就可以达到同样的缓冲效果，不过尚没有能够保持这种特性的缓冲弹性材料，只有像瓦楞纸、蜂窝板和部分聚苯乙烯泡沫塑料等在受到负荷的初期，才具有这样的性质。其负荷变形关系如式（5-18）（图5-38）：

$$P = P_0 \tanh \frac{k_0 x}{P_0} \tag{5-18}$$

式中，P_0为力的渐近值；tan$h$ 为双正切函数。

F. 不规则的弹性体

这类缓冲材料不符合以上 5 种函数特性，其负荷变形曲线如图 5-39 所示，也是呈双正切曲线形状，其曲线是慢慢的变动，如某些高分子泡沫塑料就具有这样的特性。

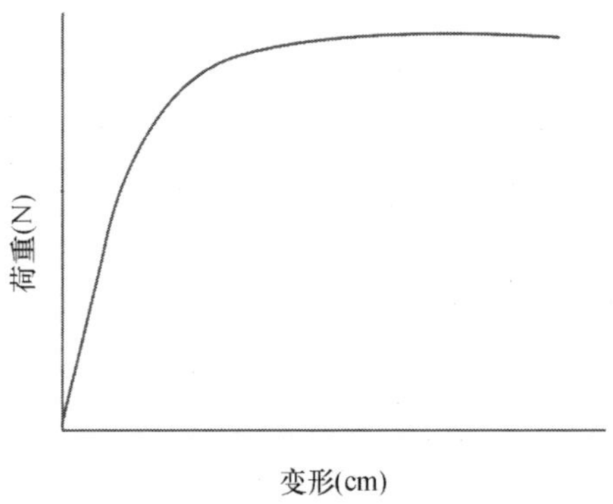

图 5-38　双正切曲线弹性体的荷重变形曲线

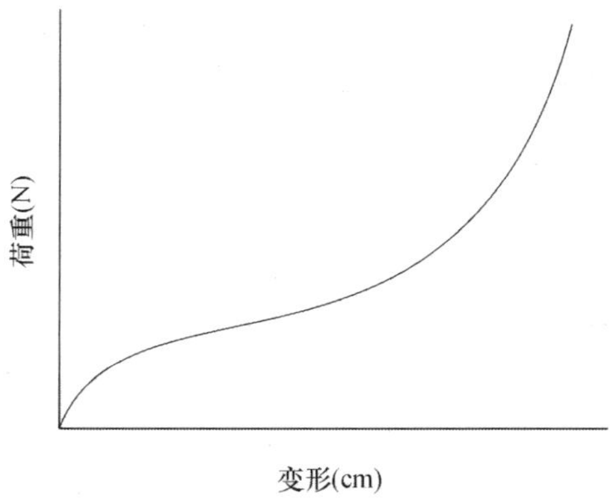

图 5-39　不规则弹性体的荷重变形曲线

5）缓冲材料的分类

包装用缓冲材料是指被包装文物在运输过程中因受外力的作用而遭受到冲击和振动时，能吸收外力产生的能量，以防止文物遭受损坏而使用的保护材料。此类材料包括的范围非常广泛，有天然的材料也有人造的材料，但一般都采用具有高度的压缩性能和复原性能的弹性材料。

按应力变形特性曲线分类可分为直线弹性体（弹簧）；三次函数弹性体（弹簧吊钩包装、细刨花、乙酸纤维丝、纤维填充弹性材料等）；正切曲线弹性体（泡沫橡胶、细刨花、橡胶粘合毛发等）；双直线弹性体（缓冲材料完全压缩以致包装物与外包装冲击时）；双正切曲线弹性体（聚乙烯泡沫塑料、聚氨酯泡沫塑料、聚苯乙烯泡沫塑料等）；不规则曲线弹性体（硬质泡沫塑料、聚酯型聚氨酯泡沫塑料等）。

按形状分类可分为：垫块状、薄板状、细片状、纤维状、粒状、隔板、衬垫、框架、压板、缓冲结构。

按材质分类可分为：纤维状物质（纤维素质：木丝、纸、纸浆、稻草、麦秆；合成纤维；动物纤维：猪鬃、羊毛、毛毡等；矿物纤维：玻璃纤维、石棉、矿物棉等）；气泡结构物质（具有适当柔软性能的天然橡胶、木材、合成橡胶、泡沫塑料、气泡塑料薄膜等）；瓦楞纸、皱纹纸；缓冲装置（金属弹簧、悬挂装置）。

6）缓冲材料的特性

A. 冲击能量的吸收性

缓冲材料的任务是吸收包装在受到冲击、振动时所产生的能量。但并不是吸收能量大的材料就一定好，而要注意材料吸收性能的大小应与所受冲击的能量相适应。一般硬性缓冲材料具有较大的冲击能量吸收性，适合用于受冲击力较大的场合，柔软的缓冲材料，适用于受冲击力小的场合。

B. 振动吸收性

包装文物被损坏的原因，除受外力产生的冲击加速度影响外，就是在运输过程中所产生的振动加速度。若外力造成的振动频率与包装物固有的振动频率相同时，就会产生共振现象，振幅增大而使文物遭到破坏。缓冲材料应具有吸收振动外力，达到振动衰减的性能。

C. 复原性

缓冲材料加上负荷产生变形，当去除外加负荷后，材料恢复原来的形状的程度称为复原性。材料负荷有受长期静压荷重和受瞬时冲击、振动荷重两种。受前者荷重的复原性称为静复原性，受后者荷重的复原性称为动复原性。对于吸收能量大而复原性不好的材料，不宜做包装缓冲材料。

D. 压缩蠕变性

压缩蠕变性是指当缓冲材料受到一定的静压负荷时（如包装物在储存状态），随着时间的延长而产生的变形现象。一般蠕变速度在加上负荷的初期最大，其后就呈指数关系减慢。在缓冲包装中希望缓冲材料的压缩蠕变性能越小越好。

E. 压碎性

压碎性是指当缓冲材料受到外力冲击或振动时产生破碎的性质。缓冲包装会因缓冲材料的压碎而失去缓冲机能，将产生最危险的后果，所以必须保证缓冲材料在使用负荷范围内不被压碎。

F. 温度稳定性

缓冲材料应在较大的温度范围内保持其缓冲性能。一般纤维素材料受温度的影响较小，而树脂类缓冲材料其性能受温度的影响较大。主要是在低温时，材料变硬而改变其弹性。

G. 吸湿性

大多数缓冲包装都是采用多孔弹性材料作为包装的主要材料。该类多孔材料易吸收空气中的水分。含水的缓冲材料若与金属接触时，易引起金属表面生锈；而纸质缓冲材料，当吸收水分后，其缓冲性能会降低；泡沫塑料的结构是独立气泡则不易吸水，若是连续气泡则易吸水。

H. 酸碱性

缓冲材料的水溶物质的 pH 应为 6 ~ 8，若与包装物直接接触时，其 pH 最好为 7，即中性，否则在潮湿条件下易促使包装物受到腐蚀。

3. 现场保护中文物运输包裹的相关要求

运输包裹的重点在于缓冲。如前所述，在文物运输的过程中，由于颠簸等原因而产生的冲击和振动是对文物危害最大的因素。施加到包装文物箱子外部的冲击和振动会直接通过箱体传递到箱子内部的文物上。如果这个传递不经过任何缓冲，即传到内部的力未被削弱，这种力量就将会对箱子内部的文物产生威胁，甚至导致文物的破碎。因此在以运输为目的的文物包裹中，为了尽量多的消散掉外部传导的冲击和振动，一般文物应尽可能的置于箱子的中心部位，同时应使用大量的缓冲材料以吸收冲击和振动。从振动传递的角度而言，振动经过越多层的缓冲材料，就会有越多的震动被分散，最终施加到文物上的力也就越少。

运输包裹的容器大小应该和它所包裹的文物或盒子的大小尺寸相称，容器内部不可太拥挤，其内部在盛放文物或盒子后应仍有很大的空间能够放置大量缓冲材料。箱子中包裹的文物决不能和容器的任何内表面直接接触，也不能和容器中的任何其他文物直接接触。包装时需要缓冲材料的量应依据文物自身体量及其将会经历的运输过程而定。专业的运输包裹设计师是可以通过运输过程中可能经受的最大震动强度、文物的体量以及包裹材料的荷重变形曲线计算出安全的包裹材料厚度的。但是，在考古发掘现场对每一件文物进行运输过程中的震动强度、材料的荷重变形曲线等测试难以实现，因此通常采用经验法则，即用于运输包裹的缓冲材料应该在每一个被包装文物的周围衬垫大约15 ~ 20cm 的厚度，在运输重要文物时缓冲材料的用量甚至要比这个值还高。总之，在文物的运输包裹中，缓冲材料的使用量宁可过多也万万不可不足。此外，缓冲材料包裹文物或盒子的松散程度应适宜，不可过松，否则文物会在缓冲材料内部产生移动，也不可过紧，因为如果缓冲材料被压的过紧，它们就无法起到有效的吸收震动的作用。

对于一种缓冲材料而言，要起到有效的吸收震动的作用，就必须能够发生弹性形变（即压力施加时收缩，当压力消失时又能够回到原位或原状）并具有合适的弹性系数。如果某种材料太软或者太容易被压缩，它就不能有效的防止震动传递到其所包裹的文物上。而如果某种材料太硬或太难被压缩，它也就不能有效的吸收震动。海绵橡胶、聚乙烯泡沫及聚苯乙烯膨胀泡沫等都是较为理想的吸震材料。另外，如果使用的是颗粒状的缓冲材料，那么即使是再紧密的包裹，包装中的文物在自身重力及颠簸的作用下，也有移动和下沉的趋势。如果将这些小颗粒或屑片装入密封的聚乙烯袋中则可以将这种沉降或移动减到最小。

运输缓冲包裹的外包裹容器的强度和尺寸要依据容器中包装的材料的尺寸和重量以

及容器将要经受的运输方式来决定。瓦楞纸板箱适合于短期的、相对简单的运输，而对于较长时间的、较为颠簸的运输而言，则必须使用木质箱子或板条箱。这类箱体由于其自身材质既具有一定刚性又有一定的韧性，因此本身就可以吸收部分震动。另外使用木质箱或板条箱时，其木板与木板的接缝应采用螺丝钉固定而不要采用普通钉子。这是因为螺丝钉在木头中具有较好的固着力，不会由于颠簸而造成固着的松动。而普通钉子固定的木板极易由于反复的震动而出现松动。此外，在向箱子顶部固着盖板时，普通钉子需要捶打才可钉入，捶打所产生的震动也会传递到其内部包裹的文物上；而使用螺丝钉，这一切则变得安静许多。

运输包裹中最好将大小尺寸、外形、重量及材质相似的文物或盒子包装在一起。这样既便于包裹，也便于在运输过程中依据文物的不同情况将包裹摆放在运输工具的特定位置，具体见 5. 8 节。

4. 运输包裹的方法

1）一般缓冲包裹方法

在考古发掘现场文物保护中，运输包裹（缓冲包裹）方法的选择要依据被包裹文物的外形、材质等特性而定。同时根据使用缓冲材料的不同，相应采取的缓冲包装结构也有很大的差别。一般的缓冲结构大体上可以分为三种类型，即全面缓冲包裹法，部分缓冲包裹法和悬浮式缓冲包裹法。这三种不同类型的缓冲包装方法，均有其各自的特点和使用范围。

A. 全面缓冲包裹法

所谓全面缓冲包裹是指，被包裹文物或内包装箱在外包装容器内所剩余的空间全部被缓冲材料填充固定，对文物进行四周全面缓冲保护的包裹方法。图 5-40 就是一种典型的全面缓冲包裹。全面缓冲包裹根据其使用的缓冲材料形式的不同又可分为填塞型全面缓冲包裹和整体型全面缓冲包裹。

填塞型全面缓冲包裹是使用小块缓冲材料紧依文物外部轮廓曲线填塞，充满文物与包装容器间留下的所有空间，从而对文物进行缓冲包裹的方法。这种方法使用的缓冲材料一般呈丝状、薄片状或粒状，以便于适应外形复杂的文物。这类全面缓冲包裹在缓冲时能有效地吸收能量，分散外力的作用来保护被包装文物。填塞型全面缓冲包裹适合于体积较小、质量较轻、外形极不规则、材质较脆弱的文物的包装。如果在质量较大、体积较小的文物的包裹中使用填塞型全面缓冲包裹，则可能会由于运输过程中的颠簸，导致文物在缓冲材料中发生位移，偏离原本的中心区域。最典型的现象是受重力作用的文物下沉，下沉后的缓冲包裹对文物下部的缓冲效果就会出现明显的降低。

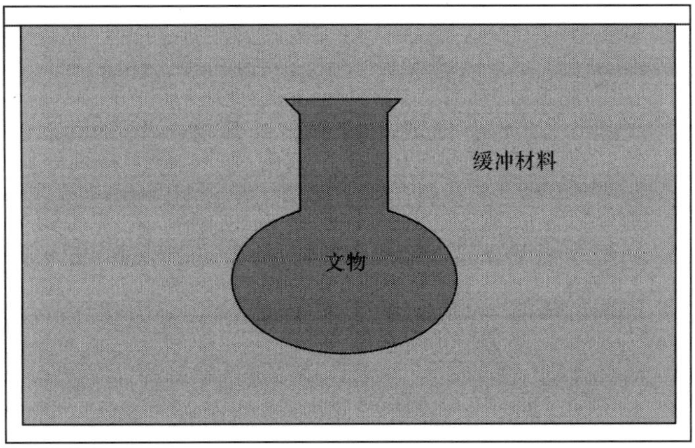

图 5-40　全面缓冲包裹

整体型全面缓冲包裹是使用模型制成泡沫塑料的圆形或立方形容器进行内包装，或在整块泡沫塑料上开凿出文物的轮廓后，将文物安置其中，以达到保护文物目的的包裹方法。当然，聚氨酯泡沫塑料在文物表面的现场发泡也是现在常采用的一种整体型全面缓冲包装方法。不论是何种具体方法，整体型全面缓冲包裹的缓冲材料一般为一个或几个整块，通过对缓冲材料块的拆装，可以快速对文物进行包裹。整体型全面缓冲包裹适用于体积较大、质量较重、外形不规则的文物的缓冲包裹。该方法可以有效减少填塞型全面缓冲在包裹质量较大文物时出现的在缓冲材料中发生相对位移的现象。

总之，不论是填塞型全面缓冲包裹法还是整体型全面缓冲包裹法，这类方法由于缓冲材料与文物的接触面积大，当受外力作用时，在单位面积上产生的应力较小，从而可以更加有效的保护被包裹文物。因此全面缓冲包裹法是最安全的缓冲包裹方法，可以应用于脆弱文物的缓冲包裹。此外，由于文物与缓冲材料的全面接触最大限度的分散掉了单位面积产生的应力，因此，这种包裹方法可以适当减小缓冲材料的厚度，从而可以缩小包装的体积，有利于提高运输工具的利用率。

B. 部分缓冲包裹法

部分缓冲包裹法是使用泡沫塑料成型缓冲垫、充气塑料薄膜缓冲垫、橡胶等作为缓冲体对被包装文物或内包装箱的拐角或/和侧面进行衬垫缓冲的方法。图 5-41 为拐角部分缓冲包装。部分缓冲可以根据包装文物的特点，在受力部位或易损坏部位进行缓冲，并可采用不同厚度的缓冲材料，用最少的缓冲材料取得最好的缓冲效果，从而降低包装成本。

部分缓冲包裹法在考古发掘现场文物保护中常常用作多层缓冲包裹的最外层包裹，这种包裹在内层缓冲包裹的基础上为文物提供了进一步的缓冲作用，同时又可以有效地

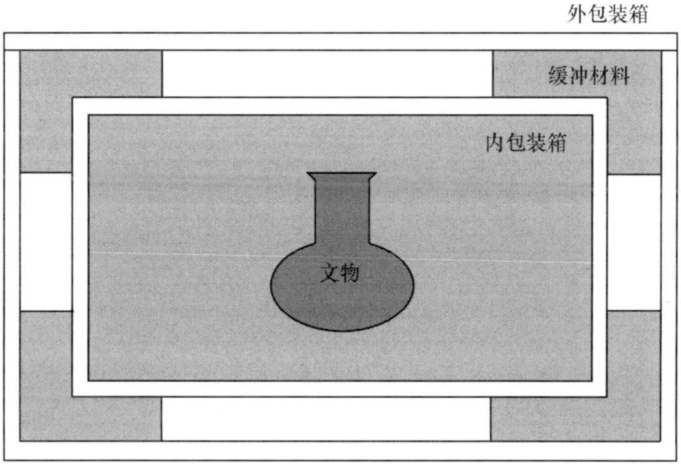

图5-41　拐角部分缓冲包装

节约缓冲材料。

部分缓冲法，可以把缓冲材料块事先粘结在外包装箱内的适当部分，装箱较方便，所以这是一种适合于批量包装的方法，它是目前在物流包装领域应用最广的一种包装方法。

C. 悬浮式缓冲包裹法

悬浮式缓冲包裹是用弹簧把被包装文物或内包装箱悬吊在外包装容器内，使包装在遭受外力作用时文物在各个方向都能得到充分的缓冲保护，这种包裹的结构如图5-42所示。这种包裹方法特别适用于极度精细、脆弱文物的包裹。但为了保证这种包裹运输的可靠性，必须使用坚固的外包装容器。同时，还需要针对包装文物或内包装箱的质量、运输中可能遭遇的震动剧烈程度等因素，确定使用的弹簧的各项参数。

2）调整缓冲材料受压面积包裹法

缓冲材料的使用，必须根据被包裹文物或内包装箱的面积不同，采用不同负荷范围的材料以发挥最高的效率。当受外力冲击时，缓冲材料在保证文物不碰底的条件下，应吸收被压缩时的能量，以减少文物所产生的加速度。要做到这一点就必须选择最适当尺寸的缓冲材料，其实是要选定缓冲材料与被包装文物的最适当的接触面积。为此就常常需要根据文物的形状来调整缓冲材料的受力面积。

A. 扩大受压面积包裹法

当文物的各面面积大小不等时，在大面积方向，因单位面积的应力较小，所使用的缓冲材料厚度较小。而在小面积方向，则单位面积的应力较大，若采用同一缓冲材料时，就要采用较大的厚度，才能满足缓冲保护的要求。但实际工作中往往会受到外包装尺寸的限制，不能采用较厚的缓冲材料，这时可以采用承压板的办法来扩大文物小面积

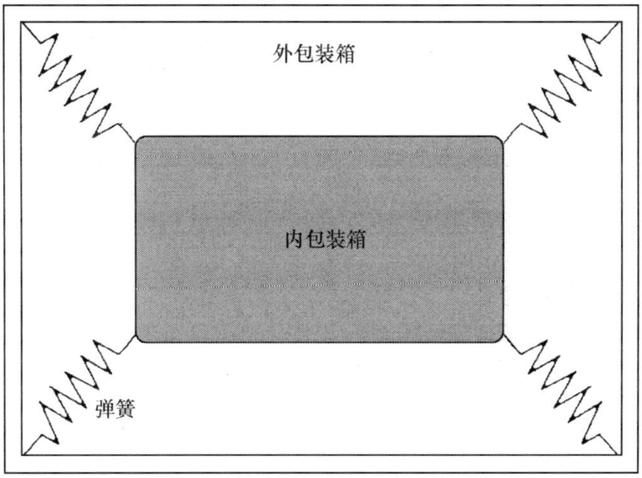

图 5-42　悬浮式缓冲包裹

方向缓冲材料的受压面积以减小缓冲材料的使用厚度。图 5-43 是使用承压板来调整受压面积的例子，当文物的上下使用了刚性的承压板后，使文物在上下方向与缓冲材料的接触面积扩大，所以上下方向的缓冲材料的厚度就可以减小。

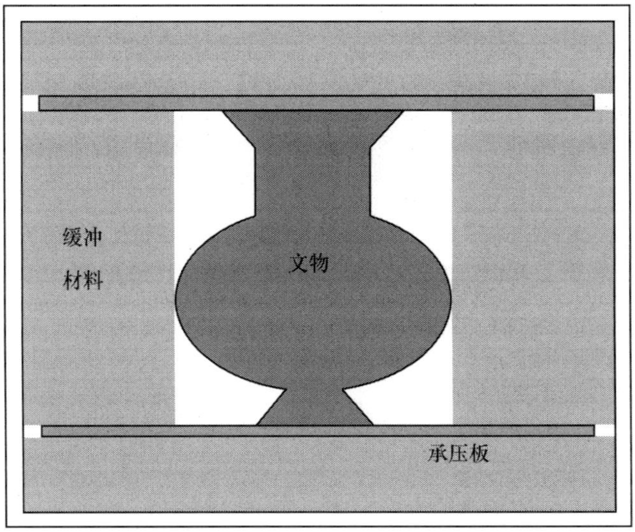

图 5-43　使用承压板调整受压面积

对于密度较大的文物材料，即使其体积不大，也具有很大的质量及惯性。体积较小的该类文物与包装缓冲材料的接触面积比较小，因此单位面积所承受的负荷很大。在这种应力较为集中的情况下，往往需要使用较大厚度的缓冲材料才能起到足够的缓冲效果。在实际工作中为了减小缓冲材料的厚度进行合理包裹，可以采用固定支持材料的办法，把文物的负荷传递给支持材料，并以较大的面积来与缓冲材料接触，这样就可以减少缓冲材料单位面积上的应力，来达到减少缓冲材料厚度的目的。图 5-44 是体积小、密度大的文物采用固定支持材料将其定位固定在包装箱内，文物的重量通过支架的外框把负荷传递给缓冲材料，由于固定支持材料的刚度较大，不易变形，同时其与缓冲材料的接触面积增大，就可使缓冲材料受力面积增大而减小了作用应力。

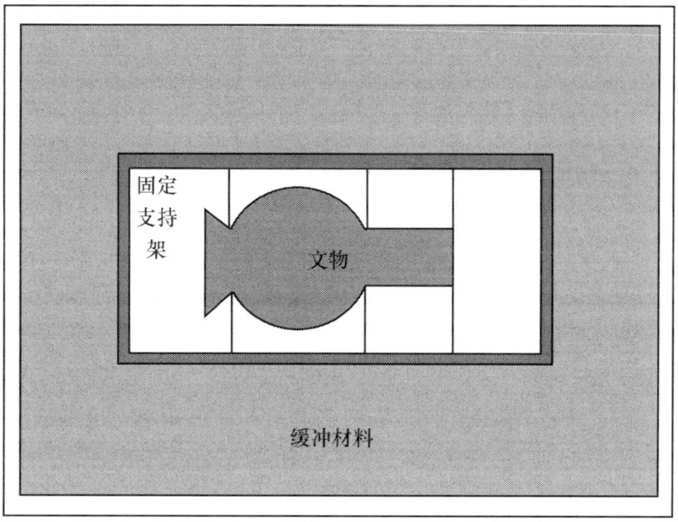

图 5-44　使用固定支持架调整受压面积

B. 减小受压面积包裹法

在进行缓冲包裹时，要根据文物的质量来选用适当的缓冲材料。当包装的文物质量较轻时，若使用的缓冲材料的容重过大，其回弹性就差，缓冲效果不好。反之，当包装的文物质量较大时，若使用的缓冲材料容重过小，回弹性虽好，但抗压强度却很低。从 $t=c\times\frac{h}{G}$ 关系式（t 为缓冲材料厚度；c 为缓冲系数；h 为落下高度；G 为文物的允许加速度）可以看出，当 G 值大时，使用缓冲材料的厚度就可以减小，但如果落下高度增加，则缓冲材料的厚度就要增加。同时缓冲材料的使用厚度与面积有一定的关系，有时文物表面积很大，就不一定需要全部与缓冲材料接触，这时就应调整减少受压面积，即减小与缓冲材料的接触面积，只要部分与缓冲材料接触，就可以满足保护文物的要求。

缓冲材料的接触面积，即文物的受压面积应满足以下关系：

$$A > (1.33t)^2 \tag{5-19}$$

式中，A 为缓冲材料的最小面积（cm^2）；t 为缓冲材料最小面积的厚度（cm）。

为了获得较小的受压面积，可以采用拐角部分缓冲如图 5-41 所示，侧面衬垫缓冲如图 5-45 所示，将缓冲衬垫胶结在外包装箱内壁上加以固定。

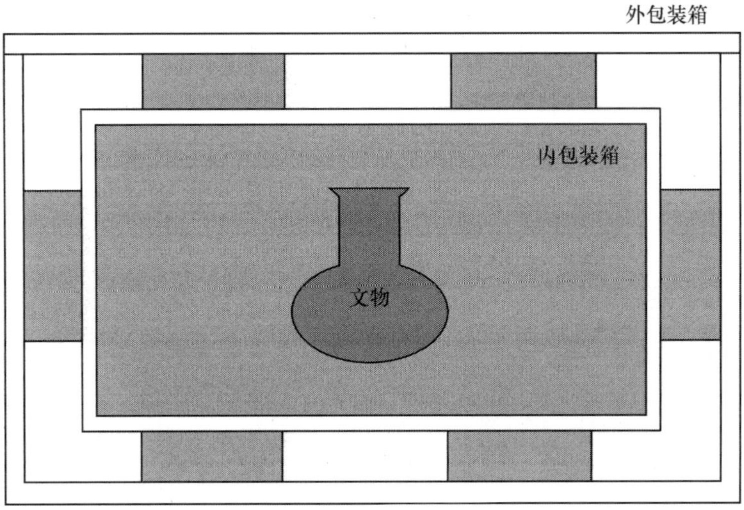

图 5-45　侧面衬垫的使用

3）形状不规则物品的缓冲包裹方法

考古发掘现场文物保护中遇到的文物大多不是规则外形的，如有突出的臂、柄或其他突起部位等。这些突出的部分，一般强度较低，在运输过程中，易遭外力碰撞而损坏。为了用缓冲包裹防止其损坏，在包裹方法上就必须采取适当的措施，而不能按规则文物那样进行包裹。对这类不规则文物进行缓冲包装时，应保证突出端面处有足够厚度的缓冲材料，或把文物装入成型缓冲材料中加以固定，进行充分的保护。

A. 对有突出部位的文物进行全面缓冲法

对这类文物的全面缓冲包裹必须注意文物各部位所接触缓冲材料的厚度，尤其是那些突出、脆弱的部位。有突出部位文物的包裹应使文物各部分与外包装箱的间隙中都有足够厚度的缓冲材料。如图 5-46 所示，应使突出部位和文物其他部位具有同样厚度的缓冲材料，从而在包装受外力作用时，突出部位才不至于发生碰底的危险。

B. 用保护盖或支承框架进行保护法

这种方法是使文物的突出部位不与缓冲材料直接接触，而使用刚性材料制成保护盖或支承框架，保护突出部位。再将其装入包装箱，并在内包装箱与外包装之间用缓冲材料进行衬垫。当受外力作用时，文物的负荷将通过保护盖和内包装箱把力传递给缓冲材料进行缓冲，从而保护文物尤其是突出部位免遭损坏，图 5-47 就是这种包裹方法的一个实例。

C. 用成型材料固定法

在硬质泡沫塑料体内制成或掏挖成与不规则文物相同外型的半阴模，把文物放置并固定于其中，由两个半边阴模将文物紧密的包裹好，而泡沫塑料缓冲体的外型则呈规整

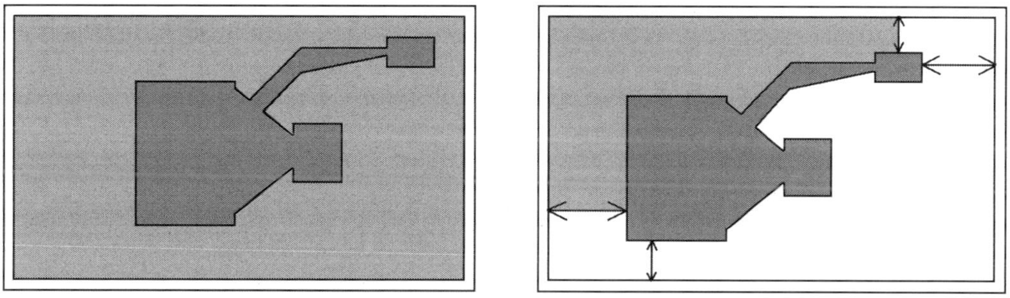

图5-46　不规则文物全面缓冲包裹的厚度

（A. 缓冲效果不佳；B. 缓冲效果良好）

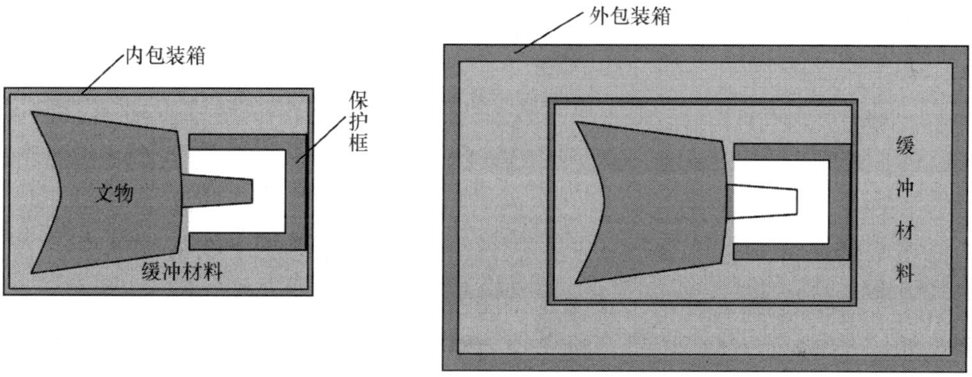

图5-47　用保护盖或支承框架进行保护性包裹

形状，这种成型的缓冲包裹体，可以用胶带粘合，或放入内包装箱中，就可以对文物进行充分的保护。

由于这种方法使用方便，目前广泛用于脆弱文物的包裹。最常用的是聚苯乙烯泡沫塑料成形体。图5-48、图5-49就是这种包裹方法的实例。

D. 用各种缓冲材料组合包裹法

考古发掘现场保护中有时会遇到由保存状况迥异的两种材质构成的复合文物，这类文物应根据两种材质各自的特点选择不同性能的缓冲材料进行组合包裹，以适应复合文物不同部位的特性要求。一般的原则是质量较大的、保存状况较好的部分采用硬度较大的缓冲材料，而质量较小的、保存状况较差的部分采用硬度较小的缓冲材料进行包裹。在这种组合包裹的外部，一般还应进一步采用均质缓冲材料进行1～2层全面缓冲包裹，以保证缓冲效果。

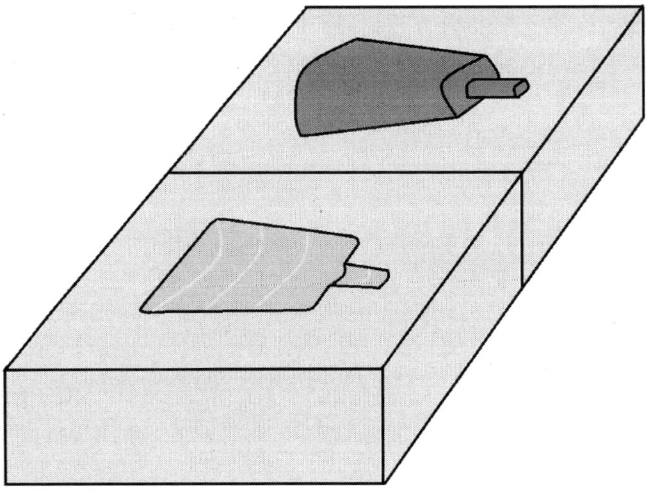

图 5-48　硬质成型材料固定

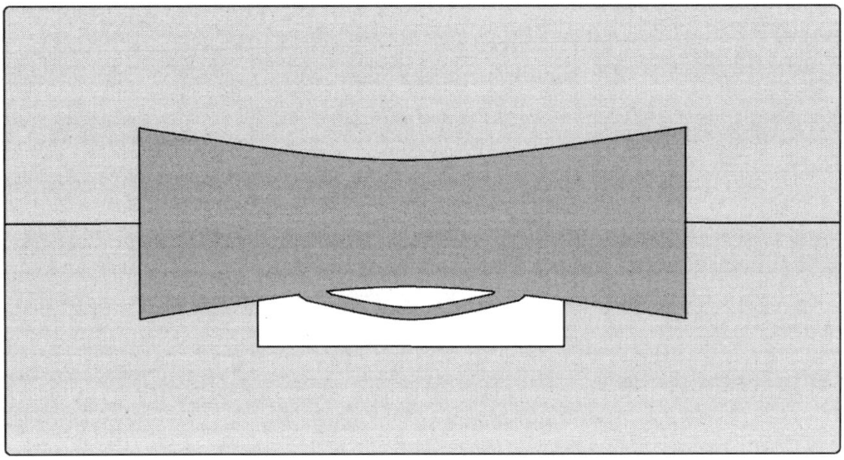

图 5-49　防止突起部位应力集中

4）复合缓冲包裹的方法

对考古发掘现场文物保护而言，为了保证脆弱文物的运输安全，一般需要先按照前面介绍的各种包裹方法将一件文物单独的或者将一小组文物包裹于一个小的、衬垫良好的容器中。然后将数个这样的容器一起包裹于一个较大的、衬垫良好的容器中，接着再将数个这种较大的容器依次包裹于一个更大的包装箱中。通过这种双层或者三层的包裹系统提供足够的缓冲材料以确保包裹文物的安全，同时也能最大限度的提高包裹容器及缓冲材料的利用率。这种在将文物装入一种容器中的基础上进行的整合性的进一步包裹方法称之为复合缓冲包裹法。复合缓冲包裹中单独文物、容器或箱体的包裹可以根据文物状况采用前面介绍的相应包裹方式进行。在进行将多个文物包裹整合在一个包裹中的复合缓冲包裹时，为保证每个文物包裹的安全性，一般应采用全面缓冲包裹。

A. 袋包裹基础上的复合缓冲包裹

对于用采用袋包裹法的储存包裹物进行复合缓冲包裹时，其内部包裹应采用填塞型全面缓冲包裹，具体操作如下。首先，用一厚层缓冲材料衬垫容器的底部，然后将同类的、质地及重量相似的文物拣选出来进行包裹。在这些文物中，挑选出保存状况较好的、重量略重的文物，均匀放置于底层缓冲材料上，要在每一个袋子之间以及袋子和容器侧壁间留下适当的距离以放置缓冲材料。然后在这层文物的侧面及上部填充缓冲材料，直至其顶部缓冲材料形成有一定厚度的、较为平坦的缓冲层，接着在这层上放置一个与盒体尺寸相称的轻质卡纸板或泡沫板，再在卡纸板上铺垫缓冲材料并按照上法继续包裹，最后盖上包裹容器的盖子即可(图5-50)。之所以要把保存状况较好、质地略重的文物放置在下部，是为了防止底层放置的文物被上层文物的重量压碎。在中间放置卡纸板或泡沫板的目的，是为了扩大受压面积，从而帮助分散上面一层袋子对下层所施加的重力。最后在这层包裹上再进行第二层缓冲包裹。

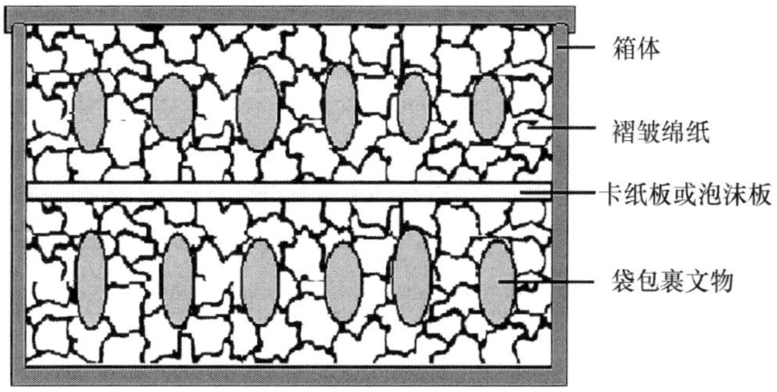

图5-50　袋包裹基础上的复合缓冲包裹

B. 容器包裹基础上的复合缓冲包裹

对已经单独包裹于内层容器中的文物，其复合包裹的具体操作如下。在运输包裹容器的底层铺设一层缓冲材料。这层缓冲材料在装有文物的容器放入并受压后，其厚度应不小于10cm。然后将装有文物的盒子放在这层缓冲材料的上面，并在每一个盒子的四周最少留下5cm的空间。任何一个盒子的四壁都不能接触到承载它们的容器侧壁或其他盒子的四壁。在盒子周围的空间里填入更多的缓冲材料，以确保这些盒子处于各自分离并稳着固定的状态。如果只装一层盒子，应该尽量将装有文物的盒子置于包裹容器的中心部位，用更多的缓冲材料将剩下的空间填满（图5-51）。并且要保证缓冲材料的填充量略高于外部包裹容器的口沿，这样在盖上容器的盖子时就会感觉到轻微的阻力，这种阻力将有助于缓冲材料内部装有文物的盒子位置的固定。但这个阻力也不可过大，否则会造成缓冲材料缓冲效果的降低，对内部包裹文物造成威胁。

如果一个容器内要放置多层的盒子，那么在将盒子周围的空间用皱褶绵纸或其他缓冲材料填满后，还应在盒子的顶部用绵纸铺填一层。然后再按照前面包裹第一层盒子的方法包裹填充第二层盒子。最后在最上层盒子的顶部铺垫一层缓冲材料并盖上容器的盖子（图 5-51B）。同样缓冲材料的铺垫量应略高于外部包裹容器的口沿。

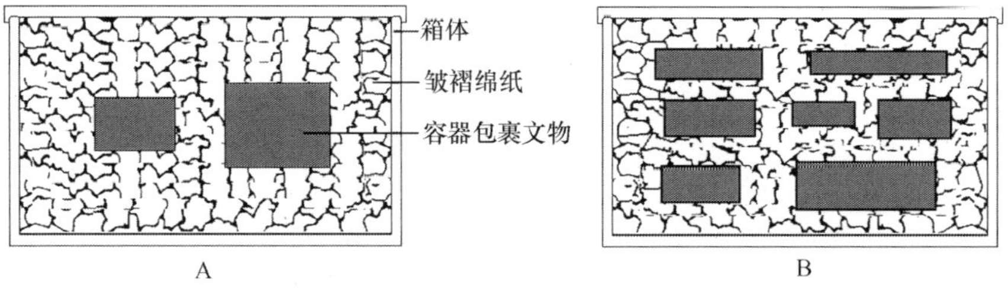

图 5-51　容器包裹基础上的复合缓冲包裹

（A. 一层盒子；B. 两层或多层盒子）

当然，该类包裹也可以采用整体型全面缓冲包裹。但那样就需要预先了解每个内包裹的尺寸。如果采用整体型全面缓冲包裹时，使用统一的标准内包裹容器将为外层包裹工作提供很多便利。

所有的运输包裹结束后都必须在包裹的最外层箱体上标记易碎品标识并标明顶部朝向。

5.7　储　　存

在考古发掘现场保护中，文物往往并不是经过包裹后就立即进行运输的。更常见的情况是文物在进行完储存包裹后需要在临时库房中存放一段时间，当整个发掘或一个发掘季结束后再进行缓冲包裹及运输。也就是说，在考古发掘现场往往需要对文物进行临时的储存。考古发掘现场文物的临时储存与一般博物馆库房中的文物储存有许多不同之处。首先，考古发掘现场一般环境较简陋，不可能像博物馆一样拥有空调、暖气等温度调节设施。因此，只能采取其他一些辅助手段进行环境的控制。当然采用储存包裹营造密闭微环境是最好的办法，但考古发掘现场并不是每件文物都能够、或者有必要进行专门的储存包裹的。如前所述，储存包裹仅针对那些珍贵文物、环境敏感型文物或脆弱文物。而实际的情况是，在一次考古发掘中大多数文物往往是不需要或无法进行储存包裹的。那么这些文物的临时储存就需要对储存环境进行一定的控制，以防止苛刻环境条件以及剧烈的环境波动对文物产生损害。其次，考古现场保护中文物的临时储存一般空间有限，无法像博物馆一样将各类文物分门别类的进行储存，在考古现场往往是将几乎所有文物（进行储存包裹的和没有进行储存包裹的）一起储存于同一个有限空间中。再次，博物馆文物库房往往是专门为文物储存而建设的，其密闭性一般较好，因此内部环境受外界影响较小。而考古现场文物的临时库房往往是借用其他类型建筑，如住宅等，其密闭性一般较差，内部环境易受外界影响。因此，考古发掘现场保护中的文物临时储存有许多特殊的要求。

考古现场临时储存用库房所面临的首要问题就是安全，但这并非是本书所涉及的内容。从现场保护的角度，更多考虑的是临时库房的环境条件及结构条件。

一般情况下，出于现场保护目的所使用的临时库房其墙体及屋顶不能有任何的渗漏现象。在此基础上，应尽可能选择楼层位于2层以上的房间作为临时库房。这是因为一层接地，由于地面水分的蒸发，潮气易于在房内集结，造成库内湿度的升高。如果可供选择的是3层以上的楼房，则应保证临时库房不位于顶层。因为顶层受日光照射产生的热量会通过屋顶传导到室内，造成储存环境温度的日波动较大，不利于文物的临时储存。如果临时库房为平房或只有1层可以使用，应将未进行储存包裹的文物存放于架子上，而不可直接放置在地面上。另外要经常对房间进行通风，以防霉菌的滋生。此外，临时库房应避开建筑物东西两端的房间，因为东西两端的房间侧壁易受太阳直射而导致房间内部环境的日波动较大。在此基础上，应尽量选择窗户朝向北方的房屋作为临时库房（在北回归线以北地区的考古工地）。这样，一天内太阳透过窗户直射入房间的机会将会降低，从而避免了房间内部环境日波动过大。在此基础上，用作临时库房的房间窗户应尽可能小，同时必须配备不透光窗帘。四壁墙体应尽可能厚重，门窗应尽可能封闭。这些特殊要求都可以减缓外界环境波动对屋内环境造成影响的程度，使文物的储存更加安全。

除了对房屋结构条件的要求以外，对库房内部的环境条件也有如下特殊要求。首先，临时储存库房内部环境的相对湿度应该尽可能保持在一个较低的水平，即库房应尽可能干燥。同时相对湿度的波动也应该被控制到最小。这是因为在考古发掘现场出土的多数未经储存包裹的文物，其储存于干燥环境中所可能带来的损害往往小于在潮湿环境中储存所带来的损害。而对于那些进行过储存包裹的文物，临时库房的相对湿度水平对其内部环境影响不大。其次，临时库房内部的温度一定不可低于5℃。因为一旦储存温度低于5℃，就意味着有可能会出现冰冻风化等病害，尤其对那些保湿包裹的文物而言，其威胁往往是致命的。此外，低温还有可能使中等湿度包裹的内部环境湿度升高，导致被包裹文物的损害。但温度也不可过高，因为高温会致使微生物易于滋生，同时中等湿度包裹中的湿度水平会出现降低，从而给其内部包裹的文物安全带来威胁。一般来说，考古现场文物临时库房的环境温度范围应该控制在5～30℃，如果有可能应尽量偏向下限。同时应减少温度的波动。再次，对于任何材质、任何状态的文物都应该避免太阳光的直接照射。因为大多数辐射的能量都会转化为热能，造成材料的脱水。如果阳光射入中等湿度的包裹中，还会造成内部环境湿度的降低，对文物造成威胁。此外光还易于使大多数有机材料发生光老化、降解，导致一些颜料出现褪色、变色。因此临时库房内部环境应严格杜绝阳光直射。

在此基础上，要对临时储存的文物进行定期检查与维护，观察其是否出现各种病变。尤其是那些进行过储存包裹的文物，不仅要观察文物是否出现病变，还要观察储存包裹的内部环境是否稳定，以及是否仍能达到要求。用失效的或已经不能达到要求环境的储存包裹包裹文物，对文物产生的危害甚至超过了将文物直接置于大气环境中。因此，一旦储存包裹内部环境出现了任何问题，就必须立即对其采取措施，甚至重新进行包裹。对于中等湿度的储存包裹，为了防止外界环境温度的四季间较大波动对其内部湿度的影响，应每季按当季平均温度重新平衡一次硅胶并对其重新进行一次包裹。此外，还要对临时库房中的环境条件进行监测，以了解库房内温湿度的变化情况。

5.8 运　　输

运输是考古发掘现场文物保护的最后一项工作内容，它是指将经过现场保护处理后的文物运送至文物保管单位或条件较好的实验室进行进一步保护处理的过程。由于每个考古工地的相关条件都不尽相同，因此其运输方式从背包、驮兽（如马、驴）和船只到汽车、卡车和飞机或者是它们之间的任何组合，也都各不相同。每一种运输方式对于易碎的文物的处理都有其特定的一套方法，当使用了两种或更多种的运输方式运输文物时，这些问题还会混合在一起。因此运输往往是一个有较大难度的问题。但是不论使用何种运输方式，都有一个共同原则，那就是任何易碎文物必须在缓冲包裹的基础上再进行运输。由于考古工地往往地处偏远，其运输的条件一般并不理想，且难以改善。为了将文物可能受到的损害减到最低，就要用大量的具有良好吸震性能的材料对文物进行缓冲包裹（见 5.6.3 中“4. 运输包裹的方法”中缓冲包裹的相关内容）。

我国考古发掘的一般文物运输均采用汽车运输，故而在此主要讨论汽车运输的问题。首先是运输时选用的车辆问题。对文物运输而言，不可选用减震措施不好或无减震措施的车辆。汽车的减震系统可以直接减少汽车行驶过程中，路面对车身产生的垂直向震动。这个方向的震动是文物在汽车运输过程中遭受的最主要震动，如果能在它从轮胎传递到车体时就削减很大一部分，将会对文物的安全运输非常有利。其次是路面的问题，这是汽车运输震动的根源。为了最大限度的保证文物的安全，文物运输时应选择路面尽可能平坦，路况尽可能好的运输路线，即使选择这条路线意味着绕道即行驶距离的延长。再次是行驶速度的问题，汽车运输时行驶速度越快，当遇到坎坷时，产生的震动就越大。因此，文物运输过程中，车的行驶速度不宜过快，尤其在通过崎岖路段时，应采用低速匀速行驶。一般路段可采用中速行驶，且行驶过程中应尽量避免紧急转向以及紧急制动。最后是文物在运输车辆里的摆放方式问题，在汽车行驶过程中，震动最剧烈的部位是汽车的尾部以及四个轮胎的正上方。因此较脆弱的文物在车厢内摆放时应尽量避开这些部位。此外，汽车行驶过程中，垂直于地面方向的震动是最剧烈的，其次是水平于汽车行驶方向的振动及与行驶方向垂直的水平面振动（表 5-4）。一般而言，在进行文物摆放时应避免将文物最为脆弱的面摆放在震动最剧烈的方向，即与地面垂直的方向上。另外，在向车上放置装有文物的包装箱前，最好在车底铺垫一层摩擦力较大的衬垫材料，如橡胶、毛毯。同时在文物外包装箱体与箱体之间及箱体与车体侧壁之间也应铺垫该类材料。这一方面是为了防止运输过程中箱体在车内的移动，另一方面可以一定程度的减缓箱体与箱体或侧壁碰撞而产生的震动。如果有可能，最好将箱体固定在货舱中。

表5-4　火车和汽车运输时的振动情况

运输种类	行驶情况		最大加速度/（m/s^2）		
			垂直于行驶方向（上下）	垂直于行驶方向（左右）	平行于行驶方向（前后）
火车运输	行驶时的振动（30～60km/h）		0.2～0.6	0.1～0.2	0.1～0.2
	减速时的振动		0.6～1.7	0.2～1.2	0.2～0.5
汽车运输	一般公路（20～40km/h）	路况良好	0.4～0.7	0.1～0.2	0.1～0.2
		路况不佳	1.3～2.4	0.4～1.0	0.5～1.5
	高等级公路或高速公路（50～100km/h）	满载	0.6～1.0	0.2～0.5	0.1～0.4
		空载	1.0～1.6	0.6～1.4	0.2～0.9

以上介绍的诸多现场保护的步骤与方法是在考古发掘现场文物保护中最常使用的通用技术。但是，由于考古发掘现场环境及文物保存状况的多变，其保护方法也不尽相同。现场保护的具体方法会随着现场的环境条件、文物的保存状况、经费的到位程度、工地的地理位置等多方面因素而变化的，常常需要根据不同的条件进行调整。因此，对现场保护而言，除了基础的理论内容外，实践经验也非常重要。有经验的现场保护工作者常常会根据面临的实际问题结合现场条件，对常规的保护方法进行改进或将几种方法结合施用，以获得最佳的保护效果。

参考文献

安莉. 1990. 环境因素对博物馆藏品的影响及防护. 中国博物馆，(01).

白崇斌，马涛. 2005. 古遗址科学保护的探讨与实践. 文博，(04).

包剑，郑晓红，代彦军. 2006. 硅胶用于调节室内湿度的可行性研究. 暖通空调，36 (11).

陈海. 1995. 彩绘陶质文物的清理、加固技术. 考古与文物，(02).

陈家昌. 2007－8－17. 考古现场脆弱文物的提取与保护材料的应用. 中国文物报，第8版.

陈进良，崔战华. 1994. 河南信阳长台关出土的饱水漆木器脱水定型研究报告. 文物保护与考古科学，(02).

陈举，程德润，程波. 1995. 古代某些青铜器的腐蚀和环境研究. 考古与文物，(06).

陈璐. 2008. 自然环境因素对藏品的危害和控制方法. 黑龙江科技信息，(01).

陈艳芳. 2001. 博物馆图书室对纸质文物的保护. 图书馆理论与实践，(04).

陈羽. 2005. 肇庆康乐中路古墓群的发掘和保护. 肇庆学院学报，(03).

陈元生，解玉林，徐文娟. 2003. 木雕文物的褐腐菌害. 文物保护与考古科学，(04).

陈元生，解玉林. 1998. 影响文物保存的环境因素. 文物保护与考古科学，(02).

陈元生，解玉林. 2002. 博物馆文物保存环境质量标准研究. 文物保护与考古科学，(S1).

陈仲陶. 2009. 从青铜器地子的腐蚀谈文物保存环境中的“防”与“治”. 中国文物科学研究，(01).

成都市文物考古研究所. 2004. 有机硅材料用于金沙遗址出土象牙器的封存保护. 中国文化遗产，(03).

程德润，王丽琴，党高潮. 1995. 环境对青铜文物锈蚀的影响. 环境科学，(02).

程德润，赵明仁，刘成，等. 1989. 古代青铜器“粉状锈”锈蚀机理新探. 西北大学学报（自然科学版），(01).

戴洪霞. 2007. 金代齐国王墓服饰出土整体提取的技术问题. 边疆经济与文化，(07).

董兵海，王世敏，许祖勋，等. 2005. 纳米 SiO_2/聚丙烯酸酯复合乳液加固保护陶质文物的研究. 涂料工业，(12).

董希青. 2008. 仿古铸铁在土壤中腐蚀行为的研究. 北京：北京化工大学博士论文.

杜久明，李存信，岳占伟，等. 2008. 殷墟小屯宫殿宗庙区甲组夯土基址的处理与加固保护. 华夏考古，(01).

段修业，郭宏，付文丽. 1991. 莫高窟第3窟泡疹状病害的研究——温湿度观测和制作材料的分析. 敦煌研究，(01).

法尔马考夫斯基. 1955. 博物馆藏品的保管与修复（一）. 文物，(01).

费利华. 1997. 有机质文物现场发掘时的科学保护处理. 学会，(12).

冯国富，黄丽荣. 2001. 固原北周隋唐墓部分壁画修复. 固原师专学报，(04).

冯乐耕，李鸿健. 1991. 档案保护技术学. 北京：中国人民大学出版社.

冯丽婷，张巍，刘清，等.2007. 应用电位活化理论研究青铜器的腐蚀与保护（二）——关于多孔氧电极的加速腐蚀机理研究. 文物保护与考古科学，（02）.
冯绍彬，冯丽婷，刘清.2006. 青铜器保护机理与工艺研究. 腐蚀科学与防护技术，（01）.
冯绍彬，胡芳红，冯丽婷.2009. 青铜器腐蚀研究现状. 腐蚀与防护，（01）.
冯绍彬，商士波，张巍，等.2005. 应用电位活化理论研究青铜器的腐蚀与保护. 文物保护与考古科学，（01）.
高福麒.1989. 缓冲包装技术. 北京：兵器工业出版社.
葛丽敏.2007. 出土丝织品类文物的延续性保护. 内蒙古文物考古，（02）.
葛明宇，邱永生，白荣金.2008. 徐州狮子山西汉楚王陵出土铁甲胄的清理与复原研究. 考古学报，（01）.
龚德才.1996. 浅论博物馆陈列文物的保护. 东南文化，（01）.
龚德才.2003－5－30. 考古发掘现场保护的理念与实践. 中国文物报. 第8版.
郭宏，黄槐武.2002. 文物保护中的“水害”问题. 文物保护与考古科学，（01）.
郭宏，赵静.2006. 氧气（O_2）对文物材料的劣化作用. 文物保护与考古科学，（04）.
郭宏.2001. 文物保存环境概论. 北京：科学出版社.
郭艳敏，高峰.2007. 文物保护材料耐气候老化性能测试方法研究. 中国文物科学研究，（02）.
国家文物局.2009. 田野考古工作规程. 北京：文物出版社.
国家质检总局.2009. 文物运输包装规范.
韩宝鑫.1993. 骨器的保护与修复. 北方文物，（02）.
韩汝玢，柯俊.2007. 中国科学技术史·矿冶卷. 北京：科学出版社.
何帆.1995. 秦俑坑土壤中遗留彩绘层的揭取和复位方法. 考古与文物，（06）.
贺林.2009. 古遗址与古建筑保护方法探索及应用. 丝绸之路，（08）.
侯泳梅.1986. 出土纺织品的保护方法. 中国博物馆，（03）.
后德俊，李琳.1997. 湖北地区战国秦汉墓出土文物的现场保护. 江汉考古，（01）.
胡继高.1986. 从朱然墓漆器的保护谈出土漆、木器的自然干燥. 文物，（03）.
胡家喜，丁国荣.1987. 古代青铜器腐蚀后的加固和修复. 江汉考古，（03）.
胡金华，穆朝娜，仇凤琴.2007. 田野考古档案资料规范化管理的思考. 中国文物科学研究，（03）.
胡庆凤，钟安永，周宗华，等.1995. 陶瓷文物专用修复粘接剂的研制. 四川大学学报（自然科学版），（02）.
华觉明，邢润川.1979. 用氮气、隋性气体保护文物. 中原文物，（01）.
黄秀梨.2003. 微生物学（第二版）. 北京：高教出版社.
黄允兰，林碧霞，王昌燧，等.1996. 古代铁器腐蚀产物的结构特征. 文物保护与考古科学，（01）：24-28.
加瑞·汤姆森.2007. 博物馆环境. 国家文物局博物馆司，甘肃省文物局. 北京：科学出版社.
贾凤改，付文江.1994. 对阿城金墓出土部分文物进行保护的探讨. 北方文物，（04）.
贾文熙.1997. 文物养护复制适用技术. 西安：陕西旅游出版社.
姜进展.1995. 木材在PEG法处理过程中收缩原因的研究. 文物保护与考古科学，（02）.
蒋翠.2007. 从文物工作的角度谈电子档案与纸质档案的利用. 文物春秋，（03）.

蒋正武，孙振平，王培铭 . 2003. 高性能混凝土自身相对湿度变化的研究 . 硅酸盐学报，31（8）.
蒋正武 . 2006. 调湿材料的研究进展 . 材料导报 . 20（10）.
金波，周耀林 . 2000. 档案保护技术学 . 北京：高等教育出版社 .
金普军，秦颖，胡雅丽，等 . 2009. 九连墩墓地 1、2 号墓出土青铜器上锈蚀产物分析 . 江汉考古，(01).
隽成军 . 2007. 考古调查与大遗址保护 . 博物馆研究，(04).
科林・伦福儒，保罗・巴恩 . 2004. 考古学理论、方法与实践 . 北京：文物出版社 .
李存信 . 2007. 出土遗物现场应急处置方法 . 文物保护与考古科学，(02).
李红寿，汪万福，张国彬，等 . 2008. 影响莫高窟小气候的环境因子对比分析 . 干旱气象，(02).
李华 . 2006. 风化石质文物的加固处理新探 . 文博，(01).
李化元 . 1987. 青铜器、铁器的腐蚀与保护 . 中国博物馆，(02).
李玲，徐新民，田敏，等 . 2007. 浙江省平湖庄桥坟遗址出土石犁的保护修复 . 文物保护与考古科学，(04).
李玲 . 2000. 秭归出土东周时期铁剑的保护处理 . 腐蚀与防护，(07).
李善君，纪才圭 . 1993. 高分子光化学原理及应用 . 上海：复旦大学出版社 .
李实，李云鹤，向晓梅，等 . 1992. 聚乙烯醇和聚醋酸乙烯在特殊环境中的光照老化试验 . 敦煌研究，(04).
李晓沙 . 1992. 古代丝织藏品防湿实验的启示 . 中国博物馆，(02).
李鑫，李忠，刘宇，等 . 2005. 不同金属盐改性对硅胶的水蒸气吸附性能影响 . 离子交换与吸附，(05).
李艳萍，成小林 . 2006. 青铜文物保存环境现状及预防保护措施 . 中国文物科学研究，(02).
李艳萍，杨小林 . 2006. 新干商墓青铜器锈蚀结构分析研究 . 中国文物科学研究，(03).
李艳萍 . 2006. 甘肃平凉地区青铜器的保护修复 . 中国历史文物，(06).
李燕飞，苏伯民，范宇权 . 2008. 离子色谱法在文物发掘现场及保护中的应用 . 敦煌研究，(06).
梁成浩 . 1999. 金属腐蚀学导论 . 北京：机械工业出版社 .
梁治齐 . 2000. 实用清洗技术手册 . 北京：化学工业出版社 .
廖原 . 2002. 出土木质文物保护加固剂初探 . 考古与文物，(02).
刘恩迪 . 1990. 光照的影响及预防 . 中国博物馆，(01).
刘恩迪 . 2002. 有机质地文物保护中的去湿问题 . 故宫博物院院刊，(06).
刘亮 . 2002. 铜质文物大气腐蚀的影响因素 . 文物春秋，(04).
刘林学，张宗仁，薛茜，等 . 1988. 古文化遗址风化机理及其保护的初步研究 . 文博，(06).
刘舜强 . 2006. 古书画保存环境研究 . 中国文物科学研究，(02).
刘玉璟，刘靖平 . 2008. 甘肃省定西地区汉墓发掘与保护问题初探 . 内蒙古农业大学学报（社会科学版），(04).
刘育玲 . 1998. 广西壮族自治区博物馆馆藏汉代青铜器的保护研究 . 中国博物馆，(02).
刘煜，王明辉，成小林，等 . 2004. 青海喇家遗址出土人骨的现场保护 . 文物保护与考古科学，(04).
刘煜，原思训，张晓梅 . 2000. 天马-曲村周代晋国墓地出土青铜器锈蚀研究 . 文物保护与考古科学，(02).
刘煜，张晓梅，杨宪伟，等 . 2000. 天马-曲村周代晋国墓地青铜器保存状况研究 . 考古，(09).

卢燕玲．2006．甘肃玉门花海西晋墓群出土木牍的保护．文物保护与考古科学，(01)．
陆寿麟，李化元，郭兴宽．2000．从汉代金柄铁剑的技术处理谈出土铁器的保护．故宫博物院院刊，(01)．
路智勇，惠任．2008．纺织品文物回潮方法．文物保护与考古科学，(03)．
吕利平．2007．浅谈档案与文物的联系．档案管理，(04)．
吕庆，程德润．1997．在SO_2存在下青铜腐蚀与相对湿度的关系．文物保护与考古科学，(02)．
吕世光．1981．聚合物的稳定化．北京：轻工业出版社．
吕咏梅．2002．我国光稳定剂生产现状与发展趋势．化工新型材料，30 (5)．
罗武干，秦颍，黄凤春，等．2007．湖北省出土的若干青铜器锈蚀产物研究．腐蚀科学与防护技术，(03)．
罗曦芸，金鑫荣．2000．文物保护用复合型调湿剂的机理研究．化工新型材料，(12)．
罗曦芸，吴来明．2006．陈列银币变色原因初步分析．文物保护与考古科学，(02)．
罗曦芸．2002．饱水文物传统脱水方法与超临界流体干燥技术的应用．文物保护与考古科学，(S1)．
雒长安．1997．唐墓壁画的发掘与保护．文博，(02)．
马清林，卢燕玲，黄志强．1997．灵台青铜器保护方法述要．文物保护与考古科学，(02)．
马清林，苏伯民，胡之德，等．1999．春秋时期镀锡青铜器镀层结构和耐腐蚀机理研究．兰州大学学报，(04)．
马清林，苏伯民，胡之德，等．2001．中国文物分析鉴别与科学保护．北京：科学出版社．
马淑琴，田金英，隗亚林，等．1993．pm 防霉剂与文物书画防霉．文物，(10)．
马淑琴．1997．文物霉害的防治．北京：科学出版社．
马涛，马宏林．2003．陕西遗址、陵墓博物馆文物保存环境研究．陕西环境，(05)．
马文保．1972．侯马战国奴隶殉葬墓骨架和铁颈锁的修复加固．文物，(01)．
马文彬．1986．王建墓保坎的修复工程．四川文物，(02)．
马燕如．2007．我国水下考古发掘陶瓷器的脱盐保护初探．博物馆研究，(01)．
麦克劳德，铁付德，陈卫．1999．沉船内有色金属文物之腐蚀研究．中原文物，(01)．
孟中元，袁红蕾．1998．计算机技术在考古资料管理中的优势．文博，(03)．
木川りか，永山ぁレ，山野腾次文，刘恩迪译．2000．利用温度杀灭害虫的方法——低温处理和高温处理杀虫效果的探讨．中国博物馆，(02)．
南普恒，田进明，王京燕．2011．平遥弓村遗址出土猪骨骨架的现场保护及整体提取．文物保护与考古科学，(01)．
欧阳维真，许淳淳．2005．模拟铁器文物脱盐清洗前后表面锈层的分析．腐蚀科学与防护技术，(06)．
潘路，杨小林．1998．大型铁质文物现场保护的实验研究．中国历史博物馆馆刊，(2)．
潘晓通．2005．充氮保存文物存在的问题．文物保护与考古科学，(04)．
彭晓梅．2007．谈中小博物馆的字画收藏和保护．中国博物馆，(01)．
齐迎萍．2008．铁器文物腐蚀与保护的研究现状．中原文物，(05)．
乔晓军，张云辉，杜小鸿，等．2006．连续型饱和盐法湿度发生器．农业工程学报，(05)．
邱百明．1981．出土铁质文物的现场保护．中原文物，(01)．
邱建辉，卢珊，彭程，等．2006．纸质文物多功能加固保护胶液研究．南京航空航天大学学报，(01)．

任雪岩，雷金铭 . 2005. 马圈沟遗址大象足迹坑的加固与套取 . 文物春秋，(6) .
茹士安 . 1955. 介绍我们处理古墓壁画的一些经验 . 文物，(05) .
邵安定 . 2009. 文物保护档案 . 中国文物科学研究，(04) .
申桂云 . 2009. 铁质文物锈蚀机理及广西出土、出水铁质文物保护研究 . 吉林：吉林大学博士论文 .
申茂盛，贾晓燕，张勇剑，等 . 2005. 考古发掘现场的抢救技术 . 见：马里奥 · 米凯利，詹长法 . 文物保护与修复的问题 . 北京：科学出版社 .
沈钟 . 1957. 吸湿用硅胶的制备 . 化学世界，(03) .
沈钟 . 1958. 盐溶液浸渍对硅胶吸湿性能的影响 . 化学世界，(09) .
松田隆嗣，姬智睛，渡边哲志，等 . 1998. 金属脱氧剂在出土金属文物保管上应用的有效性研究 . 中国博物馆，(04) .
宋迪生 . 1992. 文物与化学 . 成都：四川教育出版社 .
宋曼 . 1984. 蔡侯墓出土青铜器的保护 . 中国博物馆，(01) .
宋曼 . 1992. 金属文物腐蚀与环境的关系 . 中国历史博物馆馆刊，(00) .
宋艳 . 2009. 两件汉代青铜器的分析研究与保护修复 . 文物保护与考古科学，(01) .
孙广彦 . 2008. 论档案图书防霉条件及防治 . 黑龙江科技信息，(22) .
孙满利，王旭东，李最雄 . 2010. 土遗址保护初论 . 北京：科学出版社 .
孙玮 . 2004. 纺织品文物的库房保管 . 丝绸之路，(S1) .
孙晓强 . 2002. 青铜器的腐蚀与保护探讨 . 文物世界，(06) .
孙晓强 . 2003. 馆藏文物包装运输中的保护 . 包装世界，(03) .
塔拉，张亚强 . 2004. 吐尔基山辽墓考古发掘保护 . 中国文化遗产，(03) .
谭斌 . 2008. 唐卡文物库房的保管 . 西藏科技，(06) .
陶宏 . 2000. 盐业铁质文物锈蚀机理探讨 . 盐业史研究，(03) .
田金英，王春蕾 . 2007. 环境因素对有机质材料色度影响的试验研究 . 文物保护与考古科学，(04) .
田金英，王方，隗亚林 . 1994. 环境对文物的影响及故宫博物院的环境调查 . 中国博物馆，(01) .
田金英 . 1996. 气象因素温湿度对文物影响的探讨 . 故宫博物院院刊，(03) .
铁付德，陈卫，于鲁冀，等 . 1997. 古代青铜器的腐蚀及其控制研究 . 文物保护与考古科学，(02) .
铁付德，蔺学军 . 1998. 采用一种新型温湿度计检测文物保存环境 . 中原文物，(04) .
铁付德，孙淑云，王九一 . 2004. 已揭取壁画的损坏及保护修复 . 中原文物，(01) .
铁付德 . 1995. 青铜器腐蚀特征与土壤腐蚀性的关系 . 中原文物，(02) .
仝艳锋 . 2008. 试论健全文物修复档案的措施 . 中国文物科学研究，(04) .
万欣，张国林，张克举，等 . 1998. 辽宁北票市喇嘛洞鲜卑贵族墓地出土铁器的保护处理及初步研究 . 考古，(12) .
万欣，张国林，张克举，等 . 1998. 辽宁北票市喇嘛洞鲜卑贵族墓地出土铁器的保护处理及初步研究 . 考古，(12) .
汪孔德，何立新 . 2004. 九华山佛教档案及保存完好的原因探析 . 池州师专学报，(04) .
王春蕾，田金英，马淑琴，等 . 1997. 故宫博物院库房的霉菌调查与研究 . 故宫博物院院刊，(01) .
王春梅 . 2007. 嘉峪关长城博物馆藏品保存环境气候检测分析 . 中国文物科学研究，(03) .
王方 . 1999. 浅论木质文物的受损原因和保护 . 故宫博物院院刊，(04) .

王芳，党高潮，王丽琴. 2005. 文物保护中几种有机聚合物涂料的光降解. 西北大学学报（自然科学版），(05).

王海红. 2007. 文物囊匣包装的传承与发展. 中国文物科学研究，(03).

王海阔. 2002. 三峡考古发掘遗迹切割技术的应用. 四川文物，(01).

王蕙贞，宋迪生，李涛，等. 2008. 唐九成宫出土铁器的抢救性保护研究. 文物保护与考古科学，(04).

王蕙贞，宋迪生，李涛，等. 2008. 唐九成宫出土铁器的抢救性保护研究. 文物保护与考古科学，(04).

王蕙贞，朱虹，宋迪生，等. 2003. 秦汉铁器锈蚀机理探讨及保护方法研究. 文物保护与考古科学，(01).

王蕙贞，朱虹，宋迪生，等. 2005. 秦汉铁器锈蚀机理探讨及保护方法研究. 文物保护与考古科学，15 (01).

王蕙贞. 2009. 文物保护学. 北京：文物出版社.

王金生. 2007. 文物囊匣的制作与研究. 包装工程，(07).

王菊. 2009. 武威磨嘴子汉墓新出土纺织品文物的保护. 丝绸之路，(04).

王君龙，郭宝发，程德润. 2000. 秦陵铜车马彩绘保护的最佳湿度研究. 西北大学学报（自然科学版），(05).

王丽琴，程德润，党高潮，等. 2002. 湿度对骨质文物的影响及最佳存放湿度的研究. 文物保护与考古科学，(01).

王丽琴，程德润，刘成. 1995. 紫外线对秦俑彩绘危害机制研究. 考古与文物，(06).

王丽琴，党高潮，梁国正. 2004. 露天石质文物的风化和加固保护探讨. 文物保护与考古科学，(04).

王萍. 1999. 西夏丝织品文物的保护与科学管理. 宁夏大学学报（社会科学版），(03).

王萍. 2000. 西夏丝织品文物损坏机理的研究及其保护. 敦煌研究，(01).

王武钰，何海平. 2008. 铁质文物脱盐清洗及封护研究. 北京：北京燕山出版社.

王煊. 2002. 三星堆青铜器“酥粉锈”腐蚀机理的研究与探讨. 四川文物，(03).

王允丽. 2003. 用改进的含水率测量仪对文物进行无损检测. 文物保护与考古科学，(02).

韦荃. 2007. 高级醇加固饱水木器的可逆性实验. 文物保护与考古科学，(01).

魏象. 1986. 关于文物保护工作中的湿度问题. 文物，(11).

魏象. 2005. 壁画墓葬保护的浅见. 东南文化，(06).

闻葆. 1979. 古文物的科学保护工作. 文物，(10).

吴东风. 2003. 考古发掘之后的文物保护. 文物春秋，(03).

吴福宝，张岚. 1990. 川杨河大型古木船室外冷冻脱水处理. 文物保护与考古科学，(02).

吴建成，孙树民，张永强. 2008. “南海Ⅰ号”古沉船整体打捞技术操作. 船海工程，(04).

吴建成，张永强. 2008. “南海Ⅰ号”古沉船的整体打捞. 中国航海，(04).

吴天才. 2003. 出土铁器文物的脱盐. 考古与文物，(04).

吴晓力. 1993. 关于南宋官窑遗址保护的研究. 浙江学刊，(05).

奚三彩. 2004. 现代科技在纸质文物保护中的应用. 中国文化遗产，(03).

奚三彩 . 2008. 纸质文物脱酸与加固方法的综述 . 文物保护与考古科学，（S1）.
向元芬 . 1988. 系统理论与藏品环境控制 . 中国博物馆，（02）.
肖璘，孙杰 . 2002. 金沙遗址出土象牙、骨角质文物现场临时保护研究 . 文物保护与考古科学，（02）.
肖璘 . 1997. 漫谈环境与文物保护 . 文史杂志，（06）.
谢燕 . 2008. 用于纸张文物保护的可调节空气和湿度制剂 . 文物保护与考古科学，（02）.
解玉林，陈元生 . 2002. 墨的保存研究 . 文物保护与考古科学，（S1）.
徐方圆，吴来明，解玉林 . 2007. 武汉博物馆文物保存环境研究 . 文物保护与考古科学，（01）.
徐飞，万俐，陶保成，等 . 2001. 一种检查粉状锈的简易方法 . 文物保护与考古科学，（02）.
徐苹芳 . 2004. 考古发掘与文物保护 . 中国文化遗产，（01）.
徐毓明 . 1987. 田野考古发掘中的文物保护技术 . 中国博物馆，（04）.
徐昭峰 . 2004. 出土陶器现场保护研究的现状 . 中原文物，（06）.
许淳淳，岳丽杰，欧阳维真 . 2005. 海底打捞铁质文物的腐蚀机理及其脱氯方法 . 文物保护与考古科学，（03）.
杨兵 . 1992. 文物保护与温湿度的关系 . 南方文物，（01）.
杨国庆 . 1991. 古代青铜器的锈蚀机理及除锈技术 . 中原文物，（02）.
杨建洲，孙丽娟 . 2003. 影响出土丝织文物老化因素的研究进展 . 考古与文物，（05）.
杨菁 . 2003. 浅谈书画展室的文物保护 . 故宫博物院院刊，（02）.
杨军昌，韩汝玢 . 2001. X 光照相技术在文物及考古学研究中的应用 . 文物保护与考古科学，（01）.
杨璐，黄建华，刘成 . 2004. 唐代铁佛残块及汉代铁剑的科学分析及有机硅在其保护中的应用 . 文物保护与考古科学，（01）.
杨璐，黄建华，严苏梅 . 2008. 铅同位素法在研究古代青铜矿料来源中需要注意的若干问题：文物保护研究新论 . 北京：文物出版社 .
杨璐，黄建华 . 2006. 保护、修复、研究领域中文物的价值 . 文物保护与考古科学，（04）.
杨璐，黄建华 . 2008. 考古发掘现场文物保护中的整体提取技术 . 文物保护与考古科学 .（01）.
杨璐，孙道山，潘娇，等 . 2008. 一件带漆陶器的考古发掘现场保护 . 西部考古（第三辑）. 西安：三秦出版社 .
杨璐，王丽琴，冯楠，等 . 2007. 文物保护用环氧树脂的光稳定性研究 . 文物保护与考古科学，（04）.
杨璐，王丽琴，王璞，等 . 2007. 文物保护用丙烯酸树酯 Paraloid B72 的光稳定性能研究 . 文物保护与考古科学，（03）.
杨璐 . 2006. 常用有机高分子文物保护材料的光老化改性研究 . 西安：西北大学 .
杨忙忙，夏寅，王东峰，等 . 2005. 用环十二烷提取秦陵陪葬坑中的铠甲及相关问题探讨 . 考古与文物，（03）.
杨忙忙 . 2004. 法门寺塔唐代地宫出土丝织品的灭菌剂选择 . 考古与文物，（04）.
杨秋颖，齐扬，赵林娟，等 . 2007. 宝鸡眉县出土 27 件窖藏青铜器锈蚀特征及成分的分析研究 . 文物保护与考古科学，（04）.
杨蕊 . 2009. 邯郸湾漳北朝墓壁画的保护与再修复 . 中国文物科学研究，（04）.

杨小林，潘路，葛丽敏. 2006. 辽代嵌金银饰铁器的保护研究. 文博，(05).
杨晓邬. 2006. 文物修复中的粘接技术. 四川文物，(05).
杨雅媚，曹军骥，李库，等. 2009. 汉阳陵地下博物馆土壤、大气及风化壳的理化特征. 中国粉体技术，(02).
叶万松，李德方，李国恩. 1996. 略论隋唐东都城遗址的考古收获与文物保护. 考古与文物，(03).
由宏君，刘聚民. 2004. 光稳定剂的特点. 当代化工，(5).
于群力，杨秋颖. 2005. 文物病害与保存环境. 文博，(01).
喻李葵，侯华波，陈焕新. 2007. 博物馆文物保存温湿指标及其实现方式. 建筑热能通风空调，(01).
袁传勋. 2003. PVAc 和 PVB 改性硅溶胶加固保护陶质文物的研究. 文物保护与考古科学，(01).
袁晓春. 2007. 试析中韩古代海船早期保护技术. 中国文物科学研究，(04).
曾中懋. 1992. 三星堆出土青铜器上“有害锈”的分析和研究——兼谈保护问题. 四川文物，(S1).
翟海潮，李印柏，林新松. 1997. 粘接与表面粘涂技术. 北京：化学工业出版社.
张国华. 2007. 浅述小型博物馆丝绸文物库藏保护. 中国文物科学研究，(04).
张恒金，张晓岚. 2003. 铁质文物的劣化机理与缓蚀保护研究. 内蒙古文物考古，(02).
张剑波. 2004. 清洗技术基础教程. 北京：中国环境科学出版社.
张晋平. 1991. 几种树脂加固木质文物的比较研究. 文博，(03).
张晓岚，张恒金. 2002. 浅谈陶器文物的劣化与保护. 内蒙古文物考古，(02).
张晓梅. 2001. 对中国出土青铜器修复与保护方法的思考. 文物世界，(01).
张欣如. 1960. 关于出土的铁器保养问题. 考古，(06).
张兴盛. 2003. 关于魏晋墓砖壁画色彩保护的探索. 文物保护与考古科学，(03).
张月玲. 2005. 文物保护科学的多学科性探讨. 文物世界，(04).
张展适，陈少华，陈障茹，等. 2006. 青铜文物腐蚀过程的模拟研究. 中国腐蚀与防护学报，(02).
张志军. 1987. 秦陵一号铜车马彩绘的保护. 文博，(06).
张志军. 1989. 浅谈秦俑文物的保护问题. 文博，(05).
赵葆常，黄玉金. 1997. 光照与彩俑表面色变关系的研究. 光电子. 激光，(S1).
赵德康. 1981. 谈谈出土铁文物的保养. 文物，(12).
赵桂芳. 1987. 竹器、木器和漆器的化学保护. 中国博物馆，(04).
赵桂芳. 2007. 漆器和漆器保护概说. 中国文物科学研究，(03).
赵红英，崔国士，王经武. 2008. 出土饱水梓木的辐射法保护. 辐射研究与辐射工艺学报，(02).
赵昆. 2006. 文物包装概述. 文博.(06).
赵亚娟. 2008. 中国水下文化遗产保护现状与建议. 华南理工大学学报（社会科学版），(01).
郑爱平. 2000. 文物保存环境存在的问题及应采取的措施. 暖通空调，(02).
郑求真. 1980. 文物的防潮与降湿. 故宫博物院院刊，(04).
中国社会科学院考古研究所. 1982. 考古工作手册. 北京：文物出版社.
钟家让. 2004. 出土青铜器的锈蚀因素及其防护研究. 山西大学学报（自然科学版），(01).
钟家让. 2004. 出土青铜器的锈蚀因素及其防护研究. 山西大学学报（自然科学版），(01).
周宝中. 1999. 增强藏品保管的环境意识. 中国博物馆，(02).

周德庆 . 2002. 微生物学教程（第二版）. 北京：高教出版社 .
周浩，祝鸿范，蔡兰坤 . 2005. 青铜器锈蚀结构组成及形态的比较研究 . 文物保护与考古科学，（03）.
周健林 . 2003. 概论考古现场出土木质遗物的脱水保护 . 东南文化，（07）.
周双林 . 1999. 谈谈考古发掘中文物的现场保护 . 文物世界，（04）.
周双林 . 2003. 文物保护有机树脂溶液型加固剂应用过程中反迁原因的探讨 . 文物保护与考古科学，（01）.
周双林 . 2006. 谈谈考古遗址的展示保护 . 文物保护与考古科学，（01）.
周铁，容波 . 2008. 陶质彩绘文物保护用加固剂研究进展 . 文物保护与考古科学，（S1）.
周宗华，钟安永，陈德本，等 . 1993. 文物修复用粘接剂的研制 . 化学研究与应用，（01）.
朱宝钧 . 2009. 档案价值是重要的文物价值——与仝艳锋同志商榷 . 档案管理，（05）.
朱学文 . 2002. 秦俑彩绘底层生漆研究 . 文博，（05）.
祝鸿范，周浩 . 1999. 青铜器文物腐蚀受损原因的研究 . 电化学，（03）.
宗时珍，赵晓伟，盛储彬 . 2008. 出土饱水彩绘陶器保护研究 . 东南文化，（1）.
Brandenburg R K，Ling Lee J J. 1990. 包装动力学基础 . 孙永德，秋世荣译 . 北京：兵器工业出版社 .
Catherine Sease. 1992. A conservation manual for the field archaeologist（2nd ed.）, Los Angeles：UCLA Institute of Archaeology.
Getassimova N G，Kolosova N T，Plotkin K M，et al. 1997. 匹兹科夫（PsKov）十三世纪乐器的调查、保护及修复 . 文物保护与考古科学，（02）.
HV. 雷可夫基文，侯改玲 . 2000. 考古发掘工地石膏封护提取文物的方法及实践 . 考古与文物，（06）.
Nathan Stolow. 2010. 博物馆藏品保护与展览 . 北京：科学出版社 .
Neff D，Dillmann P，Bellot-Gurlet L，et al. Corrosion of iron archaeological artefacts in soil：characterisation of the corrosion system. Corrosion Science，47.
Neff D，Dillmann P，Descostes M，et al 2006. Corrosion of iron archaeological artefacts in soil：Estimation of the average corrosion rates involving analytical techniques and thermodynamic calculations. Corrosion Science，48.
Pospisil J，Pilar J. 2006. Factors affecting accelerated testing of polymer photostability. Polymer Degradation and Stability，91.
Réguer S，Dillmann P，Mirambet F. 2007. Buried iron archaeological artefacts：Corrosion mechanisms related to the presence of Cl-containing phases. Corrosion Science，49.
Sharma V C，Lal U S，Nair M V，et al. 1996 锌粉处理——控制文物青铜病的一种有效方法 . 中国博物馆，（02）.
Stahlak，Kurt Nielsenk，JiangJz，et al. 2003. On the akaganeite crystal structure，phase transformations and possible role in post-excavational corrosion of iron artifacts. Corrosion Science.，45.
Watkinson D，Virginia N. 2001. First aid for finds. London：The Lavenham Press Limited.
Watkinson D. 1997. 矿化度它对出土铁器稳定性和处理的重要性 . 杨忙忙译 . 文物保护与考古科学，9（02）.

附　　录

附录Ⅰ　焓湿图

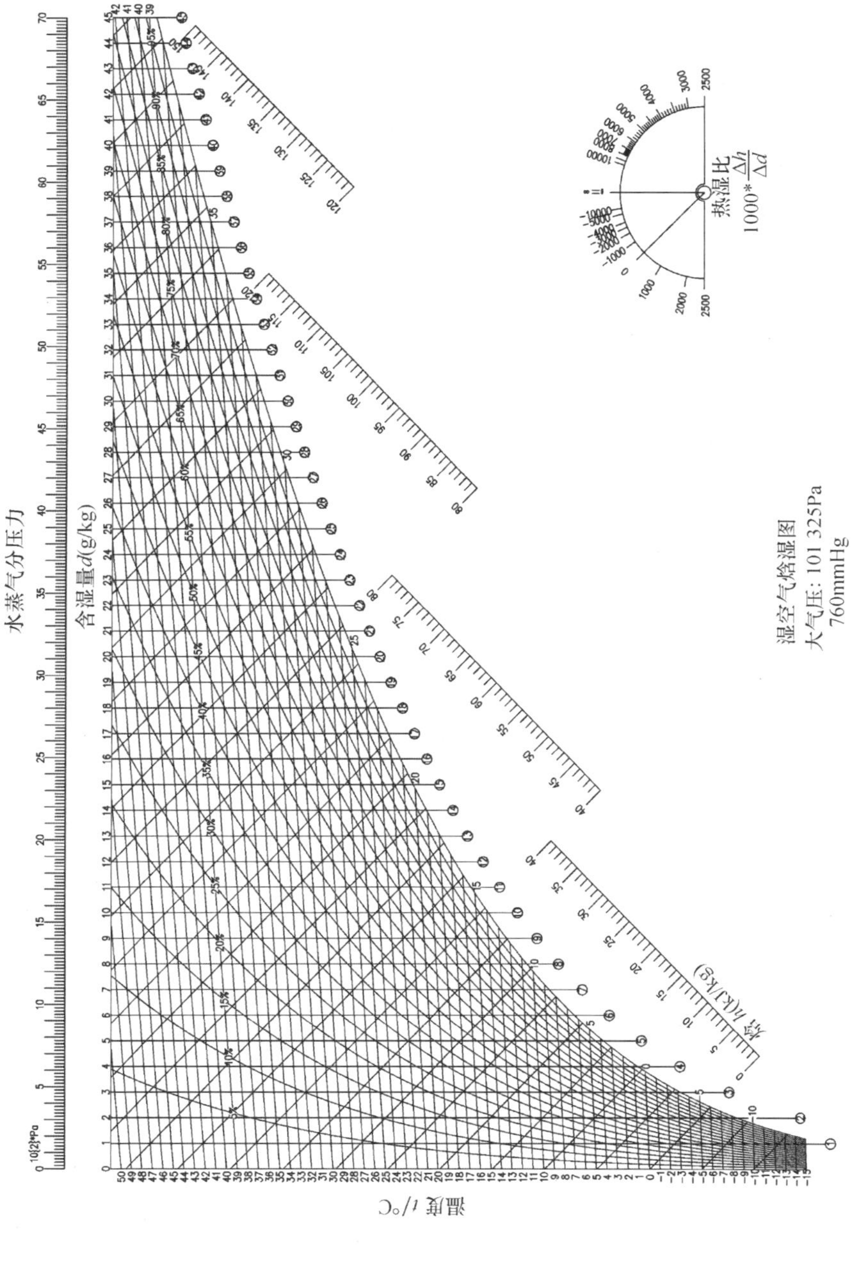

水蒸气分压力
含湿量d(g/kg)
温度t/℃
焓h(kJ/kg)
热湿比
$1000*\frac{\Delta h}{\Delta d}$
湿空气焓湿图
大气压:101 325Pa
760mmHg

附录Ⅱ　考古发掘现场文物保护处理技术档案

档案编号：__________

考古发掘现场文物保护处理技术档案

文物名称：______________

文物编号：______________

保护时间：______________

记 录 人：______________

<table>
<tr><td rowspan="4">文物基本信息</td><td>名称</td><td colspan="2"></td><td>编号</td><td colspan="2"></td></tr>
<tr><td>材质</td><td colspan="2"></td><td>尺寸</td><td colspan="2"></td></tr>
<tr><td>质量</td><td colspan="2"></td><td>数量</td><td colspan="2"></td></tr>
<tr><td>出土位置</td><td colspan="2"></td><td>发现时间</td><td colspan="2"></td></tr>
<tr><td rowspan="6">相关环境信息</td><td rowspan="2">埋藏环境</td><td>温度</td><td>含水率</td><td>pH 值</td><td>埋藏深度</td><td>其他</td></tr>
<tr><td></td><td></td><td></td><td></td><td></td></tr>
<tr><td rowspan="4">发掘出土环境</td><td>现场温度日变化记录</td><td colspan="4"></td></tr>
<tr><td>现场湿度日变化记录</td><td colspan="4"></td></tr>
<tr><td>辐照度水平</td><td colspan="4"></td></tr>
<tr><td>考古发掘现场其他防护措施</td><td colspan="4"></td></tr>
<tr><td rowspan="4">样品采集信息</td><td rowspan="2">环境样品</td><td>样品编号</td><td>样品照片编号</td><td>采样部位</td><td>采样方法</td><td>采样量</td></tr>
<tr><td></td><td></td><td></td><td></td><td></td></tr>
<tr><td rowspan="2">文物样品</td><td>样品编号</td><td>样品照片编号</td><td>采样部位</td><td>采样方法</td><td>采样量</td></tr>
<tr><td></td><td></td><td></td><td></td><td></td></tr>
<tr><td colspan="2">保护处理人员</td><td colspan="2"></td><td colspan="2">技术负责人</td><td></td></tr>
</table>

文物保存现状：
现场保护处理方法及步骤：
文物临时储存微环境变化记录：

文物包装和运输的方法及步骤：
保护处理所使用的化学材料及试剂：
保护处理所使用的其他材料：
文物接收单位： （签章）
备注：

<table>
<tr><th colspan="2">附录</th></tr>
<tr><td rowspan="3">文物保存现状照片</td><td>

照片编号：　　拍摄时间：　　拍摄人：</td></tr>
<tr><td>

照片编号：　　拍摄时间：　　拍摄人：</td></tr>
<tr><td>

照片编号：　　拍摄时间：　　拍摄人：</td></tr>
</table>

<table>
<tr><td rowspan="3">文物样品采集照片</td><td>采样前文物/环境局部

照片编号：　　　　拍摄时间：　　　　拍摄人：</td></tr>
<tr><td>采样后文物/环境局部

照片编号：　　　　拍摄时间：　　　　拍摄人：</td></tr>
<tr><td>样品照片

照片编号：　　　　拍摄时间：　　　　拍摄人：</td></tr>
</table>

<table>
<tr><td rowspan="4">文物现场保护处理照片</td><td>保护处理方法：</td></tr>
<tr><td>处理前

照片编号：　　拍摄时间：　　拍摄人：</td></tr>
<tr><td>处理前

照片编号：　　拍摄时间：　　拍摄人：</td></tr>
<tr><td>处理前

照片编号：　　拍摄时间：　　拍摄人：</td></tr>
</table>

<table>
<tr><td rowspan="4">文物现场保护处理照片</td><td>保护处理方法：</td></tr>
<tr><td>处理后

照片编号：　　　　拍摄时间：　　　　拍摄人：</td></tr>
<tr><td>处理后

照片编号：　　　　拍摄时间：　　　　拍摄人：</td></tr>
<tr><td>处理后

照片编号：　　　　拍摄时间：　　　　拍摄人：</td></tr>
</table>

<table>
<tr><td rowspan="8">样品分析检测结果</td><td>检测目的</td><td></td><td>检测方法</td><td></td></tr>
<tr><td>样品种类</td><td></td><td>样品用量</td><td></td></tr>
<tr><td colspan="4">检测结果：</td></tr>
<tr><td colspan="4">检测单位：　　　　　　　　检测人：</td></tr>
<tr><td>检测目的</td><td></td><td>检测方法</td><td></td></tr>
<tr><td>样品种类</td><td></td><td>样品用量</td><td></td></tr>
<tr><td colspan="4">检测结果：</td></tr>
<tr><td colspan="4">检测单位：　　　　　　　　检测人：</td></tr>
</table>

附录 III 常见饱和盐溶液的相对湿度固定点

T/℃	相对湿度/% RH													
	氟化铯	溴化锂	溴化锌	氢氧化钾	氢氧化钠	氯化锂	溴化钙	碘化锂	醋酸钾	氟化钾	氯化镁	碘化钠	碳酸钾	硝酸镁
0	5	7.75 ± 0.83				11.23 ± 0.54					33.66 ± 0.33		43.13 ± 0.66	60.35 ± 0.55
5	5.52 ± 1.9	7.43 ± 0.76	8.86 ± 0.89	14.34 ± 1.7		11.26 ± 0.47		21.68 ± 0.30			33.60 ± 0.28	42.42 ± 0.99	43.13 ± 0.50	58.86 ± 0.43
10	4.89 ± 1.6	7.14 ± 0.69	8.49 ± 0.74	12.34 ± 1.4		11.29 ± 0.41	21.62 ± 0.50	20.61 ± 0.25	23.38 ± 0.53		33.47 ± 0.24	41.83 ± 0.83	43.14 ± 0.39	57.36 ± 0.33
15	4.33 ± 1.4	6.86 ± 0.63	8.19 ± 0.61	10.68 ± 1.1	9.57 ± 2.8	11.30 ± 0.35	20.20 ± 0.50	19.57 ± 0.20	23.40 ± 0.32		33.30 ± 0.21	40.88 ± 0.70	43.15 ± 0.33	55.87 ± 0.27
20	3.83 ± 1.1	6.61 ± 0.58	7.94 ± 0.49	9.32 ± 0.90	8.91 ± 2.4	11.31 ± 0.31	18.50 ± 0.50	18.56 ± 0.16	23.11 ± 0.25		33.07 ± 0.18	39.65 ± 0.59	43.16 ± 0.33	54.38 ± 0.23
25	3.39 ± 0.94	6.37 ± 0.52	7.75 ± 0.39	8.23 ± 0.72	8.24 ± 2.1	11.30 ± 0.27	16.50 ± 0.20	17.56 ± 0.13	22.51 ± 0.32	30.85 ± 1.3	32.78 ± 0.16	38.17 ± 0.50	43.16 ± 0.39	52.89 ± 0.22
30	3.01 ± 0.77	6.16 ± 0.47	7.62 ± 0.31	7.38 ± 0.56	7.58 ± 1.7	11.28 ± 0.24		16.57 ± 0.10	21.61 ± 0.53	27.27 ± 1.1	32.44 ± 0.14	36.15 ± 0.43	43.17 ± 0.50	51.40 ± 0.24
35	2.69 ± 0.63	5.97 ± 0.43	7.55 ± 0.25	6.73 ± 0.44	6.92 ± 1.5	11.25 ± 0.22		15.57 ± 0.08		24.59 ± 0.94	32.05 ± 0.13	34.73 ± 0.39		49.91 ± 0.29
40	2.44 ± 0.52	5.80 ± 0.39	7.54 ± 0.20	6.26 ± 0.35	6.26 ± 1.2	11.21 ± 0.21		14.55 ± 0.06		22.68 ± 0.81	31.60 ± 0.13	32.88 ± 0.37		48.42 ± 0.37
45	2.24 ± 0.44	5.65 ± 0.35	7.59 ± 0.17	5.94 ± 0.29	5.60 ± 1.0	11.16 ± 0.21		13.49 ± 0.05		21.46 ± 0.70	31.10 ± 0.13	31.02 ± 0.37		46.93 ± 0.47

续表

T/℃	相对湿度/% RH													
	氟化铯	溴化锂	溴化锌	氢氧化钾	氢氧化钠	氯化锂	溴化钙	碘化锂	醋酸钾	氟化钾	氯化镁	碘化钠	碳酸钾	硝酸镁
50	2. 11 ± 0. 40	5. 53 ± 0. 31	7. 70 ± 0. 16	5. 72 ± 0. 27	4. 94 ± 0. 85	11. 10 ± 0. 22		12. 38 ± 0. 05		20. 80 ± 0. 62	30. 54 ± 0. 14	29. 21 ± 0. 40		45. 44 ± 0. 60
55	2. 04 ± 0. 38	5. 42 ± 0. 28	7. 87 ± 0. 17	5. 58 ± 0. 28	4. 27 ± 0. 73	11. 03 ± 0. 23		11. 22 ± 0. 05		20. 60 ± 0. 56	29. 93 ± 0. 16	27. 50 ± 0. 45		
60	2. 03 ± 0. 40	5. 33 ± 0. 25	8. 09 ± 0. 19	5. 49 ± 0. 32	3. 61 ± 0. 65	10. 95 ± 0. 26		9. 98 ± 0. 06		20. 77 ± 0. 53	29. 26 ± 0. 18	25. 95 ± 0. 52		
65	2. 08 ± 0. 44	5. 27 ± 0. 23	8. 38 ± 0. 24	5. 41 ± 0. 39	2. 95 ± 0. 60	10. 86 ± 0. 29		8. 65 ± 0. 07		21. 18 ± 0. 53	28. 54 ± 0. 21	24. 62 ± 0. 62		
70	2. 20 ± 0. 52	5. 23 ± 0. 21	8. 72 ± 0. 30	5. 32 ± 0. 50	2. 29 ± 0. 60	10. 75 ± 0. 33		7. 23 ± 0. 09		21. 74 ± 0. 56	27. 77 ± 0. 25	23. 57 ± 0. 74		
75	2. 37 ± 0. 62	5. 20 ± 0. 19			1. 63 ± 0. 64	10. 64 ± 0. 38				22. 33 ± 0. 61	26. 94 ± 0. 29	22. 85 ± 0. 88		
80	2. 61 ± 0. 76	5. 20 ± 0. 18				10. 51 ± 0. 44				22. 85 ± 0. 69	26. 05 ± 0. 34	22. 52 ± 1. 0		
85		5. 22 ± 0. 17				10. 38 ± 0. 51				23. 20 ± 0. 80	25. 11 ± 0. 39	22. 63 ± 1. 2		
90		5. 26 ± 0. 17				10. 23 ± 0. 59				23. 27 ± 0. 93	24. 12 ± 0. 46	23. 25 ± 1. 4		
95		5. 32 ± 0. 16				10. 07 ± 0. 67					23. 07 ± 0. 52			
100		5. 41 ± 0. 17				9. 90 ± 0. 77					21. 97 ± 0. 60			

续表

T/℃	相对湿度/% RH													
	溴化钠	氯化钴	碘化钾	氯化锶	硝酸钠	氯化钠	氯化铵	溴化钾	硫酸铵	氯化钾	硝酸锶	硝酸钾	硫酸钾	铬酸钾
0						75.51 ± 0.34			82.27 ± 0.90	88.61 ± 0.53		96.33 ± 2.9	98.77 ± 1.1	
5	63.51 ± 0.72		73.30 ± 0.34	77.13 ± 0.12	78.57 ± 0.52	75.65 ± 0.27		85.09 ± 0.26	82.42 ± 0.68	87.67 ± 0.45	92.38 ± 0.56	96.27 ± 2.1	98.48 ± 0.91	
10	62.15 ± 0.60		72.11 ± 0.31	75.66 ± 0.09	77.53 ± 0.45	75.67 ± 0.22	80.55 ± 0.96	83.75 ± 0.24	82.03 ± 0.51	86.77 ± 0.39	90.55 ± 0.38	95.96 ± 1.4	98.18 ± 0.76	
15	60.68 ± 0.51		70.98 ± 0.28	74.13 ± 0.06	76.46 ± 0.39	75.61 ± 0.18	79.89 ± 0.59	82.62 ± 0.22	81.70 ± 0.38	85.92 ± 0.33	88.72 ± 0.28	95.41 ± 0.96	97.89 ± 0.63	
20	59.14 ± 0.44		69.90 ± 0.26	72.52 ± 0.05	75.36 ± 0.35	75.47 ± 0.14	79.23 ± 0.44	81.67 ± 0.21	81.34 ± 0.31	85.11 ± 0.29	86.89 ± 0.29	94.62 ± 0.66	97.59 ± 0.53	
25	57.57 ± 0.40	64.92 ± 3.5	68.86 ± 0.24	70.85 ± 0.04	74.25 ± 0.32	75.29 ± 0.12	78.57 ± 0.40	80.89 ± 0.21	80.99 ± 0.28	84.34 ± 0.26	85.06 ± 0.38	93.58 ± 0.55	97.30 ± 0.45	97.88 ± 0.49
30	56.03 ± 0.38	61.83 ± 2.8	67.89 ± 0.23	69.12 ± 0.03	73.14 ± 0.31	75.09 ± 0.11	77.90 ± 0.57	80.27 ± 0.21	80.63 ± 0.30	83.62 ± 0.25		92.31 ± 0.60	97.00 ± 0.40	97.08 ± 0.41
35	54.55 ± 0.38	58.63 ± 2.2	66.96 ± 0.23		72.06 ± 0.32	74.87 ± 0.12		79.78 ± 0.22	80.27 ± 0.37	82.95 ± 0.25		90.79 ± 0.83	96.71 ± 0.38	96.42 ± 0.37
40	53.17 ± 0.41	55.48 ± 1.8	66.09 ± 0.23		71.00 ± 0.34	74.68 ± 0.13		79.43 ± 0.24	79.91 ± 0.49	82.32 ± 0.25		89.03 ± 1.2	96.12 ± 0.40	95.89 ± 0.37
45	51.95 ± 0.47	52.56 ± 1.5	65.26 ± 0.24		69.99 ± 0.37	74.52 ± 0.16		79.18 ± 0.26	79.56 ± 0.65	81.74 ± 0.28		87.03 ± 1.8	95.82 ± 0.45	95.50 ± 0.40
50	50.93 ± 0.55	50.01 ± 1.4	64.49 ± 0.26		69.04 ± 0.42	74.43 ± 0.19		79.02 ± 0.28	79.20 ± 0.87	81.20 ± 0.31		84.78 ± 2.5		95.25 ± 0.48

续表

T/℃	相对湿度/% RH													
	溴化钠	氯化钴	碘化钾	氯化锶	硝酸钠	氯化钠	氯化铵	溴化钾	硫酸铵	氯化钾	硝酸锶	硝酸钾	硫酸钾	铬酸钾
55	50.15 ± 0.65	48.02 ± 1.4	63.78 ± 0.28		68.15 ± 0.49	74.41 ± 0.24		78.95 ± 0.32		80.70 ± 0.35				
60	49.66 ± 0.78	46.74 ± 1.5	63.11 ± 0.31		67.35 ± 0.57	74.50 ± 0.30		78.94 ± 0.35		80.25 ± 0.41				
65	49.49 ± 0.94	46.33 ± 1.9	62.50 ± 0.34		66.64 ± 0.67	74.71 ± 0.37		78.99 ± 0.40		79.85 ± 0.48				
70	49.70 ± 1.1	46.97 ± 2.3	61.93 ± 0.38		66.04 ± 0.78	75.06 ± 0.45		79.07 ± 0.45		79.49 ± 0.57				
75	50.33 ± 1.3	48.80 ± 2.9	61.43 ± 0.43		65.56 ± 0.91	75.58 ± 0.55		79.16 ± 0.50		79.17 ± 0.66				
80	51.43 ± 1.5	52.01 ± 3.7	60.97 ± 0.48		65.22 ± 1.1	76.29 ± 0.65		79.27 ± 0.57		78.90 ± 0.77				
85			60.56 ± 0.54		65.03 ± 1.2					78.68 ± 0.89				
90			60.21 ± 0.61		65.00 ± 1.4					79.50 ± 1.0				
95														
100														